■2025年度高等学校受験用

大成女子高等学校

収録内容一覧

★この問題集は以下の収録内容となっています。また、編集の都合上、解説、解答用紙を省略させていただいている場合もございますのでご了承ください。

（〇印は収録、一印は未収録）

入試問題の収録内容			解説	解答	解答用紙
2024年度	一般	英語・数学・社会・理科・国語	〇	〇	〇
2023年度	5教科記述式	英語・数学・社会・理科・国語	〇	〇	〇
	3教科マーク式	英語・数学・国語	―	〇	〇
2022年度	5教科記述式	英語・数学・社会・理科・国語	〇	〇	〇
	3教科マーク式	英語・数学・国語	―	〇	〇

★当問題集のバックナンバーは在庫がございません。あらかじめご了承ください。

JN004665

●凡例●

【英語】

≪解答≫

〔　〕　①別解
②置き換え可能な語句（なお下線は置き換える箇所が２語以上の場合）
(例) <u>I am</u>〔I'm〕glad〔happy〕to～

（　）　省略可能な言葉

≪解説≫

1, **2**…　本文の段落（ただし本文が会話文の場合は話者の１つの発言）

〔　〕　置き換え可能な語句（なお〔　〕の前の下線は置き換える箇所が２語以上の場合）

（　）　①省略が可能な言葉
(例)「(数が) いくつかの」
②単語・代名詞の意味
(例)「彼（＝警察官）が叫んだ」
③言い換え可能な言葉
(例)「いやなにおいがするなべにはふたをするべきだ（＝くさいものにはふたをしろ）」

//　訳文と解説の区切り

cf.　比較・参照

≒　ほぼ同じ意味

【数学】

≪解答≫

〔　〕　別解

≪解説≫

（　）　補足的指示
(例)（右図１参照）など

〔　〕　①公式の文字部分
(例)〔長方形の面積〕＝〔縦〕×〔横〕
②面積・体積を表す場合
(例)〔立方体 ABCDEFGH〕

∴　ゆえに

≒　約、およそ

【社会】

≪解答≫

〔　〕　別解

（　）　省略可能な語

＿＿　使用を指示された語句

≪解説≫

〔　〕　別称・略称
(例) 政府開発援助〔ODA〕

（　）　①年号
(例) 壬申の乱が起きた（672年）。
②意味・補足的説明
(例) 資本収支（海外への投資など）

【理科】

≪解答≫

〔　〕　別解

（　）　省略可能な語

＿＿　使用を指示された語句

≪解説≫

〔　〕　公式の文字部分

（　）　①単位
②補足的説明
③同義・言い換え可能な言葉
(例) カエルの子（オタマジャクシ）

≒　約、およそ

【国語】

≪解答≫

〔　〕　別解

（　）　省略してもよい言葉

＿＿　使用を指示された語句

≪解説≫

〈　〉　課題文中の空所部分（現代語訳・通釈・書き下し文）

（　）　①引用文の指示語の内容
(例)「それ（＝過去の経験）が～」
②選択肢の正誤を示す場合
(例)（ア，ウ…×）
③現代語訳で主語などを補った部分
(例)（女は）出てきた。

／　漢詩の書き下し文・現代語訳の改行部分

大成女子高等学校

所在地	〒310-0063 茨城県水戸市五軒町3-2-61
電　話	029-221-4888
ホームページ	https://www.taisei.ac.jp/tghs/
交通案内	JR常磐線 水戸駅北口よりバス7分

普通科
家政科
看護科

女子

くわしい情報はホームページへ

応募状況

年度	募集数	受験数	合格数	倍率
2024	普通 160名	399名	393名	1.0倍
	家政 40名	134名	129名	1.0倍
	看護 40名	80名	69名	1.2倍
2023	普通 160名	748名	683名	1.1倍
	家政 40名	237名	212名	1.1倍
	看護 40名	110名	76名	1.4倍
2022	普通 160名	1068名	936名	1.1倍
	家政 40名	606名	524名	1.2倍
	看護 40名	160名	81名	2.0倍

＊推薦，一般の合計

試験科目 （参考用：2024年度入試）

一般推薦：国語・数学・英語(マーク式)，面接
特技推薦：面接
一般：国語・数学・英語・理科・社会(記述式)
　＊英語はリスニングを含む。

校訓

誠実・協和・勤勉

普通科

1年次は全員が同じカリキュラム，2年次から進路希望と学力により，2つのコースに分かれる。キャリアデザインの授業では，保育・幼児教育，ホスピタリティなど5つのフィールドが設けられ，1つを選択して2年間学ぶ。

・キャリア特別進学コース

国公立大学や難関私立大学を目指すコース。大学入学共通テストへの対策も万全。

・キャリア進学コース

私立大学や茨城女子短大，専門学校を目指すコース。総合型選抜・学校推薦型選抜入試も視野に入れて指導を行う。

家政科

1年次に基本の技術を学んだ後，2年次からは希望で2つのコースに分かれる。

・フードデザインコース

調理技術の習得だけでなく，食品学・栄養学的な実験や，地産地消を意識した献立作成，製菓実習など，食に関する幅広い授業を行う。

・ファッションデザインコース

ドレス・ジャケットなどの製作を通して技術を身につけ，最終的にはオリジナルのデザイン画をパターン化し，縫製までを行う。

看護科

看護科3年と専攻科看護科2年を合わせた「5年一貫教育」により，専攻科修了と同時に看護師国家試験の受験資格を得ることができる。入学当初から国家試験合格に照準を合わせ，効率のよいカリキュラムで，知識と技術を確実に習得していく。本校の看護科の看護師国家試験の合格率は，99.1%ときわめて高い水準を誇る。

近年の合格実績・就職先

茨城大，宇都宮大，高崎経済大，都留文科大，青山学院大，日本女子大，専修大，二松学舎大，東海大，帝京大，実践女子大，女子栄養大，茨城キリスト教大，常磐大，つくば国際大，茨城女子短大，常磐短大ほか

那珂市役所，航空保安事業センター，デザートランド，国立病院機構水戸医療センター，水戸済生会総合病院，茨城県立こども病院ほか

編集部注―本書の内容は2024年3月現在のものであり，変更されている場合があります。正確な情報は，学校のホームページ等で必ずご確認ください。

出題傾向と今後への対策　英語

出題内容

	2024	2023	2022
大問数	6	6	6
小問数	40	39	36
リスニング	○	○	○

◎大問６題の出題で，構成は長文読解問題４題，作文問題１題，放送問題１題となっている。問題形式や難易度は茨城県の公立高校入試の問題に準じている。

2024年度の出題状況

1 放送問題

2 対話文完成

3 長文読解総合

4 対話文完成―表を見て答える問題

5 長文読解総合―物語

6 対話文完成―整序結合―表を見て答える問題

解答形式

2024年度	記　述／マーク／併　用

出題傾向

茨城県の公立高校入試問題を意識した出題となっている。長文はさほど長くはなく，対話文，物語形式が多い。設問は適文や適語補充・指示語解釈などがある。30～40語程度の自由英作文の出題も見られる。いずれも基本的な語句・文法を理解していれば答えられるようになっており，全体的にオーソドックスな内容である。

今後への対策

中学校で学習すべきことの定着度を見ることに重点が置かれており，基本事項を身につけていれば確実に成果を出せる。したがって，３年間の教科書で取り上げられている単語・熟語，文法事項，構文，会話の慣用表現は完全に覚えてしまおう。リスニング対策は，テレビやラジオ講座を利用し，毎日英語を聞くことが重要である。

◆◆◆◆ 英語出題分野一覧表 ◆◆◆◆

分野 ＼ 年度			2022	2023	2024	2025 予想※
音声	放送問題		★	★	★	◎
	単語の発音・アクセント					
	文の区切り・強勢・抑揚					
語彙・文法	単語の意味・綴り・関連知識					
	適語(句)選択・補充		●	●		◎
	書き換え・同意文完成					
	語形変化		●	●	●	◎
	用法選択					
	正誤問題・誤文訂正					
	その他					
作文	整序結合				●	△
	日本語英訳	適語(句)・適文選択				
		部分・完全記述				
	条件作文		●		●	△
	テーマ作文		●	●	●	◎
会話文	適文選択		●	●	●	◎
	適語(句)選択・補充		●	●	●	◎
	その他					
長文読解	内容把握	主題・表題		●		△
		内容真偽	●	●	●	◎
		内容一致・要約文完成		●	●	◎
		文脈・要旨把握	●	●	●	◎
		英問英答	●	●	●	◎
	適語(句)選択・補充				●	△
	適文選択・補充					
	文(章)整序		●	●	●	◎
	英文・語句解釈(指示語など)				●	△
	その他(適所選択)		●	●	●	◎

●印：１～５問出題，■印：６～10問出題，★印：11問以上出題。
※予想欄　◎印：出題されると思われるもの。　△印：出題されるかもしれないもの。

出題傾向と今後への対策 数学

出題内容

2024年度 証

大問６題，小問21問の出題。[1]は計算問題５問。[2]は小問集合で，さいころを利用した確率題，文字式の利用，二次方程式の解の利用，方程式の応用に関するもので計４問。[3]はデータの活用から，箱ひげ図を用いた問題。[4]は平面図形から，円を題材にした計量題２問と証明問題。円の性質や相似について問われた。[5]は関数から，放物線と双曲線などに関する問題。[6]は空間図形から立方体を題材にした計量題２問と四角形の形状に関する問題。

2023年度 証

大問６題，小問21問の出題。[1]は計算問題４問。[2]は小問集合で，関数から反比例，カードを利用した確率題，方程式の応用，関数から放物線と直線に関するもので計４問。[3]は平面図形で，円と接線上を動く点がつくる図形について問うもの。証明問題も出題された。[4]は関数の利用で，電気自動車の走行距離とバッテリーの残量や，時間と距離の関係に関する問題。[5]はデータの活用から，ヒストグラムと箱ひげ図を用いた問題。[6]は空間図形から立方体を題材にした計量題３問。

作…作図問題　証…証明問題　グ…グラフ作成問題

解答形式

2024年度	記　述／マーク／併　用

出題傾向

出題構成は，[1]～[2]が小問集合，[3]～[6]が各分野の総合題。

小問集合は基本的な計算力や知識を問うもの中心。総合題は，やや応用力を要するものがあるが，教科書内容の理解や定着度を見るものが多くを占めている。証明問題や記述する問題なども出題されている。

今後への対策

まずは教科書の練習問題や章末問題などをひと通り解き，できなかった問題はきちんと復習してできるようにすること。教科書が完成したら，基本問題集などを用いて，解法の手順を確認しながら一つ一つ問題をていねいに解いていこう。茨城県公立を意識したつくりになっているので，入試直前では公立の過去問を利用するのもよい。

◆◆◆◆ 数学出題分野一覧表 ◆◆◆◆

分野		2022	2023	2024	2025 予想※
数と式	計算，因数分解	★	★	★	◎
	数の性質，数の表し方				
	文字式の利用，等式変形	●		●	◎
	方程式の解法，解の利用		●	●	◎
	方程式の応用	■	●	●	◎
関数	比例・反比例，一次関数		★		
	関数$y=ax^2$とその他の関数	●	●	★	◎
	関数の利用，図形の移動と関数	★			◎
図形	（平面）計　量	●	■	■	◎
	（平面）証明，作図	●	●	●	◎
	（平面）その他	●			△
	（空間）計　量	■	★	■	◎
	（空間）頂点・辺・面，展開図	●		●	
	（空間）その他				
データの活用	場合の数，確率	★	●	●	◎
	データの分析・活用，標本調査		★	★	◎
その他	不等式				
	特殊・新傾向問題など				
	融合問題				

●印：１問出題，■印：２問出題，★印：３問以上出題。
※予想欄　◎印：出題されると思われるもの。　△印：出題されるかもしれないもの。

出題傾向と今後への対策 社会

論…論述問題

出題内容

2024年度

地理・世界と日本の地図や統計資料を読み取る問題や，地形図の読み取り問題。 論

歴史・年表や資料をもとに日本と世界の政治や社会等に関する問題。 論

公民・選挙や経済，消費者・労働者の権利等について図や資料を用いた問題。

総合・常磐線や茨城空港を題材にした三分野総合問題。

2023年度

地理・世界と日本の地図や統計資料を読み取る問題や，地形図の読み取り問題。 論

歴史・会話文や資料をもとに日本の政治や社会，文化等に関する問題。 論

公民・政治や裁判，経済等について図や資料を用いた問題。 論

総合・日本の鉄道の歴史を題材にした三分野総合問題。

2022年度

地理・世界と日本の地図や統計資料を読み取る問題や，地形図の読み取り問題。 論

歴史・年表や資料をもとに日本の政治や社会，文化等に関する問題。 論

公民・政治や経済，憲法，労働等について図や資料を用いた問題。 論

総合・様々な分野の歴史を題材にした三分野総合問題。

解答形式

2024年度	記　述／マーク／併　用

（記述に○印）

出題傾向

地理，歴史，公民から各１題と，分野を組み合わせた総合問題が１題の計４題。

三分野とも，幅広い範囲から基本的事項について問われる。

論述形式で答える問題が，例年２～８題出題されている。

表やグラフをもとにした問題が多く出題される。地形図の読み取り問題は頻出。

今後への対策

三分野とも基本的な問題ではあるが，広範囲から出されているので，教科書を中心に見直しをしておきたい。もちろん授業を大切に，毎日の予習復習をしっかりと。

基本的事項が問われているが，図や写真を使った問題は正確な知識が求められる。

近県も含め公立高校の過去問題を解いて，類似題に慣れておくのは有効である。

◆◆◆◆ 社会出題分野一覧表 ◆◆◆◆

分野	年度	2022	2023	2024	2025予想※
地理的分野	地形図	●	●	●	◎
	アジア	人	産	産　総	◎
	アフリカ				△
	オセアニア	人	総	産	◎
	ヨーロッパ・ロシア		地	産	◎
	北アメリカ	地			△
	中・南アメリカ		地産		△
	世界全般	産	地産	地	◎
	九州・四国		産	産	◎
	中国・近畿				△
	中部・関東			産	△
	東北・北海道	地産　総		産	△
	日本全般	産	地産		◎
歴史的分野	旧石器～平安	●	●	●	◎
	鎌倉	●	●	●	◎
	室町～安土桃山	●	●	●	◎
	江戸	●	●	●	◎
	明治	●	●	●	◎
	大正～第二次世界大戦終結	●	●	●	◎
	第二次世界大戦後	●	●	●	◎
公民的分野	生活と文化	●			△
	人権と憲法	●		●	◎
	政治	●	●	●	◎
	経済	●	●	●	◎
	労働と福祉	●		●	△
	国際社会と環境問題				△
時事問題					

※予想欄　◎印：出題されると思われるもの。　△印：出題されるかもしれないもの。
地理的分野については，各地域ごとに出題内容を以下の記号で分類しました。
地…地形・気候・時差，　産…産業・貿易・交通，　人…人口・文化・歴史・環境，　総…総合

出題傾向と今後への対策　理科

出題内容

2024年度　作　記

1, 2各分野からの小問集合題。直流と交流，酸・アルカリ，植物のなかま，地震，物質の性質，濃度，フックの法則，進化，気象。　3化学変化とイオンに関する問題。水の電気分解と燃料電池について問われた。　4運動とエネルギーに関する問題。　5動物の体のつくりとはたらきから，消化酵素に関する問題。　6大地の変化から，火山に関する問題。火山の形や火成岩について問われた。

	2024	2023	2022
大問数	6	6	6
作図問題	1	0	2

2023年度　※　記

1, 2各分野からの小問集合題。静電気，電解質，生殖，日本の気象，圧力，化学変化，植物のなかま，音の性質，動物の体のつくり。　3化学変化とイオンに関する問題。水溶液や気体の性質についても問われた。　4血液の流れに関する問題。顕微鏡の使い方についても問われた。　5運動とエネルギーに関する問題。　6大地の変化から，地層に関する問題。堆積岩や地層のつながりについて問われた。

作…作図・グラフ作成問題　記…文章記述問題

解答形式

2024年度	記　述／マーク／併　用

出題傾向

大問6題のうち，2題が小問集合，残りは物理・化学・生物・地学の各分野から1題ずつの出題。小問数は35問程度。出題形式は，記述式で，記号選択式が3割程度。問題は，実験・観察をもとに，ほとんどが基礎的な知識を問う問題である。多くはないが，計算問題や作図問題，文章記述問題も見られ，総合力を試す内容となっている。

今後への対策

まずは教科書を中心に見直し，基礎知識が身についているか確認すること。特に実験・観察の手順や目的，結果や考察については，ノートなどにまとめておこう。次に，巻末の演習問題などを解き，苦手なところが見つかったら必ず復習しよう。

最後に，県立高校の過去問題を解くなど，実践的な練習をすると効果があるだろう。

◆◆◆◆ 理科出題分野一覧表 ◆◆◆◆

分野	年度	2022	2023	2024	2025予想※
身近な物理現象	光と音	●	●		◎
	力のはたらき(力のつり合い)			●	△
物質のすがた	気体の発生と性質		●		◎
	物質の性質と状態変化	●		●	◎
	水溶液		●	●	△
電流とその利用	電流と回路				◎
	電流と磁界(電流の正体)	●	●	●	◎
化学変化と原子・分子	いろいろな化学変化(化学反応式)	●	●		◎
	化学変化と物質の質量				◎
運動とエネルギー	力の合成と分解(浮力・水圧)				◎
	物体の運動	●	●	●	◎
	仕事とエネルギー	●		●	◎
化学変化とイオン	水溶液とイオン(電池)		●	●	◎
	酸・アルカリとイオン	●		●	◎
生物の世界	植物のなかま	●	●	●	◎
	動物のなかま				◎
大地の変化	火山・地震	●		●	◎
	地層・大地の変動(自然の恵み)	●	●		◎
生物の体のつくりとはたらき	生物をつくる細胞				
	植物の体のつくりとはたらき	●			◎
	動物の体のつくりとはたらき	●	●	●	◎
気象と天気の変化	気象観察・気圧と風(圧力)		●	●	◎
	天気の変化・日本の気象	●	●	●	◎
生命・自然界のつながり	生物の成長とふえ方		●		◎
	遺伝の規則性と遺伝子(進化)	●		●	◎
	生物どうしのつながり				△
地球と宇宙	天体の動き				△
	宇宙の中の地球				
自然環境・科学技術と人間					
総合	実験の操作と実験器具の使い方	●	●	●	◎

※予想欄　◎印：出題されると思われるもの。　△印：出題されるかもしれないもの。
分野のカッコ内は主な小項目

出題傾向と今後への対策　国語

出題内容

2024年度

小説　古文　論説文　国語の知識

課題文

一藤野恵美『ショコラティエ』
二尾崎雅嘉『百人一首一夕話』
三最相葉月『調べてみよう，書いてみよう』／肥田美代子『「本」と生きる』

2023年度

小説　古文　論説文　国語の知識

課題文

一村山由佳『天翔る』
二『伊曾保物語』
三井上ひさし『日本語教室』／平野啓一郎『「カッコいい」とは何か』

2022年度

小説　古文　論説文　国語の知識

課題文

一にしがきようこ『ぼくたちのＰ(パラダイス)』
二『十訓抄』
三鈴木孝夫『教養としての言語学』

解答形式

2024年度	記　述／マーク／併　用

出題傾向

5教科試験は，茨城県公立の試験に準ずる内容で出題され，読解力・表現力・知識力全てが試されるものとなっている。解答形式は，記述式と記号選択式の併用で，作文や40～50字程度の記述式の解答を求める設問も見られる。出題のねらいは，基礎学力の定着度を見ることにある。

今後への対策

現代文については，基礎学力を養成するため，標準的な問題集などで練習を積むのがよい。また，作文や記述式解答に対応できるよう日頃から書くことを意識することが必要である。新聞のコラムなどをまとめる練習をしておくのも効果的である。国語の知識については，漢字など基礎的なことを復習しておくこと。

◆◆◆◆ 国語出題分野一覧表 ◆◆◆◆

分野		年度	2022	2023	2024	2025予想※
現代文	論説文 説明文	主題・要旨			●	△
		文脈・接続語・指示語・段落関係	●	●	●	◎
		文章内容	●	●	●	◎
		表現	●	●	●	◎
	随筆 日記 手紙	主題・要旨				
		文脈・接続語・指示語・段落関係				
		文章内容				
		表現				
		心情				
	小説	主題・要旨				
		文脈・接続語・指示語・段落関係				
		文章内容		●	●	◎
		表現	●	●	●	◎
		心情	●	●	●	◎
		状況・情景				
韻文	詩	内容理解				
		形式・技法				
	俳句 和歌 短歌	内容理解				
		技法				
古典	古文	古語・内容理解・現代語訳	●	●	●	◎
		古典の知識・古典文法		●	●	◎
	漢文	(漢詩を含む)			●	△
国語の知識	漢字 語句	漢字	●	●	●	◎
		語句・四字熟語			●	△
		慣用句・ことわざ・故事成語	●	●		◎
		熟語の構成・漢字の知識	●			△
	文法	品詞		●	●	◎
		ことばの単位・文の組み立て	●			△
		敬語・表現技法			●	△
	文学史					
作文・文章の構成・資料			●	●	●	◎
その他						

※予想欄　◎印：出題されると思われるもの。　△印：出題されるかもしれないもの。

2024年度 大成女子高等学校(一般)

【英　語】（50分）〈満点：100点〉

1　次の(1)～(4)は、放送による問題です。それぞれの放送の指示にしたがって答えなさい。

(1)　これから、**No.** 1から**No.** 5まで、5つの英文を放送します。放送される英文を聞いて、その内容に合うものを選ぶ問題です。それぞれの英文の内容に最もよく合うものを、ア、イ、ウ、エの中から1つ選んで、その記号を書きなさい。

No. 1

No. 2

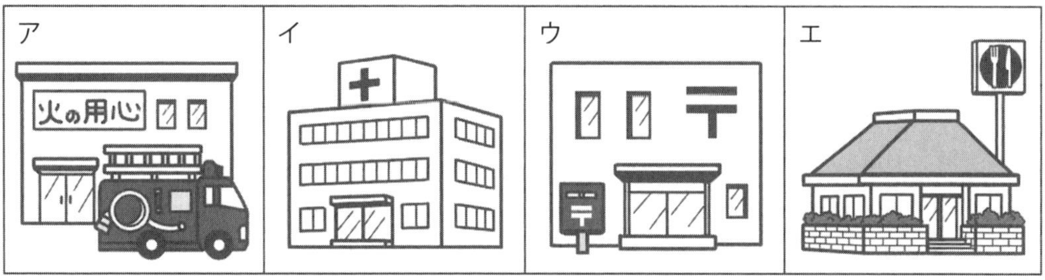

No. 3

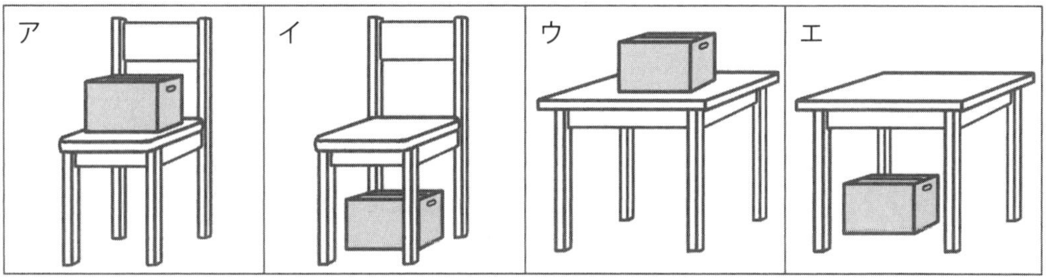

No. 4

ア

起床時刻	
タロウ	7時
お父さん	7時30分
お母さん	6時

イ

起床時刻	
タロウ	7時
お父さん	6時
お母さん	6時

ウ

起床時刻	
タロウ	7時
お父さん	6時30分
お母さん	6時

エ

起床時刻	
タロウ	6時
お父さん	7時
お母さん	5時

No. 5

ア 現在の所持金

イ 現在の所持金

ウ 現在の所持金

エ 現在の所持金

(2) これから、**No.** 1 から **No.** 4 まで、4つの対話を放送します。それぞれの対話のあとで、その対話について1つずつ質問します。それぞれの質問に対して、最も適切な答えを、ア、イ、ウ、エの中から1つ選んで、その記号を書きなさい。

No. 1

ア His cousin did.
イ His mother did.
ウ His father did.
エ Mari did.

No. 2

ア He studied last night.
イ He watched TV last night.
ウ He played soccer yesterday.
エ He went to bed at 10 o'clock last night.

No. 3

ア Spring.
イ Summer.
ウ Fall.
エ Winter.

No. 4

ア Yes, she does.
イ No, she does not.
ウ Yes, she is.
エ No, she is not.

(3)　これから、ポール(Paul)とリョウコ(Ryoko)の対話を放送します。そのあとで、その内容について、**Question No. 1**と**Question No. 2**の２つの質問をします。それぞれの質問に対して、最も適切な答えを、ア、イ、ウ、エの中から１つ選んで、その記号を書きなさい。

No. 1

ア　Yesterday morning.

イ　Yesterday afternoon.

ウ　This morning.

エ　This afternoon.

No. 2

ア　She will walk.

イ　She will go by train.

ウ　She will go by bus.

エ　She will go by bike.

⑷　中学生のミキ(Miki)は学校で、新しく来た留学生に向けてスピーチをしています。これからそのスピーチを放送します。その内容について、次の①、②の問いに答えなさい。

①　ミキが紹介した学校行事を，紹介した順番に並べかえて，記号で答えなさい。

②　次の質問の答えになるように、(　　　)に適切な英語１語を書きなさい。

Why does Miki love the school events?

Because she can make good (　　　) through them.

これで、放送による聞き取りテストを終わります。

※　放送による問題の放送文は，英語の問題の終わりに付けてあります。

2 アメリカ合衆国に留学しているアカネ(Akane)が、学校でベッキー(Becky)、キャロル(Carol)と話をしています。次の会話文を読んで、下の(1)、(2)の問いに答えなさい。

Akane : Nice to meet you. I'm Akane. I'm from Japan.

Becky : Nice to meet you, too. I'm Becky.

Carol : Hello. I'm Carol, Becky's sister. We have ①(b　　) to Japan once.

Akane : Really? When did you go?

Becky : We went there last year. I have an uncle in Tokyo. We went to see him. When he was young, he went there for a trip and liked the city. So, he decided to work there. Now he ②(t　　) English at a high school.

Carol : He often says that Japanese people are kind.

Akane : I'm happy to hear that. How ③(l　　) has he lived in Japan?

Becky : For about twenty years. He's good at ④(speak) Japanese. He sometimes sends us some books that show how to use Japanese words and *phrases *correctly.

Carol : Becky and I learn Japanese from ⑤(that) books. Studying Japanese is exciting for us.

Akane : That's nice. I can understand that. I think learning foreign languages is interesting. I wish I ⑥(can) speak all languages.

* phrase　フレーズ、言い回し　　correctly　正しく

(1) 会話文が完成するように、文中の①～③の（　　）内に、最も適切な英語を、それぞれ1語ずつ書きなさい。なお、答えはすべて（　　）内に示されている文字で書き始めるものとします。

(2) 会話文が完成するように、文中の④～⑥の（　　）の中の語を、それぞれ1語で適切な形に直して書きなさい。

3　次の(1)、(2)の問いに答えなさい。

(1)　次の英文は、中学校で働くALTのミラー先生(Ms. Miller)が、3年生の最後の英語の授業で話した内容です。ミラー先生が伝えている内容として最も適切なものを、下のア～エの中から1つ選んで、その記号を書きなさい。

You will be high school students next month. I hope all of you will enjoy your high school life. I want you to keep studying hard. Also, I want you to work hard for other things such as school events. They will help you *grow as a person. However, don't work too hard. *Health is the most important thing.

*　grow　成長する　　health　健康

ア　Nothing is more important than school events in high school life.

イ　Working too hard helps students grow as people.

ウ　Health is as important as studying in high school life.

エ　The students should not only study hard, but also work hard for school events at high school.

(2)　次の英文中の［　　　　］には、下のア～ウの3つの文が入ります。意味の通る英文になるように、ア～ウの文を並べかえて、記号で答えなさい。

In my class, many students have their own smartphones. However, I don't have one. I often ask my parents to buy one for me, but they won't. ［　　　　］ Also, I won't use it when I study. If I must use it for studying, I will use it in front of my mother or father.

ア　For example, I won't use it after 8 p.m.

イ　They say, "If you have a smartphone, you will not have time to study or talk with us."

ウ　So, I'm making some rules for using a smartphone.

4　家族とアメリカ合衆国で暮らしている中学生のアサミ(Asami)と、友だちのエミリー(Emily)は、ボランティアクラブ(volunteer club)のリーフレット(leaflet)を見ながら話をしています。次の対話文を読んで、(1)、(2)の問いに答えなさい。

Emily：Are you interested in doing volunteer work, Asami?

Asami：Yes, I am, but why do you ask?

Emily：I'm a member of our city's volunteer club. There are forty-five members in our club, and (①). We want more members. How about joining us?

Asami：Yes! I want to know more about your club. Can you tell me about it?

Emily：Of course! Here is a leaflet about our club. Look at this.

Asami：Thank you. Oh, your club does some volunteer work four days a week.

Emily：Yes. There are leaders for each day, and they always join the work. However, other members *are free to join any work when they have time. Actually, the leader of Tuesday's work, (②), is my sister.

Asami：Really? Is she a student?

Emily：No. She works at a restaurant. It is closed on Tuesdays. So she does volunteer work.

Asami：That's great! Do you go on Tuesdays, too?

Emily：No. I usually join on Saturdays because (③).

Asami：Wow! I like to do that with you!

Emily：That's good. I'm happy to hear that.

Asami：When did you join the volunteer club?

Emily：Three years ago. Do you want to know (④)?

Asami：Yes, please!

Emily：One day, my sister and I watched a TV program. It was about people (Ⓐ) worked in the mountains (Ⓑ) protect nature. We thought they were great, and we wanted to do something good for other people or the earth. So, we looked for a volunteer club in our city and found a good one on the internet. Then, we joined it.

Asami：I see. You and your sister are great.

Emily：Thank you. Doing volunteer work is sometimes hard, (⑤). Let's enjoy doing it together!

* be free to ～　自由に～することができる

The Volunteer Club

Number of the members	
*University student and adult	12
High school student	22
Junior high school student	11

Day and time	Work	Leader
Tuesday 3:30 p.m. − 4:30 p.m.	Cleaning ABC Park	Lisa Brown
Thursday 3:30 p.m. − 4:30 p.m.	Cleaning Blue River	Meg Smith
Saturday 1:00 p.m. − 3:00 p.m.	Reading books to children at XYZ Library	Mary Green
Sunday 10:00 a.m. − 11:00 a.m.	*Taking care of the flowers on Yellow Street	Ann Williams

*　university　大学　　take care of ～　～の世話をする

(1)　対話文中の(　①　) ～ (　⑤　)に入る最も適切なものを、ア～エの中から1つ選んで、その記号を書きなさい。

①　ア　the number of high school students is the smallest
　　イ　eleven of them are junior high school students
　　ウ　all of them are junior high school students
　　エ　all of them are high school students

②　ア　Lisa Brown　　イ　Meg Smith　　ウ　Mary Green　　エ　Ann Williams

③　ア　I like ABC Park very much　　イ　I like to clean some places
　　ウ　I like to read books　　エ　I like beautiful flowers

④　ア　what I usually do with my sister　　イ　when I work as a volunteer
　　ウ　where I clean　　エ　why I joined it

⑤　ア　so I think it's easy　　イ　so I do it alone
　　ウ　but it's always hard　　エ　but it's also interesting

(2)　対話の流れに合うように、文中の［　　　　］のⒶ、Ⓑ（　　　）に適切な英語を1語ずつ入れ、英文を完成させなさい。

5 下の英文を読んで、(1)〜(5)の問いに答えなさい。

Riku was a junior high school student in Kamome City. He lived with his parents. He didn't have any brothers or sisters. He had a good friend named Takeshi. Takeshi had some dogs. [ア] Riku liked them very much.

One Thursday, Takeshi said to Riku, "My family and I are going to move to Natsume City." Riku said, "I see. It will be difficult to meet on *weekdays because that city is a little far from here, but we can meet on weekends." Takeshi said, "Yes, I think so, too. Also, I have something to ask you." Riku said, "Oh, what?" Takeshi said, "Can you *take care of a dog that was born two months ago? Our new house is too small. We can't have more than three dogs." [イ] They said, "OK," to him, so his family got a *female dog from Takeshi's family three days later. Riku named the dog Coco. Taking care of her was hard for him, but he enjoyed his life with her. She was like his real sister.

One Friday four months later, Coco got sick suddenly. Riku and his mother took Coco to a *vet. Then, the vet told them that her *disease was *serious. Riku and his mother were very sad to hear that. After that day, Riku and his parents gave Coco some *medicine and took good care of her every day. [ウ] By taking care of her, Riku felt that she was really important to him.

Two weeks later, Coco got better *miraculously. Taking care of her *reminded him once again how important lives are. [エ] He also felt his *growth as a person.

Coco's *recovery made Riku very happy, and he started to *cherish her more. Living with her reminded him once again that he also had a life and cherished his own life, too.

One day fifteen years later, Coco *died of old age at home. Riku was twenty-nine years old then. He was too sad to cry. However, he decided that he would never forget about her. Coco was his first pet. He learned life is important from her. He really thanked her because he *grew as a person by living with her.

Now, Riku is a vet in Kamome City, and he helps many animals every day.

* weekday 平日　take care of 〜 〜の世話をする　female メスの　vet 獣医
disease 病気　serious 深刻な　medicine 薬　miraculously 奇跡的に
remind 〜 once again 〜に再認識させる　growth 成長　recovery 回復
cherish 〜 〜を大事にする　die of old age 老衰で亡くなる　grow 成長する

(1) 本文の内容に合う文を、次のア～クの中から３つ選んで、その記号を書きなさい。

ア Riku went to a junior high school in Natsume City and liked dogs.

イ Riku lived with his mother, father, and his brother, and had a good time.

ウ Takeshi told Riku that Takeshi's new house in Natsume City was too small.

エ Before having Coco, Riku had some dogs, so he knew a lot about dogs.

オ Riku's father named the female dog Coco and loved her so much.

カ Riku felt that he grew as a person by taking care of Coco.

キ Riku gave Coco some medicine, but she didn't get better.

ク Riku works for a lot of animals and helps them every day.

(2) 次の文は、文中の［ア］～［エ］のどこに入るのが最も適切か、記号で答えなさい。

That evening, Riku asked his parents about it.

(3) 次の①、②の文を、本文の内容と合うように完成させるには、［　　］の中に、それぞれ下のア～エのどれを入れるのが最も適切か、記号で答えなさい。

① One Sunday, ［　　］.

ア Takeshi told Riku that he was going to live in Natsume City

イ Riku's family and Coco lived together

ウ Riku and his mother were sad that Coco got sick

エ Riku took Coco to an animal hospital

② When Coco died, ［　　］.

ア she was at an animal hospital

イ Riku was twenty years old

ウ Riku didn't cry

エ Riku wasn't so sad

(4) 下線部の内容を次の［　　］内のように表したとき、(　　)に入る最も適切な英語を、本文から４語で抜き出して書きなさい。

Riku and Takeshi will live far away from each other, but they (　　　　).

(5) 次の質問の答えとなるように、(　　)内に本文中から連続する英語を抜き出して書きなさい。ただし、それぞれ【　　】で指定された語数で答えること。

① What did Takeshi ask Riku to do?

He asked Riku to (　　　　　). 【５語】

② What did Riku learn from Coco?

He learned that (　　　　　) from her. 【３語】

6 中学生のナオキ(Naoki)とクラスメイトのケビン(Kevin)が、次のちらしを見ながら話をしています。対話の流れに合うように、①〜④の（　　　）内の英語を並べかえて、記号で答えなさい。ただし、それぞれ不要な語(句)が１つずつあり、文頭に置く語も小文字で示されています。

ふれあいソフトボール大会

けやき第一中学校生徒会

・日時

11月5日（日）　9時試合開始

・場所

けやき第一中学校

・その他

» 町内に住む方ならどなたでも参加できます。
参加希望者は8時40分までにお越しください。

» お持ちいただくものは特にありません。
運動できる服装でお越しください。

» 試合後、みなさんで昼食をとります。
お弁当は学校が用意します。

» 雨天中止です。

Naoki：Look at this. Our school has a softball game on Sunday, November 5th. ①(ア in イ people ウ can エ this town オ live カ living) play in the game. Would you like to try?

Kevin：Wow, that sounds exciting! Let's join it together.

Naoki：Great!

Kevin：What time will the game start?

Naoki：At nine in the morning. We have ②(ア at school イ fourteen ウ forty エ to be オ eight カ by).

Kevin：OK. Are there any things we have to bring?

Naoki：No. We just need to wear sports clothes. Our school will ③(ア before イ lunch ウ give エ us オ the game カ after).

Kevin：I see. I'm *looking forward to the softball game.

Naoki：Me, too. However, the game will ④(ア if イ held ウ it's sunny エ be オ not カ it rains).

* look forward to〜　〜を楽しみにする

＜放送による問題放送文＞

ただいまから１番の、放送による聞き取りテストを行います。問題は(1)から(4)までの４つです。放送中メモを取ってもかまいません。

それでは(1)の問題から始めます。

(1)　これから、No. 1 から No. 5 まで、５つの英文を放送します。放送される英文を聞いて、その内容に合うものを選ぶ問題です。それぞれの英文の内容に最もよく合うものを、**ア**、**イ**、**ウ**、**エ**の中から１つ選んで、その記号を書きなさい。
それぞれの英文は、２回放送します。

では、はじめます。

No. 1
▷My sister is cooking dinner.◁
繰り返します。（▷〜◁）

No. 2
▷We usually go there when we get sick.◁
繰り返します。（▷〜◁）

No. 3
▷There is a box under the table.◁
繰り返します。（▷〜◁）

No. 4
▷Taro gets up at seven.　His father gets up later than Taro.　Taro's mother gets up the earliest of the three.◁
繰り返します。（▷〜◁）

No. 5
▷I went shopping with 1,000 yen this morning.　I bought a pen and a notebook.　The pen was 400 yen and the notebook was 200 yen.◁
繰り返します。（▷〜◁）

これで(1)の問題を終わります。

次に、(2)の問題に移ります。

(2)　これから、No. 1 から No. 4 まで、4つの対話を放送します。それぞれの対話のあとで、その対話について1つずつ質問します。それぞれの質問に対して、最も適切な答えを、**ア**、**イ**、**ウ**、**エ**の中から1つ選んで、その記号を書きなさい。
対話と質問は、2回放送します。
では、はじめます。

No. 1

A:　▷You have a nice bag, Kevin.
B:　Thank you, Mari.
A:　Did you get it from your mother or father?
B:　No.　My cousin gave it to me.
Question:　Who gave the bag to Kevin?◁
繰り返します。（▷〜◁）

No. 2

A:　▷You look tired, Ken.
B:　I went to bed at one o'clock and got up at six o'clock this morning.
A:　Did you study?
B:　No.　I watched a soccer game on TV.
Question:　Which is true about Ken?◁
繰り返します。（▷〜◁）

No. 3

A:　▷I like spring the best of all seasons, Eri.
B:　Really, Jack?　Spring is warmer than winter, but I don't like those two seasons.
A:　I see.　Which do you like better, summer or fall?
B:　Summer.
Question:　Which season does Eri like the best?◁
繰り返します。（▷〜◁）

No. 4

A:　▷You speak English very well, Hitomi.
B:　Thank you, Jim.　I was born in the U.S.　When I was ten years old, I came to Japan with my family.
A:　That means you have lived in Japan for six years, right?
B:　That's right.
Question:　Is Hitomi 16 years old?◁
繰り返します。（▷〜◁）

これで(2)の問題を終わります。

次に、(3)の問題に移ります。

(3) これから、ポール(Paul)とリョウコ(Ryoko)の対話を放送します。そのあとで、その内容についてQuestion No. 1とQuestion No. 2の2つの質問をします。それぞれの質問に対して、最も適切な答えを、**ア**、**イ**、**ウ**、**エ**の中から1つ選んで、その記号を書きなさい。

対話と質問は、2回放送します。

では、はじめます。

Paul: ▷Ryoko, you were walking with your father near the station at 10 a.m. yesterday, right?

Ryoko: Yes, I was. Did you see us?

Paul: Yes, I did. Where were you going?

Ryoko: To a bike shop. I'm going to go to school by bike when I become a high school student next month. So my father bought a bike for me.

Paul: I see. Is the school far from your house?

Ryoko: Yes. I think it takes 30 minutes by bike.

Paul: Oh, that's a little far.

Ryoko: Yes, it is.

Paul: Will you go to school by bike on rainy days, too?

Ryoko: No. I will go by bus.

Questions:

No. 1 When did Paul see Ryoko and her father?

No. 2 How will Ryoko go to high school on rainy days?◁

繰り返します。(▷〜◁)

これで(3)の問題を終わります。

次に、(4)の問題に移ります。

(4)　中学生のミキ(Miki)は学校で、新しく来た留学生に向けてスピーチをしています。これからそのスピーチを放送します。その内容について、次の①、②の問いに答えなさい。

英文は、２回放送します。

では、はじめます。

▷Our school has many interesting events.　For example, we have sports day in July.　It's the most popular event in our school.　The school trip in May is popular, too.　We go to Kyoto and visit many temples and shrines.　My favorite event is the chorus contest in October.　Each class sings a song.　The speech contest is a new event that started last year.　It's held in November.　Many students talk about the things they like.　I love our school events because I can make good friends through them.　Let’s enjoy our school events together.◁

繰り返します。（▷～◁）

これで、放送による聞き取りテストを終わります。続いて、**問題２**に進みなさい。

【数　学】（50分）〈満点：100点〉

1　次の（１）、（２）の問いに答えなさい。

（１）　次の①～④の計算をしなさい。

①　$4+(-7)$

②　$3(x-4y)-(2x-5y)$

③　$9a^2 \div 12a^3b \times 8ab^2$

④　$\sqrt{20}-\dfrac{15}{\sqrt{5}}$

（２）　$x=2-\sqrt{3}$、$y=\sqrt{3}$ のとき、x^2+xy の値を求めなさい。

2 次の（１）～（４）の問いに答えなさい。

（１） 大小２個のさいころを同時に１回投げるとき、出た目の数の積が 15 の倍数である確率を求めなさい。
　ただし、さいころは各面に１から６までの目が１つずつかかれており、どの目が出ることも同様に確からしいとする。

（２） 百の位の数字と一の位の数字がともに a、十の位の数字が b である３けたの自然数を表している式を、次の**ア**～**エ**の中から１つ選んで、その記号を書きなさい。

ア $100a + 10b$　　**イ** $100a + 10ab$　　**ウ** $101a + 10b$　　**エ** $1010ab$

（３） x についての２次方程式 $x^2 + ax + b = 0$ の解が $x = 2$、$x = 4$ であるとき、a、b の値を求めなさい。

（４） 登山サークルでテントを買うのに、全員が同じ金額ずつ出し合うことになった。１人 1800 円ずつ出すと 300 円余り、１人 1700 円ずつ出すと 800 円不足する。
　このとき、登山サークルの人数を求めなさい。

3 A組、B組の生徒が、1人10回ずつ的に向かってボールを投げるゲームを行った。下の**図**は、A組20人とB組20人について、ボールが的に当たった回数のデータを箱ひげ図に表したものである。

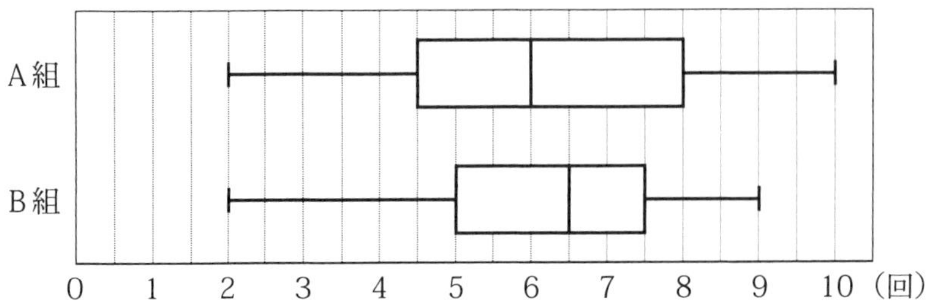

図

このとき、次の(1)～(3)の問いに答えなさい。

(1) A組について、データの四分位範囲を求めなさい。

(2) A組について、**図**の箱ひげ図から読み取れることを、次のように説明した。[①]、[②] に当てはまるものを、次の**ア**～**ウ**の中からそれぞれ1つ選んで、その記号を書きなさい。

> **(説明)**
> ボールを的に当てた回数が8回以上である生徒の人数については「[①]」といえ、4回以下である生徒の人数については「[②]」といえる。

ア ちょうど5人である　　**イ** 少なくとも5人いる　　**ウ** 多くて5人いる

（３） 次のヒストグラムのいずれかは、Ｂ組の箱ひげ図に対応している。対応するヒストグラムを、次の**ア**～**エ**の中から１つ選んで、その記号を書きなさい。

例えば**ア**のヒストグラムからは、記録が２回以上４回未満の生徒は５人いることが読み取れる。

ア

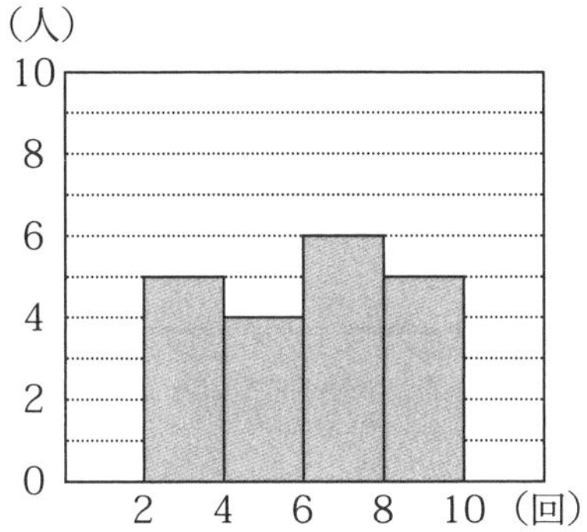

イ

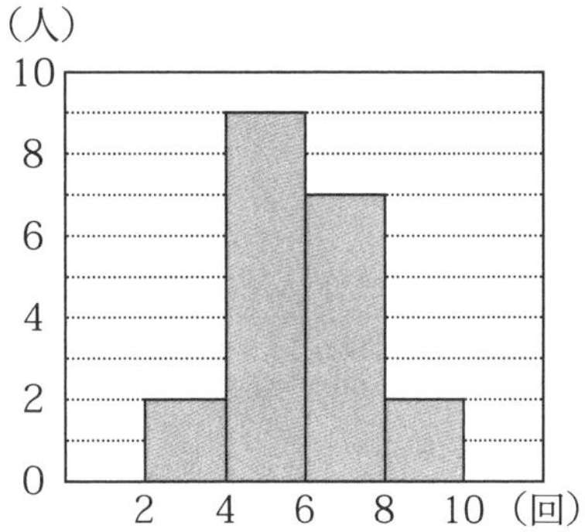

ウ

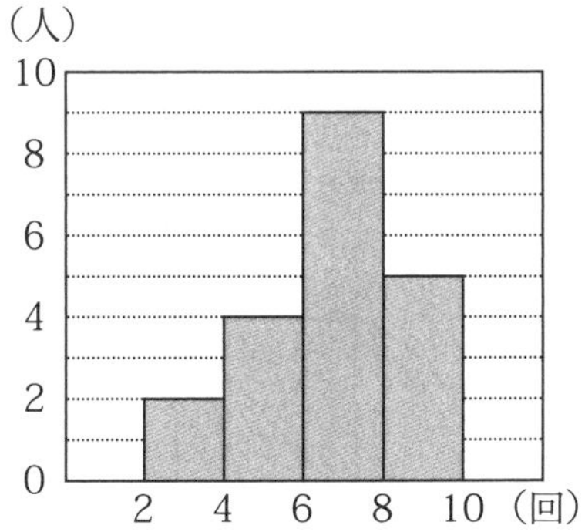

エ

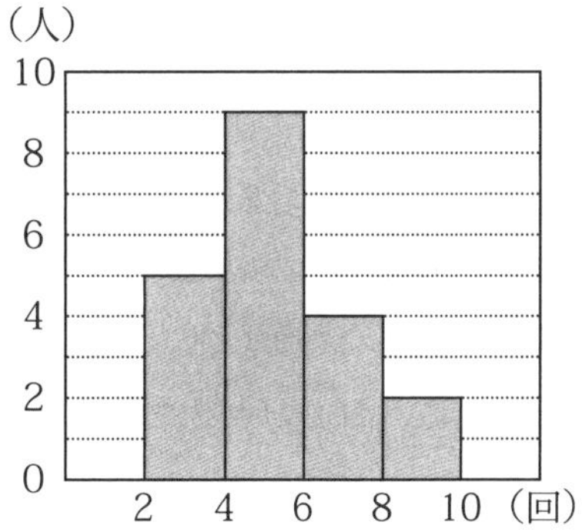

４ 円Ｏの円周上に４点Ａ、Ｂ、Ｃ、Ｄがあり、四角形ＡＢＣＤはＡＢ＞ＡＤの長方形である。点Ｃをふくまない方の$\overset{\frown}{\mathrm{AB}}$上に点Ｐをとり、点Ｄと点Ｐを結ぶ。

右の**図１**は、点Ｐを$\overset{\frown}{\mathrm{AB}}$上のいろいろな位置に動かすことのできるタブレット端末の画面であり、太郎さんと花子さんは、点Ｐを動かしながら、図形の性質や関係について調べている。

このとき、次の（１）、（２）の問いに答えなさい。

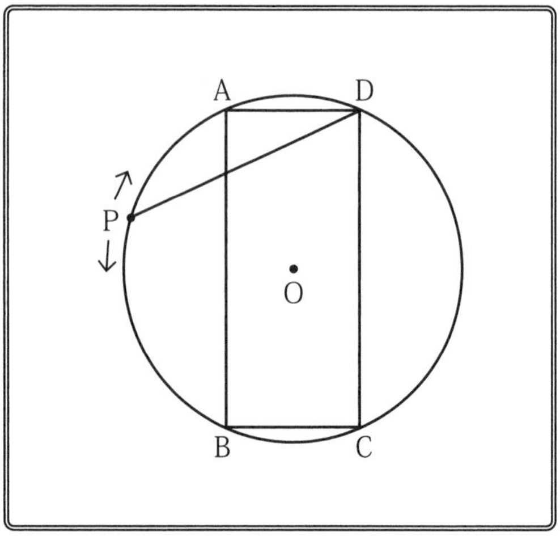

図１

（１） 太郎さんは、右の**図２**のように、点Ｃをふくまない方の弧について$\overset{\frown}{\mathrm{AP}}=2\overset{\frown}{\mathrm{AD}}$となるように点Ｐを動かした。∠ＡＤＰ＝46°のとき、∠ＢＤＰの大きさを求めなさい。

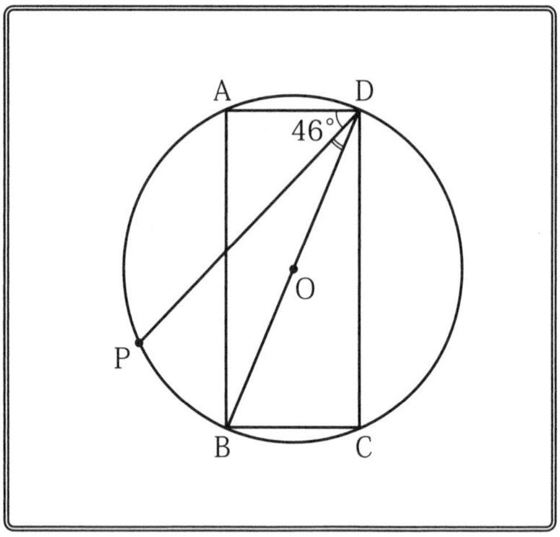

図２

（２）　花子さんは、右の**図３**のように、点Ｃをふくまない方の弧について$\overset{\frown}{\mathrm{AP}}=\overset{\frown}{\mathrm{AD}}$となるように点Ｐを動かした。線分ＤＰと線分ＡＣ、辺ＡＢとの交点をそれぞれＥ、Ｆとする。

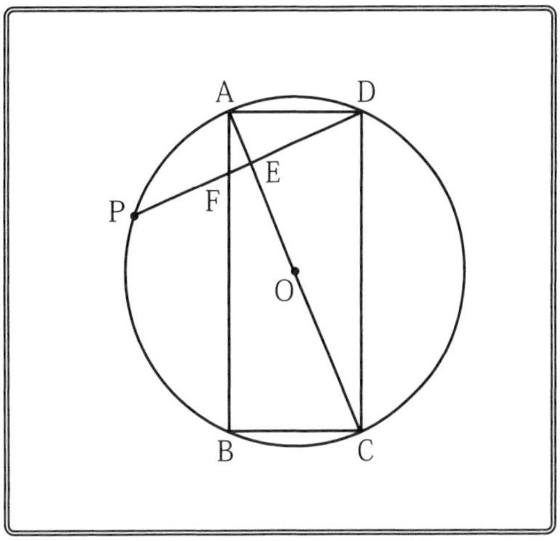

図３

①　花子さんは、次のことに気がついた。

> **（花子さんが気がついたこと）**
> ∠ＡＢＣ＝∠ＡＤＣ＝90°より、線分ＡＣは円Ｏの直径です。
> $\overset{\frown}{\mathrm{AC}}$から$\overset{\frown}{\mathrm{AP}}$、$\overset{\frown}{\mathrm{AD}}$をそれぞれとってできる$\overset{\frown}{\mathrm{CP}}$、$\overset{\frown}{\mathrm{CD}}$が等しいことを利用して、△ＡＥＤ∽△ＤＥＣを証明できます。

花子さんが気がついたことをもとに、△ＡＥＤ∽△ＤＥＣであることを証明しなさい。

②　ＡＢ＝６ cm、ＢＣ＝３ cmのとき、線分ＡＦの長さを求めなさい。

5 右の**図1**において、m は関数 $y=ax^2$ のグラフを表し、O(0, 0)、A(2, 4)、B(2, 2)、C(4, 2)、D(4, 4)とする。2点A、Cを通り、$y=\frac{b}{x}$ $(x>0)$ で表される曲線を n とする。ただし、a、b は正の定数とする。また、m と n との交点をEとする。

このとき、次の(1)〜(3)の問いに答えなさい。

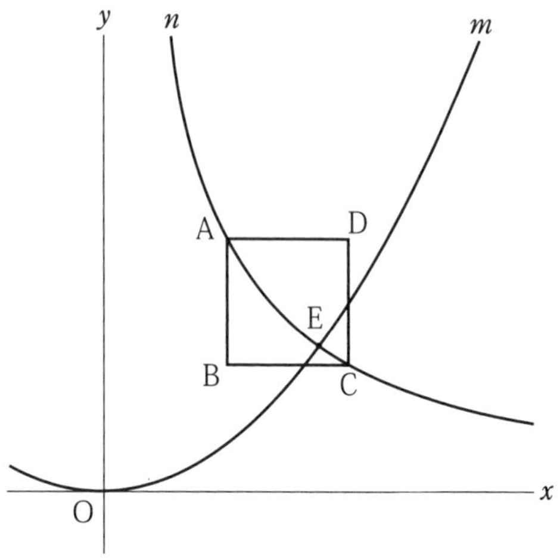

図1

(1) b の値を求めなさい。

(2) 点Eが四角形ABCDの内部にあるとき、a のとりうる値の範囲を、次の**ア**〜**エ**の中から1つ選んで、その記号を書きなさい。

ア $\frac{1}{8}<a<\frac{1}{2}$　　**イ** $\frac{1}{8}<a<1$　　**ウ** $\frac{1}{2}<a<1$　　**エ** $\frac{1}{2}<a<2$

(3) 右の**図2**のように、n と線分BDとの交点をFとすると、点Fの x 座標と y 座標の値は等しくなる。点Eが点Fに重なるとき、a の値を求めなさい。

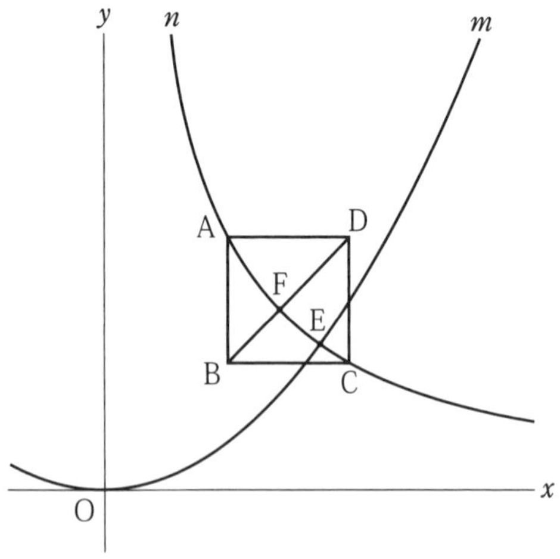

図2

6　右の**図**のような、１辺が６cmの立方体ＡＢＣＤＥＦＧＨがある。辺ＡＢ、ＢＣ、ＣＤ、ＨＧ上にそれぞれ点Ｐ、Ｑ、Ｒ、ＳをＡＰ＝ＢＱ＝ＣＲ＝ＨＳ＝４cmとなるようにとる。
　このとき、次の（１）～（３）の問いに答えなさい。

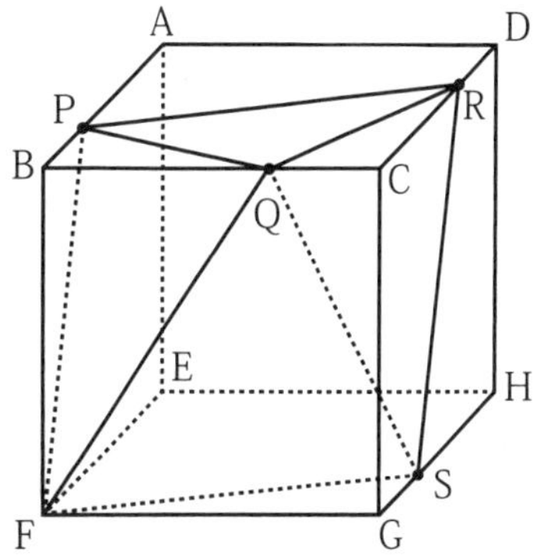

図

（１）　△ＰＱＲの面積を求めなさい。

（２）　四角形ＰＦＳＲはどんな四角形か。最も適切なものを、次の**ア**～**エ**の中から１つ選んで、その記号を書きなさい。

ア　正方形　　**イ**　長方形　　**ウ**　ひし形　　**エ**　**ア**～**ウ**のいずれでもない

（３）　点Ｑ、Ｐ、Ｆ、Ｓ、Ｒを頂点とする四角錐《すい》ＱＰＦＳＲの体積を、（１）の結果と、△ＰＦＳと△ＰＲＳの面積が等しいことを利用して求めなさい。

【社　会】（50分）〈満点：100点〉

1　社会科の授業で、「世界や日本のさまざまな地域の特色を見いだそう」という課題で、班ごとにテーマを設定して、学習しました。次の１、２に答えなさい。

1　A班では、「世界の姿と諸地域」というテーマを設定しました。(1)～(4)の問いに答えなさい。

資料１　世界地図

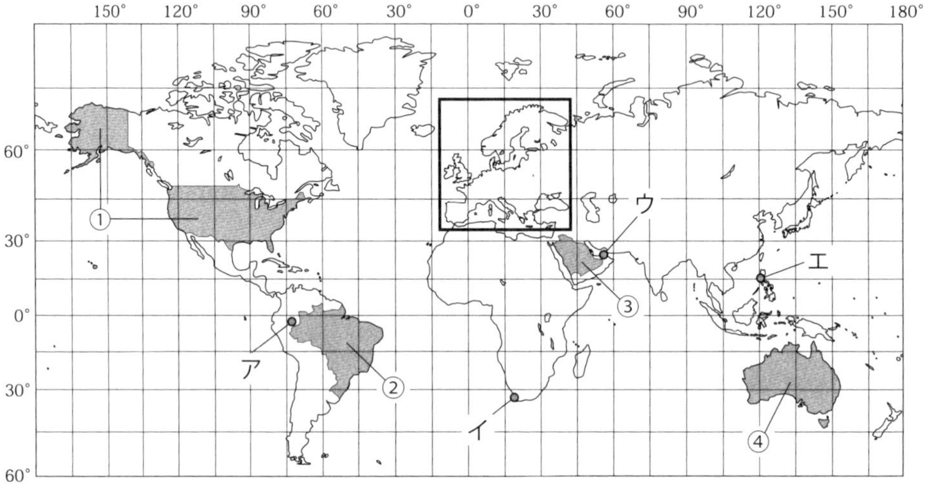

(1)　太郎さんは、大学生の姉がある都市に旅行に行ったので、話を聞きました。太郎さんの姉が旅行に行った都市として最も適切なものを、資料１のア～エの中から１つ選んで、その記号を書きなさい。

太郎：旅行では何をしてきたの。
姉：資料２のモスクを見学しに行ったよ。そこでは、女性は髪《かみ》や肌《はだ》を見せてはいけないという決まりがあったので、スカーフを巻いて見学したんだ。
太郎：そうなんだね。ほかにはどこに行ったの。
姉：ラクダに乗って砂漠《さばく》を見学するツアーに参加したよ。辺り一面に砂漠が広がっていて、とても雄大《ゆうだい》な景色だったよ。

資料２　モスク

(2)　花子さんは、資料１をもとに世界の国々の貿易について調べました。資料３のア～エは、資料１にある①～④のそれぞれの国における輸出品目を示したものです。資料１にある④の国に当てはまるものを、資料３のア～エの中から１つ選んで、その記号を書きなさい。

資料３　資料１にある①～④のそれぞれの国における輸出品上位３品目と輸出総額（2020年）

ア	イ	ウ	エ
鉄鉱石　32.2%	原油・石油製品　66.8%	機械類　24.9%	大豆　13.7%
石炭　11.9%	プラスチック　8.9%	自動車　7.1%	鉄鉱石　12.3%
天然ガス　10.0%	有機化合物　5.6%	精密機械　4.8%	原油　9.4%
輸出総額 2504 億ドル	輸出総額 1753 億ドル	輸出総額 14341 億ドル	輸出総額 2099 億ドル

注）輸出品目の横にある値は、輸出総額に占める割合を示している。　〔「データブック　オブ・ザ・ワールド 2023年」などより作成〕

(3)　資料１を参考にして、日本を地球の反対側に移した位置を示した図として最も適切なものを、次のア～エの中から１つ選んで、その記号を書きなさい。

ア

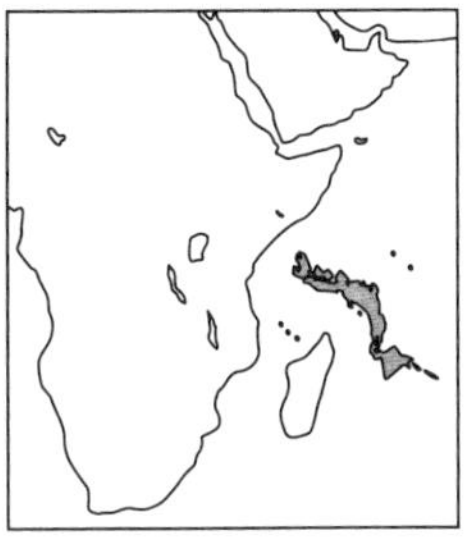

イ

ウ

エ

(4)　花子さんは、ヨーロッパ州の国々に関心をもちました。資料４は、資料１の□の地域を示しています。

①　資料４の▒で示した20か国は、ＥＵ（ヨーロッパ連合）の2023年１月現在の加盟国のうち、ＥＵのある共通の通貨を導入している国です。この通貨を何というか、書きなさい。

②　花子さんは、ＥＵ（ヨーロッパ連合）は、ＥＣ（ヨーロッパ共同体）が発展してできた組織であることを知りました。資料５は、資料４の20か国のうち、６か国（フランス、ドイツ、スペイン、ポルトガル、ラトビア、リトアニア）の１人当たり国民総所得を示しています。６か国について読み取ったものとして最も適切なものを、次のア～エの中から１つ選んで、その記号を書きなさい。

資料４　ＥＵ（ヨーロッパ連合）加盟国のうちある共通の通貨を導入している国

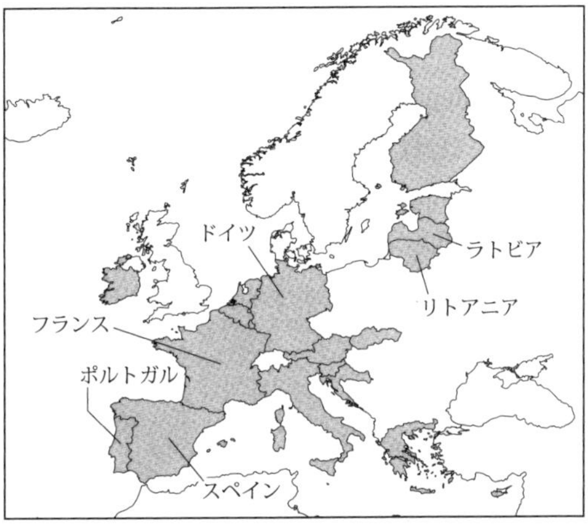

資料５　６か国の１人当たり国民総所得（2020年）

国名		１人当たり国民総所得（ドル）
ＥＣ発足当時（1967年）の加盟国	フランス	39573
	ドイツ	47186
ＥＵ発足当時（1993年）の加盟国	スペイン	27570
	ポルトガル	22059
2004年以降の加盟国	ラトビア	17866
	リトアニア	20171

注）ドイツは、西ドイツのときに加盟した年を示している。
（「世界国勢図会 2022/23」などより作成）

ア　６か国の１人当たり国民総所得は、西側に位置する国ほど大きくなっている。

イ　６か国のうち、１人当たり国民総所得が最も大きい国の額は、最も小さい国の３倍以上である。

ウ　ＥＵ（ヨーロッパ連合）に加盟した年が遅い国ほど、１人当たり国民総所得が大きい。

エ　６か国のうち、地中海に面している国は、すべて１人当たり国民総所得が25000ドル以上である。

2　B班では､｢交通から見た日本の特色｣というテーマを設定して､新幹線について調べました。⑴～⑶の問いに答えなさい。

⑴　良子さんは、新幹線のうち、上越新幹線と北陸新幹線について調べを進め、次のような＜メモ＞を作成しました。＜メモ＞の[あ]に共通して当てはまる河川名を書きなさい。

＜メモ＞
　東京駅から上越新幹線に乗ると新潟駅まで、北陸新幹線に乗ると金沢駅まで行くことができる(2023年8月現在)。上越新幹線と北陸新幹線の車窓《しゃそう》からは、日本最長の河川である[あ](長野県域は千曲《ちくま》川)が見える。[あ]は、山梨県・埼玉県・長野県の境にまたがる甲武信ヶ岳《こぶしがたけ》に源流《げんりゅう》があり、多くの河川と合流して新潟市で日本海に注いでいる。

⑵　次郎さんは、福岡県の博多駅から鹿児島県の鹿児島中央駅までを結ぶ九州新幹線(鹿児島ルート)について調べたところ、九州でも有数の穀物《こくもつ》の産地である筑紫《つくし》平野を通過することを知り、資料6を用意して、良子さんと話し合いました。会話文中の[い]に当てはまる内容を、「土地」という語を用いて書きなさい。

資料6　筑紫平野の水田での小麦の栽培

次郎：筑紫平野では、資料6のように二毛作《にもうさく》が行われているんだ。
良子：二毛作とは、[い]ことだよね。
太郎：筑紫平野で二毛作を行うことができるのは、冬でも暖かい気候だからだよ。

(3) 良子さんは、東京駅から新大阪駅までを結ぶ東海道新幹線に興味をもち、東海道新幹線が通っている地域の地形図を用意しました。資料７を読み取った下のア～エのうち、適切でないものを１つ選んで、その記号を書きなさい。

資料７　東海道新幹線が通っている地域の地形図の一部

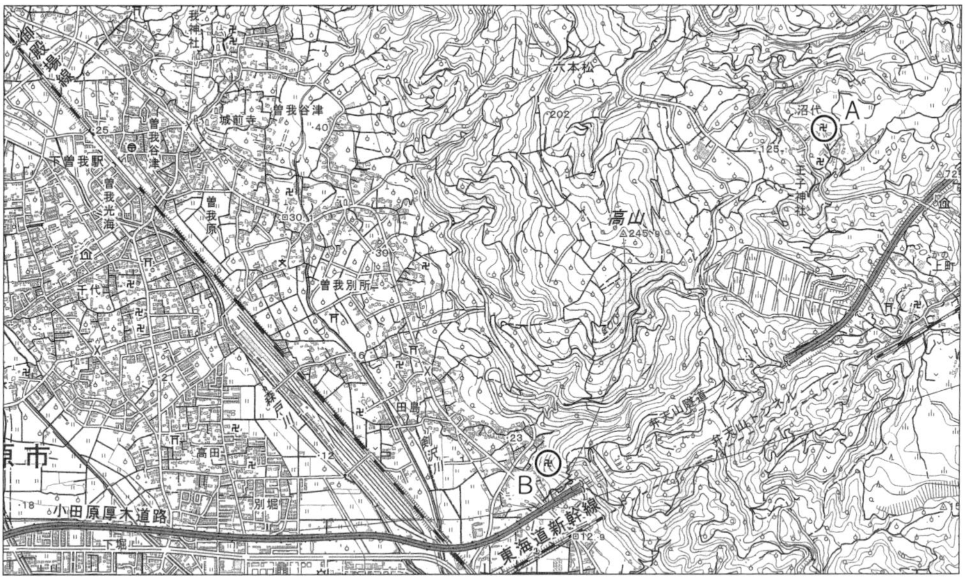

（国土地理院発行２万５千分の１地形図「小田原北部」より作成）
〈編集部注：編集上の都合により原図の84%に縮小してあります。〉

ア　高山《こうやま》の頂上と下曽我《しもそが》駅の標高の差は 200 m以上ある。

イ　Aの寺院から見て、Bの寺院は南西の方角にある。

ウ　御殿場線《ごてんばせん》の線路沿いには高等学校や郵便局がある。

エ　地形図上の弁天山《べんてんやま》トンネルの長さを約５cmとすると、実際の距離《きょり》は約 1250 mである。

2　社会科の授業で、「日本のそれぞれの時代にはどのような特色があるか」という課題で、班ごとにテーマを設定して、学習しました。次の１、２に答えなさい。

1　A班では、江戸時代までの年表を作成しました。(1)～(5)の問いに答えなさい。

西暦	七二四	九三九	一〇八六	一二七四	一三七八	一四二九	一五四三	一五九〇	一六四一	一八二五	一八五四	一八六七
できごと	a 聖武《しょうむ》天皇が即位《そくい》する	藤原純友《ふじわらのすみとも》の乱がおこる	白河上皇《しらかわじょうこう》の院政が始まる	b 文永《ぶんえい》の役《えき》がおこる	足利義満《あしかがよしみつ》が幕府を室町に移す	琉球王国《りゅうきゅうおうこく》が成立する	c ポルトガル人が鉄砲《てっぽう》を伝える	豊臣秀吉《とよとみひでよし》が全国を統一する	d 鎖国《さこく》の体制が固まる	異国船打払令《いこくせんうちはらいれい》が出される	日米《にちべい》和《わ》親《しん》条約が結ばれる	大政奉還《たいせいほうかん》が行われる
			ア	イ		ウ			エ			

(1)　太郎さんと花子さんは、年表中の傍線部aについて話し合いました。会話文中の［あ］に当てはまる内容を、「仏教」、「国家」という語を用いて書きなさい。

> 太郎：聖武天皇のころには、全国的な伝染病《でんせんびょう》の流行や災害などに人々は苦しんでいたよ。
> 花子：うん。そこで、聖武天皇と光明皇后《こうみょうこうごう》は、［あ］ために国ごとに国分寺《こくぶんじ》と国分《こくぶん》尼寺《にじ》を建て、都には東大寺《とうだいじ》を建てて金銅《こんどう》の大仏をつくらせたんだよね。

(2)　太郎さんは、年表中の傍線部bについて調べを進め、次のような<メモ>を作成しました。また、さらに調べを進めたところ、文永の役がおこった年に一遍《いっぺん》が新しい仏教を開いたことを知りました。<メモ>の［い］に当てはまる人物名と、一遍が開いた仏教の名称の組み合わせとして最も適切なものを、下のア～エの中から１つ選んで、その記号を書きなさい。

> <メモ>
> 元《げん》の皇帝［い］が日本を従えようとして使者を送ったが、北条時宗《ほうじょうときむね》がこれを無視したために、元軍が侵攻してきた。元軍は博多湾《はかたわん》の沿岸に上陸し、火薬を使った武器や集団戦法で幕府軍を苦しめたが、暴風雨によって撤退《てったい》した。

ア［い　フビライ・ハン　　仏教の名称　時宗《じしゅう》］
イ［い　フビライ・ハン　　仏教の名称　禅宗《ぜんしゅう》］
ウ［い　チンギス・ハン　　仏教の名称　時宗］
エ［い　チンギス・ハン　　仏教の名称　禅宗］

(3)　花子さんは、年表中の傍線部ｃについて調べたところ、ポルトガル人を乗せた中国の船が、ある島に流れ着いたことで日本に鉄砲が伝わったことを知りました。この島の場所を、資料１のア～エの中から１つ選んで、その記号を書きなさい。

資料１　地図

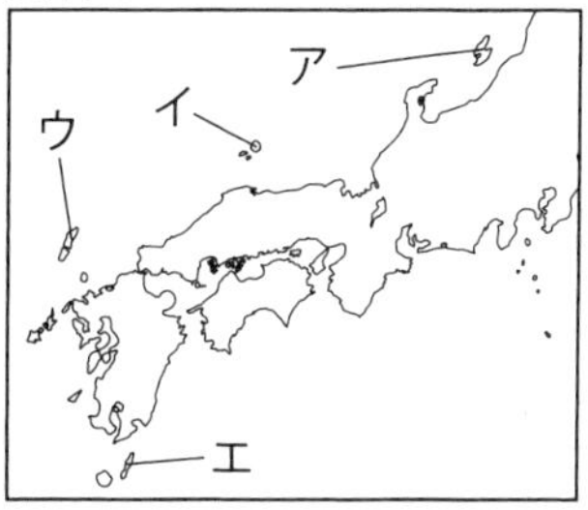

(4)　年表中の傍線部ｄについて、太郎さんは、江戸幕府の政策について調べ、次のような<ノート>を作成しました。<ノート>の下線部ア～エの中から、誤っているものを１つ選んで、その記号を書きなさい。また、誤っている部分を適切な語に直しなさい。

<ノート>

【徳川家康《とくがわいえやす》】

1612年　幕府領（幕領《ばくりょう》）にキリスト教の禁教令《きんきょうれい》を出す。

【徳川秀忠《ひでただ》】

1616年　ヨーロッパ船の来航をア長崎と平戸《ひらど》に制限する。

【徳川家光《いえみつ》】

1635年　日本人の海外渡航・帰国を禁止する。

1637年　キリスト教信者（キリシタン）への迫害《はくがい》や厳しい年貢の取り立てに苦しんだ島原《しまばら》と天草《あまくさ》の人々が、イ天草四郎《あまくさしろう》（益田時貞《ますだときさだ》）を大将にして島原・天草一揆《いっき》をおこし、翌年、幕府軍がこれを鎮圧《ちんあつ》した。

1639年　ウポルトガル船の来航を禁止する。

1641年　平戸のエスペイン商館を長崎の出島《でじま》に移す。

(5)　資料２は、武士の社会で行われていた慣習に基づいて定められた御成敗式目《ごせいばいしきもく》（貞永式目《じょうえいしきもく》）の一部を示したものです。年表中のア～エの中から、御成敗式目（貞永式目）が出された時期として最も適切なものを１つ選んで、その記号を書きなさい。

資料２　御成敗式目（貞永式目）（部分要約）

一　諸国の守護《しゅご》の職務は、頼朝公《よりともこう》の時代に定められたように、京都の御所《ごしょ》の警備と、謀反《むほん》や殺人などの犯罪人の取り締《し》まりに限る。

一　武士が20年の間、実際に土地を支配しているならば、その権利を認める。

2　B班では、「明治時代以降に朝鮮半島でおこったできごと」というテーマを設定して、調べたことをまとめ、カード１～カード４を作成しました。(1)～(4)の問いに答えなさい。

<table>
<tr>
<td>カード１　甲午農民《こうごのうみん》戦争
東学《とうがく》を信仰《しんこう》する農民たちの団体が、腐《ふ》敗《はい》した役人の追放などの政治改革や、日本や欧米などの外国人の排除《はいじょ》を目指して蜂起《ほうき》した。</td>
<td>カード２　韓国併合《へいごう》
日本は韓国を保護国としたため、韓国で抵抗運動がおこった。その運動をおさえた日本は、韓国を領有して朝鮮と改め、e朝鮮総督府《そうとくふ》を置いて植民地支配を進めた。</td>
</tr>
<tr>
<td>カード３　三・一独立運動
fパリ講和会議中に、京城《けいじょう》（現在のソウル）で日本からの独立が宣言され、人々が「独立万歳《ばんざい》《マンセ》」を叫《さけ》んで行進したのをきっかけに、独立を求める運動が朝鮮半島全土に広まった。</td>
<td>カード４　朝鮮戦争
朝鮮は、北緯38度線を境にして南はアメリカ、北はソ連に占領され、南に韓国（大韓民国）、北に北朝鮮（朝鮮民主主義人民共和国）が成立した。北朝鮮が南北の統一を目指して韓国に侵攻《しんこう》し、朝鮮戦争が始まった。</td>
</tr>
</table>

(1)　カード１について、甲午農民戦争をきっかけに日清戦争が始まりました。日清戦争に関する内容として最も適切なものを、次のア～エの中から１つ選んで、その記号を書きなさい。

ア　日清戦争の前に、利害が一致した日本とイギリスが日英同盟を結んだ。

イ　日清戦争の講和条約で、日本は賠償金《ばいしょうきん》を得られなかった。

ウ　日清戦争の講和条約で得た賠償金を基《もと》に、官営八幡《やはた》製鉄所が建設された。

エ　日清戦争の講和条約で、北緯50度以南の樺太《からふと》を日本の領土とすることが認められた。

(2)　カード２の下線部eについて、次のⅠ～Ⅲは、朝鮮総督府が設置された1910年から廃止された1945年までの間に日本でおこった出来事について述べたものである。それらを古い順に並べたものを、下のア～カの中から１つ選んで、その記号を書きなさい。

Ⅰ　近衛文麿《このえふみまろ》内閣のもとで、国を一丸とする政治体制をつくるため、ほとんどの政党や政治団体が解散して大政翼賛会《たいせいよくさんかい》にまとめられた。

Ⅱ　陸軍の青年将校《しょうこう》らが大臣などを殺傷し、東京の中心部を占拠《せんきょ》する二・二六事件がおこった。

Ⅲ　シベリア出兵を見こした米の買い占めによって米の値段が大幅《おおはば》に上がったため、米の安売りを求める騒動《そうどう》が全国でおこった。

ア　[Ⅰ－Ⅱ－Ⅲ]　　イ　[Ⅰ－Ⅲ－Ⅱ]　　ウ　[Ⅱ－Ⅰ－Ⅲ]

エ　[Ⅱ－Ⅲ－Ⅰ]　　オ　[Ⅲ－Ⅰ－Ⅱ]　　カ　[Ⅲ－Ⅱ－Ⅰ]

(3) カード３の下線部ｆについて、次郎さんは、パリ講和会議について調べを進め、次のような＜まとめ＞を作成しました。＜まとめ＞の【 う 】、【 え 】に当てはまる語の組み合わせとして最も適切なものを、下のア〜エの中から１つ選んで、その記号を書きなさい。

> ＜まとめ＞
> 　パリで第一次世界大戦の戦勝国である連合国側の32か国（イギリス領自治国を含む）が集まって講和会議が開かれた。アメリカ大統領【 う 】は、第一次世界大戦中に軍備縮小や民族自決の原則、国際平和機関の設立などを示した「十四か条の平和原則」を発表し、大戦後の国際秩序の方向性を示した。また、この講和会議において、山東《さんとう》《シャントン》省での【 え 】ことなどを規定したベルサイユ条約が結ばれた。

ア ［う　ウィルソン　　　え　ドイツの権益を日本に引きつぐ］
イ ［う　ウィルソン　　　え　日本の権益を中国に返還《へんかん》する］
ウ ［う　ロ《(ル)》ーズベルト　　え　ドイツの権益を日本に引きつぐ］
エ ［う　ロ《(ル)》ーズベルト　　え　日本の権益を中国に返還する］

(4) カード４について、朝鮮戦争の影響《えいきょう》の一つとして最も適切なものを、次のア〜エの中から１つ選んで、その記号を書きなさい。

ア　農地改革が行われ、地主と小作人《こさくにん》の関係が改められた。
イ　共産主義などを取りしまる治安維持法《ちあんいじほう》が制定された。
ウ　三井《みつい》・三菱《みつびし》・住友《すみとも》・安田《やすだ》などの財閥が解体された。
エ　特需《とくじゅ》（特殊需要《とくしゅじゅよう》）景気により、日本の復興《ふっこう》が早まった。

3　社会科の授業で、「現代の民主政治と私たちの暮らし」というテーマを設定して、学習しました。次の１～３に答えなさい。

1　太郎さんは、「政治に参加する権利」というテーマを設定して、資料１をもとに、<まとめ>を作成しました。(1)～(3)の問いに答えなさい。

資料１　国政選挙の投票率の推移

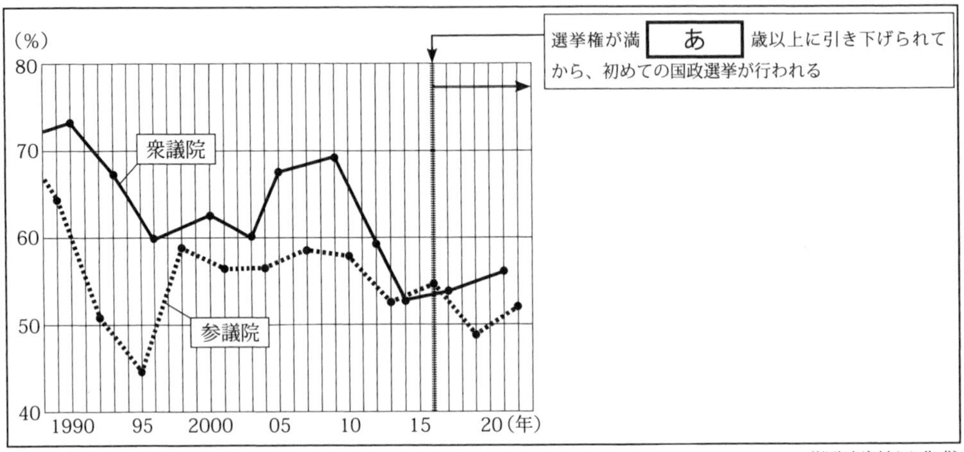

〔総務省資料より作成〕

> <まとめ>
> 　資料１から、参議院議員通常選挙は３年ごとに行われているが、衆議院議員総選挙は定期的に行われていないことが読み取れる。このことは、衆議院が［　い　］ことによって、総選挙が行われたからである。

(1)　資料１の［　あ　］に当てはまる数字を書きなさい。

(2)　<まとめ>の［　い　］に当てはまる内容を、６字以内で書きなさい。

(3)　太郎さんは、選挙制度について調べ、次のような<メモ>を作成しました。<メモ>の［　う　］、［　え　］、［　お　］に当てはまる語の組み合わせとして最も適切なものを、下のア～エの中から１つ選んで、その記号を書きなさい。

> <メモ>
> 　衆議院議員総選挙では、一つの選挙区で［　う　］の代表を選ぶ［　え　］(定数 289)と、得票数に応じてそれぞれの政党の議席数を決める［　お　］(定数 176)とを組み合わせた制度が採られている。

ア　［う　複数　　え　比例代表制　　お　小選挙区制］
イ　［う　１名　　え　比例代表制　　お　小選挙区制］
ウ　［う　複数　　え　小選挙区制　　お　比例代表制］
エ　［う　１名　　え　小選挙区制　　お　比例代表制］

2　良子さんは、「消費者の権利」というテーマを設定して、資料２をもとに、太郎さんと話し合いました。(1)～(3)の問いに答えなさい。

資料２　[か]の通知書の例

> 通知書
>
> 私は、貴社と次の契約をしましたが、解除します。
>
> 契約年月日　令和○○年○○月○○日
> 商品名　○○○○
> 販売会社　a株式会社○○○
>
> 支払った代金○○円を返金し、商品を引き取ってください。
>
> 令和○○年○○月○○日
> 住所　○○県○○市○○町○○－○○
> 氏名　○○○○

良子：資料２は、[か]の通知書の例を示したものだよ。

太郎：[か]とは、どのような制度なのかな。

良子：訪問販売などによって消費者が商品を購入した場合に、一定の期間内であれば無条件に契約の解除を事業者に要求できる制度だよ。

太郎：消費者の権利を守るために定められた制度なんだね。

良子：ほかにも、b消費者を守る法律が定められるなど、消費者の権利を守るための仕組みが整えられているんだよ。

(1)　資料２、会話文中の[か]に共通して当てはまる語を書きなさい。

(2)　資料２の下線部ａについて、株式会社は、株式を発行して多くの人から事業のための資金を集めます。資金を出したことの証明書である株式を購入した個人や法人を何というか、書きなさい。

(3)　良子さんは、会話文中の下線部ｂの法律の一つについて調べ、次のような資料３を作成しました。良子さんが調べた法律として最も適切なものを、下のア～エの中から１つ選んで、その記号を書きなさい。

資料３　取り消しの要件

> **うそを言われた（不実告知《ふじつこくち》）**
>
> 重要事項について事実と異なることを告げた。
>
> （例）「外国産」の果物を「国産」と説明して販売した。
>
> **一方的に消費者が不利になる契約は、取り消すことができる。**

ア　消費者保護基本法　　　イ　消費者基本法

ウ　製造物責任法（ＰＬ法）　　エ　消費者契約法

3　次郎さんは、「労働者の権利」について調べを進める中で、資料４、資料５を見つけました。
⑴、⑵の問いに答えなさい。

資料４　男女別賃金の推移

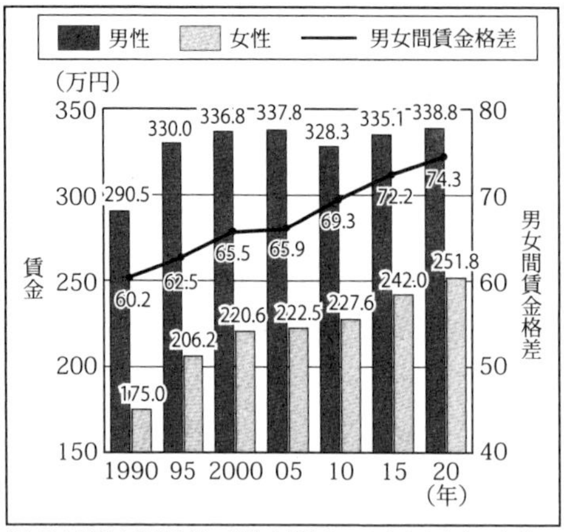

注）男女間賃金格差とは、男性の賃金を 100 としたときの女性の賃金の値である。
（厚生労働省「賃金構造基本統計調査」より作成）

資料５　第１子妊娠《にんしん》前に正規雇用であった女性の就業状況

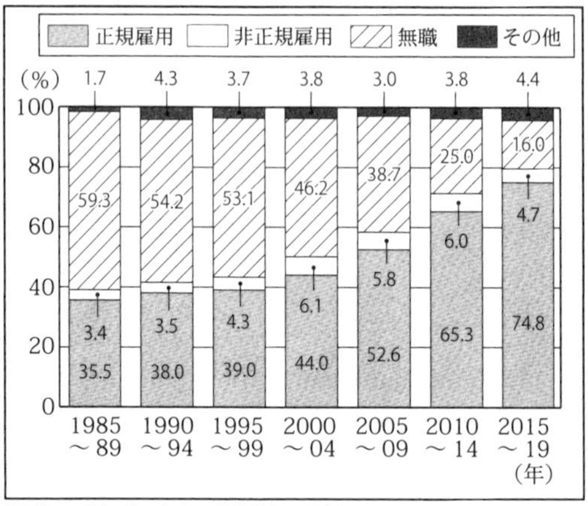

注）第１子が１歳のときの就業状況で分類している。
四捨五入の関係で合計が 100％にならない場合がある。
（国立社会保障・人口問題研究所「第 16 回出生動向基本調査」より作成）

⑴　資料４を読み取った次のア～エのうち、適切でないものを１つ選んで、その記号を書きなさい。

ア　1990 年から 2020 年にかけて、男性と女性の賃金はどちらも上昇し続けている。

イ　2000 年の男性の賃金は、同年の女性の賃金よりも 100 万円以上多い。

ウ　1990 年の男性の賃金と 2020 年の女性の賃金の差は、50 万円以下である。

エ　2020 年の女性の賃金は、同年の男性の賃金の７割以上である。

⑵　次郎さんは、資料５を見ながら良子さんと話し合っています。会話文中の［　き　］に当てはまる語として最も適切なものを、下のア～エの中から１つ選んで、その記号を書きなさい。また、［　く　］に当てはまる語を**カタカナ**で書きなさい。

次郎：資料５から、子どもを産んだあとも正規雇用で仕事をしている女性の割合が年々増加していることが読み取れるよ。

良子：育児《いくじ》・介護《かいご》休業《きゅうぎょう》法が制定されるなど、育児と仕事を両立しやすい環境が整えられているからだね。

次郎：うん。育児・介護休業法だけでなく、日本国憲法第 14 条に定められている［　き　］を保障するため、男女雇用機会均等《きんとう》法や男女共同参画《さんかく》社会基本法などが制定されたんだよ。

良子：女性が仕事を続けられるのは、性別や年齢に関係なく、仕事と個人の生活とを両立させる［　く　］の実現が進んでいることも大きな要因だと思うよ。

ア　社会権　　イ　自由権　　ウ　平等権　　エ　参政権

4　次の１、２に答えなさい。

1　次の会話は、太郎さんと花子さんが、「常磐線《じょうばんせん》」について話し合ったものです。これを読んで、(1)～(5)の問いに答えなさい。

太郎：この前、水戸駅からＪＲ a常磐線の特急ひたちに乗って仙台駅で降りて、b仙台市内を観光したよ。仙台市の青葉山《あおばやま》公園には、c戦国大名の伊達政宗《だてまさむね》の像があったんだ。
花子：ＪＲ常磐線は、2011 年におきた東日本大震災《だいしんさい》の影響で、多くの区間が不通になったよね。
太郎：うん。常磐線などの交通機関の復旧《ふっきゅう》や大きな被害を受けた町の復興などを目的として、2011 年 10 月 20 日に始まった国会で、「東日本大震災からの復興のための施策《しさく》を実施するために必要な財源の確保に関する特別措置《そち》法」という法律案が可決され、同年 12 月 2 日に d公布されたんだ。
花子：ＪＲ常磐線は、この法律に基づいて徴収《ちょうしゅう》される復興特別所得税などの税金を e財《ざい》源《げん》として復旧が進められ、2020 年 3 月 14 日に全線が開通したんだよね。

(1)　下線部ａについて、太郎さんは、常磐線は 1889 年に友部《ともべ》・水戸間で開業したことを知りました。常磐線の開業と同じ年に発布《はっぷ》された、大日本帝国《ていこく》憲法について述べた文として適切でないものを、次のア～エの中から１つ選んで、その記号を書きなさい。
ア　憲法の草案は、君主権の強いドイツなどで学んだ伊藤博文《いとうひろぶみ》が中心となって作成した。
イ　憲法では、天皇は日本国および日本国民統合の象徴《しょうちょう》であると定められた。
ウ　憲法は、天皇が国民にあたえるという形で発布された。
エ　憲法には、陸海軍の指揮などが天皇の権限として明記された。

(2)　下線部ｂについて、花子さんは、仙台市に県庁がある宮城県の特色について調べを進める中で、資料１を見つけました。宮城県に当てはまるものを、資料１のア～エの中から１つ選んで、その記号を書きなさい。

資料１　東北地方６県の農業産出額（2020 年）（単位：億円）

	米	野菜	果実	畜産
ア	795	275	30	724
イ	1078	301	89	365
ウ	548	821	906	883
エ	566	292	142	1628
山形県	837	465	729	376
福島県	762	480	299	434

〔「データでみる県勢 2023」より作成〕

(3)　下線部ｃについて、資料２は、戦国大名の朝倉氏《あさくらし》と武田氏《たけだし》が領国を支配するために制定した法律の一部を示したものです。このような法律を何というか、書きなさい。

資料２　戦国大名が制定した法律（部分要約）

朝倉氏（「朝倉孝景条々《あさくらたかかげじょうじょう》」）
一　朝倉の城郭《じょうかく》のほかには、領国内に城を構えてはならない。
武田氏（「甲州法度之次第《こうしゅうはっとのしだい》」）
一　けんかをした者は、どちらがよいか悪いかにかかわらず、処罰《しょばつ》する。

(4)　下線部ｄについて、日本国憲法の下で、法律の公布が天皇の国事行為《こうい》の一つであることを知った太郎さんと花子さんは、天皇の国事行為について調べ、次のような＜まとめ＞を作成しました。＜まとめ＞の［　あ　］、［　い　］に当てはまる語の組み合わせとして最も適切なものを、下のア～エの中から１つ選んで、その記号を書きなさい。

＜まとめ＞
　天皇は、国事行為と呼ばれる形式的・儀礼《ぎれい》的な行為を行う。天皇が国事行為を行うときは、［　あ　］の助言と承認が必要で、国事行為の責任は［　あ　］が担《にな》う。天皇は国事行為として、内閣総理大臣の［　い　］や、最高裁判所長官の［　い　］などを行う。

ア［あ　内閣　　い　指名］　　イ［あ　内閣　　い　任命］
ウ［あ　国会　　い　指名］　　エ［あ　国会　　い　任命］

(5)　下線部ｅについて、地方公共団体（地方自治体）の間の財政の格差をおさえるために国から配分される財源を何というか、書きなさい。

２　次の会話は、次郎さんと良子さんが、「茨城空港」について話し合ったものです。これを読んで、(1)～(4)の問いに答えなさい。

次郎：2010年に開港した茨城空港は、航空ｆ自衛隊が管理する百里《ひゃくり》飛行場を民間共有化してできた空港だよ。
良子：関東地方にある空港としては、乗降客数が東京国際（羽田《はねだ》）空港（東京都）、［　う　］空港（千葉県）に次いで３番目に多いんだよね。
次郎：茨城空港の路線はどこがあるのかな。
良子：国内線は新千歳《しんちとせ》空港（北海道）、神戸空港（兵庫県）、福岡空港（福岡県）、那覇空港（沖縄県）の４路線で、国際線は台湾《たいわん》の台湾桃園《たいわんとうえん》国際空港（台北《タイペイ》）の路線があるよ。また、今は運休しているけれどｇ中国の上海浦東《シャンハイプードン》国際空港（上海）、ｈ西安咸陽《せいあんかんよう》国際空港（西安）の路線もあるみたいだよ。

注）運行情報は、2023年11月現在のものである。

(1)　下線部ｆについて、次郎さんは、自衛隊と日本国憲法について調べ、次のような＜メモ＞を作成しました。＜メモ＞の［　え　］に当てはまる数字を書きなさい。

＜メモ＞
　自衛隊には、国の防衛や災害派遣、国際協力などの役割があるが、その存在について、平和主義を大原則としている日本国憲法との関わりでさまざまな意見が出されている。歴代の政府は、主権国家には自衛権があり、「自衛のための必要最小限度の実力」を持つことは、憲法第［　え　］条で禁じている「戦力」ではない、と説明している。

(2) 会話文中の う には、日本で輸出入額の合計が最も多い空港が当てはまります。この空港を何というか、書きなさい。

(3) 下線部gについて、良子さんは、中国では、経済特区を設けたことによって経済が発展したことや、中国国内で格差が拡大していることを知り、資料を作成しました。良子さんが作成した、経済特区が設けられた地域や省別・地域別1人あたり総生産額を示した資料として最も適切なものを、次のア～エの中から1つ選んで、その記号を書きなさい。

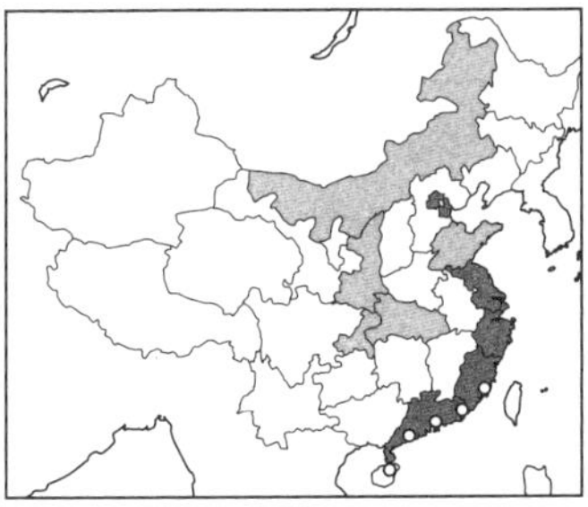

ア

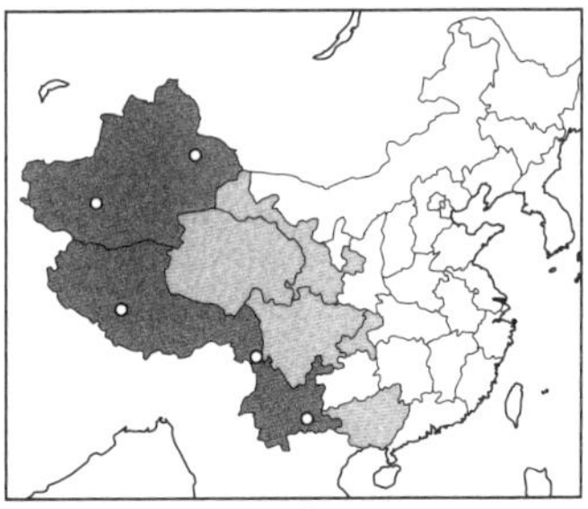

イ

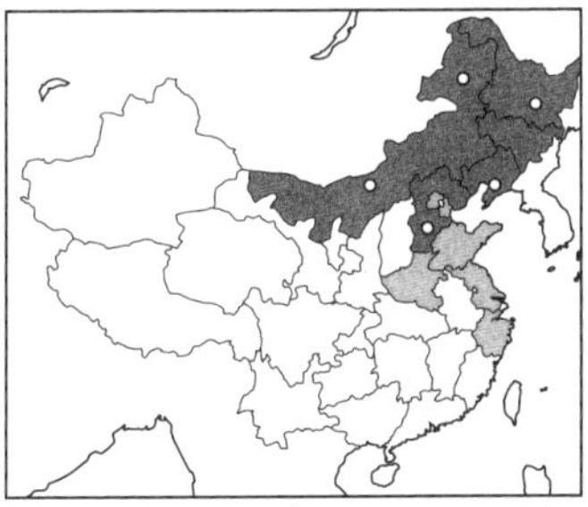

ウ

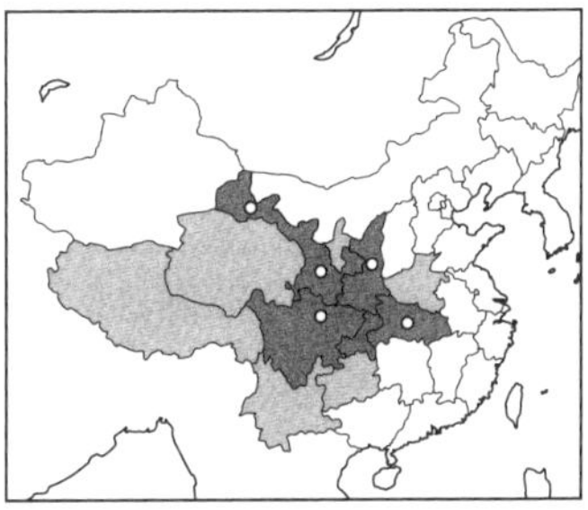

エ

注) ○は、経済特区が設けられた都市を示している。
また、1人あたり総生産額が8万元以上の省・地域は■、6～7万元は▒、6万元未満は□で示している。

〔「データブック オブ・ザ・ワールド2022」などより作成〕

(4) 下線部hについて、西安は、かつて長安《ちょうあん》とよばれた都市です。710年、奈良盆地の北部に唐《とう》の都の長安にならって、律令国家の新しい都がつくられました。この都を何というか、書きなさい。

【理　科】（50分）〈満点：100点〉

1　次の(1)〜(4)の問いに答えなさい。

(1)　電流には、直流と交流がある。次の文中の［あ］〜［う］に当てはまる内容の組み合わせとして、最も適切なものを、次のア〜エの中から一つ選んで、その記号を書きなさい。

> 直流とは、［あ］のことで、交流とは、［い］のことである。家庭のコンセントから流れる電流は［う］であり、日本の［う］の周波数は、東日本と西日本とで異なっている。

	あ	い	う
ア	流れる向きが常に一定で変わらない電流	流れる向きが短時間で入れかわる電流	直流
イ	流れる向きが常に一定で変わらない電流	流れる向きが短時間で入れかわる電流	交流
ウ	流れる向きが短時間で入れかわる電流	流れる向きが常に一定で変わらない電流	直流
エ	流れる向きが短時間で入れかわる電流	流れる向きが常に一定で変わらない電流	交流

(2)　酸性やアルカリ性の強さは、指示薬の色の変化やｐＨの数値で調べることができる。中性の水溶液において、ＢＴＢ液を加えると水溶液は緑色に変化し、ｐＨの値は７を示す。アルカリ性の水溶液において、緑色のＢＴＢ液を加えたときの色の変化とｐＨの値の大きさは、それぞれどのようであると考えられるか、その組み合わせとして、最も適切なものを、次のア〜エの中から一つ選んで、その記号を書きなさい。

	ＢＴＢ液の色の変化	ｐＨの値
ア	青色に変化する。	７よりも大きい。
イ	青色に変化する。	７よりも小さい。
ウ	黄色に変化する。	７よりも大きい。
エ	黄色に変化する。	７よりも小さい。

(3)　被子植物に分類される植物は、子葉の数、葉脈のようす、根のようす、茎の横断面における維管束の並び方のうち、いずれかの特徴が一つわかると、他の特徴も推測できる。

　図で示したように、茎の横断面において、維管束が輪のように並んでいる被子植物の特徴として、最も適切なものを、次のア～エの中から一つ選んで、その記号を書きなさい。

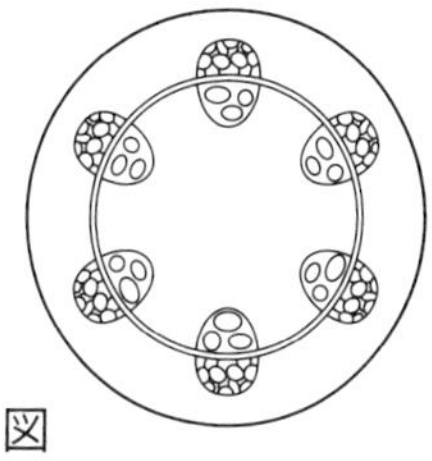
図

ア　子葉の数は１枚で、主根と側根をもつ。
イ　子葉の数は２枚で、ひげ根をもつ。
ウ　子葉の数は１枚で、平行になっている葉脈をもつ。
エ　子葉の数は２枚で、網目状になっている葉脈をもつ。

(4)　図は、地震計による地面の揺れの記録の一部を表したものである。図の記録について述べた文として、最も適切なものを、次のア～エの中から一つ選んで、その記号を書きなさい。

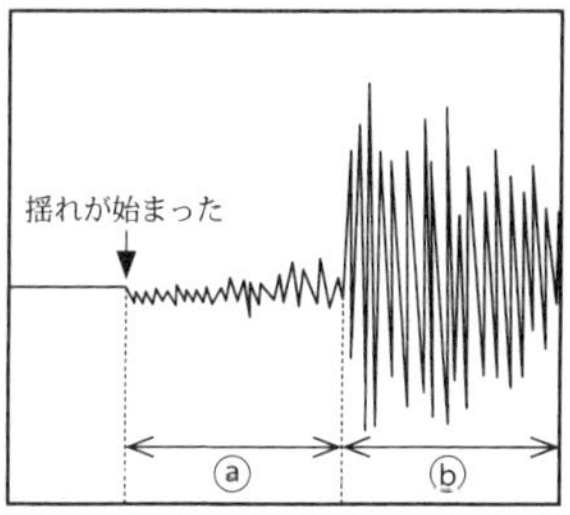

図

ア　Ｐ波とＳ波は、同時に到着したと考えられる。
イ　Ｓ波が到着したあとに、Ｐ波が到着したと考えられる。
ウ　ⓐで示した部分を初期微動という。
エ　ⓑで示した部分は、Ｐ波による揺れである。

2 次の(1)～(4)の問いに答えなさい。

(1) 白い粉末状の物質A～Cの性質について調べるために、次の実験を行った。次の①～③の問いに答えなさい。ただし、白い粉末状の物質A～Cは、塩化ナトリウム、砂糖、片栗粉のいずれかであるものとする。

【実験】次の❶～❸の操作を順に行った。

❶ 物質A～Cをそれぞれ燃焼さじにのせ、図1のように、炎の中に入れて加熱した。

❷ ❶で物質が燃えた場合は、図2のように、物質が燃えている状態の燃焼さじを石灰水の入った集気瓶の中に入れた。火が消えたら燃焼さじをとり出し、集気瓶にふたをしてよく振り、石灰水のようすを調べた。

❸ 物質A～Cをそれぞれ0.5 gずつはかりとり、20℃の水5.0gが入っている3本の試験管にそれぞれ別々に入れた。その後、図3のように、それぞれ3本の試験管をよく振り、水への溶けやすさを調べた。

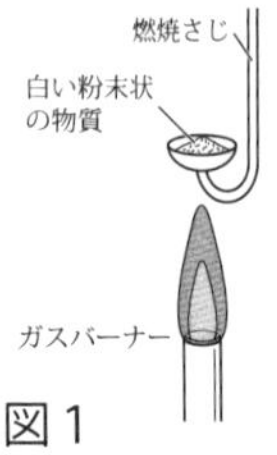

図1

図2

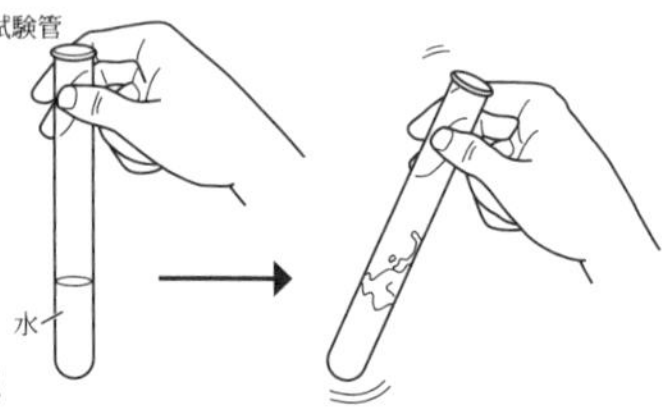

図3

① 実験において、❶、❷の操作の結果、物質Aと物質Bは炎を出して燃え、よく振った集気瓶の中の石灰水には変化が見られた。このとき見られた石灰水の変化を説明しなさい。

② 実験で用いた塩化ナトリウム、砂糖、片栗粉は、有機物か無機物である。これら3つの物質を有機物か無機物に分類したときの組み合わせとして、最も適切なものを、次のア～エの中から一つ選んで、その記号を書きなさい。

	有機物	無機物
ア	塩化ナトリウム、砂糖	片栗粉
イ	塩化ナトリウム、片栗粉	砂糖
ウ	砂糖、片栗粉	塩化ナトリウム
エ	片栗粉	塩化ナトリウム、砂糖

③ 実験において、❸の操作の結果、物質Bと物質Cは、いずれも水にすべて溶けた。このときできた物質Bの水溶液と物質Cの水溶液の質量パーセント濃度として、最も適切なものを、次のア～エの中から一つ選んで、その記号を書きなさい。

ア およそ9％　　イ およそ11％　　ウ およそ13％　　エ およそ15％

(2)　力の大きさとばねの伸びとの関係について調べるために、次の実験１、２を行った。次の①～③の問いに答えなさい。ただし、100 g の物体にはたらく重力の大きさは１Ｎとし、糸の質量、物体どうしの摩擦、空気抵抗は考えないものとする。

【実験１】次の❶、❷の操作を順に行った。

❶　図１のように、水平な台の上にばねＸを置き、一方の端を壁に固定して、もう一方の端にばねばかりをつないだ。

❷　ばねばかりを引いていき、ばねばかりの示す値とばねＸの長さとの関係を調べた。

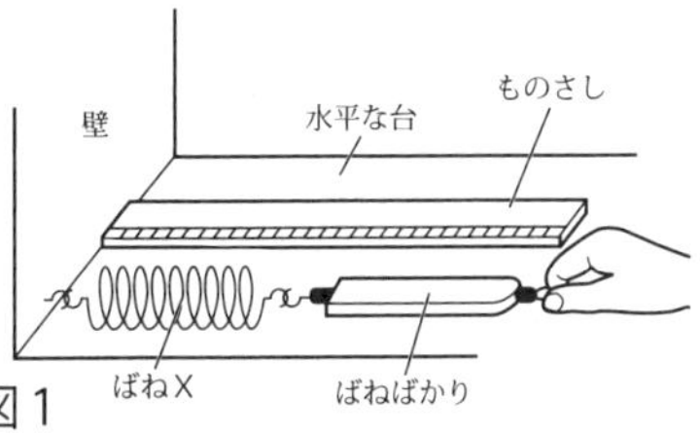

図１

【実験２】次の❶～❸の操作を順に行った。

❶　図２のように、水平な台を壁際に寄せて置き、壁に鉄くぎを打ちつけた。

❷　図３のように、水平な台の上に実験１で用いたばねＸをのせた。その後、おもりＹをつけた糸がたるまないように鉄くぎに引っかけて、ばねＸの一端にとりつけた。もう一端には糸を引っかけて鉄くぎに巻きつけ、固定した。

❸　ばねＸやおもりＹが静止するまで待ったあと、ばねＸの伸びを測定した。

図２

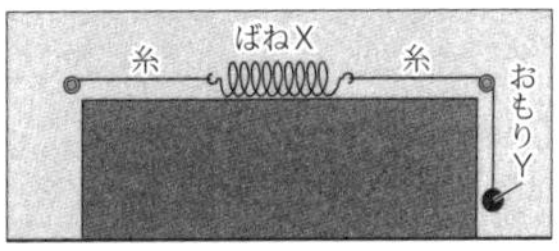

図３

①　図４は、実験１の結果をもとにまとめた、ばねばかりの示す値とばねＸの長さとの関係をまとめたグラフである。このグラフをもとにして、ばねＸに加わる力の大きさとばねＸの伸びとの関係を表すグラフを解答用紙の図にかきなさい。

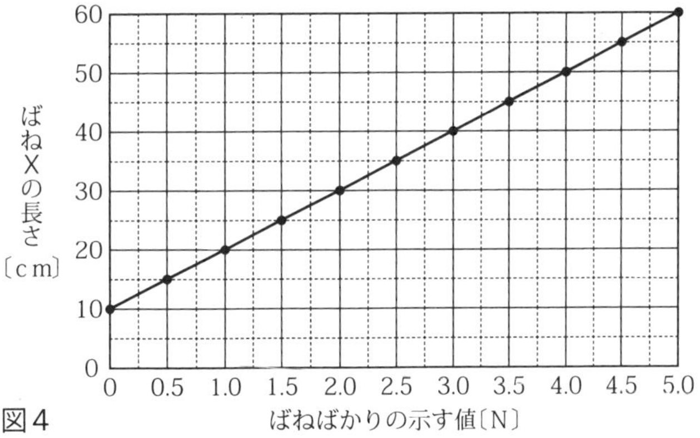

図４

②　実験１の結果から、ばねの伸びは、加えた力の大きさに比例することがわかった。このように、弾性のある物体の変形の大きさは、加えた力の大きさに比例することを何の法則というか、書きなさい。

③　実験２の❸の操作の結果、ばねＸの伸びは 40.0 cmになった。図３のばねＸにとりつけた、おもりＹの質量として、最も適切なものを、次のア～エの中から一つ選んで、その記号を書きなさい。

ア　100 g　　　イ　200 g　　　ウ　300 g　　　エ　400 g

⑶　図は、ドイツ南部の１億５千万年前の地層から発見されたシソチョウ(始祖鳥)の化石を模式的に表したものである。次の①～③の問いに答えなさい。

図

①　生物が長い時間をかけて、多くの代を重ねる間に変化することを何というか、書きなさい。

②　シソチョウ(始祖鳥)は、鳥類と何類の特徴を合わせもっているか、最も適切なものを、次のア～エの中から一つ選んで、その記号を書きなさい。

ア　魚類　　　イ　両生類　　　ウ　は虫類　　　エ　哺乳類

③　脊椎動物の骨格を比較すると、カエルやワニの前あし、スズメの翼などのように、他のグループの動物にも、ヒトの手と腕に当たる部分が見られる。このように、同じものから変化したと考えられる体の部分を何というか、書きなさい。

⑷　気象のしくみと天気の変化について、次の①～③の問いに答えなさい。

①　空全体が見渡せる見通しのよい場所で、雲量を調べたところ、雲量は５であった。このときの天気を表す天気記号として、最も適切なものを、次のア～エの中から一つ選んで、その記号を書きなさい。ただし、降水はなかったものとし、雲量は空全体を 10 としたときの雲が占める割合で表すものとする。

ア

イ
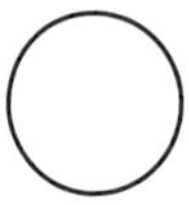
ウ

エ

②　北半球において、高気圧の地上付近における風のふき方を表した図として、最も適切なものを、次のア～エの中から一つ選んで、その記号を書きなさい。

ア
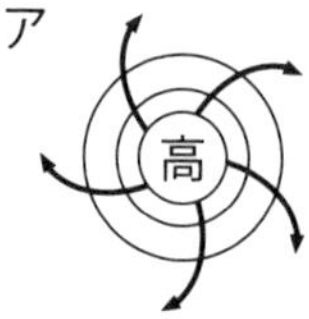

イ

ウ
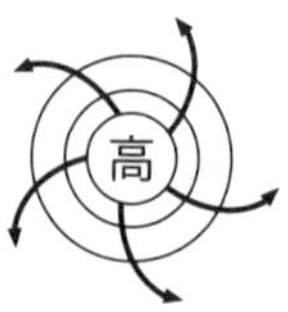

エ

③　気温や湿度がほぼ一様な空気のかたまりを気団といい、気団には寒気団や暖気団などがある。性質の異なる気団は、互いに接してもすぐには混じり合わず境の面をつくる。この境の面を何というか、書きなさい。

3　太郎さんは、電気分解装置を用いた次の実験１、２を行った。次の(1)～(3)の問いに答えなさい。

【実験１】

図１のように、電気分解装置の中にうすい水酸化ナトリウム水溶液を入れ、電源装置とつないだ。その後、電源装置のスイッチを入れて、水の電気分解を行った。しばらくすると、陰極側の上部には気体Ｘが、陽極側の上部には気体Ｙがそれぞれ集まった。

【実験２】

実験１のあと、電源装置をとりはずして、図２のように、気体Ｘと気体Ｙが集まった電気分解装置の上部の電極に、電子オルゴールをつないだところ、電子オルゴールが鳴った。

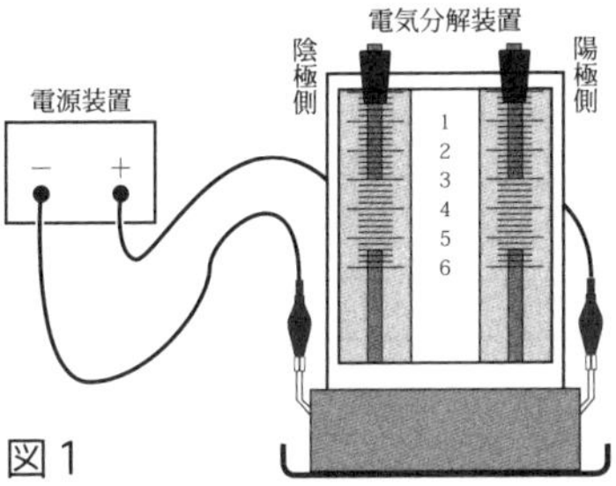

図１

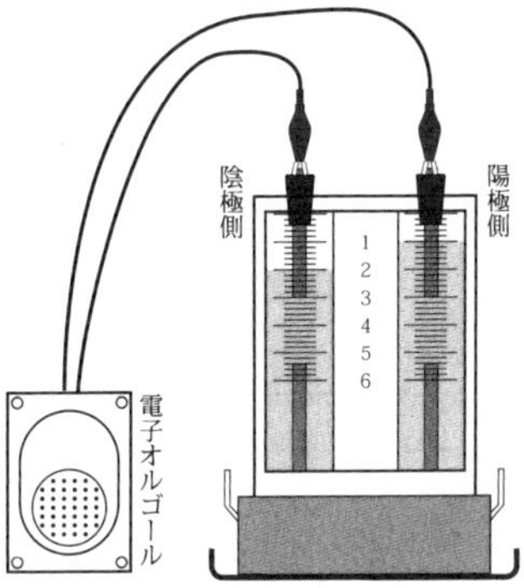

図２

(1)　実験１では、純粋な水ではなく、うすい水酸化ナトリウム水溶液を用いた。これは、水酸化ナトリウムが水に溶けて電離することで、小さな電圧で水の電気分解が進むためである。水酸化ナトリウム（ＮａＯＨ）が電離するようすを、化学式を用いて書きなさい。

(2)　実験１において、それぞれの電極の上部に集まった気体Ｘと気体Ｙは、どちらも１種類の元素からできている物質である。このような物質を何というか、書きなさい。

(3)　実験２について、次の①、②の問いに答えなさい。

①　電子オルゴールが鳴ったことから、図２の装置（電子オルゴールは除く）は電池のはたらきをしていることがわかった。図２の装置のように、気体Ｘなどの燃料が酸化される化学変化から電気エネルギーをとり出す装置を何電池というか、書きなさい。

②　①において、気体Ｘの分子が10個、気体Ｙの分子が４個あったとする。①における化学変化を分子のモデルで考えたとき、反応しないで残る気体の化学式を書きなさい。また、このとき反応しないで残る気体の分子の個数として、最も適切なものを、次のア～エの中から一つ選んで、その記号を書きなさい。

ア　１個　　　イ　２個　　　ウ　３個　　　エ　４個

4　花子さんは、物体の運動について調べる**実験１、２**を行った。次の(1)、(2)の問いに答えなさい。ただし、斜面と水平面はなめらかにつながっており、摩擦や空気抵抗は考えないものとする。

【実験１】

図１のように、斜面上の台車の運動を、１秒間に 50 回打点する記録タイマーを用いて記録できるようにした。その後、斜面上に静止させた台車から静かに手をはなし、台車の運動のようすを調べた。図２は、このとき得られた斜面上の台車の運動を記録したテープの一部を表したもので、５打点ごとの長さを示している。ただし、一部の打点は省略している。

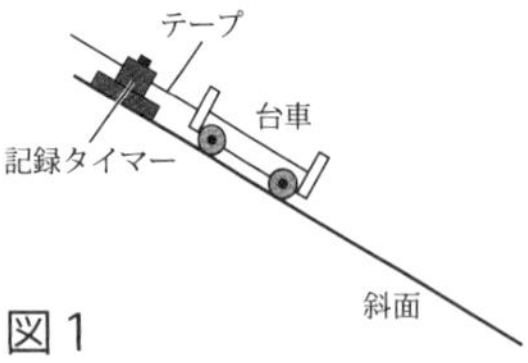

図１

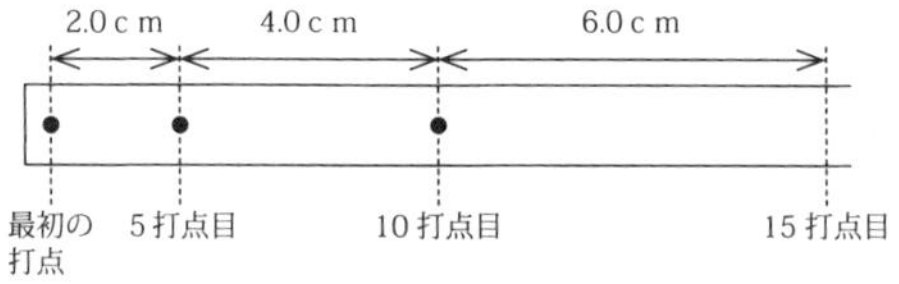

図２

【実験２】

図３のように、レールを用いて、それぞれ傾きが等しい斜面と水平面を組み合わせたコース❶〜❸をつくった。その後、各コースの点Ａの位置に小球(いずれも質量や体積が等しい小球)を置き、小球から静かに手をはなして、小球の運動のようすを調べた。その結果、コース❶〜❸において、小球はレールからはなれることなく運動し、各コースの点Ｃの位置を通過した。ただし、各コースにおける基準面から点Ａまでの高さは等しかったものとする。また、水平面ＢＣ、ＤＥ、ＦＧの長さはそれぞれ等しく、基準面から水平面ＤＥまでの高さは、水平面ＦＧまでの高さよりも高かったものとする。

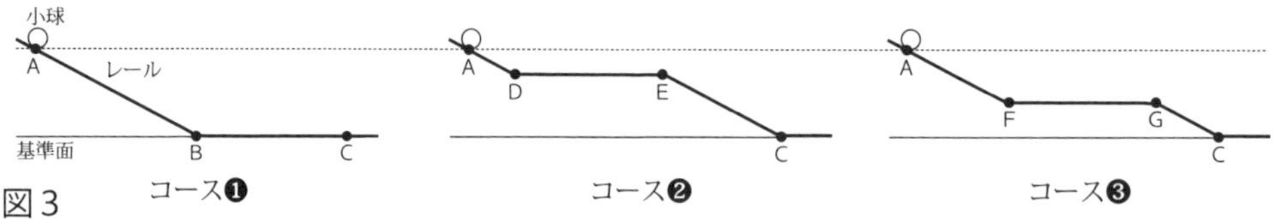

図３

(1)　実験１について、次の①、②の問いに答えなさい。

①　図２において、５打点ごとのテープの長さは、斜面上の台車が何秒間で運動した距離を示しているか、最も適切なものを、次のア〜エの中から一つ選んで、その記号を書きなさい。

ア　0.05 秒　　　イ　0.1 秒　　　ウ　0.15 秒　　　エ　0.2 秒

②　図２において、最初の打点から 15 打点目までのテープの長さは 12.0 c mになっている。この長さ分のテープが得られたときの台車の平均の速さは、何 c m/ s であったか、求めなさい。

(2) 実験2において、花子さんは、各コースの点Aの位置からはなした小球が、点Cの位置を通過するまでの運動のようすなどについて調べ、次のようにまとめた。これについて、次の①～④の問いに答えなさい。

【まとめ】
・小球が斜面上を運動しているとき、小球の速さが変化する割合は、[あ]。
・小球が斜面上を運動していた時間は、[い]。
・小球が点Cの位置を通過するまでに水平面上を運動していた時間は、[う]が最も短かった。
・点Aの位置からはなした小球が点Cの位置を通過するまでの時間は、[え]。

① 文中の[あ]に当てはまる内容を書きなさい。

② 文中の[い]に当てはまる内容として、最も適切なものを、次のア～エの中から一つ選んで、その記号を書きなさい。

ア コース❶が最も短かった
イ コース❷が最も短かった
ウ コース❸が最も短かった
エ どのコースも同じであった

③ 文中の[う]に当てはまる内容として、最も適切なものを、次のア～ウの中から一つ選んで、その記号を書きなさい。

ア コース❶　イ コース❷　ウ コース❸

④ 文中の[え]に当てはまる内容として、最も適切なものを、次のア、イの中から一つ選んで、その記号を書きなさい。

ア どのコースも同じであった
イ 各コースにおいて、それぞれ異なっていた

5　太郎さんと花子さんは、消化酵素Xを用いて、次の**実験1**を行った。次の(1)〜(4)の問いに答えなさい。ただし、ゼラチンの主成分はタンパク質であるものとし、ゼリー状のゼラチンは、分解されると液状になるものとする。

【実験1】次の❶〜❸の操作を順に行った。

❶　ペトリ皿A〜Cに60℃のゼラチン水溶液を入れ、室温(20℃)になるまで放置してゼリー状にした。

❷　図1のように、ペトリ皿Aには水をしみこませたろ紙を置いた。ペトリ皿Bには消化酵素Xをしみこませたろ紙を置いた。ペトリ皿Cには、ペトリ皿Bの2倍の量の消化酵素Xをしみこませたろ紙を置いた。ただし、ろ紙の大きさは等しかったものとする。

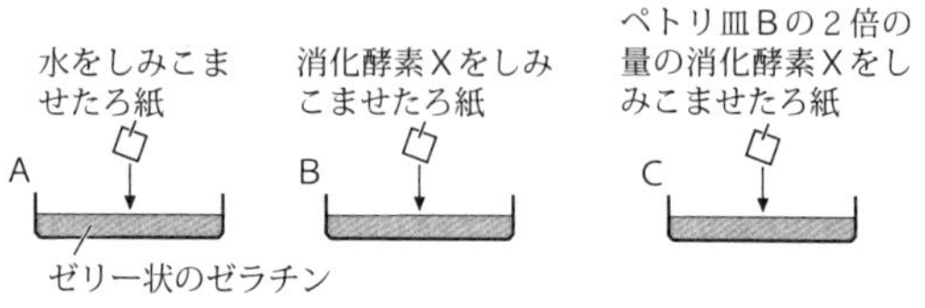

図1

❸　同じ大きさのろ紙を置いたペトリ皿A〜Cのゼリー状のゼラチンのようすを、室温(20℃)で20分ほど観察した。表は、このとき観察した結果をまとめたものである。

表

ペトリ皿	ろ紙をのせた部分のゼラチンのようす	ろ紙をのせた部分以外のゼラチンのようす
A	変化なし	変化なし
B	10分で液状になった	変化なし
C	5分で液状になった	変化なし

(1)　**実験1**で用いた消化酵素Xの正体として、最も適切なものを、次のア〜エの中から一つ選んで、その記号を書きなさい。

ア　リパーゼ　　　イ　アミラーゼ　　　ウ　ペプシン　　　エ　胆汁

(2)　**実験1**に関する太郎さんと花子さんの次の会話文において、文中の［　　　　］に当てはまる内容を書きなさい。

太　郎：表にまとめたペトリ皿AとBの結果のちがいを比べると、具体的にどのようなことがわかるかな。

花　子：消化酵素Xのはたらきによって、ゼラチンが分解されたことがわかるよ。

太　郎：なるほど。じゃあ、ペトリ皿BとCの結果のちがいを比べると、具体的にどのようなことがわかるかな。

花　子：ペトリ皿Cの結果に着目して考えると、ゼラチンを分解するときにかかる時間は、［　　　　］ことがわかるね。

(3) ヒトの体内において、タンパク質は、胃液中の消化酵素、すい液中の消化酵素、小腸の壁の消化酵素のはたらきにより、何という物質にまで分解されるか、最も適切なものを、次のア～エの中から一つ選んで、その記号を書きなさい。

ア ブドウ糖　　イ モノグリセリド　　ウ 脂肪酸　　エ アミノ酸

(4) 太郎さんと花子さんは、パイナップルを使ったゼリーに関する次の資料を読んだ。その後、資料の内容について興味をもち、次の実験２を行った。ただし、缶詰の中に入っているシロップの影響は考えないものとする。

【資料】

・新鮮な生のパイナップルを使って、パイナップルのゼリーを作ろうとしたが、ゼラチンがゼリー状にうまく固まらず、液状になってしまった。

・缶詰のパイナップルを使って、パイナップルのゼリーを作った。ゼラチンがゼリー状にうまく固まった。

→ ゼリーを作る際に、消化酵素Ｘが含まれている新鮮な生のパイナップルは適していない。缶詰のパイナップルは、その製造過程で加熱処理が行われている。

【実験２】次の❶～❸の操作を順に行った。

❶ ペトリ皿Ｄ、Ｅに 60℃のゼラチン水溶液を入れ、室温(20℃)になるまで放置してゼリー状にした。また、実験１で用いた消化酵素Ｘを、次の条件にして準備した。

条件１ 室温(20℃)で放置し、加熱処理を行っていない消化酵素Ｘ

条件２ 熱湯で加熱処理を行ったあと、室温(20℃)になるまで放置した消化酵素Ｘ

❷ 図２のように、ペトリ皿Ｄには、条件１の消化酵素Ｘをしみこませたろ紙を置き、ペトリ皿Ｅには、条件２の消化酵素Ｘをしみこませたろ紙を置いた。

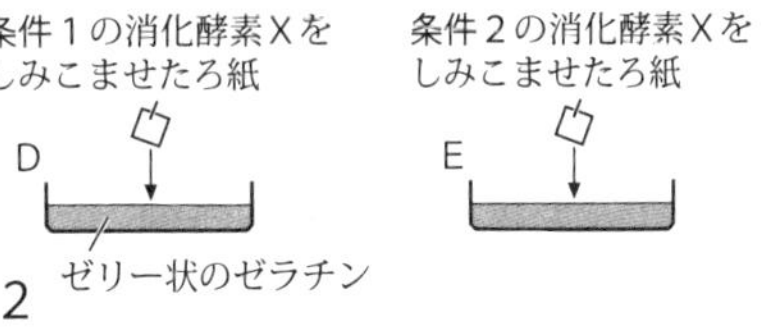

図２

❸ ろ紙を置いたペトリ皿Ｄ、Ｅのゼリー状のゼラチンのようすを、室温(20℃)で 20 分ほど観察した。

資料の内容を参考にした場合、実験２の❸の操作の結果、ペトリ皿Ｄ、Ｅでろ紙をのせた部分のゼラチンのようすは、どのようであったと考えられるか、最も適切なものを、次のア～エの中から一つ選んで、その記号を書きなさい。

ア ペトリ皿Ｄの方は液状になったが、ペトリ皿Ｅの方では特に変化はなかった。

イ ペトリ皿Ｄの方では特に変化はなかったが、ペトリ皿Ｅの方は液状になった。

ウ どちらも液状になった。

エ どちらも特に変化はなかった。

6 火山の形のちがいについて調べるために、次の実験を行った。次の(1)〜(3)の問いに答えなさい。

【実験】次の❶〜❸の操作を順に行った。

❶　ポリエチレンの袋A、Bを用意し、それぞれの袋の中に小麦粉と水を次のような条件で入れ、よく混ぜ合わせた。

ポリエチレンの袋A　小麦粉 80 g と水 100 g を入れた。
ポリエチレンの袋B　小麦粉 120 g と水 100 g を入れた。

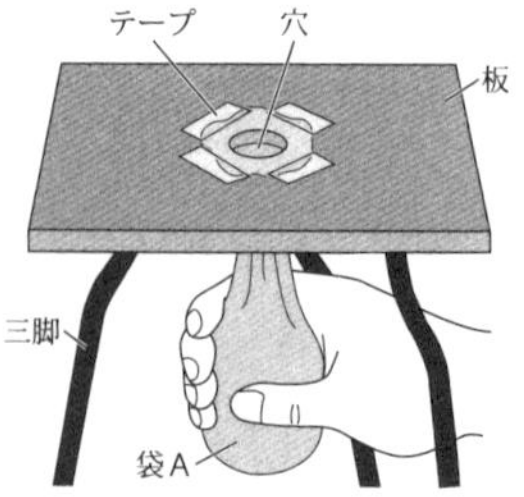

図1

❷　図1のように、中央に穴のあいた板に袋Aをとりつけた。その後、袋Aをゆっくり押し、小麦粉と水の混合物を板の上にしぼり出した。

❸　袋Bについても、❷と同様の操作を行った。図2は、それぞれの袋から板の上にしぼり出した小麦粉と水の混合物のようすを模式的に表したものである。

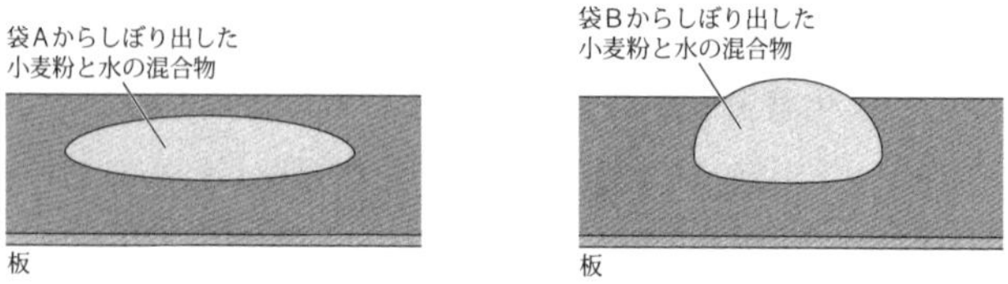

図2

(1)　実験で用いた小麦粉と水の混合物は、地下にある岩石が高温のため、どろどろにとけた物質を再現している。この地下にあるどろどろにとけた物質を何というか、書きなさい。

(2)　次の文中の［　あ　］に当てはまる内容として、最も適切なものを、次のア、イの中から一つ選んで、その記号を書きなさい。また、［　い　］に当てはまる内容を書きなさい。

> 袋AとBに入れた小麦粉と水の混合物は、ねばりけが異なっていた。図2のしぼり出した混合物の形は、火山の形を再現しており、袋Aからしぼり出した混合物の形は、袋Bからしぼり出した混合物の形と比べて、［　あ　］になっている。これらのことから、袋Aに入れた混合物のねばりけは、袋Bに入れた混合物のねばりけよりも［　い　］と考えられる。

ア　傾斜がゆるやかな形　　　イ　傾斜が急でおわんをふせたような形

(3)　(1)が冷え固まった岩石を火成岩という。図3のように、火成岩はそのでき方によって火山岩と［　う　］に分類される。［　う　］に当てはまる語として、最も適切なものを、次のア〜エの中から一つ選んで、その記号を書きなさい。

ア　れき岩　　　イ　凝灰岩
ウ　深成岩　　　エ　チャート

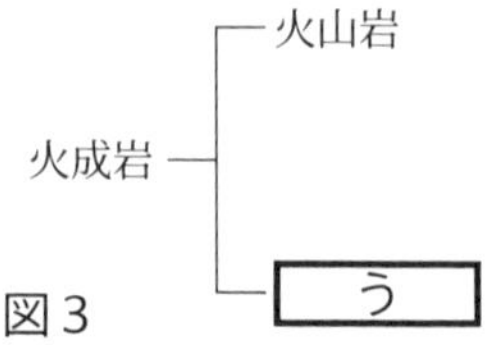

図3

四

次の㈠〜㈣の問いに答えなさい。

㈠ 次の⑴〜⑹の――線部について、片仮名の部分を漢字で、漢字の部分の読みを平仮名で書きなさい。（漢字は楷書《かいしょ》で書くこと。）

⑴ 友人にヒミツを打ち明ける。

⑵ 飛行機をソウジュウする。

⑶ ごみを分別してスてる。

⑷ 強敵を相手に惜敗する。

⑸ 曖昧な返事でごまかす。

⑹ トラックに荷物を載せる。

㈡ 次の――線部の言葉のうち、品詞が他と異なるものを、ア〜エの中から一つ選んで、その記号を書きなさい。

ア 近くの公園まで歩こう。

イ しっかり休めば元気になる。

ウ 読書することが大好きだ。

エ 深い眠りがおとずれる。

㈢ 次の文の――線部と同じ意味を表す四字熟語を、後のア〜エの中から一つ選んで、その記号を書きなさい。

・私のことを信頼してくれている彼をだますなんて、もってのほかだ。

ア 大言壮語《たいげんそうご》　イ 言語道断

ウ 有名無実　エ 疑心暗鬼

㈣ 「苦手なことの克服」について、あなたはどのように考えるか。次の条件に従って、あなたの考えを書きなさい。

1 百字以上、百五十字以内で書くこと。（句読点を含む。）
2 二段落構成とし、第一段落には、あなたの意見のもとになる体験を書き、第二段落には、第一段落に書いた内容をふまえて、「苦手なことの克服」についてのあなたの考えを書くこと。
3 正しい原稿用紙の使い方をすること。ただし、題名と氏名は書かないこと。また、｛ や ＝＝ 等の記号（符号）を用いた訂正もしないこと。
4 文体は、敬体「です・ます」で書くこと。

【Ⅲ】グループでの話し合いの一部

木原　【Ⅰ】と【Ⅱ】の二つの文章の内容について話し合いましょう。どちらも、本が完成するまでの過程に複数の人がかかわることについて書かれているけれど、それについての筆者の考えには個性が出ていましたね。
岩尾　【Ⅰ】での筆者の考えを木原さんがまとめてくれていましたが、【Ⅱ】の筆者は、読書は［C］だと表現していましたね。
三浦　小説や漫画は作者だけが作っていると思っていました。でも、編集や校正、校閲など、作者以外にも大勢の人がかかわっているのですね。
森本　だから面白いんですよね。小説や漫画も個人プレイではなくてチームプレイでできていると言えそうです。
木原　【Ⅰ】と【Ⅱ】の文章では、本やインターネットから得られる知識や情報の信ぴょう性についても述べていますね。どちらも、インターネットより本などの方がよいと思う点を述べていることが印象的でした。
三浦　インターネットの情報はあまり信用せずに、本や新聞の情報を信じた方がよいわけですね。
森本　でも、本や新聞でも、最初から信じてしまってよいのでしょうか。
岩尾　そうですね。インターネットに限らず、本や新聞の場合であっても、その情報を最初から信じるのではなくて、自分で情報の正しさを確認する努力も必要なのだと思いました。

(五)　【Ⅲ】の［C］に入る最も適切な言葉を、【Ⅱ】から十七字で抜き出して書きなさい。

(六)　【Ⅲ】の——部の木原さんの発言は、話し合いの中でどのような役割を果たしているか。最も適切なものを、次のア～エの中から一つ選んで、その記号を書きなさい。

ア　話し合いの内容を整理する役割
イ　別の視点を示し話し合いを深める役割
ウ　相手の発言の根拠を確認する役割
エ　話し合いの目的を意識させる役割

(七)　【Ⅲ】について述べたものとして最も適切なものを、次のア～エの中から一つ選んで、その記号を書きなさい。

ア　木原さんは【Ⅰ】と【Ⅱ】の文章の共通点や相違点としてどのようなことがあるかということを中心に話を進めている。
イ　岩尾さんは【Ⅰ】の文章の筆者の考えには同意を示したが、【Ⅱ】の文章の筆者の考えについては反対意見を述べている。
ウ　三浦さんは【Ⅰ】と【Ⅱ】の文章から、インターネットの情報は本や新聞に比べて正確さに欠けるという印象を受けている。
エ　森本さんは【Ⅱ】の内容から、本や新聞に書かれたものでも情報の正しさは自分で確かめるべきだという考えを持っている。

【Ⅱ】

本を読むといろいろな人と出会えるし、世のなかを広く知る手がかりをつかめるし、また実生活では起こり得ないことでさえ存分に体験できます。高校生までの間に、そうした体験の幅を広げておくことは、社会人になり、厳しい社会を生き抜いていく上で大きな力になります。

もちろん、ネットの世界でもこういった疑似体験はできるでしょう。むしろ動画や画像がある分、追体験しやすいかもしれません。でもその空間はあまりにも雑然としており、なにもかもがあまりにもはやく消化されていってしまう。一対一でじっくりと向き合い、人生というものを考える点においては、やっぱり本のほうに分があるようです。

紙の本という文化に深くふれればふれるほど、子どもは知識や言葉、体験といったものを驚くほどの貪欲さで吸収していきます。

いま、わたしの机の上に読み終えたばかりの『文明としての江戸システム』(講談社学術文庫)という本があります。

小さな本なのに、江戸時代の人口、農村や都市の暮らしぶり、自然のたたずまい、産業の様子、生活の趣など、江戸の概観《がいかん》[※1]がわかるように書かれてあります。

巻末には168点の「参考文献」が掲載されていますが、著者の鬼頭《きとう》宏《ひろし》氏はこの1冊を書き著すのに、これほど膨大な国内外の書物を読みこなして、江戸時代のことを語ろうとしているのです。

339頁《ページ》の本文には、約270年間にわたる江戸時代ばかりでなく、その前後における日本と外国の時代感が凝縮《ぎょうしゅく》されています。本には、こうした総合的な知の体系がつまっているのです。情報がただ雑然とならんでいるだけのネットのまとめサイト[※2]などにはない強みでしょう。

さらに大事なことだと思われるのは、紙の本というものは、企画、編集、制作、校正、製本、印刷、販売というそれぞれの段階で実に多くの人びとがかかわっているという点です。長い年月をかけ、たくさんの人の目が入り、その集大成として1冊の本が仕上がり、読者のもとに届けられるのです。大げさに言えば、わたしたちの読書行為とは、著者のみならず、そうした本にかかわるすべての人びととの対話でもあるのです。ここがネットの情報と大きく異なる点です。

(肥田美代子「『本』と生きる」による。)

※1　概観＝ものごとのだいたいのありさま。
※2　まとめサイト＝インターネット上の情報を、特定のテーマでまとめているウェブサイト。

(四)　木原さんは【Ⅰ】と【Ⅱ】を読んだ後、「時間」に着目しながらインターネットと本を比較した。次の［　］に入る最も適切な言葉を、【Ⅰ】から十二字で抜き出して書きなさい。

○インターネット　→　［　］することや、気軽に情報を発信することができるが、その情報は雑然としている。
○本　→　1冊の本が完成するまでに、何回も確認をとったり、他の様々な書物を参考にしたりするので時間がかかる。

生物学や遺伝学、社会学や倫理《りんり》学《がく》などさまざまな分野の専門家に協力してもらい、読者の質問に答えるコーナーも設けました。質問の内容によっては、私が調べたり取材したりして回答することもありました。全員がボランティアでした。

　ホームページを開設してから半年ほどたった頃からでしょうか。中学生や高校生から似通った質問が届くようになりました。

「学校で○○という課題が出たので、来週○曜日までに回答してください」というものです。

　始めのうちはせっせと回答していたのですが、ある時から考え方を変えて、質問に回答するのではなく、質問者が調べを進めるために役立ちそうな情報だけお答えするようにしました。

　［B］、まるごと回答するのは、まるで私たちが質問者の代わりに学校の宿題をしているようなものだと感じたからです。しかも、せっかく回答してもお礼のメールを送ってくる人は一人もいませんでした。

　もしかして、質問している人たちはインターネットの向こうに生身の人間がいて、自分たちのために時間を費やして答えていることがわからないのではないだろうか、私たちの回答をそのまま宿題に使うことになんのためらいもないのではないだろうか、そんな疑問がわいてきました。

　自分が蒔《ま》いた種とはいえ、インターネットの使い方やインターネットで得られる情報の扱い方については、私も含め、みんなもっともっと勉強しなければいけないんじゃないかと痛感しました。

（最相葉月「世の中への扉　調べてみよう、書いてみよう」による。）

※1　概要＝だいたいの内容。　※2　プロセス＝過程。

※3　匿名＝本名を隠すこと。

㈠　【Ⅰ】の［A］と［B］に入る言葉の組み合わせとして最も適切なものを、次のア～エの中から一つ選んで、その記号を書きなさい。

ア　A　また　B　だから　　イ　A　けれども　B　すなわち

ウ　A　たとえば　B　なぜなら　　エ　A　つまり　B　そもそも

㈡　【Ⅰ】の内容に合っているものとして最も適切なものを、次のア～エの中から一つ選んで、その記号を書きなさい。

ア　インターネットはすぐに情報を得たいときや概要を把握するときにはとても便利だが、その情報が正しいかどうかはわからない。

イ　新聞や雑誌など紙のメディアの場合は実名で発信がされて責任の所在が明らかなので、情報の正しさに信頼を置くことができる。

ウ　新聞や雑誌などでは、校正や校閲などで記事の内容や文章を確認するので、インターネットのように誤りを指摘されることがない。

エ　情報の発信元が新聞社や出版社、省庁や図書館などの公式ホームページや、専門家の個人サイトであれば、信頼性が高いといえる。

㈢　木原さんは【Ⅰ】を読んで、本がつくられるまでに複数の人がかかわることについての筆者の考えを次のようにまとめた。［　　］に入る内容を、「質」という言葉を使って、十五字以上、二十字以内で書きなさい。（句読点を含む。）

筆者は、本がつくられるまでに複数の人がかかわることで［　　］と考えている。

三

木原さんたちは、国語の授業で、【Ⅰ】と【Ⅱ】の文章を読み、【Ⅲ】のようにグループで話し合いをしました。後の(一)～(七)の問いに答えなさい。

（【Ⅰ】はページごとに上段から下段に続いている。）

【Ⅰ】

いまや図書館よりも先にインターネットで調べる人が大半かもしれませんね。最初に調べたいことの※1概要《がいよう》を把握するにはじつに便利な手段です。

近年は実名による情報発信も増え、情報に対する責任の所在が明らかなケースが多くなりました。フェイスブックやツイッター、ＬＩＮＥのような人と人をつなぐＳＮＳ（ソーシャル・ネットワーキング・サービス）を通じて、多様な情報を短時間で収集できるのもインターネットの魅力でしょう。

ただインターネットを利用する際に注意しておかねばならないのは、その情報が正しいかどうかがわからないということです。ここは新聞や雑誌、単行本など紙のメディアのほうがインターネットよりも圧倒的に強いところです。

新聞や雑誌の記事は、最初に取材した記者が情報を入手してから、活字になってみなさんの目にふれるまで複数の人たちが内容や文章を確認します。校正や校閲といって文章の誤りや適否を確認する専門家も目を通し、誤りや疑問点があれば執筆者に戻します。書いた本人だけでなく、ほかの記者や編集者が真偽を確かめることもあり、これを「ウラをとる」といいます。

新聞や雑誌よりはるかに長く読まれる単行本となるとさらに慎重で、この確認手続きを何回も繰り返します。本の内容や印刷の具合によっては、執筆に要した期間より確認する期間のほうが長い場合もあります。辞書や事典、教科書などはその究極の本でしょう。それでも出版されてから誤りを指摘されることがあるのですから、何度確認しても確認しすぎることはないのです。

このような※2プロセスを経てつくられた新聞記事や単行本がデジタル化されてインターネットに掲載されている場合は問題ありませんが、インターネット発の情報の多くはまだそのレベルの確認過程を経ていません。

※3匿名《とくめい》の人を含む複数のボランティアが書き込むことができる無料の辞書、ウィキペディアにも誤りはたくさんあります。読んで誤りに気づいた人が修正・削除するのは容易ですが、それはすなわち、情報の質にさまざまなレベルがあるということです。

インターネットの情報の質を確かめるには発信元が一つの目安になります。発信元とは、その情報を発信している人や機関のことをいいます。掲載までに複数の人によって確認される新聞社や出版社のニュースサイト、省庁や図書館、博物館、企業、大学、研究機関などの公式ホームページは信頼性が高いでしょう。

Ａ、富士山についてインターネットで調べる場合は、環境省と静岡県と山梨県がつくった「富士山における適正利用推進協議会」が主宰する「富士登山オフィシャルサイト」という公式ホームページがあります。こちらは富士山に登る時に必要な、基本的な情報を発信する信頼できるサイトです。

専門家の個人サイトもテーマによってはとても参考になります。ただし、質は多様で、かたよった考え方が書かれている場合もあるため注意が必要です。今はＳＮＳを利用する専門家も多く、意見やアドバイスを直接もらうことも可能になりましたが、その場合も同様です。

じつは私自身、ちょっと苦い経験があります。二〇〇〇年代なかば、クローン技術や遺伝子組み換え技術を取材していた頃のできごとです。

これらは人によって大きく意見の分かれる科学技術なので、使ってもいいのかどうかを科学者だけでなく一般の人々も判断できるようにするために、情報をできるだけ公平に提供するホームページをつくりました。

(三) ③駿馬三疋までその国に到れり　とあるが、「その国」に「駿馬」が集まってきた理由として最も適切なものを、次のア～エの中から一つ選んで、その記号を書きなさい。

ア　使者が各地を旅して、何頭もの馬を死なせながらも、ついには名馬を連れて帰ったから。
イ　馬の骨を買ったことで使者が王を怒らせてしまい、その噂が各地で同情を呼んだから。
ウ　馬が死なないように大事に育てる王がいることが国中で噂になり、各地に広まったから。
エ　死んだ馬にも大金を出すほど王が駿馬を求めていることが、各地で評判となったから。

(四) ④疑ふべからず　とあるが、何についてこのように言っているのか。その具体的な内容として最も適切なものを、次のア～エの中から一つ選んで、その記号を書きなさい。

ア　私がまず最初に馬を使ってみせるが、優れた人材ならば必ず私よりもうまく使えるはずだということ。
イ　私のような者を最初に用いてしまったら、私より優れた人材が集まってくるはずはないということ。
ウ　私でさえ用いられていることが知れたら、私より優れた人材が集まってくるはずだということ。
エ　私がここで用いられていることが知れたら、どんな優れた人も恐れをなすに違いないということ。

(五) この文章は「戦国策」という中国の書物の中に出てくる話を引き合いに出したものだと先生から教わった森口さんは、「戦国策」から次のような一文を見つけました。□に入る言葉として最も適切なものを、後のア～エの中から一つ選んで、その記号を書きなさい。

〈書き下し文〉

今王□、先《ま》づ隗《かい》より始めよ。

〈訓読文（訓読するための文）〉

今王必ズ欲セバレ致サントレ士ヲ、先ヅ従リレ隗始メヨ。

ア　必ず欲せば致さんと士を
イ　必ず士を致さんと欲せば
ウ　欲せば必ず士を致さんと
エ　欲せば士を致さんと必ず

二 森口さんたちは、国語の授業で、次の古典の文章を読みました。後の㈠～㈤の問いに答えなさい。

郭隗《くわくくわい》といふ者燕《えん》※1の昭王《せうわう》にいつて曰《いは》く、①古《いにし》へ の人君※2使者を遣《つかは》し千金を賚《わたら》せ（持っていかせて）て千里を行く馬ある事を聞けば、他国に往《ゆ》きてこれを②買はしめ給《たま》ふに、その使《つかひ》いまだ参らざるにかの馬すでに死したり。しかるにかの使者死したる馬の骨を五百金に買ひて帰りければ、天下その君の馬を好み給ふ事を知れり。ここに於《お》いてその後一年の程に、千里を駈《か》ける③駿馬《しゅんめ》三疋《さんびき》までその国に到《いた》れり。今王まことに天下のよき士《さぶらひ》※3を得んと欲《ほっ》し給はば、まづ某《それがし》※4より始めて用ひ給へ、某用ひられなば某よりすぐれる者の来《きた》らん事④疑ふべからずといへり。

（「百人一首一夕話」による。）

※1　燕＝古代中国の国の一つ。　※2　人君＝君主。　※3　よき士＝ここでは優秀な人材のこと。

※4　某＝自分自身のことをへりくだった言い方。

㈠ ①古へ を現代仮名遣《づか》いに直して、すべて平仮名で書きなさい。

㈡ ②買はしめ給ふ とあるが、この主語として最も適切なものを、次のア～エの中から一つ選んで、その記号を書きなさい。

ア　郭隗　　イ　昭王　　ウ　人君　　エ　使者

(三)【Ⅰ】に ②聖太郎は呆気に取られて、その場に立ち尽くす とあるが、その理由として最も適切なものを、次のア～エの中から一つ選んで、その記号を書きなさい。

ア　髪型や服装、態度などは変わっているのに、演奏のときの凜々花と雰囲気が変わっていなかったから。

イ　光博はちゃんと凜々花を褒めていたのに、凜々花がそれを喜ぶどころか、逆に腹を立てていたから。

ウ　光博と凜々花が、チョップを落としたり悪口を言い合ったりできるほどの仲良しだと実感したから。

エ　凜々花の振る舞いが、舞台でピアノを演奏していたときの彼女からは想像もできないものだったから。

(四)【Ⅰ】に ③聖太郎は目が離せなかった とあるが、この時の聖太郎の気持ちを、「自信家」という言葉を使って、十五字以上、二十字以内で書きなさい。（句読点を含む。）

(五)【Ⅰ】の内容や表現の説明として最も適切なものを、次のア～エの中から一つ選んで、その記号を書きなさい。

ア　時間の経過にしたがって出来事を詳細に描くことで、主人公たちの気持ちの変化を鮮明に表現している。

イ　登場人物たちの様子や主人公の内面を丁寧に描くことで、それぞれの気持ちをわかりやすく表現している。

ウ　本音をぶつけ合う会話を中心にして描くことで、登場人物同士の関係やその変化を印象的に表現している。

エ　登場人物たちの言葉にならない内面を地の文で描くことで、お互いに対する気持ちを明快に表現している。

【Ⅱ】感想の交流の一部

田山　どうやら聖太郎はピアノにあまり興味がなく、最初はずっと寝ていたようだね。

加島　うん。でも、光博に起こされた後に、ピアノの演奏に引きこまれている様子が描かれているよ。

清水　それはあくまでも凜々花の演奏に引きこまれているというだけだと思うよ。

加島　凜々花の登場した場面で、とても細かく凜々花の様子を描写したり、ピアノを弾く様子にたとえを用いたりしているけれど、これは、聖太郎の目に凜々花がどんなふうに映っているか、つまり、聖太郎がどれだけ凜々花に魅力を感じているかを表現しているね。

田山　凜々花の演奏そのものに引きこまれていたこともわかるね。凜々花がピアノを弾く場面には、加島さんが言ったように、多くのたとえが用いられていたけれど、聖太郎が凜々花の演奏をどのように感じていたかについては、直喩を用いて表現されているよ。この表現から、読んでいる私たちにも聖太郎の気持ちが伝わってくるね。

清水　凜々花の演奏が終わった後の、「①そのあとも何人かの出場者が演奏をしたのだが、聖太郎の心にはほとんど印象を残さなかった」という表現からも、聖太郎の気持ちを読み取ることができるね。

(一)　【Ⅱ】に この表現 とあるが、その表現を【Ⅰ】から九字で抜き出して書きなさい。

(二)　【Ⅰ】と【Ⅱ】に ①そのあとも何人かの出場者が演奏をしたのだが、聖太郎の心にはほとんど印象を残さなかった とあるが、その理由として最も適切なものを、次のア～エの中から一つ選んで、その記号を書きなさい。

ア　凜々花が舞台からいなくなると、聖太郎はまたうとうとしてしまっていたから。

イ　凜々花のあとの出場者には、もう上手に演奏する者は残っていなかったから。

ウ　凜々花と彼女の演奏の印象が、聖太郎にとってあまりにも強烈だったから。

エ　凜々花の演奏を聴くことが目的で、他の人の演奏を聴く意味がなかったから。

「ちっちゃいときから、あんなやつといっしょの教室に通ってたんやから、嫌になるで。最初は僕もピアノをやっててんけど、凜々花と比べられるのが嫌すぎて、いまはヴァイオリンをやってるってわけ」

「そうなんや」

「ほんま、才能って残酷《ざんこく》やで」

そのとき、光博の背後に人影が現れた。

光博の後頭部にチョップが落とされ、少女の可憐な声が響く。

「才能とか簡単に言うな。あたしがどんだけ練習してると思うねん」

立っていたのは、凜々花だった。

いまは長い髪をひとつにまとめ、シャツにジーンズという服装になっているので、雰囲気がまったくちがっていた。

「痛いなあ。いきなり頭をどつくとか、ほんま、やめろよな、凶暴女」

後頭部をさすりながら、光博が不貞腐《ふてくさ》れた顔で言う。

「みっちゃんは、いっつも、言い訳ばっかり。才能とか、そんなん、必死で努力したあとに言いやがれ」

②聖太郎は呆気《あっけ》に取られて、その場に立ち尽くす。

目の前で悪態をついている少女が、先ほどまで素晴らしい音楽を奏でていた少女と同一人物だとは、にわかに信じがたい気がした。

視線に気づいて、聖太郎のほうを向き、凜々花は小首を傾《かし》げた。

「どちらさん?」

目が合った瞬間、またしても聖太郎の心臓は暴れ出した。脈拍が速くなり、耳の奥でどくんどくんと血流の音が響く。

「僕の友達。羽野《はの》聖太郎くん」

光博に紹介され、聖太郎はあわててぺこりと頭を下げる。

「えっと、あの、羽野です。よろしく」

凜々花はわざとらしく目を見開いた。

「友達? わがまま大王のみっちゃんに、友達?」

驚いたように言って、凜々花はまじまじと聖太郎を見つめる。

「みっちゃんと友達づきあいができるなんて、めっちゃ心の広いひとなんやろうね。村井凜々花です。よろしく」

そう言って、凜々花は片手を差し出した。

ほっそりとした指。先ほどまで鍵盤の上を自由自在に動きまわり、心揺さぶる音色を作り出していた奇跡みたいな手だ。

この手に触れてもいいのだろうか。

聖太郎はためらいがちに自分の手を持ち上げ、握手をした。

凜々花の手はあたたかく、しなやかで、力強かった。

心臓は早鐘を打ち、胸の奥が痛いほどだった。

「あ、結果、出たみたい」

すっと手を外すと、凜々花はひとびとの集まっているところに近寄った。

壁に一枚の紙が貼りつけられている。

予選通過者の名前が発表になったのだ。

ひとりの少女が、ほっとしたようにその場にへたりこむ。

「あった。よかった……」

べつの少女は両手で顔を覆って、むせび泣く。

凜々花の名前を見つけ、光博は言った。

「おめでとう」

「ありがとう」

さも当然という口調で、凜々花は返す。

「もっと喜んだらええのに」

「だって、予選だよ? 落ちるわけないやん」

さらりと言った凜々花の言葉に、敗者たちの敵意に満ちた視線が飛んでくる。

「相変わらず自信家やな」

「客観的事実を述べたまで」

そう言って、不敵に笑った凜々花から、③聖太郎は目が離せなかった。

(藤野恵美「ショコラティエ」による。)

二〇二四年度
大成女子高等学校（一般）

【国　語】〈五〇分〉〈満点：一〇〇点〉

一　田山さんたちは、国語の授業で【Ⅰ】の文章を読み、【Ⅱ】のように感想の交流を行いました。後の(一)〜(五)の問いに答えなさい。

（【Ⅰ】はページごとに上段から下段に続いている。）

【Ⅰ】授業で読んだ文章

中学生の聖太郎《せいたろう》は、友達の光博《みつひろ》から、光博の幼馴染《おさななじみ》である凛々花《りりか》が出場するピアノコンクールを一緒に見に行かないかと誘われた。

うとうとしていると、光博に肘《ひじ》で突《つ》かれた。

「つぎ、凛々花やで」

ぱっと目を開けて、聖太郎は舞台に視線を向ける。

村井《むらい》凛々花が登場した途端、光に満ちた舞台が一層、まぶしく輝いた。きらめくパールホワイトのドレスと、つややかな長い黒髪。凛々花が歩くたび、背中の黒髪が流れるように揺《ゆ》れた。伸びやかな手足に、うっすらと笑みさえ浮かべた頰。緊張している様子など微塵《みじん》も感じさせず、黒髪をなびかせて、凛々花は颯爽《さっそう》とピアノに向かう。

早く弾きたくてたまらないとわくわくしているのが、観客席にも伝わってくるようだった。

凛々花が一礼すると、黒髪がはらりと顔にかかった。両手で髪を耳にかけてから、凛々花はピアノの前の椅子《いす》に腰かける。軽く目を閉じて、深呼吸をしたあと、両手を持ちあげ、鍵盤《けんばん》へと近づける。

一音。

最初の音が鳴り響いただけで、聖太郎は心を鷲摑《わしづか》みにされた。

そして、音が迫りくる。押し寄せる。荒れ狂う海のような……。抵抗などできない。波にさらわれる。気づいたときには飲みこまれていた。

指使いの正確さと敏捷性《びんしょうせい》によって裏打ちされた情熱的な演奏だ。凛々花は全身で音楽を奏でている。だれともちがう音。彼女にしかできない演奏。これが表現者というものなのだろう。

圧倒的だ。

聖太郎は思わず、光博のほうを見る。

すると、光博も聖太郎のほうを見て、にやりと笑みを浮かべた。

「な？　すごいやろ？」

得意げな声で、光博はささやく。

光博が自慢したくなるのも、理解できる気がした。

自分と年齢の変わらない少女が、舞台でスポットライトを浴びながら、全身全霊をかけて音楽を奏で、聴衆を魅了している。

ピアノの音が高速で響き、曲の盛りあがりに合わせて、背中がぞくぞくした。鳥肌が立つ。胸の高鳴りが止まらない。

はじめての感覚だ。音楽を聴いて、こんなに感動することがあるなんて、知らなかった。

聖太郎は不思議な気持ちで、自分の心臓が激しく鼓動するのを感じていた。

深い余韻を残して、演奏は終わる。

凛々花は腕を下ろすと、大きく肩で息をしながら、立ちあがった。堂々たる態度で一礼して、舞台から去っていく。

①そのあとも何人かの出場者が演奏をしたのだが、聖太郎の心にはほとんど印象を残さなかった。

座席を立ち、ロビーに出ると、光博はきょろきょろとあたりを見まわした。

「もうすぐ凛々花も出てくると思うんやけど」

舞台衣装から着替えた出場者たちが、ロビーに集まっている。

「凛々花、うまかったやろ？」

光博の言葉に、聖太郎は大きくうなずく。

「うん、すごかった」

2024年度／大成女子高等学校（一般）

英語解答

1 (1) No.1　エ　No.2　イ　No.3　エ
No.4　ア　No.5　イ
(2) No.1　ア　No.2　イ　No.3　イ
No.4　ウ
(3) No.1　ア　No.2　ウ
(4) ①　ウ→ア→エ→イ　②　friends

2 (1) ①　been　②　teaches　③　long
(2) ④　speaking　⑤　those
⑥　could

3 (1) エ　(2) イ→ウ→ア

4 (1) ①…イ　②…ア　③…ウ　④…エ
⑤…エ
(2) Ⓐ　who〔that〕　Ⓑ　to

5 (1) ウ，カ，ク　(2) イ
(3) ①…イ　②…ウ
(4) can meet on weekends
(5) ①　take care of a dog
②　life is important

6 ①　イ→カ→ア→エ→ウ
②　エ→ア→カ→オ→ウ
③　ウ→エ→イ→カ→オ
④　オ→エ→イ→ア→カ

1〔放送問題〕解説省略

2〔対話文完成〕

≪全訳≫❶アカネ(A)：初めまして。私はアカネ。日本から来たの。❷ベッキー(B)：こちらこそ初めまして。私はベッキーよ。❸キャロル(C)：こんにちは。私はキャロル，ベッキーの姉〔妹〕よ。私たちは一度日本に行ったことがあるの。❹A：ほんと？　いつ行ったの？❺B：去年そこへ行ったの。東京におじがいてね。彼に会いに行ったんだ。彼は若い頃に旅行で東京へ行って，その街が気に入ったの。だからそこで働くことに決めたんだって。今，彼は高校で英語を教えているのよ。❻C：彼はよく，日本の人たちは親切だって言ってるわ。❼A：それを聞いてうれしいな。おじさんはどのくらい日本に住んでるの？❽B：20年くらいよ。彼は日本語を話すのが上手なの。彼はときどき，日本語の単語やフレーズの正しい使い方を説明した本を何冊か私たちに送ってくれるんだ。❾C：ベッキーと私はそういった本から日本語を学んでいるの。日本語を勉強するのは私たちにとってわくわくすることなの。❿A：それはいいわね。私にもそれはわかるわ。外国語を学ぶのっておもしろいよね。全ての言語を話すことができればいいのにな。

(1)＜適語補充＞① have/has been to ～で「～へ行ったことがある」という意味を表せる。　② (　) English at a high school「高校で英語を(　)」に当てはまる語を考える。3単現の文なのでteachesとすることに注意。　③この後「約20年間」と答えている。「どのくらいの間」という‘期間’を尋ねる疑問詞はHow long。

(2)＜語形変化＞④ be good at ～ingで「～することが上手〔得意〕だ」。前置詞の後に続く動詞は動名詞(～ing)となる。　⑤直後がbooksと複数形になっているので，those「あれらの」にする。⑥‘I wish＋主語＋(助)動詞の過去形...’の形で「…ならいいのに」という意味を表せる。これは‘現在実現困難な願望’を表す仮定法過去の文である。

3〔長文読解総合〕

(1)＜要旨把握―スピーチ＞≪全訳≫皆さんは来月，高校生になります。皆さん全員が高校生活を楽しむことを願っています。皆さんには勉強をがんばり続けてほしいと思います。また，学校行事など，他のことにも一生懸命取り組んでほしいです。それらは皆さんが人として成長するのに役立つでしょう。しかし，がんばりすぎないでください。健康が一番大切なのです。

＜解説＞高校生活の中で健康に留意しつつ勉強だけでなく行事などにも熱心に取り組むことで成長

してほしいと伝える文章である。この内容を最もよくまとめているのは，エ.「生徒は熱心に勉強するだけでなく高校の行事にも懸命に取り組むべきである」。　ア.「高校生活において学校行事ほど重要なものはない」　イ.「がんばりすぎることは人として成長するのに役立つ」　ウ.「健康は高校生活において勉強と同じくらい大切だ」

(2)＜文整序―物語＞≪全訳≫私のクラスでは多くの生徒が自分用のスマートフォンを持っている。ところが私は持っていない。私はよく両親にスマホを買ってくれるよう頼んでいるが，両親は買ってくれない。／→イ．彼らはこう言う。「スマホを持ったら，勉強したり私たちと話したりする時間がなくなるでしょ」／→ウ．だから，私はスマホを使うにあたってのルールをつくっている。／→ア．例えば，午後8時以降はスマホを使わない。／また，勉強するときはスマホを使わない。勉強のためにスマホを使わなければならない場合は，母か父の前で使うつもりだ。

＜解説＞空所の前に，両親がスマホを買ってくれないとあるので，彼らが買おうとしない理由となるイを最初に置く。次に，両親を納得させようとスマホを使うルールを決めようとしているというウを置く。最後にそのルールの具体例となるアを続ける。

4〔対話文完成―表を見て答える問題〕

≪全訳≫❶エミリー(E)：アサミ，あなたはボランティア活動をすることに興味はある？❷アサミ(A)：うん，あるよ，でもどうしてそんなことをきくの？❸E：私はこの市のボランティアクラブのメンバーなんだ。私たちのクラブには45人のメンバーがいて，①そのうちの11人が中学生なの。私たちはもっとメンバーを増やしたいんだ。私たちの仲間に入らない？❹A：うん！　あなたのクラブについてもっと詳しく知りたいな。それについて教えてくれる？❺E：もちろん！　これは私たちのクラブに関するリーフレットよ。これを見て。❻A：ありがとう。へえ，あなたたちのクラブは1週間に4日，ボランティア活動をしているんだね。❼E：そうなの。曜日ごとにリーダーがいて，リーダーは必ず活動に参加するの。でも，他のメンバーは時間があるときに，どの活動にでも自由に参加できるんだ。実はね，火曜日の活動のリーダーをしている②リサ・ブラウンは私のお姉ちゃんなの。❽A：ほんと？　お姉さんは学生なの？❾E：ううん。彼女はレストランで働いているの。そこは火曜日がお休みなの。だからボランティア活動をしてるのよ。❿A：それはすごいね！　あなたも火曜日に参加してるの？⓫E：ううん。③私は本を読むのが好きだから，たいてい土曜日に参加してるよ。⓬A：そうなんだ！　私もあなたと一緒にそれに参加したいな！⓭E：よかった。それを聞けてうれしいよ。⓮A：あなたはいつそのボランティアクラブに入ったの？⓯E：3年前だよ。④なぜ私がそれに入ったのか知りたい？⓰A：うん，聞かせて！⓱E：ある日，お姉ちゃんと私はあるテレビ番組を見てたの。それは自然を守るために山で働いている人たちに関する番組だったの。その人たちはすごいなって思って，私たちは他の人たちや地球のために何かいいことをしたくなったんだ。それでインターネットで私たちの市にあるボランティアクラブを探して，いいクラブを見つけたの。そして私たちはそれに入会したんだ。⓲A：なるほどね。あなたとお姉さんは偉いわね。⓳E：ありがとう。ボランティア活動をするのは大変なときもあるの，⑤でもおもしろいことでもあるよ。一緒に楽しくボランティア活動をしましょう！

ボランティアクラブ

メンバーの数	
大学生および大人	12名
高校生	22名
中学生	11名

曜日と時間	仕事	リーダー
火曜日　午後3：30～午後4：30	ABC 公園の清掃	リサ・ブラウン
木曜日　午後3：30～午後4：30	ブルー川の清掃	メグ・スミス
土曜日　午後1：00～午後3：00	XYZ 図書館で子どもへの読み聞かせ	メアリー・グリーン
日曜日　午前10：00～午前11：00	イエロー通りで花の手入れ	アン・ウィリアムズ

⑴＜適文・適語句選択＞①エミリーが活動しているボランティアクラブの人数について話している場面。リーフレットの「メンバーの数」の表に当てはまるのはイだけ。　②リーフレットの下の表参照。火曜日のリーダーは「リサ・ブラウン」。　③エミリーが土曜日の活動に参加している理由が入る。リーフレットの下の表より，土曜日の活動は図書館で子どもたちに本を読み聞かせることなので，それに関係する内容を選ぶ。　④エミリーはこの後，自分がボランティアクラブに入会することになった理由を説明している。　⑤「ボランティア活動をするのは大変なときもある」に続く内容として適切なものを選ぶ。「大変だが，おもしろくもある」という‘逆接’の文脈である。

⑵＜適語補充＞Ⓐ(　)以下はpeopleに係る主格の関係代名詞節と考えられるので，people「人々」を先行詞とする主格の関係代名詞が入る。　Ⓑprotectは「～を保護する」という意味。「自然を保護する」ことが山で働く目的と考えられるので，「～するために」という‘目的’を表すto不定詞の副詞的用法にする。

5 〔長文読解総合―物語〕

≪全訳≫❶リクはカモメ市の中学生だった。彼は両親と一緒に暮らしていた。彼には兄弟も姉妹もいなかった。彼にはタケシという名前の親友がいた。タケシは犬を何匹か飼っていた。リクはその犬たちのことが大好きだった。❷ある木曜日，タケシはリクにこう言った。「家族と僕はナツメ市に引っ越すことになったんだ」　リクは言った。「そうなんだ。その市はここから少し遠いから，平日に会うのは難しいだろうけど，週末になら会えるね」　タケシは言った。「うん，僕もそう思う。あと，君に頼みたいことがあるんだ」　リクは言った。「えっ，何？」　タケシは言った。「２か月前に生まれた犬の世話をしてくれないかな？　僕らの新しい家は狭すぎるんだ。３匹より多くは飼えないんだよ」　その晩，リクは両親にそのことについてきいてみた。彼らはリクに「いいよ」と言ったので，３日後にリクの一家はタケシの家から１匹のメスの犬をもらった。リクはその犬をココと名づけた。ココの世話をするのはリクにとって大変だったが，ココとの生活は楽しかった。ココは彼の本当の妹のようだった。❸４か月後のある金曜日，ココは急に具合が悪くなった。リクと母はココを獣医のところに連れていった。するとその獣医は，ココの病気は深刻なものだと彼らに言った。リクと母はそれを聞いてとても悲しかった。その日以降，リクと両親は毎日ココに薬を与え，熱心に看病した。彼女の看病をすることで，リクはココが自分にとって本当に大切なのだと感じた。❹２週間後，ココは奇跡的に回復した。彼女の看病をすることで，リクは命がいかに大切なものかを再認識した。彼はまた，自分の人間としての成長を感じた。❺ココの回復はリクを大いに喜ばせ，彼はココをますます大事にするようになった。ココとともに暮らすことは，自分にも命があり，自身の命も大切だということをリクに再認識させた。❻15年後のある日，ココは家で老衰のため亡くなった。リクはそのとき29歳だった。彼は泣くこともできないほど悲しかった。しかし，彼はココのことを絶対に忘れないと決意した。ココは彼の初めてのペットだった。彼はココから命は大切だということを学んだ。彼はココとともに暮らすことで人間として成長できたので，彼女に本当に感謝していた。❼現在，リクはカモメ市で獣医をしており，毎日たくさんの動物たちを助けている。

⑴＜内容真偽＞ア．「リクはナツメ市にある中学校に通っていて，犬が好きだった」…×　第１段落第１文および第２段落第１文参照。リクはカモメ市の中学生で，友達のタケシがナツメ市に引っ越した。　イ．「リクは母，父，兄〔弟〕と暮らしており，楽しく過ごしていた」…×　第１段落第２，３文参照。兄弟はいない。　ウ．「タケシはリクに，ナツメ市のタケシの新しい家は狭すぎると言った」…○　第２段落中盤の内容に一致する。　エ．「ココを飼う前，リクは犬を何匹か飼っていたので，彼は犬についてたくさんのことを知っていた」…×　第６段落最後から３文目参照。ココが初めてのペットだった。　オ．「リクの父はそのメス犬をココと名づけ，彼女のこと

が大好きだった」…×　第2段落最後から3文目参照。ココと名づけたのはリク。　カ.「リクはココの世話をすることで自分が人間として成長したと感じた」…○　第4段落第2，3文の内容に一致する。　キ.「リクはココに薬を与えたが，ココは回復しなかった」…×　第4段落第1文参照。ココは回復した。　ク.「リクは毎日たくさんの動物のために働き，彼らを助けている」…○　第7段落の内容に一致する。

(2)<適所選択>脱落文の意味は，「その晩，リクは両親にそのことについてきいてみた」。it「それ」が指す内容を考える。また，空所イ直後にあるTheyが脱落文にあるhis parentsを指すと考えられる。

(3)<内容一致>①「ある日曜日，(　　)」―イ.「リクの一家とココは一緒に暮らし始めた」　第2段落第1文および同段落最後から4文目参照。木曜日にタケシから犬をもらうことに決まって，その3日後に犬を迎えている。　②「ココが死んだとき，(　　)」―ウ.「リクは泣かなかった」　第6段落第1～3文参照。第3文は‘too ～ to …’「…するには～すぎる，～すぎて…できない」の形。

(4)<英文解釈―適語句補充>「リクとタケシはお互いに離れたところで暮らすことになるが，彼らは(　　)」―「週末には会うことができる」　下線部の「僕もそう思う」のsoが指すのは，直前の文のwe can meet on weekends「僕たちは週末には会うことができる」の部分である。

(5)<英問英答―適語句補充>①「タケシはリクに何をしてほしいと頼んだか」―「彼はリクに犬の世話をしてほしいと頼んだ」　第2段落中盤参照。　②「リクはココから何を学んだか」―「彼は彼女から命は大切だということを学んだ」　第6段落最後から2文目参照。

6〔対話文完成―整序結合―表を見て答える問題〕

≪全訳≫❶ナオキ(N)：これを見て。僕らの学校で11月5日の日曜日にソフトボール大会があるんだ。①この町に住んでいる人がこの試合に出られるんだ。参加してみない？❷ケビン(K)：へえ，おもしろそうだね！　一緒に参加しようよ。❸N：いいね！❹K：その試合は何時に始まるの？❺N：午前9時だよ。②8時40分までには学校に着いていないといけないんだ。❻K：了解。何か持っていかなくてはならないものはあるの？❼N：ないよ。運動着を着る必要があるだけだよ。③試合の後，学校が僕らに昼食を出してくれるって。❽K：わかった。ソフトボール大会が楽しみだなあ。❾N：僕もだよ。でも，この試合は④もし雨が降ったら行われないんだ。

<解説>①play in the gameと続くので，まず主語にPeopleを置きPeople play in the gameという形をつくる。残りは，ちらしに「町内に住む方ならどなたでも参加できます」とあるので，主語を「町内に住む方」と考え，People living in this townとまとめ(現在分詞のlivingで始まる語句が前の名詞Peopleを修飾する形)，playの前に助動詞canを置く。不要語はlive。　②ちらしの「参加希望者は8時40分までにお越しください」という内容を表す文にする。We haveの後にto be at schoolを置いて「学校にいなければならない」とする。have to ～で「～しなければならない」。残りはby eight fortyで「8時40分までに(は)」となる。このbyは「～までに(は)」という意味。forty「40」のつづりに注意。不要語はfourteen「14」。　③ちらしの「お弁当は学校が用意します」の部分を表す文にする。「学校が私たちに昼食を出してくれる」と読み換えて，‘give＋人＋物’の形でgive us lunchとまとめる。ちらしより，昼食をとるのは「試合後」なのでafter the game「試合後」を文末に置く。不要語はbefore。　④ちらしの「雨天中止です」の部分を表す文にする。「雨の場合には試合は行われないだろう」と読み換えて，willの後にまずnotを置き，この後にbe held「～が行われる」という受け身形を続ける。残りはif it rains「雨の場合には」とまとまる。不要語はit's sunny。

数学解答

1 (1) ① -3　② $x-7y$　③ $6b$
　　④ $-\sqrt{5}$
(2) $4-2\sqrt{3}$

2 (1) $\dfrac{1}{9}$　(2) ウ
(3) $a=-6,\ b=8$　(4) 11人

3 (1) 3.5回　(2) ①…イ　②…ア
(3) ウ

4 (1) 21°
(2) ①
(例)△AEDと△DECにおいて，$\overset{\frown}{\mathrm{AP}}=\overset{\frown}{\mathrm{AD}}$より，∠ADE＝∠DCE……(i)
$\overset{\frown}{\mathrm{CP}}=\overset{\frown}{\mathrm{AC}}-\overset{\frown}{\mathrm{AP}}$，$\overset{\frown}{\mathrm{CD}}=\overset{\frown}{\mathrm{AC}}-\overset{\frown}{\mathrm{AD}}$，$\overset{\frown}{\mathrm{AP}}=\overset{\frown}{\mathrm{AD}}$より，$\overset{\frown}{\mathrm{CP}}=\overset{\frown}{\mathrm{CD}}$だから，∠DAE＝∠CDE……(ii)　(i)，(ii)より，2組の角がそれぞれ等しいので，△AED∽△DEC
② $\dfrac{3}{2}$cm

5 (1) 8　(2) イ　(3) $\dfrac{\sqrt{2}}{4}$

6 (1) 10cm^2　(2) ウ　(3) 40cm^3

1〔独立小問集合題〕

(1)＜数の計算，式の計算＞①与式＝$4-7=-3$　②与式＝$3x-12y-2x+5y=x-7y$　③与式＝$\dfrac{9a^2\times8ab^2}{12a^3b}=6b$　④与式＝$\sqrt{2^2\times5}-\dfrac{15\times\sqrt{5}}{\sqrt{5}\times\sqrt{5}}=2\sqrt{5}-\dfrac{15\sqrt{5}}{5}=2\sqrt{5}-3\sqrt{5}=-\sqrt{5}$

(2)＜式の計算―式の値＞$x^2+xy=x(x+y)$として$x=2-\sqrt{3}$，$y=\sqrt{3}$を代入すると，与式＝$(2-\sqrt{3})(2-\sqrt{3}+\sqrt{3})=(2-\sqrt{3})\times2=4-2\sqrt{3}$となる。

2〔独立小問集合題〕

(1)＜確率―さいころ＞大小2個のさいころの出る目の数の組は，全部で$6\times6=36$(通り)あり，どれが起こることも同様に確からしい。出た目の数の積は1以上36以下だから，出た目の数の積が15の倍数であるのは積が15か30になる場合である。このようになる場合の目の出方は，(大，小)＝(3，5)，(5，3)，(5，6)，(6，5)の4通りある。よって，求める確率は$\dfrac{4}{36}=\dfrac{1}{9}$である。

(2)＜文字式の利用＞求める3けたの自然数を表す式は，$100a+10b+a=101a+10b$である。

(3)＜二次方程式―解の利用＞$x=2$，4を解にもつ二次方程式は$(x-2)(x-4)=0$である。左辺を展開すると，$x^2-6x+8=0$となる。これが二次方程式$x^2+ax+b=0$と一致するから，$a=-6$，$b=8$である。≪別解≫$x=2$が二次方程式の解だから，$2^2+a\times2+b=0$より，$4+2a+b=0$……①である。また，$x=4$も解だから，$4^2+a\times4+b=0$より，$16+4a+b=0$……②が成り立つ。①，②を連立方程式として解くと，$a=-6$，$b=8$となる。

(4)＜一次方程式の応用＞登山サークルの人数をx人とする。1人1800円ずつ出すと300円余るから，テントの代金は$1800x-300$円と表せる。また，1人1700円ずつ出すと800円不足するから，$1700x+800$円とも表される。よって，$1800x-300=1700x+800$が成り立つ。これを解くと，$100x=1100$より，$x=11$(人)となる。

3〔データの活用―箱ひげ図〕

(1)＜四分位範囲＞四分位範囲は，〔四分位範囲〕＝〔第3四分位数〕－〔第1四分位数〕で求められる。図より，A組の第3四分位数は8.0回，第1四分位数は4.5回だから，求める四分位範囲は，$8-4.5=3.5$(回)である。

(2)＜人数＞図より，A組20人の第3四分位数は8回，第1四分位数は4.5回である。第3四分位数は，ボールが的に当たった回数を小さい方から順に並べたときの15番目と16番目の回数の平均である。これより，第3四分位数が8回の場合，15番目と16番目の回数が同じ8回のとき，8回以上である

生徒の人数は6人以上となり，異なるとき，15番目は7回以下，16番目は9回以上なので，8回以上である生徒の人数は5人となる。よって，8回以上である生徒は少なくとも5人いる。また，第1四分位数は，ボールが的に当たった回数を小さい方から順に並べたときの5番目と6番目の回数の平均である。これより，第1四分位数が4.5回の場合，5番目は4回以下で6番目は5回以上となる。したがって，4回以下である生徒の人数はちょうど5人である。

(3)＜ヒストグラム＞図より，B組20人の第1四分位数は5回，中央値(第2四分位数)は6.5回，第3四分位数は7.5回である。これより，小さい方から順に並べたときの5番目が4回未満(2回か3回)の場合，6番目は7回以上になる。よって，アとエは適さない。また，8回以上の人数はちょうど5人となる。したがって，B組の箱ひげ図に対応しているヒストグラムはウである。

4 〔平面図形—円〕

≪基本方針の決定≫(1)　円周角の大きさは，それに対する弧の長さに比例する。　(2)②　$\triangle FAD \backsim \triangle ADC$ であることに気づきたい。

図1

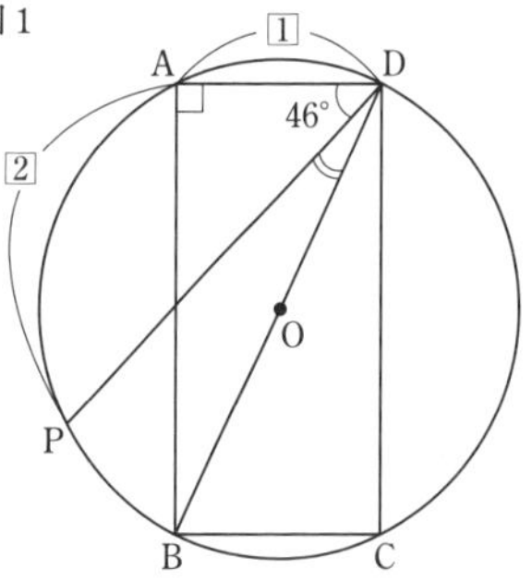

(1)＜角度＞右図1の $\triangle ABD$ で，四角形ABCDは長方形だから，$\angle BAD = 90°$ である。$\overset{\frown}{AP} = 2\overset{\frown}{AD}$ より，$\angle ADP = 2\angle ABD$ となる。これより，$\angle ABD = \frac{1}{2}\angle ADP = \frac{1}{2} \times 46° = 23°$ だから，$\triangle ABD$ で，$\angle BDP = 180° - (\angle BAD + \angle ADP + \angle ABD) = 180° - (90° + 46° + 23°) = 21°$ である。

図2

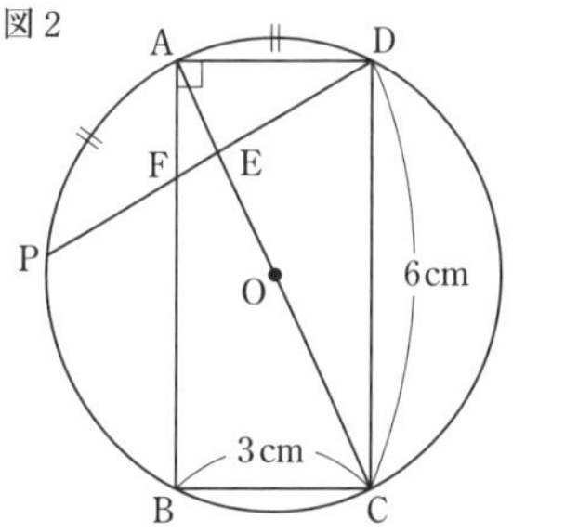

(2)＜証明，長さ＞①右図2の $\triangle AED$ と $\triangle DEC$ において，$\overset{\frown}{AP} = \overset{\frown}{AD}$ より，等しい弧に対する円周角は等しいから，$\angle ADE = \angle DCE$ となる。さらに，$\overset{\frown}{CP} = \overset{\frown}{CD}$ を示し，$\angle DAE = \angle CDE$ となることを証明する。解答参照。　②図2の $\triangle FAD$ と $\triangle ADC$ において，①より，$\angle ADF = \angle DCA$ であり，$\angle DAF = \angle CDA = 90°$ だから，2組の角がそれぞれ等しく，$\triangle FAD \backsim \triangle ADC$ である。よって，$AF : DA = DA : CD$ より，$AF : 3 = 3 : 6$ が成り立つ。これを解くと，$AF \times 6 = 3 \times 3$ より，$AF = \frac{3}{2}$(cm)となる。

5 〔関数—関数 $y = ax^2$ と反比例のグラフ〕

≪基本方針の決定≫(2)　放物線 $y = ax^2$ が四角形ABCDの頂点Cを通るときと，頂点Aを通るときに着目する。

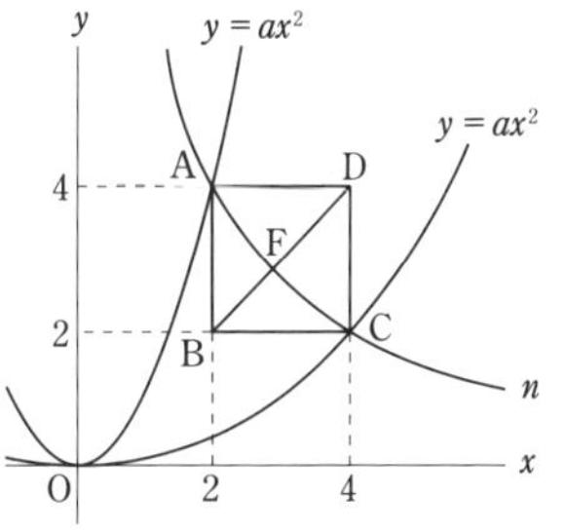

(1)＜比例定数＞右図で，曲線 $y = \frac{b}{x}$ はA(2, 4)を通るから，$4 = \frac{b}{2}$ より，$b = 8$ である。

(2)＜比例定数の範囲＞右図で，放物線 $y = ax^2$ がC(4, 2)を通る場合，$2 = a \times 4^2$ より，$a = \frac{1}{8}$ となる。これより，点Eが四角形ABCDの内部にあるとき，$a > \frac{1}{8}$ である。また，A(2, 4)を通る場合，$4 = a \times 2^2$ より，$a = 1$ となるから，点Eが四角形ABCDの内部にあるとき，$a < 1$ である。よって，a のとりうる値の範囲は $\frac{1}{8} < a < 1$ である。

(3)＜比例定数＞右上図で，(1)より，曲線 n の式は $y = \frac{8}{x}$ であり，点Fはこの上にあり x 座標と y 座標が等しいから，F(f, f)とすると，$f = \frac{8}{f}$ が成り立つ。これを解くと，$f^2 = 8$ より，$f = \pm 2\sqrt{2}$ となり，$f > 0$ より，$f = 2\sqrt{2}$ である。よって，F($2\sqrt{2}$, $2\sqrt{2}$)となる。点Eが点Fに重なるとき，放物線 y

$=ax^2$ は F$(2\sqrt{2},\ 2\sqrt{2})$を通るから，$2\sqrt{2}=a\times(2\sqrt{2})^2$ より，$a=\dfrac{1}{2\sqrt{2}}=\dfrac{\sqrt{2}}{4}$となる。

6 〔空間図形―立方体〕

≪基本方針の決定≫(3)　四角錐 QPFSR を三角錐 QPFS と三角錐 QPRS に分けて考える。

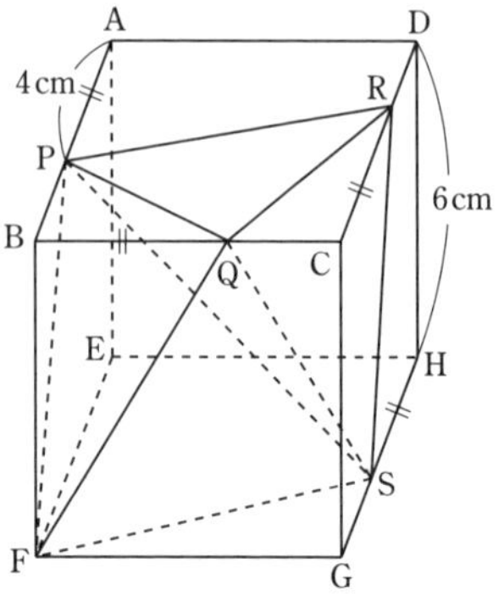

(1)＜面積＞右図の △PQR は四角形 PBCR から △PBQ と △QCR を除いたものである。四角形 ABCD は正方形より，四角形 PBCR は PB∥RC の台形で，∠B＝∠C＝90°，PB＝QC＝6－4＝2 より，△PQR の面積は，△PQR＝〔台形 PBCR〕－△PBQ－△QCR＝$\dfrac{1}{2}\times(2+4)\times6-\dfrac{1}{2}\times2\times4-\dfrac{1}{2}\times2\times4=10(\text{cm}^2)$である。

(2)＜切り口＞右図で，辺 PF を含む平面 ABFE と辺 RS を含む平面 DCGH は平行で，2 辺 PF，RS は同じ平面 PFSR 上にある。よって，PF∥RS である。同様に，PR∥FS だから，四角形 PFSR は平行四辺形である。さらに，△FPB と △FSG において，∠FBP＝∠FGS＝90°，FB＝FG＝6，BP＝GS＝2 より，2 辺とその間の角がそれぞれ等しいから，△FPB≡△FSG である。よって，FP＝FS だから，四角形 PFSR はひし形である。

(3)＜体積＞図で，2 点 P，S を結ぶ。四角錐 QPFSR を三角錐 QPFS と三角錐 QPRS に分けると(2)より，四角形 PFSR はひし形だから，△PFS≡△PRS であり，2 つの三角錐の底面の面積は等しく，高さも等しいから，体積も等しい。また，三角錐 QPRS は，△PQR を底面と見ると，高さが 6 cm である。(1)より，△PQR＝10 だから，求める四角錐の体積は$\left(\dfrac{1}{3}\times10\times6\right)\times2=40(\text{cm}^3)$となる。

社会解答

1
1 (1) ウ　(2) ア　(3) ウ
　(4) ①…ユーロ　②…エ
2 (1) 信濃川
　(2) (例)同じ土地で1年間に2種類の農作物を栽培する
　(3) ウ

2
1 (1) (例)仏教の力で国家を守ろうと考えた(鎮護国家思想の)
　(2) ア　(3) エ
　(4) 記号…エ　語…オランダ
　(5) イ
2 (1) ウ　(2) カ　(3) ア
　(4) エ

3
1 (1) 18　(2) (例)解散した
　(3) エ
2 (1) クーリング・オフ　(2) 株主
　(3) エ
3 (1) ア
　(2) き…ウ
　く…ワーク・ライフ・バランス

4
1 (1) イ　(2) ア
　(3) 分国法〔家法，家訓〕
　(4) イ
　(5) 地方交付税〔地方交付税交付金〕
2 (1) 9　(2) 成田国際〔成田〕
　(3) ア　(4) 平城京

1〔地理―総合〕

1(1)＜都市の様子＞会話文中の「モスク」「女性は髪や肌を見せてはいけない」から，主にイスラム教が信仰されている国であること，「ラクダに乗って砂漠を見学する」から，主に乾燥帯に属する国であることが読み取れる。したがって，アラビア半島に位置するウとわかる。なお，ア(ペルーのイキトス)，イ(南アフリカのケープタウン)，エ(フィリピンのマニラ)の都市が位置する国では主にキリスト教が信仰されている。

(2)＜世界の貿易＞①はアメリカ合衆国，②はブラジル，③はサウジアラビア，④はオーストラリアである。オーストラリアでは鉄鉱石，石炭などの資源が主に輸出されているので，アが当てはまる。なお，イは原油・石油製品の占める割合が全体の7割近いのでサウジアラビア，ウは工業製品が上位を占めており，輸出総額が他の3か国よりも多いのでアメリカ合衆国，エは大豆，鉄鉱石が上位となっているのでブラジルに当てはまる。

(3)＜日本の反対側の位置＞日本は北緯20～46度，東経122～154度に位置しているので，日本を地球の反対側に移した位置は，南緯20～46度，西経26～58度であり，この位置はおおよそ南アメリカ大陸の大西洋沖にあたる。

(4)①＜ユーロ＞EU〔ヨーロッパ連合〕の共通通貨はユーロである。ユーロの導入により，ユーロ圏内では通貨を両替する必要がなくなり，国境を越えた買い物などが便利になった。なお，EU加盟国であっても，スウェーデン，デンマークなどはユーロを導入せず，自国の通貨を用いている。

②＜統計表の読み取り＞6か国のうち，地中海に面しているスペイン，フランスは，どちらも1人当たり国民総所得が25000ドルを超えている(エ…○)。なお，最も西側に位置するポルトガルの1人当たり国民総所得は，その東側に位置するスペインよりも少ない(ア…×)。6か国のうち，1人当たり国民総所得が最も大きい国はドイツ，最も小さい国はラトビアであり，47186÷17866＝2.64…(倍)より，ドイツの額はラトビアの額の3倍に満たない(イ…×)。EU発足当時の加盟国(スペイン，ポルトガル)の1人当たり国民総所得は，2004年以降の加盟国(ラトビア，リトアニア)

の１人当たり国民総所得よりも大きい(ウ…×)。

２⑴＜信濃川＞信濃川は長野県と新潟県を流れる日本で最も長い河川である。なお，日本で最も流域面積が広い河川は利根川であり，関東地方を流れ太平洋に注ぐ。

⑵＜二毛作＞二毛作とは，同じ土地で１年間に２種類の作物を栽培することをいう。筑紫平野で行われている二毛作では，冬でも暖かい気候を利用し，稲作が終わった後の水田で麦(小麦や大麦など)が栽培されている。なお，二毛作に対して，１年に２回，同じ土地で同じ作物(米など)をつくることを二期作という。

⑶＜地形図の読み取り＞御殿場線の線路沿いには，小・中学校(文)や郵便局(〶)は見られるが，高等学校(⊗)は見られない(ウ…×)。なお，高山の頂上は245.9m，下曽我駅の標高は25mなので，その標高差は，245.9－25＝220.9(m)より，200m以上ある(ア…○)。特にことわりがないかぎり，地形図上では上が北となるので，Ａの寺院から見て，Ｂの寺院は南西の方角にある(イ…○)。地形図上の長さの実際の距離は，(地図上の距離)×(縮尺の分母)で求められる。この地形図の縮尺は２万５千分の１なので，地形図上で約５cmの長さの実際の距離は，５×25000＝125000(cm)＝1250(m)である(エ…○)。

２〔歴史―総合〕

１⑴＜奈良時代の仏教＞聖武天皇や光明皇后は，仏教の力で国家を守るという思想(鎮護国家思想)に基づいて，国ごとに国分寺や国分尼寺を建て，都の東大寺には大仏をつくらせた。また，この頃の僧は，税が免除されるなど国家の保護を受ける一方で，仏教の力で国家を守ることを命じられていた。

⑵＜元寇，鎌倉時代の新仏教＞元の皇帝フビライ=ハンは，高麗を従えた後，日本の服属を求めて使者を送ってきた。しかし，鎌倉幕府第８代執権の北条時宗がこれを無視したため，元・高麗の軍による襲来を招いた。一度目の襲来を文永の役(1274年)，二度目の襲来を弘安の役(1281年)といい，これらを合わせて元寇〔蒙古襲来〕という。また，鎌倉時代には，わかりやすく実践しやすい仏教の教えが民衆の間に広まった。時宗を開いた一遍は念仏の札を配って教えを広め，踊念仏による布教を行った。なお，チンギス=ハンはモンゴル帝国の初代皇帝である。また，禅宗のうち，栄西が臨済宗を，道元が曹洞宗をそれぞれ中国から日本に伝えた。

⑶＜鉄砲の伝来＞1543年，エの種子島に漂着した中国船に乗っていたポルトガル人によって，日本に鉄砲が伝えられた。なお，アは佐渡島，イは隠岐，ウは対馬である。

⑷＜鎖国政策＞江戸幕府が神への信仰を重んじるキリスト教を危険視するようになると，1612年に幕府領(幕領)でキリスト教が禁止され，翌年には全国でキリスト教が禁止された。その後，1624年にスペイン船，1639年にポルトガル船の来航が禁止されたが，オランダはキリスト教の布教を熱心に行わなかったため，ヨーロッパの国で唯一日本との貿易を許され，1641年にはオランダの商館が長崎の出島に移されて鎖国体制が完成した。

⑸＜御成敗式目＞1232年，鎌倉幕府の第３代執権である北条泰時は，御成敗式目〔貞永式目〕を定めて裁判の基準を示した。したがって，1086年と1274年の間のイに当てはまる。

２⑴＜日清戦争＞日清戦争の講和条約を下関条約という。下関条約で得た賠償金をもとにして，北九州に官営八幡製鉄所が建設され，1901年に操業を開始した(ウ…○)。なお，日清戦争は1894～95年にかけて起こり，日英同盟は1902年に結ばれた(ア…×)。下関条約により，日本は２億両《テール》(約３億1000万円)の賠償金を得た(イ…×)。また，下関条約では台湾，遼東半島，澎湖諸島を獲得した(このうち，遼東半島は，ロシア，フランス，ドイツによる三国干渉を受けて清に返還した)。北緯50

度以南の樺太は，1905年に結ばれたポーツマス条約(日露戦争の講和条約)で獲得した(エ…×)。

(2)＜年代整序＞年代の古い順に，Ⅲ(米騒動―1918年)，Ⅱ(二・二六事件―1936年)，Ⅰ(大政翼賛会の成立―1940年)となる。大政翼賛会は，日中戦争の長期化に伴い戦時体制が整えられていくなかで結成された。

(3)＜パリ講和会議＞パリ講和会議のなかでアメリカ大統領ウィルソンが示した民族自決の考え方により，東ヨーロッパでさまざまな民族が独立を認められた。また，パリ講和会議では，日本が二十一か条の要求(1915年)で得た山東省のドイツ権益をそのまま日本に引き継ぐことが決定され，中国で五・四運動が起こるきっかけとなった。なお，ローズベルト〔ルーズベルト〕は，世界恐慌が起こった後，積極的な公共事業を実施するニューディール政策を進めたアメリカの大統領である。また，山東省の権益が中国に返還されたのはワシントン会議(1921～22年)のときである。

(4)＜朝鮮戦争＞1950年に朝鮮戦争が始まると，アメリカ軍が日本に大量の軍需物資を発注したため，日本は特需景気と呼ばれる好景気になり，日本の復興が早まった。なお，ア，ウは太平洋戦争終結後の1940年代後半の出来事で，朝鮮戦争と関わりがない。イは1925年(大正時代)の出来事である。

3 〔公民―総合〕

1(1)＜選挙権年齢＞2015年に公職選挙法が改正され，選挙権年齢が満20歳以上から満18歳以上に引き下げられた。

(2)＜衆議院議員総選挙の実施時期＞衆議院議員の任期は４年であるが，解散があるため，資料１のように衆議院議員総選挙は不定期となる。なお，参議院議員の任期は６年であり，３年ごとに半数ずつ改選されるため，参議院議員通常選挙の時期は一定となる。また，参議院に解散はない。

(3)＜衆議院議員総選挙の選挙制度＞衆議院議員総選挙では，一つの選挙区で１人の代表を選ぶ小選挙区制と，得票数に応じて政党に議席を配分する比例代表制を組み合わせた小選挙区比例代表並立制が採用されている。なお，一つの選挙区で複数の代表を選ぶ選挙制度を大選挙区制という。

2(1)＜クーリング・オフ＞良子さんの２つ目の会話文から，クーリング・オフとわかる。クーリング・オフは，訪問販売や電話勧誘などにより商品を購入した場合に適用されるが，店頭で商品を選んで購入した場合には適用されない。

(2)＜株主＞株式会社の発行する株式を購入した個人や法人を株主という。株主は，株式会社の最高意思決定機関である株主総会に出席して議決に参加する権利や，利潤〔利益〕の一部を配当として受け取る権利を持つ。また，株主は株式会社が倒産しても出資した金額を失うだけで，それ以上の責任を負わないという株主有限責任の原則が定められている。

(3)＜消費者契約法＞資料３に示されているような契約上の諸問題から消費者を保護するために定められた法律は，エの消費者契約法である。このような法律が定められた背景には，消費者は企業などの事業者に比べて持っている情報が少ないことなどが挙げられる。なお，アの消費者保護基本法は1968年に制定された消費者保護に関する基本政策を定めた法律であり，2004年に改正されてイの消費者基本法が成立した。消費者基本法は，国や地方公共団体の責務などについて規定し，消費者の自立した消費生活を支援することを求めている。ウの製造物責任法〔PL 法〕は，製造者の無過失責任を定めた法律であり，製造者は商品の欠陥について過失がなくても損害賠償を支払う義務を負う。

3(1)＜グラフの読み取り＞2005年から2010年にかけて，男性の賃金は減少した(ア…×)。なお，2000年の男性の賃金336.8万円は，同年の女性の賃金220.6万円よりも，336.8万－220.6万＝116.2万より，100万円以上多い(イ…○)。1990年の男性の賃金は290.5万円，2020年の女性の賃金は251.8万円なので，その賃金の差は，290.5万－251.8万＝38.7万より，50万円以下である(ウ…○)。2020年の男女間賃金格差の値が74.3であるので，同年の女性の賃金は同年の男性の賃金の７割以上であるとわかる(エ…○)。

(2)＜平等権，ワーク・ライフ・バランス＞平等権とは，全ての人々が平等な扱いを受ける権利であり，日本国憲法では第14条で「法の下の平等」が定められている。また，ワーク・ライフ・バランスは「仕事と生活の調和」と訳され，現代の働き方改革を目指すうえで重要な考え方となっている。なお，アの社会権は国家に対して人間らしい生活を求める権利，イの自由権は国家から不当な制限を受けない権利，エの参政権は政治に参加する権利をいう。

4〔三分野総合―常磐線と茨城空港を題材にした問題〕

1(1)＜大日本帝国憲法＞大日本帝国憲法において，天皇は国の元首として国家を統治すると定められ，主権を持っていた。天皇は日本国および日本国民統合の象徴であると定めているのは日本国憲法(第１条)である(イ…×)。

(2)＜東北地方の農業産出額＞イは米の産出額が他の３県よりも多いので，水田単作が盛んな秋田県に当てはまる。ウは果実の産出額が他の３県よりも多いので，りんごの生産が盛んな青森県に当てはまる。エは畜産の産出額が他の３県よりも多いので，乳用牛，肉用牛，肉用若鶏〔ブロイラー〕の飼育で全国上位となっている岩手県に当てはまる。したがって，残ったアが宮城県となる。

(3)＜分国法＞分国法は，各地の戦国大名が領国の支配を固めるために定められたものであり，領国内の武士や民衆は分国法に従う必要があった。

(4)＜天皇の国事行為＞天皇が行う国事行為には，内閣総理大臣や最高裁判所長官の任命のほか，国会の召集，栄典の授与，衆議院の解散などがあり，これらは内閣の助言と承認のもとで行われる。なお，内閣総理大臣の指名は国会が行い，最高裁判所長官の指名は内閣が行う。

(5)＜地方交付税＞国から地方公共団体に配分される財源のうち，地方公共団体間の財政格差を抑えるため，使途を定めずに配分される財源を地方交付税〔地方交付税交付金〕という。なお，義務教育や道路の建設など特定の使途のために配分される資金を国庫支出金という。

2(1)＜日本国憲法第９条＞日本国憲法第９条は戦争の放棄，戦力の不保持，交戦権の否認を定めている。日本政府は，日本国が主権国家である以上，他国から侵略を受けた際に自国を守るための自衛権が当然の権利として認められているとし，自衛隊を「自衛のための必要最小限度の実力」であって第９条で禁止されている「戦力」ではないと説明している。

(2)＜成田国際空港＞千葉県に位置し，日本で輸出入額の合計が最も多い空港は，成田国際空港である。成田国際空港は，東京国際〔羽田〕空港と並ぶ空の玄関口であり，旅客輸送だけでなく貨物輸送の拠点としても重要な地位を占めている。

(3)＜経済特区，中国の経済格差＞経済特区は，外国企業を積極的に誘致するために税金などの面で優遇措置が設けられている地域をいい，中国沿岸部のシェンチェン・アモイ・スワトウ・チューハイ・ハイナン省の５つが指定されている。また，中国では工業化が進んでいる沿岸部で１人あたり総生産額が多く，工業化が後れ農業が主となっている内陸部で１人あたり総生産額が少なくなっている。これらのことから，経済特区がある沿岸部の１人あたり総生産額が高いアが最も適切である。

(4)＜平城京＞710年，平城京に都が移されて奈良時代が始まった。平城京は，唐の都である長安にならって造営され，碁盤目状に整備された都市の中央には南北を走る朱雀大路があり，その北端に平城宮が置かれた。

2024年度／大成女子高等学校（一般）

理科解答

1 (1) イ　(2) ア　(3) エ　(4) ウ

2 (1) ① (例)白くにごった。　②…ウ　③…ア

(2) ① 右下図　② フックの法則　③…エ

(3) ① 進化　②…ウ　③ 相同器官

(4) ①…エ　②…ア　③ 前線面

3 (1) $NaOH \longrightarrow Na^{+} + OH^{-}$

(2) 単体

(3) ① 燃料電池

② 化学式…H_2　記号…イ

4 (1) ①…イ　② 40cm/s

(2) ① (例)一定であった

②…エ　③…ア　④…イ

5 (1) ウ

(2) (例)消化酵素Xの量を2倍にすると半分になる

(3) エ　(4) ア

6 (1) マグマ

(2) あ…ア　い…(例)弱かった

(3) ウ

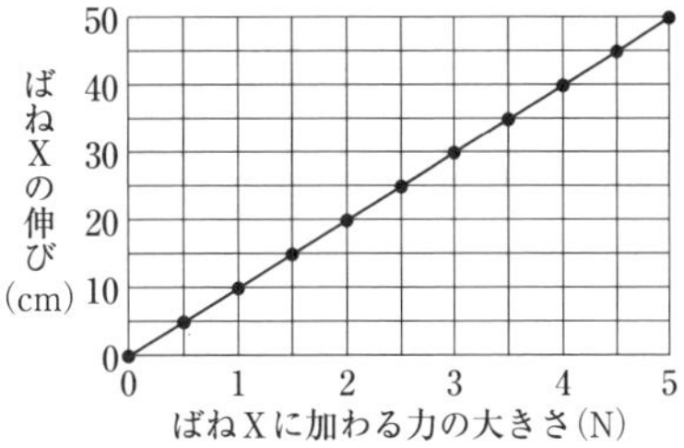

1 〔小問集合〕

(1)<直流と交流>直流は流れる向きが変わらない電流であり，交流は流れる向きや大きさが短時間で入れかわる電流である。家庭のコンセントから流れる電流は交流であり，日本での交流の周波数は，東日本では50Hz，西日本では60Hzとなっている。

(2)<アルカリ性の性質>BTB液は，酸性で黄色，中性で緑色，アルカリ性で青色を示す。また，pHは7が中性で，値が小さいほど酸性が強く，大きいほどアルカリ性が強い。

(3)<被子植物>被子植物のうち，図のように，茎の維管束が輪のように並んでいるのは，双子葉類である。双子葉類は子葉が2枚で，葉脈が網目状になっていて，根は主根と側根からなる。

(4)<地震の揺れ>図で，初めの小さな揺れⓐを初期微動，後からくる大きな揺れⓑを主要動という。なお，P波の速さはS波より速いため，P波が到着した後にS波が到着する。また，ⓐの初期微動はP波による揺れ，ⓑの主要動はS波による揺れである。

2 〔小問集合〕

(1)<物質の区別>①，②塩化ナトリウム，砂糖，片栗粉のうち，加熱したときに炎を出して燃えるのは砂糖と片栗粉で，塩化ナトリウム(食塩)には変化が見られない。砂糖と片栗粉は，炭素を含む有機物なので，燃えると二酸化炭素や水が生じる。よって，物質A，Bが燃えた後，石灰水の入った集気瓶をよく振ると，石灰水は白くにごる。また，塩化ナトリウムは，炭素を含まないので，無機物である。　③水5.0gに物質が0.5g溶けているから，このときできた水溶液の質量は$5.0 + 0.5 = 5.5$(g)である。よって，求める質量パーセント濃度は，〔質量パーセント濃度(%)〕=〔溶質の質量(g)〕÷〔水溶液の質量(g)〕×100より，$0.5 \div 5.5 \times 100 = 9.0\cdots$となるから，およそ9%である。

(2)<フックの法則>①図4のグラフで，ばねばかりの示す値が0Nのとき，ばねXの長さは10cmなので，ばねXの伸びは，ばねXの長さから10cmをひくことで求めることができる。これより，ば

ねばかりの示す値が5.0Nのときのばねの伸びは，ばねの長さが60cmより，$60-10=50$(cm)である。また，ばねXに加わる力の大きさはばねばかりの示す値に等しく，ばねXの長さは一定の割合で増加しているので，ばねの伸びも一定の割合で増加する。よって，ばねXに加わる力の大きさとばねXの伸びとの関係を表すグラフは，原点(0，0)と点(5.0，50)を通る直線となる。解答参照。　②ばねの伸びがばねに加えた力の大きさに比例することを，フックの法則という。　③①のグラフより，ばねXの伸びが40.0cmになるのは，ばねXに加わる力の大きさが4.0Nのときである。よって，おもりYがばねXを引く力が4.0Nのとき，おもりYにはたらく重力の大きさは4.0Nなので，おもりYの質量は，$4.0\times100=400$(g)となる。

(3)＜進化＞①生物が長い年月をかけて，多くの代を重ねる間に少しずつ変化することを，進化という。②シソチョウ(始祖鳥)は，羽毛で覆われている，前あしが翼になっているという鳥類の特徴と，口に歯がある，つばさの先に爪があるというは虫類の特徴を合わせ持っている。これより，鳥類は，は虫類から進化したと考えられる。　③哺乳類の前あしなど，基本的なつくりが似ていて，同じものから変化したと考えられる器官を相同器官という。

(4)＜気象と天気の変化＞①雲量が0～1のときを快晴，2～8のときを晴れ，9～10のときをくもりとする。よって，雲量5は晴れで，晴れを表す天気記号はエである。なお，アは雨，イは快晴，ウはくもりを表す天気記号である。　②北半球では，高気圧は中心付近に下降気流があり，地表付近では風が中心から時計回りにふき出している。　③寒気団と暖気団が接している境の面を前線面といい，前線面が地表と交わる所を前線という。

3〔化学変化とイオン〕

(1)＜水酸化ナトリウムの電離＞水酸化ナトリウム($NaOH$)が水に溶けると，ナトリウムイオン(Na^+)と水酸化物イオン(OH^-)に電離する。

(2)＜単体＞1種類の元素からできている物質を単体という。これに対し，2種類以上の元素からできている物質を化合物という。

(3)＜燃料電池＞①図2の装置で，陰極側に集まった気体Xは水素，陽極側に集まった気体Yは酸素である。実験2では，水素が酸化される化学変化によって電流をとり出している。このように，水の電気分解の逆の化学変化を利用して電流をとり出す装置を，燃料電池という。　②実験2では，水の電気分解の逆の化学変化，つまり，水素(H_2)と酸素(O_2)が反応して水(H_2O)が生じる化学変化が起こっている。この化学変化を化学反応式で表すと，$2H_2+O_2 \longrightarrow 2H_2O$となる。よって，実験2の化学変化で反応する$H_2$と$O_2$の数の比は2：1であるから，$H_2$が10個と$O_2$が4個あるとき，4個の$O_2$と8個の$H_2$が反応して，2個の$H_2$が残ることがわかる。

4〔運動とエネルギー〕

(1)＜斜面を下る運動＞①1秒間に50回打点する記録タイマーを用いたから，1打点するのにかかる時間は$\frac{1}{50}$秒である。よって，5打点するのにかかる時間は，$\frac{1}{50}\times5=\frac{1}{10}=0.1$(秒)となる。　②①より，記録タイマーが5打点するのにかかる時間は0.1秒だから，3倍の15打点するのにかかる時間は0.3秒である。よって，このときの平均の速さは，$12.0\div0.3=40$(cm/s)となる。

(2)＜運動とエネルギー＞①小球が斜面を下るとき，小球には進行方向に一定の大きさの力がはたらき続けている。このため，小球の速さが増加する割合は一定になる。　②どのコースも斜面の合計の長さは同じで，①より斜面上では小球の速さが増加する割合は一定であるから，小球が斜面上を運動する時間はどのコースも同じである。　③小球が基準面に近づくほど，小球の持つ位置エネルギーが運動エネルギーへと移り変わり，運動エネルギーは大きくなるため，小球の速さは速くなる。よって，水平面であるBC間，DE間，FG間では，小球の速さはBC間が最も速く，DE間が最も遅い。これより，運動していた時間が最も短くなるのはBC間である。　④②より，斜面上を運動していた時間はどのコースも同じだが，③より，水平面上を運動していた時間はどのコースも異なる。つまり，点Aから点Cまで運動する時間は，どのコースも異なることになる。

5〔生物の体のつくりとはたらき〕

(1)＜消化酵素＞ゼラチンの主成分はタンパク質なので，消化酵素Xはタンパク質を分解している。ア～エのうち，タンパク質を分解する消化酵素は，胃液に含まれるペプシンである。なお，リパーゼは脂肪，アミラーゼはデンプンにはたらく消化酵素で，胆汁に消化酵素は含まれていない。

(2)＜考察＞ペトリ皿Cに置いたろ紙には，ペトリ皿Bに置いたろ紙にしみこませた消化酵素Xの2倍の量がしみこませてある。また，表より，ろ紙をのせた部分のゼラチンを分解するのにかかった時間は，ペトリ皿Cではペトリ皿Bの半分になっている。これらより，ゼラチンを分解するのにかかる時間は，消化酵素Xの量を2倍にすると半分になることがわかる。

(3)＜タンパク質の消化＞ヒトの体内にとり入れられたタンパク質は，最終的にアミノ酸に分解され，小腸から吸収される。

(4)＜考察＞資料より，消化酵素Xは，新鮮な生のパイナップルでははたらくが，加熱処理が行われた缶詰のパイナップルでははたらかないことがわかる。これは，加熱することにより消化酵素Xのはたらきが失われたためである。よって，条件1の加熱処理を行っていない消化酵素Xをしみこませたろ紙を置いたペトリ皿Dでは，ゼラチンは分解されて液状になるが，条件2の加熱処理を行った消化酵素Xをしみこませたろ紙を置いたペトリ皿Eでは，ゼラチンは分解されず，変化しないと考えられる。

6〔大地の変化〕

(1)＜マグマ＞地下で，高温のために岩石がどろどろにとけた物質をマグマという。

(2)＜マグマのねばりけ＞図2より，小麦粉の量が少ない袋Aからしぼり出した混合物の形は傾斜がゆるやかで，小麦粉の量が多い袋Bからしぼり出した混合物の形は傾斜が急になっている。これは，袋Aの混合物が袋Bの混合物に比べて，ねばりけが弱かったためである。

(3)＜火成岩＞火成岩は，地表付近でマグマが急に冷え固まった火山岩と，地下深くでマグマがゆっくりと冷え固まった深成岩に分けられる。

国語解答

一 ㈠ 荒れ狂う海のような　㈡ ウ
㈢ エ
㈣ 自信家の凜々花に強い魅力を感じている。
㈤ イ

二 ㈠ いにしえ　㈡ ウ　㈢ エ
㈣ ウ　㈤ イ

三 ㈠ ウ　㈡ ア
㈢ 情報の質のレベルを上げることができる
㈣ 多様な情報を短時間で収集
㈤ 本にかかわるすべての人びととの対話
㈥ イ　㈦ ウ

四 ㈠ (1) 秘密　(2) 操縦　(3) 捨
(4) せきはい　(5) あいまい
(6) の
㈡ エ　㈢ イ
㈣ (例)私は，ギターを習い始めたときは，リズムを取るのが苦手でした。しかし，人一倍練習したおかげで，他の楽器に合わせたり強弱をつけたりという他の技術まで上達しました。／苦手なことを克服しようと行動した結果，別の成果も得られることがあると思うので，私は，苦手なことに対しても積極的に行動したいと思いました。(149字)

一〔小説の読解〕出典：藤野恵美『ショコラティエ』。

㈠＜表現技法＞直喩は，「～のような」「あたかも」などの語を用いて，ある物事を他のことにたとえる技法のこと。凜々花の演奏が「荒れ狂う海」にたとえられている。

㈡＜文章内容＞聖太郎は，「音楽を聴いて，こんなに感動することがあるなんて，知らなかった」と思うほど，凜々花の演奏に引き込まれていた。そのため，演奏後も凜々花の印象が強く残り，聖太郎は，他の演奏が記憶に残らなかったのである。

㈢＜文章内容＞凜々花は，演奏中と現在とで服装や髪形を変えており「雰囲気がまったくちがっていた」うえに，「後頭部にチョップ」を落とす行動や悪態をつく様子が，「先ほどまで素晴らしい音楽を奏でていた少女」とは全くかけ離れたものだった。そのため，聖太郎は，ぼう然としてしまったのである。

㈣＜心情＞「目が離せない」は，心が引かれてずっと見ていたい，という意味。凜々花と握手をして心臓が早鐘を打っていた聖太郎は，自分の演奏を信じて疑わない凜々花に，魅力を感じたのである。

㈤＜表現＞主人公たちの気持ちが変化している様子は，出来事の描写ではなく心情として描かれている(ア…×)。「抵抗などできない。波にさらわれる」「この手に触れてもいいのだろうか」など，聖太郎の心の動きは詳細に描写され，また「不貞腐れた顔で」「不敵に笑った」など，光博や凜々花の様子もていねいに描写されており，読者は登場人物の気持ちをとらえやすい(イ…○)。会話も描かれているが，それ以上に聖太郎の心の動きに描写の中心が置かれており，また，特に本音をぶつけ合っているわけではなく，登場人物の関係にも変化は見られない(ウ…×)。内面を地の文で描かれているのは，聖太郎だけである(エ…×)。

二〔古文の読解―評論〕出典：尾崎雅嘉『百人一首一夕話《ひとよがたり》』。

≪現代語訳≫郭隗という者が燕の昭王に言うことには，昔の君主が使者をやって千金を持っていかせて(一日に)千里を走る馬があることを聞いたので，他国に行ってこの馬をお買わせになったところ，その使いがまだたどり着く前にその馬はすでに死んでしまっていた。そこでその使者は死んだ馬の骨を五百金で買って帰ったため，世の中の人はその君主が馬をお好みなさることを知った。こういうわけでその後一年の間に，千里を走る駿馬が三頭までもその国に送られてきた。今(昭)王が本当に世の中の優秀な人材を得ようとなさっているなら，まずは私の登用から始めてください，私が登用されるなら私より優れた人材が来ることは間違いありませんと言った。

㈠＜歴史的仮名遣い＞歴史的仮名遣いの語頭以外のハ行は，原則として現代仮名遣いでは「わいうえお」になる。

㈡＜古文の内容理解＞昔の君主が，使者を他国へ派遣して「千里を行く馬」を買わせようとした。

㈢＜古文の内容理解＞君主は，死んだ馬の骨にでさえ「五百金」という大金を出して買ったくらいなので，生きている駿馬であればもっと手に入れたがっているだろうということが，世の中の人々に広く知れわたり，駿馬が集まってきた。

㈣＜古文の内容理解＞郭隗は，死んだ駿馬の骨を自分に，集まってきた駿馬を「某よりすぐれる者」にたとえ，自分をまず登用すれば，そのことを知った人材が，郭隗でさえ登用されたなら，もっと優秀な自分も登用されるはずだと考え，集まってくるはずだと言ったのである。

㈤＜漢文の訓読＞「必」→「士」→「致」→「欲」の順に読む。レ点は，下から上に一字返って読む。

三〔論説文の読解―社会学的分野―情報〕出典：最相葉月『調べてみよう，書いてみよう　世の中への扉』／肥田美代子『「本」と生きる』。

≪本文の概要≫【Ⅰ】インターネットは，調べたいことの大まかな内容を把握するには便利だが，情報が正しいかどうかはわからないことに注意しなければならない。新聞や雑誌の記事は，複数の人が内容や文章を確認する過程を経ており，単行本に至っては，確認を何回も繰り返す。インターネット発の情報の多くは，新聞や単行本で行われているレベルの確認過程を経ていないため，情報の質のレベルが多様であるから注意が必要である。私自身，実際にホームページをつくり読者の質問に答えているときに，質問者が生身の人間が回答していることを認識していないのではないかと思う苦い経験もした。私たちは，インターネットの使い方や得られる情報の扱い方を，もっと勉強する必要がある。

【Ⅱ】インターネットの情報は雑然と並んでいて，早く消化されていくので，一対一でじっくりと向き合い人生を考える点では，本の方がよい。本には，総合的な知の体系が詰まっている。さらに，紙の本が仕上がるまでには，多くの人々が関わっている。読書行為は，著者だけでなく，本に関わる全ての人々との対話でもあるといえ，ここがインターネットの情報と大きく異なる点である。

㈠＜接続語＞A．新聞社や出版社，省庁などの「公式ホームページは信頼性が高い」ことの例として，富士山についての「環境省と静岡県と山梨県がつくった」協議会が主宰する公式ホームページが挙げられている。　B．「私たち」があるときから「質問に回答するのではなく，質問者が調べを進めるために役立ちそうな情報だけお答えするよう」にしたのは，「まるごと回答する」のは，質問者の代わりに「宿題をしているようなものだ」と感じたからである。

㈡＜要旨＞インターネットは「調べたいことの概要を把握するにはじつに便利な手段」だが，「その情報が正しいかどうかがわからない」ことに注意しなければならない(ア…○)。新聞や雑誌などの情報は，「複数の人たちが内容や文章を確認」しているので，情報の正しさについて「インターネットよりも圧倒的に強い」のである（イ…×）。とはいえ，「確認手続きを何回も」繰り返していても，「誤りを指摘されることがある」のである（ウ…×）。専門家の個人サイトの質は「多様で，かたよった考え方が書かれている場合もある」ため，必ずしも信頼性が高いとは限らない（エ…×）。

㈢＜文章内容＞本をつくるときは，複数の人たちによって「内容や文章を確認」する手続きが「何回も繰り返し」行われるため，全体として情報の質のレベルが高いものが多くなると，「私」は考えている。

㈣＜文章内容＞インターネットでは，「多様な情報を短時間で収集」できる。一方で，複数の人による確認過程を経ないため，情報発信は容易だが，情報の質のレベルは多様である。

㈤＜文章内容＞本は「長い年月をかけ，たくさんの人の目が入り，その集大成として」仕上がっているので，「読書行為」は，その本をつくるために関わった「すべての人びととの対話」ともいえる。

㈥＜表現＞木原さんが二度目に発言する前は，「本が完成するまでの過程に複数の人がかかわること」について【Ⅰ】と【Ⅱ】の筆者の考えを比較することが話し合いの焦点だったが，木原さんの発言によって「本やインターネットから得られる知識や情報の信ぴょう性」という新しい視点が提示され，話し合いがさらに進んでいる。

㈦＜要旨＞木原さんは，一度目の発言で【Ⅰ】と【Ⅱ】では，「本が完成するまでの過程に複数の人がかかわること」についての「筆者の考えには個性が出て」いたと述べているが，具体的にどのような相違点があるかまでは指摘していない（ア…×）。岩尾さんの「自分で情報の正しさを確認する努力も必要」だという意見は，読書はインターネットと異なり「本にかかわるすべての人びととの対話」であるという【Ⅱ】の意見と対立するものではない（イ…×）。三浦さんは，二度目の発言で「インターネットの情報はあまり信用せずに，本や新聞の情報を信じた方がよい」と述べている（ウ…○）。森本さんは，本や新聞を「最初から信じてしまってよいのでしょうか」と疑問を提示しているが，【Ⅱ】の内容にそういう観点はない（エ…×）。

四〔国語の知識〕

㈠＜漢字＞⑴「秘密」は，隠して他人に教えないこと。また，隠された事柄のこと。　⑵「操縦」は，機械や人を思いどおりに操ること。　⑶音読みは「四捨五入」などの「シャ」。　⑷「惜敗」は，わずかの差で負けること。　⑸「曖昧」は，物事がはっきりしないこと。　⑹音読みは，「掲載」などの「サイ」。

㈡＜品詞＞「歩こ」は，五段活用動詞「歩く」の未然形。「休め」は，五段活用動詞「休む」の仮定形。「読書する」は，サ行変格活用動詞「読書する」の連体形。「眠り」は，名詞。

㈢＜四字熟語＞「言語道断」は，言葉で言い表せないほどとんでもないこと。「大言壮語」は，能力以上に大げさなことを言うこと。「有名無実」は，名ばかりで実質が伴わないこと。「疑心暗鬼」は，疑う心があると，何でもないことでも恐ろしかったり疑わしく思えたりすること。

㈣＜作文＞第一段落では，「苦手なことの克服」に関する自分の体験について具体的に書き，第二段落では，その体験をもとに「苦手なことの克服」についてどのように考えるようになったかを，理由を示して書く。字数や文体についての指示を守り，誤字脱字に注意して書くこと。

2023年度　大成女子高等学校（5教科記述式）

【英　語】（50分）〈満点：100点〉

1　次の(1)～(4)は、放送による問題です。それぞれの放送の指示にしたがって答えなさい。

(1)　これから、**No.** 1から**No.** 5まで、五つの英文を放送します。放送される英文を聞いて、その内容に合うものを選ぶ問題です。それぞれの英文の内容に最もよく合うものを、ア、イ、ウ、エの中から一つ選んで、その記号を書きなさい。

No. 1

No. 2

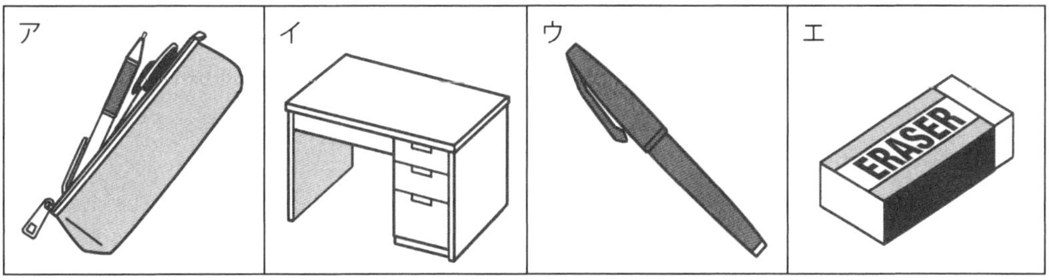

No. 3

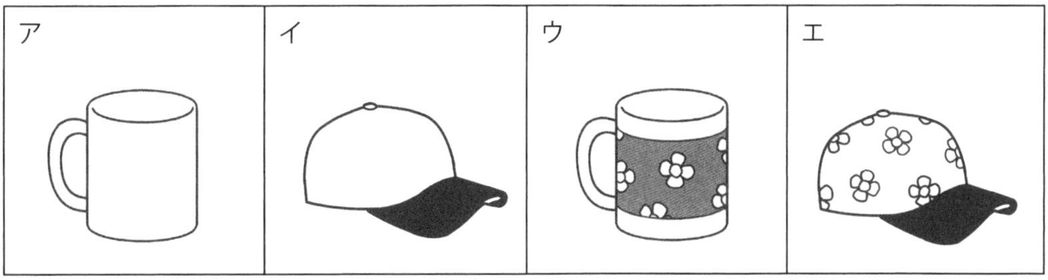

No. 4

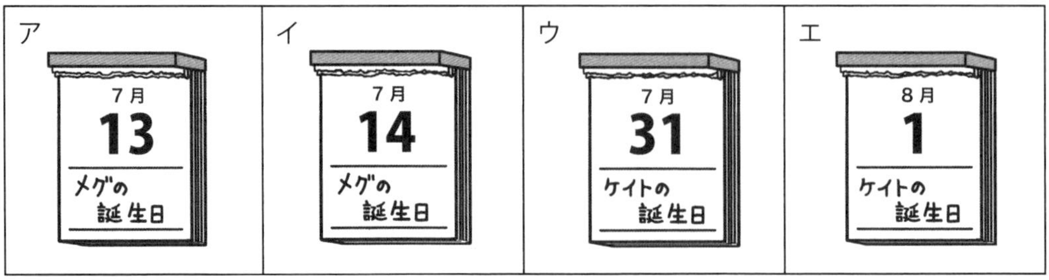

No. 5

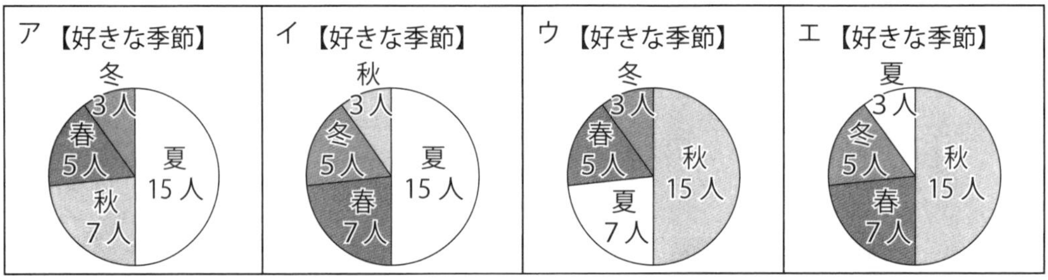

(2) これから、**No.** 1から**No.** 4まで、四つの対話を放送します。それぞれの対話のあとで、その対話について一つずつ質問します。それぞれの質問に対して、最も適切な答えを、ア、イ、ウ、エの中から一つ選んで、その記号を書きなさい。

No. 1

ア Yes, she does.

イ No, she does not.

ウ Yes, she is.

エ No, she is not.

No. 2

ア Six.

イ Nine.

ウ Ten.

エ Twelve.

No. 3

ア To his uncle's house.

イ To the hospital.

ウ To the station.

エ To the supermarket.

No. 4

ア She is a junior high school student.

イ She will come back next winter.

ウ She sends e-mails to Kazuya every day.

エ She is Sarah's best friend in the U.S.

⑶　これから、ディック(Dick)とリカ(Rika)の対話を放送します。そのあとで、その内容について、**Question No. 1** と **Question No. 2** の二つの質問をします。それぞれの質問に対して、最も適切な答えを、ア、イ、ウ、エの中から一つ選んで、その記号を書きなさい。

No. 1

ア　Tuesday.

イ　Wednesday.

ウ　Thursday.

エ　Friday.

No. 2

⑷　英語の授業で、生徒たちがクラスメイトのリエ(Rie)のスピーチを聞いてメモを取っています。これからそのスピーチを放送します。その内容について、下の空欄①には数字を、空欄②、③にはスピーチで用いた英語の中から適切な語を1語ずつ書き、メモを完成させなさい。

リエのスピーチを聞いたある生徒のメモ

Rie's grandmother

・(　　①　　) years old

・taught (　　②　　) when she was young

・often helps the people (　　③　　) near her house

これで、放送による聞き取りテストを終わります。続いて、問題2に進みなさい。

※　放送による問題の放送文は，英語の問題の終わりに付けてあります。

2 次のＡとＢの英文は、東京都に住む高校生のサオリ(Saori)と、茨城県に住む高校生のメアリー(Mary)がやり取りしたメールです。それぞれの英文を読んで、下の(1)、(2)の問いに答えなさい。

A

> Hello, Saori.
> How are you? You left Ibaraki two months ①(a) and began to live in Tokyo. I have *missed you since then. I often look at the pictures ②(t) I took with you. How is your life in Tokyo? ③(L) me know about it.

* miss ～ ～がいなくてさびしい

B

> Hi, Mary.
> Thank you for your e-mail. Tokyo is one of the biggest ④(city) in Japan. At first, I was very tired every day because there are so many people. However, I'm having a great time now. My classmates are kind. I'm often ⑤(help) by them.
> Every day I use the bag you ⑥(give) me for school. My classmates often tell me that it is cute. I'm very happy when I hear that.

(1) Ａの英文が完成するように、文中の①～③の（　　）内に、最も適切な英語を、それぞれ１語ずつ書きなさい。なお、答えはすべて（　　）内に示されている文字で書き始めるものとします。

(2) Ｂの英文が完成するように、文中の④～⑥の（　　）の中の語を、それぞれ１語で適切な形に直して書きなさい。

3　次の(1)、(2)の問いに答えなさい。

(1)　次の英文は、ひばり図書館(Hibari Library)のウェブサイトの一部です。この記事が伝えている内容として最も適切なものを、下のア～エの中から一つ選んで、その記号を書きなさい。

Hibari Library is the oldest library in Hibari City. There is no *parking lot, but there is a *bicycle parking lot. We have about 100,000 books. You can *borrow ten books *at one time and *keep them for two weeks. You can also borrow five DVDs at one time and keep them for one week. There are some dictionaries in the library, and you can use them, but you can't borrow them.

*　parking lot　駐車場　　bicycle parking lot　駐輪場　　borrow ～　～を借りる
　at one time　一度に　　keep ～　～を保有する

ア　Some libraries in Hibari City are older than Hibari Library.
イ　Hibari Library has parking for cars and bicycles.
ウ　People can borrow ten DVDs at one time and keep them for a week.
エ　People can use the dictionaries of Hibari Library only at the library.

(2)　次の英文中の［　　　　］には、下のア～ウの三つの文が入ります。意味の通る英文になるように、ア～ウの文を並べかえて、記号で答えなさい。

My sister and I like playing tennis. ［　　　　　　　　］ So, we went back home. I hope it will be sunny tomorrow.

ア　However, it started to rain when we got there.
イ　Yesterday, we went there to enjoy it.
ウ　We often play in the park near our house.

4 わかば高校(Wakaba High School)に通うアサミ(Asami)と、転入生のケビン(Kevin)は、教室で、次のページのポスターを見ながら話をしています。下の対話文を読んで、(1)、(2)の問いに答えなさい。

Asami：Look at this, Kevin. It shows information about our school. Our class made it for you.

Kevin：Wow, that's nice! Thank you. This school has a long history. It's November, 2023 now, so it is (①) years old! Oh, this poster shows why the students like the school so much!

Asami：Yes. Before you joined our class, our *homeroom teacher asked us to tell him good things about our school. Each student gave one answer.

Kevin：I see. Many students answered, "We can get a *high level of English education."

Asami：Right. There are 38 students in our class, so (②) answered so. There are a lot of books written in English in the school library.

Kevin：That's great! (③)

Asami：No. I answered, "Our school has many interesting events."

Kevin：I see. Which is your favorite event?

Asami：The *volunteer day. We have it in (④). The students clean the streets around our school and the *nearby park.

Kevin：I see. I like our [　　　　], but only two students answered so.

Asami：Yes. Well, our school has many exciting clubs. In your *self-introduction, you said you play basketball. Our school has a basketball team. Will you join it?

Kevin：No. (⑤) So, I will join a different one.

* homeroom teacher　担任の先生
high level of English education　高度な英語教育　　volunteer　ボランティア
nearby　近くの　　self-introduction　自己紹介

Welcome to Wakaba High School, Kevin!

*Established: October 1, 1943	Number of students: 600 students

What do you like about our school?	
We can get a high level of English education.	19 students
Our school has many interesting events.	10 students
Our school has many exciting clubs.	7 students
Our school uniform is nice.	2 students

School events	
April	*Field trip
May	Sports day
July	Volunteer day
September	Chorus contest
November	School festival
January	English speech contest
February	*Marathon race

Let's enjoy a lot of things together!

* establish　設立する　　field trip　遠足　　marathon race　マラソン大会

(1)　対話中の(　①　)～(　⑤　)に入る最も適切なものを、ア～エの中から一つ選んで、その記号を書きなさい。

①　ア　60　　イ　70　　ウ　80　　エ　90

②　ア　ten of them　　イ　half of them　　ウ　more than 20　　エ　all of them

③　ア　What did you answer?　　イ　Are you one of them?
　　ウ　When did you answer it?　　エ　Do you have many interesting events?

④　ア　January　　イ　April　　ウ　July　　エ　September

⑤　ア　I want to do something new here.　　イ　I've already joined the basketball team.
　　ウ　I like playing basketball.　　エ　I don't want to join any clubs.

(2)　対話の流れに合うように、文中の［　　　　］に入る適切な英語を、対話文またはポスターの中から２語で抜き出し、英文を完成させなさい。

5　下の英文を読んで、(1)～(5)の問いに答えなさい。

Minato is thirteen years old. He can *draw well. He often draws pictures of animals. Before summer vacation, he got homework from his art teacher, Ms. Maeda. She said to her students, "What kind of sky do you like? Please draw it and show the picture in the first art class in September." During summer vacation, Minato tried hard to draw his favorite sky for his art homework. [ア]

On September 2, Minato and the other students had an art class in the third *period. Ms. Maeda asked, "Did you bring your pictures? Come to the front with your pictures and talk about them." [イ] First, one of the students, Ryo, showed his picture. In the picture, there was a *vapor trail in a blue sky. He told his classmates why he drew it. Another student in his class, Emi, went to the front with her picture. In the picture, there was a small *cloud in a blue sky. After that, some other students showed their pictures to their classmates. They were all pictures of blue skies. So, Minato thought, "Why did everyone draw pictures of blue skies? That's not fun."

Some minutes later, Minato's *turn came. He showed his picture to his classmates. He said, "Look at this picture. It's my favorite sky." Many students in his class were surprised to see his picture. One of his classmates, Kota, said, "Why did you draw a picture of a rainy sky? Only you drew a rainy sky! You're *strange!" Some other students agreed with Kota.
[ウ]

Ms. Maeda said to her students, "Minato's picture is interesting and wonderful. Everyone has his or her own idea. So, different students like different things. It's *natural. For you, a blue sky is the best, Kota, but for Minato, a rainy sky is. You are different people, so you have different ideas and *tastes. It's important for us to understand our *differences." Everyone in the class listened to her *seriously. Ms. Maeda also called three of the students and asked them a question. She said, "Do you like curry, Akane?" Akane said, "Yes." Ms. Maeda said, "How about you, Yuji?" Yuji also said, "Yes, it's my favorite food." Ms. Maeda said, "Do you like it, too, Shogo?" He also said, "Yes. I love curry." Ms. Maeda said, "I see. You all like curry, Akane, Yuji, and Shogo, but there are many kinds of curry. I don't think your favorite curries are the same. So, *as for your favorite sky, each of you has different tastes and different ideas." Kota said, "You're right, Ms. Maeda. I'm sorry, Minato. I said *terrible things and made you sad." [エ] Minato said, "It's OK. Thank you for understanding, Kota." Ms. Maeda said, "Good. I want all of you to understand the different ideas of other people and their *characters."

*　draw　絵を描く、～を描く(drew は過去形)　　period　(授業の)時限
vapor trail　飛行機雲　　cloud　雲　　turn　順番　　strange　変な
natural　自然な　　taste　好み　　difference　違い　　seriously　真剣に
as for ～　～に関しては　　terrible　ひどい　　character　個性

(1) 本文の内容に合う文を、次のア～クの中から三つ選んで、その記号を書きなさい。

ア　Minato is not very good at drawing pictures.

イ　The art homework for summer vacation was to draw a picture of a favorite sky.

ウ　Ms. Maeda told the students in Minato's class to talk about their pictures in the third period on September 2.

エ　Ryo drew a picture of a blue sky with some clouds.

オ　Emi's favorite sky is a blue sky with a vapor trail.

カ　Minato thought it was fun to see other students' pictures.

キ　At first, the students in Minato's class thought his picture was good.

ク　Kota felt sorry for Minato after listening to Ms. Maeda.

(2) 次の文は、文中の［ア］～［エ］のどこに入るのが最も適切か、記号で答えなさい。

Minato became very sad about that.

(3) 次の①、②がそれぞれ質問と答えの適切な組み合わせとなるように、(　　　) 内に本文中から連続する英語を抜き出して書きなさい。ただし、それぞれ【　　】で指定された語数で答えること。

① What pictures does Minato often draw?

He often (　　　　　　　　　　　　).　　　　【4語】

② What did Ms. Maeda think of Minato's picture of the sky?

She thought that it was (　　　　　　　　).　　　　【3語】

(4) 次の英文は本文を読んだ生徒が書いたものです。(①) ～ (③) に入る最も適切な英語を、下のア～エの中から一つ選んで、その記号を書きなさい。

I think this is a very nice story. At first, I didn't understand (①). I agreed with the other students. However, after (②), I understood. Other people's ideas and mine (③) the same.

① ア　what picture Minato drew　　イ　why Minato drew a rainy sky

ウ　how Minato drew a rainy sky　　エ　where Minato drew the picture

② ア　reading Ms. Maeda's opinion　　イ　talking with Ms. Maeda

ウ　eating Ms. Maeda's curry　　エ　looking at Ms. Maeda's picture

③ ア　are　　イ　should be

ウ　must be　　エ　don't have to be

(5) 本文のタイトルとして最も適切なものを、ア～エの中から一つ選んで、その記号を書きなさい。

ア We all must understand other people's pictures.

イ We all must have different ideas.

ウ We all should be kind to other people.

エ We all should understand different ideas.

6 英語の授業で、ALT のブラウン先生が生徒たちに次の新聞記事を見せました。これを読んで、あとのブラウン先生の質問に対する答えとその理由を、英語 30 語以上、40 語以内で書きなさい。なお、記入例にならい、符号(, . ? ! など)は、その前の語につけて書き、語数には含まないものとします。

【新聞記事】

I'm John. I'm thinking about my future. I love singing songs, so I would like to be a singer. I told my parents about it, and my father said, "I want you to be a doctor like me." I think that is also a good idea. Now, which job should I do in the future?

【ブラウン先生の質問】

If you were John, what would you do?

記入例				
	Are	you	Ms.	Brown?
	No,	I'm	not.	

30

40

＜放送による問題放送文＞

ただいまから１番の、放送による聞き取りテストを行います。問題は(1)から(4)までの四つです。放送中メモを取ってもかまいません。

それでは(1)の問題から始めます。

(1)　これから、No. 1 から No. 5 まで、五つの英文を放送します。放送される英文を聞いて、その内容に合うものを選ぶ問題です。それぞれの英文の内容に最もよく合うものを、**ア**、**イ**、**ウ**、**エ**の中から一つ選んで、その記号を書きなさい。

それぞれの英文は、２回放送します。

では、はじめます。

No. 1

▷The boy is watching a soccer game on TV.◁

繰り返します。（▷〜◁）

No. 2

▷We usually put our pens and pencils in this.　We can carry it easily.◁

繰り返します。（▷〜◁）

No. 3

▷This is a cup.　It has pictures of flowers on it.◁

繰り返します。（▷〜◁）

No. 4

▷Meg's birthday is July 31st.　Kate's birthday is the next day.◁

繰り返します。（▷〜◁）

No. 5

▷In my class, summer is the most popular season.　Spring is more popular than winter, but it's not as popular as fall.◁

繰り返します。（▷〜◁）

これで(1)の問題を終わります。

次に、(2)の問題に移ります。

(2)　これから、No. 1 から No. 4 まで、四つの対話を放送します。それぞれの対話のあとで、その対話について一つずつ質問します。それぞれの質問に対して、最も適切な答えを、**ア**、**イ**、**ウ**、**エ**の中から一つ選んで、その記号を書きなさい。
対話と質問は、2回放送します。

では、はじめます。

No. 1

A: ▷Do you have a dream, Namiko?

B: Yes, John.　I want to be a writer.　Do you have a dream, too?

A: Yes.　I want to be a doctor.

B: Oh, that's a nice dream!

Question: Does Namiko want to be a doctor?◁

繰り返します。（▷～◁）

No. 2

A: ▷I have been playing baseball for ten years.　Do you play any sports, Akio?

B: Yes, Jane.　I play volleyball.　I started playing when I was nine.　I have been playing for six years.

A: I see.　Are you on our school's volleyball team?

B: Yes.　Our team has twelve members.

Question: How many members does Akio's team have?◁

繰り返します。（▷～◁）

No. 3

A: ▷Hi, Saki.　Where are you going?

B: Hi, David.　I'm going back home from the hospital near the station.　My uncle is staying there.　How about you?

A: I'm going to the supermarket to get food for dinner.　I'm going to cook today.

B: That's great.

Question: Where is David going?◁

繰り返します。（▷～◁）

No. 4

A: ▷Do you have any sisters or brothers, Kazuya?

B: Yes, Sarah.　I have a sister, Mika.　She works at a junior high school in the U.S.

A: I see.　Will she come back to Japan next winter?

B: No.　She only comes back here in summer.　We send e-mails to each other every day.

Question: Which is true about Mika?◁

繰り返します。（▷～◁）

これで(2)の問題を終わります。

次に、(3)の問題に移ります。

(3)　これから、ディック（Dick）とリカ（Rika）の対話を放送します。そのあとで、その内容について、Question No. 1 とQuestion No. 2 の二つの質問をします。それぞれの質問に対して、最も適切な答えを、**ア**、**イ**、**ウ**、**エ**の中から一つ選んで、その記号を書きなさい。

対話と質問は、２回放送します。

では、はじめます。

Dick:　▷You look happy, Rika.

Rika:　Hi, Dick.　I'm looking at a picture of my dogs.　They make me happy.　Look.

Dick:　Oh, you have two dogs!　They are cute.　I want to have a dog, but I can't. My parents don't like dogs.　Can I visit your house to see your dogs after school today?

Rika:　I'm sorry, but I have a piano lesson.　Are you free after school tomorrow?

Dick:　No.　I go to tennis school every Thursday.　How about this Saturday?

Rika:　I'm going to go to the library in the morning.　Can you come to my house at one thirty in the afternoon?

Dick:　Sure.　Thank you.

Questions:

No. 1　What day is it today?

No. 2　What will Dick do on Saturday afternoon?◁

繰り返します。（▷〜◁）

これで(3)の問題を終わります。

次に、(4)の問題に移ります。

(4) 英語の授業で、生徒たちがクラスメイトのリエ (Rie) のスピーチを聞いてメモを取っています。これからそのスピーチを放送します。その内容について、下の空欄①には数字を、空欄②、③にはスピーチで用いた英語の中から適切な語を1語ずつ書き、メモを完成させなさい。

英文は、2回放送します。

では、はじめます。

▷Hello, everyone. I'm Rie. I'll talk about my grandmother, Yoshie. She is 75 years old. She is my father's mother. She was a math teacher when she was young. I go to her house every weekend and learn math from her. It's very exciting. She often helps the people living near her house. I think she is great.◁

繰り返します。(▷〜◁)

これで、放送による聞き取りテストを終わります。続いて、問題2に進みなさい。

【数　学】（50分）〈満点：100点〉

1 次の問いに答えなさい。

（1） 次の①～④の計算をしなさい。

① $-7+3$

② $\sqrt{8}+\sqrt{2}(\sqrt{6}-2)$

③ $18ab\times\left(\dfrac{2}{3}a\right)^2$

④ $\dfrac{2x+5y}{6}-\dfrac{x+2y}{3}$

（2） 2次方程式 $(x-2)(x-8)+2x=0$ を解きなさい。

2 次の問いに答えなさい。

（1） 関数 $y = \frac{a}{x}$ について、x の変域が $1 \leqq x \leqq 3$ のとき、y の変域が $2 \leqq y \leqq 6$ となった。このとき、a の値を求めなさい。

（2） 袋Aには、2、3、4、5の数が一つずつ書かれた4枚のカードが入っており、袋Bには、6、7、8、9の数が一つずつ書かれた4枚のカードが入っている。袋A、Bからそれぞれ1枚ずつカードを取り出し、袋Aから取り出したカードに書かれた数を a、袋Bから取り出したカードに書かれた数を b とする。

このとき、方程式 $ax - 1 = b - x$ の解が $x = 2$ である確率を求めなさい。

ただし、袋A、Bそれぞれにおいて、どのカードが取り出されることも同様に確からしいとする。

（３） ある商店では、先月に商品Ａを１個 500 円で 40 個仕入れ、800 円の定価をつけて販売した。今月になって売れ残った商品Ａを仕入れ値で販売したところ、商品Ａは売り切れて、販売金額の合計は 30500円になった。このとき、定価で販売した商品Ａは何個であったか求めなさい。

ただし、消費税は考えないものとする。

（４） 下の**図**で、２点Ａ、Ｂは関数 $y=x^2$ のグラフ上の点であり、点Ａの x 座標は－２、点Ｂの x 座標は１である。直線ＡＢと x 軸との交点をＣとする。このとき、△ＡＯＢの面積は△ＢＯＣの面積の何倍か求めなさい。

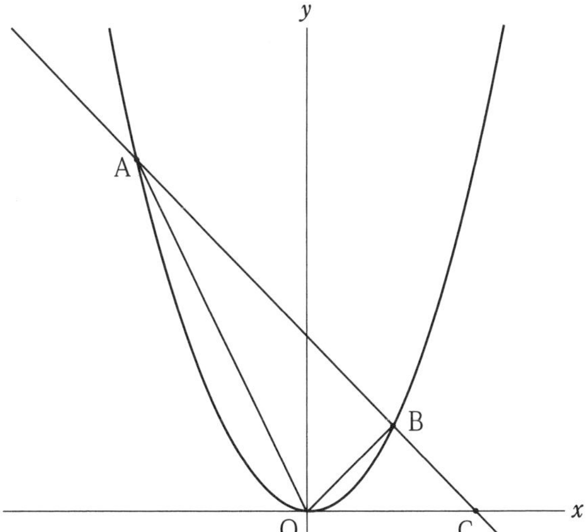

図

3 下の**図１**のように、コンピュータの画面に、線分ＡＢを直径とする円Ｏと、点Ａで円Ｏと接する直線ℓが表示されている。点Ｐは直線ℓ上の点Ａより上側の部分を動かすことができ、線分ＯＰと円Ｏとの交点をＣとする。点Ａと点Ｃ、点Ｂと点Ｃをそれぞれ結ぶ。太郎さんと花子さんは、点Ｐを動かしながら、図形の性質や関係について調べている。

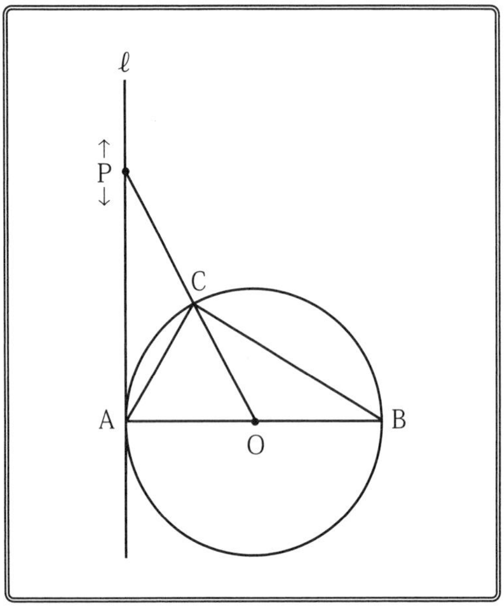

図１

このとき、次の（１）、（２）の問いに答えなさい。

（１） ∠ＡＢＣ＝30°となるとき、△ＯＣＡは正三角形であることに太郎さんは気がつき、下のように説明した。［　　］に当てはまる角を書きなさい。

> **（説明）**
> 円Ｏの半径だから、ＯＡ＝ＯＣ …①
> 円周角の定理より、∠［　　］＝２∠ＡＢＣ＝60° …②
> ①、②より、頂角が60°の二等辺三角形となるので、
> △ＯＣＡは正三角形である。

（２）　下の**図２**は、点Ｃから直線ℓにひいた垂線と直線ℓとの交点をＤとしたものである。

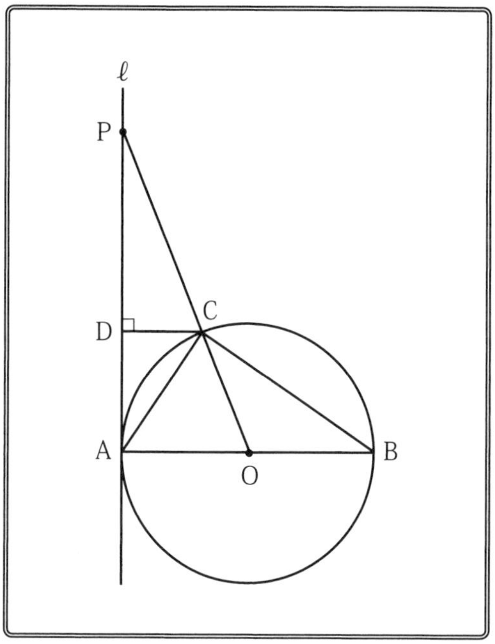

図２

①　点Ｐをどの位置に動かしても、△ＡＢＣと△ＣＡＤは相似であることに花子さんは気がついた。△ＡＢＣ∽△ＣＡＤであることを証明しなさい。

②　円Ｏの半径が６cm、ＯＰ＝16cmのとき、線分ＡＣの長さを求めなさい。

4　２台の電気自動車Ｐ、Ｑについて、走行中のバッテリーの消費量を調査した。走行距離が増加すると、バッテリーの残量はそれぞれ一定の割合で減少する。下の**表**は、同じ地点から同時に出発した電気自動車Ｐ、Ｑが同じ道路を 200 km走行したときの、バッテリーの残量について説明したものである。

下の**図**は、電気自動車Ｐ、Ｑについて、走行距離が x kmのときのバッテリーの残量を y ％として、x と y の関係をグラフに表したものである。

ただし、電気自動車Ｐ、Ｑは走行中に充電されないものとする。

表

電気自動車Ｐ	出発時のバッテリーの残量は 100％である。 停車することなく走り続け、200 km走行したときに、バッテリーの残量はちょうど０％になった。
電気自動車Ｑ	出発時のバッテリーの残量は 100％である。 120 km走行したときに、バッテリーの残量がちょうど 10％になったため停車し、充電器を使って 80％まで充電した。 充電後に再び走りはじめ、停車前と同じ割合でバッテリーの残量は減少していった。

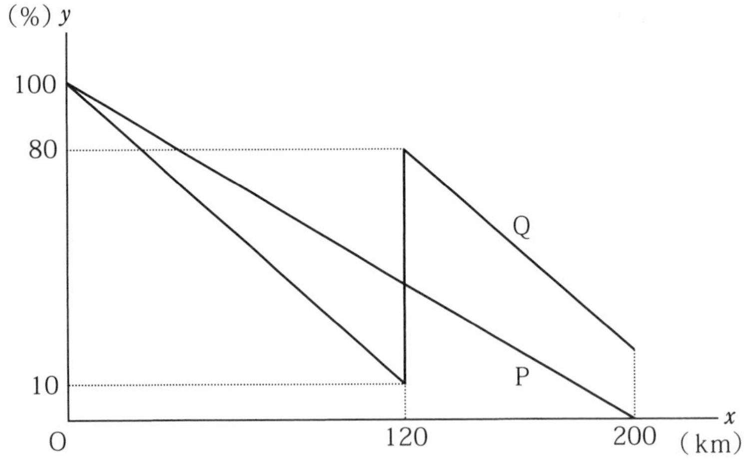

図

このとき、次の（１）、（２）の問いに答えなさい。

（１）　①　電気自動車Ｐについて、走行距離１ kmあたりにバッテリーの残量は何％ずつ減少するか求めなさい。

②　電気自動車Ｑが 200 km走行したとき、バッテリーの残量は何％であったか求めなさい。

（２）　電気自動車Ｐは時速 30 kmで走行し、電気自動車Ｑは時速 50 kmで走行した。また、電気自動車Ｑが停車したとき、20 分間あたり 10％充電した。

電気自動車Ｐは、120 km走行した地点で電気自動車Ｑを追い抜き、その後、走行中に電気自動車Ｑに追い抜かれた。電気自動車Ｐが電気自動車Ｑに追い抜かれたのは、出発してから何時間何分後であったか求めなさい。

5 ある中学校の３年１組の生徒 29 人のうち、徒歩で通学する生徒は 15 人、自転車で通学する生徒は 14 人である。それぞれの生徒について、片道の通学時間を調査した。

このとき、次の（１）、（２）の問いに答えなさい。

（１） 下の**図１**は、徒歩で通学する生徒について、片道の通学時間をヒストグラムに表したものである。例えば、通学時間が０分以上５分未満の生徒は１人である。

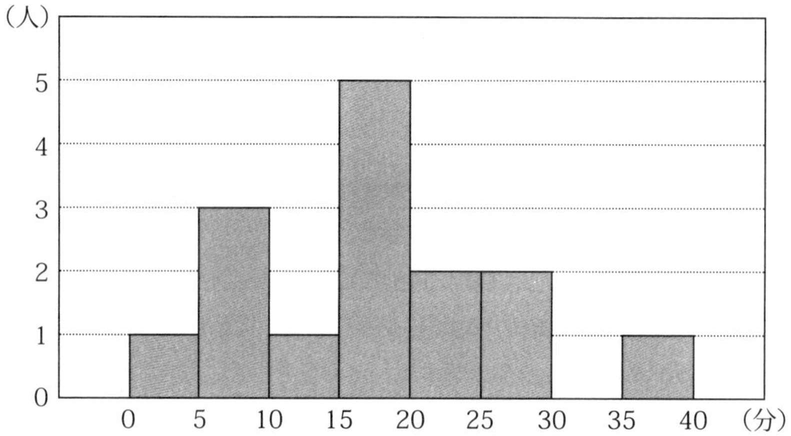

図１

① 最頻値（モード）を求めなさい。

② ５分以上 10 分未満の階級の相対度数を求めなさい。

（２）　下の**図２**は、自転車で通学する生徒について、片道の通学時間の分布の様子を箱ひげ図に表したものである。**図１**と**図２**で表されるデータについて、四分位数を比べたときに<u>必ずいえる</u>ことを、次の**ア**～**カ**の中から一つ選んで、その記号を書きなさい。

ア　第１四分位数は、**図１**の方が大きい。

イ　第１四分位数は、**図２**の方が大きい。

ウ　第２四分位数は、**図１**の方が大きい。

エ　第２四分位数は、**図２**の方が大きい。

オ　第３四分位数は、**図１**の方が大きい。

カ　第３四分位数は、**図２**の方が大きい。

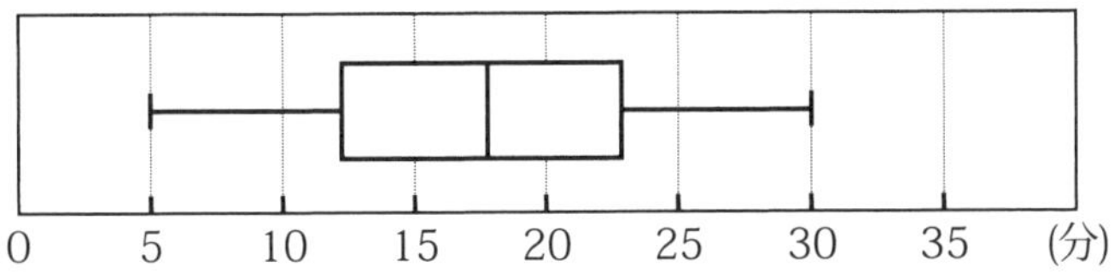

図２

6 下の**図１**のように、１辺の長さが６cmの立方体ＡＢＣＤＥＦＧＨがある。辺ＡＢ、ＡＤの中点をそれぞれＭ、Ｎとし、辺ＢＦ上に点Ｐをとる。

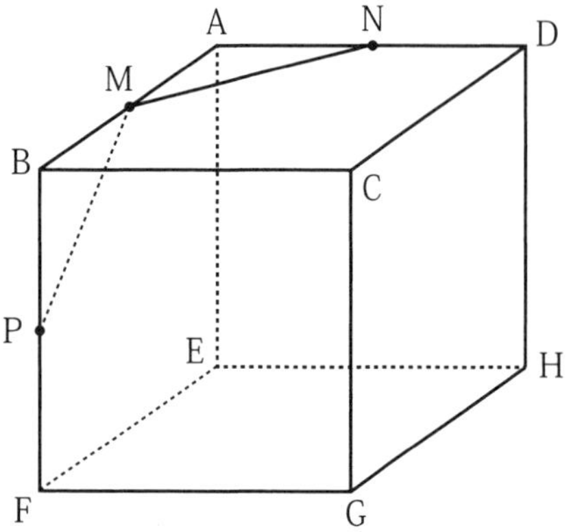

図１

このとき、次の（１）～（３）の問いに答えなさい。

（１） この立方体の表面積を求めなさい。

（２） 点Ｐが辺ＢＦの中点であるとき、∠ＰＭＮの大きさを求めなさい。

（３） 下の**図２**は、ＢＰ＝２cmのとき、立方体を３点Ｐ、Ｍ、Ｎを通る平面で切ったものであり、切り口の図形は五角形となる。このとき、点Ｃを含む立体の体積を求めなさい。

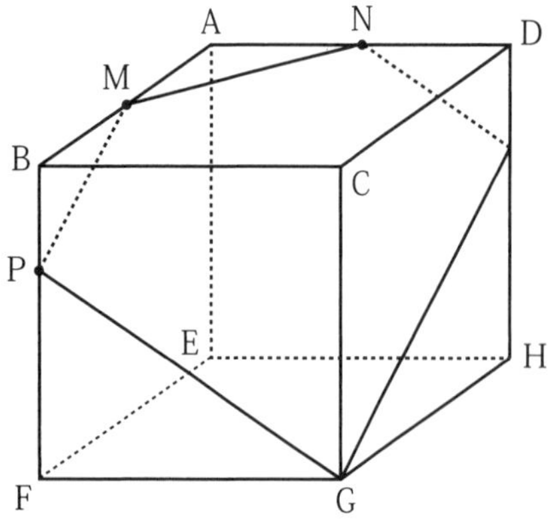

図２

【社　会】（50分）〈満点：100点〉

1　次の１、２に答えなさい。

１　日本の諸地域について、次の(1)〜(3)の問いに答えなさい。

資料１　日本地図

資料２　離島《りとう》の数が多い都道府県

都道府県名	離島の数
長崎県	971
鹿児島県	605
北海道	508
島根県	369
沖縄県	a 363
東京都	b 330
宮城県	311
岩手県	286
愛媛県	270
和歌山県	253

注）外周 0.1 km以上の離島の数である。

〔「理科年表」2022 年版より作成〕

(1)　次のグラフは、資料１にある①〜④のいずれかの県の農業産出額割合を表したものである。資料１にある④の県に当てはまるグラフを、次のア〜エの中から一つ選んで、その記号を書きなさい。

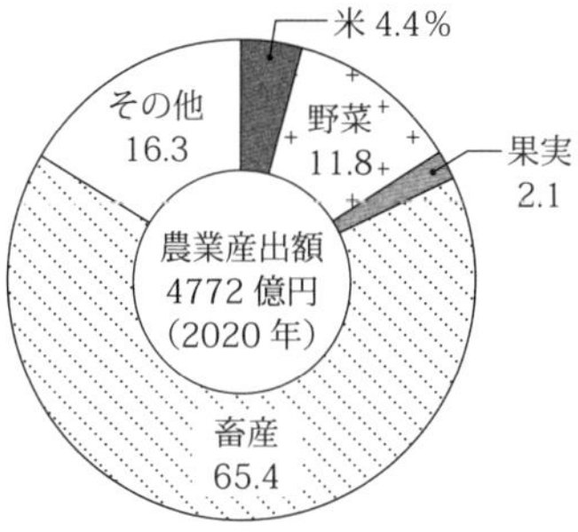

ア

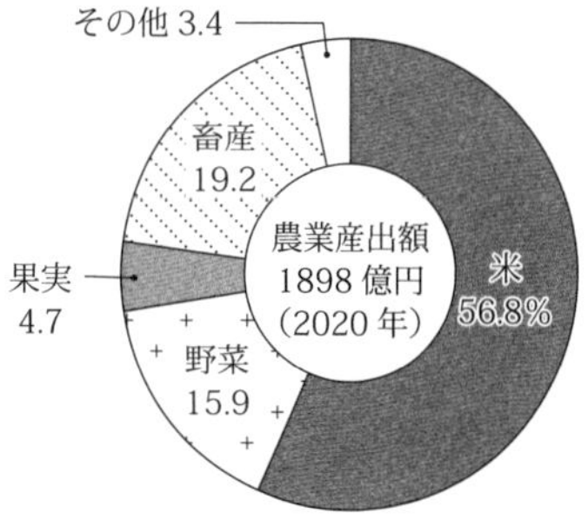

イ

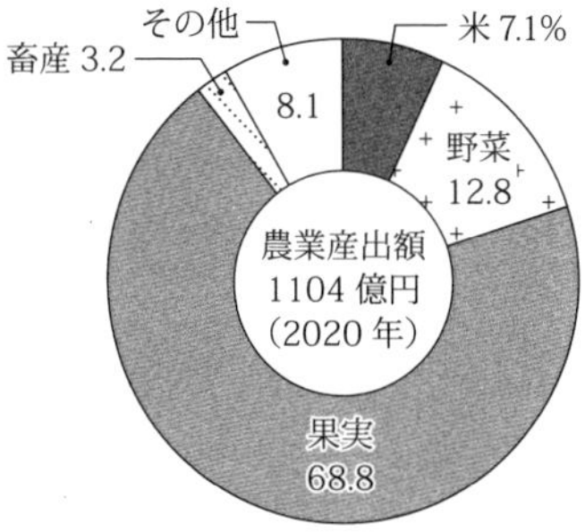

ウ

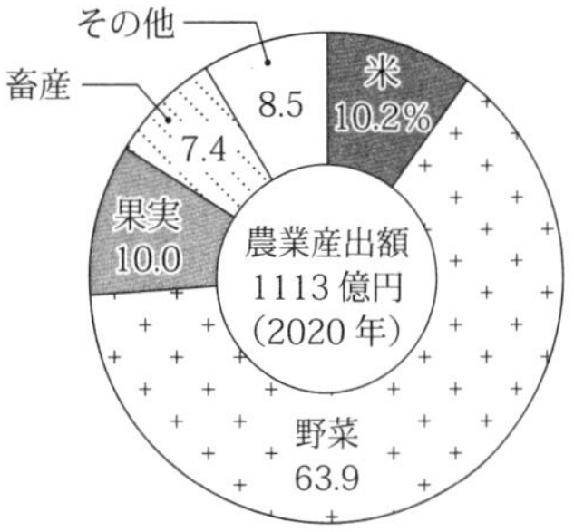

エ

〔農林水産省「令和２年 生産農業所得統計」より作成〕

(2) 資料２の下線部ａ、下線部ｂについて、太郎さんと花子さんは、資料３、資料４を見ながら話し合っています。［　あ　］に当てはまる島の名前として適切なものを、下のア～エの中から一つ選んで、その記号を書きなさい。また、［　い　］に当てはまる内容を、「排他的経済水域」という語を用いて書きなさい。

資料３　日本の西端の島

資料４　沖ノ鳥島

太郎：資料２のように、日本は多くの島々から成り立っているんだよね。

花子：そうだね。資料２の下線部ａには、日本の西端の島である資料３の［　あ　］や尖閣諸島《せんかくしょとう》などがふくまれているよ。

太郎：また、資料２の下線部ｂには、日本の南端の島である資料４の沖ノ鳥島《おきのとりしま》がふくまれているよ。

花子：沖ノ鳥島は、波の侵食《しんしょく》などで水没《すいぼつ》する危険性があるから、日本政府は 300 億円をかけて護岸《ごがん》工事を行ったんだよね。

太郎：日本政府が護岸工事を行ったのはなぜかな。

花子：沖ノ鳥島がなくなってしまうと、［　い　］からだよ。

ア　竹島《たけしま》　　イ　南鳥島《みなみとりしま》　　ウ　択捉島《えとろふとう》　　エ　与那国島《よなぐにじま》

(3) 資料５は、資料１の宮崎市の地形図である。資料５から読み取れるものとして適切でないものを、下のア～エの中から一つ選んで、その記号を書きなさい。また、温暖な気候である宮崎市では、きゅうりやピーマンなどをビニールハウスで生産し、出荷時期を早める栽培《さいばい》がさかんに行われている。この栽培方法を何というか、書きなさい。

資料５

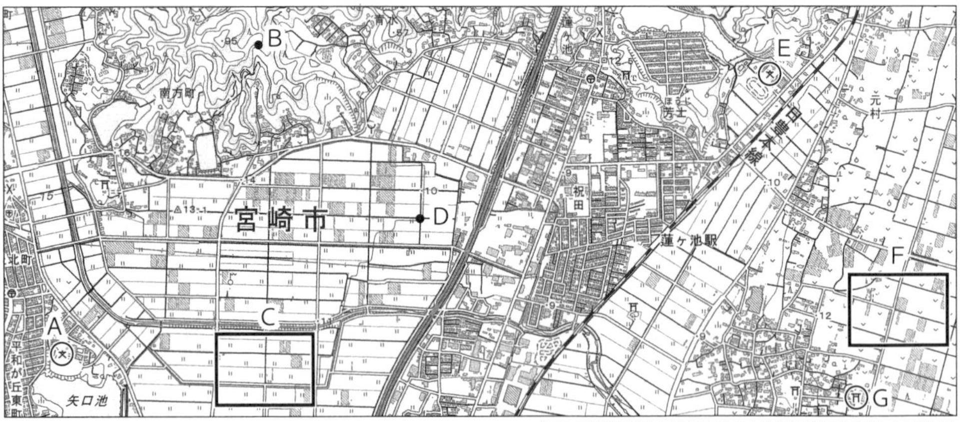

〔国土地理院発行２万５千分の１地形図「宮崎北部」より作成〕
〈編集部注：編集上の都合により原図の84％に縮小してあります。〉

ア　地形図上のＡの小・中学校からＥの小・中学校までの長さは 12 cm以上あるので、実際の距離《きょり》は３km以上ある。

イ　Ｂ地点とＤ地点では、Ｂ地点のほうが標高が高い。

ウ　Ｃの地域には畑が、Ｆの地域には田が広がっている。

エ　蓮《はす》ケ《が》池《いけ》駅から見てＧの神社は南東の方角にある。

2　世界の諸地域について、次の(1)〜(5)の問いに答えなさい。

(1)　次の＜メモ１＞は、ある都市についてまとめたものである。この都市の位置として適切なものを、資料６のア〜オの中から一つ選んで、その記号を書きなさい。

＜メモ１＞
［時差］　ロンドンとの時差は８時間、東京との時差は１時間である。
［気候］　熱帯に属している。
［宗教］　国民の８割以上がキリスト教を信仰していて、市内にはカトリック教会の大聖《だいせい》堂《どう》が創建されている。

注）時差について、サマータイムは考えないものとする。

資料６　世界地図

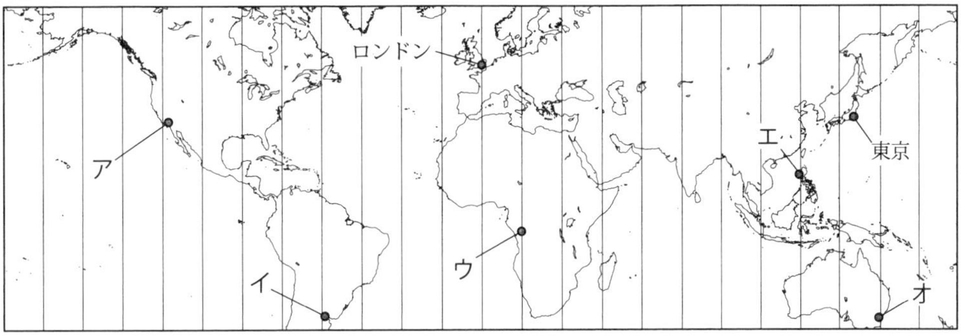

注）経線は、経度 15 度ごとに引かれている。

(2)　太郎さんは、オーストラリアの自然環境と人口の分布との関係について調べ、資料を作成しました。太郎さんが作成した資料として適切なものを、次のア〜エの中から一つ選んで、その記号を書きなさい。

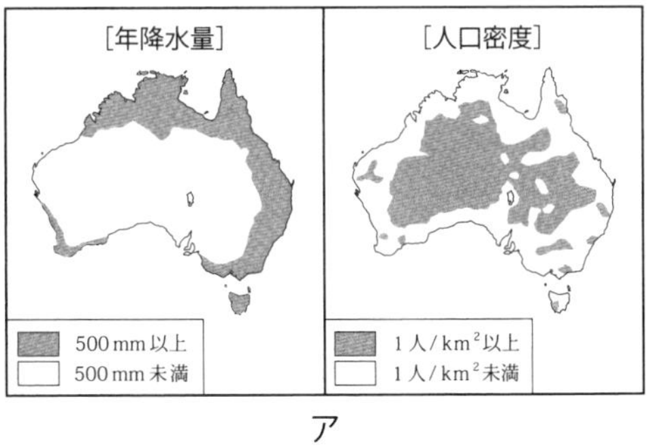

ア

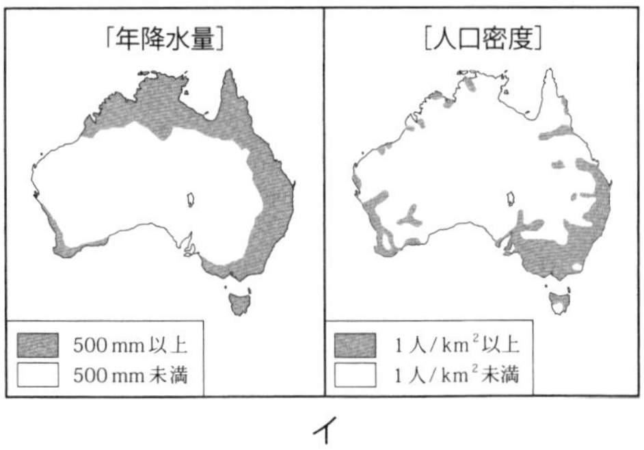

イ

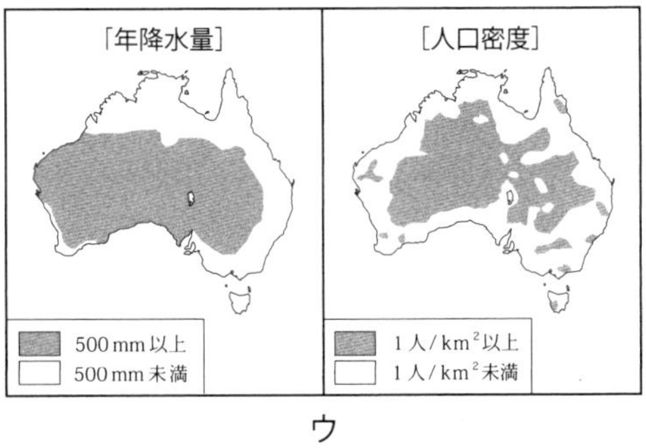

ウ

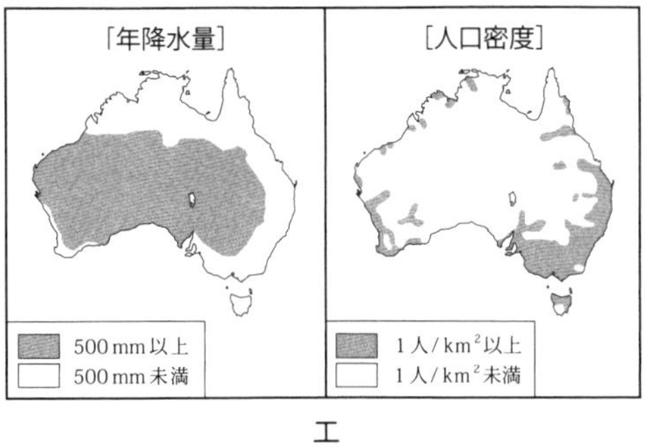

エ

〔「グーズ世界地図」2017 年版などより作成〕

⑶　花子さんは、資料７の南アメリカ州の地図を作成し、南アメリカ州の産業について調べたことを、次のような＜メモ２＞にまとめました。＜メモ２＞の［　う　］に当てはまる河川の名前を書きなさい。また、［　え　］に当てはまる内容として適切なものを、下のア～エの中から一つ選んで、その記号を書きなさい。

資料７　南アメリカ州の地図

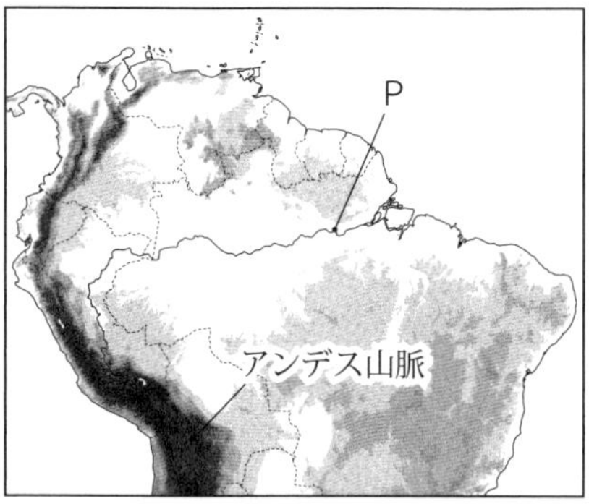

＜メモ２＞

○資料７のＰで示した［　う　］川は流域面積が世界最大の河川であり、その流域では、開発のために熱帯林（熱帯雨林）が切り開かれて、鉱産資源や農作物などを運ぶための道路や鉄道がつくられた。

○資料７のアンデス山脈の標高 4000 m以上の場所では、［　え　］。

ア　リャマやアルパカなどの家畜《かちく》が放牧されている

イ　山林を焼きはらったところで大豆が栽培されている

ウ　年に２回米を栽培する二期作《にきさく》が行われている

エ　プランテーションによるカカオの栽培が見られる

⑷　花子さんは、アジア州に属する国や地域の特色について調べを進める中で、資料８を作成しました。［　お　］、［　か　］に当てはまる語の組み合わせとして適切なものを、下のア～エの中から一つ選んで、その記号を書きなさい。

資料８　アジア州での上位５か国

人口（百万人）（2020 年）		面積（万 km^2）（2019 年）		［　お　］（2019 年）		［　か　］（2020 年）	
中国	1439	中国	960	中国	1425	サウジアラビア	520
インド	1380	インド	329	日本	525	イラク	202
インドネシア	274	カザフスタン	273	インド	284	中国	195
パキスタン	221	サウジアラビア	221	韓国	166	アラブ首長国連邦	166
バングラデシュ	165	インドネシア	191	インドネシア	109	イラン	143

〔「データブック　オブ・ザ・ワールド 2022 年版」などより作成〕

ア　［お　農地面積（万ｈａ）　か　原油（石油）産出量（百万トン）］

イ　［お　農地面積（万ｈａ）　か　鉄鉱石産出量（百万トン）］

ウ　［お　国民総所得（百億ドル）　か　原油（石油）産出量（百万トン）］

エ　［お　国民総所得（百億ドル）　か　鉄鉱石産出量（百万トン）］

(5) 資料９～資料 11 は、日本と世界の発電を比較したものである。これらの資料から読み取れるものとして適切なものを、下のア～エの中から一つ選んで、その記号を書きなさい。

資料９　３か国（日本・中国・アメリカ）の発電量の内訳（2019 年）

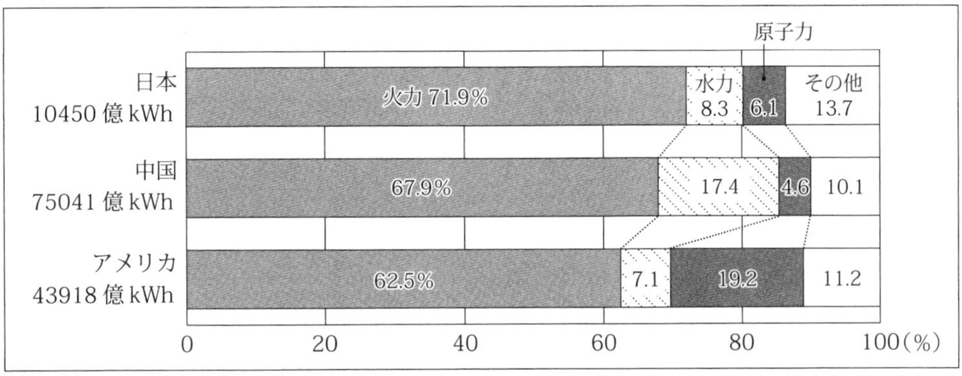

〔「データブック　オブ・ザ・ワールド 2022 年版」より作成〕

資料 10　資料９の３か国の再生可能エネルギーの発電量（2019 年）（単位：億 kWh）

	日本	中国	アメリカ
太陽光	690	2251	975
風力	77	4060	2982
地熱	28	1	184
バイオマス	446	1211	736

注）水力を除く。

〔「データブック　オブ・ザ・ワールド 2022 年版」より作成〕

資料 11　日本と世界における最大出力が大きい水力発電所上位３位

日本		世界	
水力発電所名	最大出力（MW）	水力発電所名	最大出力（MW）
奥《おく》多《た》々《た》良《ら》木《ぎ》（兵庫県）	1932	三峡《サンシャ》（中国）	18460
奥《おく》美《み》濃《の》（岐阜県）	1500	イタイプ（ブラジル/パラグアイ）	14750
新高《しんたか》瀬《せ》川《がわ》（長野県）	1280	渓洛渡《シールオトゥー》（中国）	13720

注）MW（メガワット）＝ 1000 kW＝ 1000000W。

注）日本の水力発電所は 2020 年３月末現在、世界の水力発電所は 2017 年６月現在の値である。

〔「データブック　オブ・ザ・ワールド 2022 年版」より作成〕

ア　資料９の３か国のうち、総発電量に占《し》める火力発電による発電量の割合が最も多い国は中国、最も少ない国はアメリカである。

イ　資料９の３か国のうち、総発電量に占める原子力発電による発電量の割合が最も少ない国は、風力発電による発電量が３か国のうちで最も多い。

ウ　日本の総発電量は、資料９の３か国の中で最も少ないが、再生可能エネルギーの発電量の合計は、３か国の中で最も多い。

エ　水力発電所の最大出力を比べると、世界で最も大きい水力発電所の最大出力は、日本で最も大きい水力発電所の最大出力の 10 倍以上である。

2　ある中学校の社会科の授業で、「歴史上の人物の日本と外国との行き来について調べよう」という課題で、班ごとにテーマを設定し、学習しました。次の１、２に答えなさい。

１　１班では、「日本から外国に渡った人物」というテーマを設定して調べました。下の(1)～(4)の問いに答えなさい。

太郎：右の＜メモ１＞は、社会科の授業で習った４人の人物をまとめたものだよ。

花子：a 小野妹子《おののいもこ》は、607 年に遣隋使《けんずいし》として隋に派遣された人物だね。

次郎：b 最澄《さいちょう》は、遣唐使《けんとうし》とともに唐に渡り、帰国後、新しい仏教の教えを日本に伝えたよ。

良子：伊東《いとう》マンショは、c 天正遣欧使節《てんしょうけんおうしせつ》の一人だね。天正遣欧使節は、1582 年に、日本で布教の成果を示したいイエズス会の宣教師《せんきょうし》の勧《すす》めにより、キリシタン大名がローマ教皇のもとへ派遣した少年使節だよ。

次郎：伊藤博文《いとうひろぶみ》は、d 岩倉使節団《いわくらしせつだん》の一人として欧米諸国に派遣されたんだよね。

花子：また、伊藤博文は、e 韓国に置かれた統監府《とうかんふ》の初代統監に就任《しゅうにん》したと習ったよ。日本から外国に渡った人物について、ほかにも調べてみたいな。

＜メモ１＞

人物名	行き先
小野妹子	隋
最澄	唐
伊東マンショ	ローマなど
伊藤博文	ドイツなど

(1)　下線部ａについて、小野妹子を遣隋使として派遣した人物が行ったことについて述べた文として適切なものを、次のア～エの中から一つ選んで、その記号を書きなさい。

ア　皇帝《こうてい》から「親魏倭王《しんぎわおう》」という称号《しょうごう》と金印《きんいん》を授けられ、銅鏡《どうきょう》などを受け取った。

イ　仏教や儒教《じゅきょう》（儒学《じゅがく》）の教えをもとにした十七条の憲法《けんぽう》をつくり、役人の心構えを示した。

ウ　仏教の力で国家を守ろうと考え、国ごとに国分寺《こくぶんじ》と国分尼寺《こくぶんにじ》を、都に東大寺《とうだいじ》を建てた。

エ　蘇我《そが》氏をたおし、留学生などの協力を得ながら、新しい政治の改革を始めた。

(2)　花子さんは、下線部ｂの最澄について調べを進めていく中で、次のような＜メモ２＞を作成しました。＜メモ２＞の [あ] 、 [い] に当てはまる語の組み合わせとして適切なものを、下のア～エの中から一つ選んで、その記号を書きなさい。また、 [う] に当てはまる仏教の宗派の名称を書きなさい。

＜メモ２＞

最澄は、 [あ] の命令で遣唐使とともに唐にわたって仏教を学び、比叡山《ひえいざん》に [い] を建て、日本に [う] を伝えた。また、 [あ] は、794 年に都を平安京《へいあんきょう》に移した天皇である。

ア　［あ　桓武《かんむ》天皇　　い　金剛峯寺《こんごうぶじ》］　　イ　［あ　白河《しらかわ》天皇　　い　金剛峯寺］

ウ　［あ　桓武天皇　　い　延暦寺《えんりゃくじ》　］　　エ　［あ　白河天皇　　い　延暦寺　］

(3) 次郎さんは、下線部ｃの天正遣欧使節について調べを進め、資料１を見つけ、花子さんと話し合いました。資料１を参考に、[え]に当てはまる内容を書きなさい。

資料１　豊臣秀吉が出した法令（一部要約）

一　宣教師は今後、日本にいることはできない。今日から20日以内に用意を整えて帰国しなさい。
一　ポルトガルの貿易船は、商売のために来ているので特別に許可する。今後も色々と売買するようにしなさい。

（「松浦文書」より）

次郎：天正遣欧使節の一行は、ヨーロッパ各地で熱烈《ねつれつ》な歓迎《かんげい》を受け、1590年に日本に帰国したけれど、1587年に、キリスト教が全国統一のさまたげになると考えた豊臣秀吉《とよとみひでよし》が資料１の法令を出し、宣教師の国外追放を命じ、キリスト教を禁止していたんだ。
花子：うん。でも、[え]ため、キリスト教の信者は増加し、キリスト教の禁止が徹底《てってい》しなかったそうだよ。

(4) 下線部ｄについて、岩倉使節団は、1871年に横浜を出発し、１年10か月をかけて欧米12か国を公式訪問した。また、下線部ｅについて、伊藤博文が初代統監に就任したのは1905年である。次の①、②の問いに答えなさい。

① 次のⅠ～Ⅲは、1871年から1905年までの出来事について述べたものである。それらを古い順に並べたものを、下のア～カの中から一つ選んで、その記号を書きなさい。

Ⅰ　最初の衆議院議員総選挙が行われ、第一回帝国《ていこく》議会が開かれた。
Ⅱ　陸奥《むつ》宗光《むねみつ》外相《がいしょう》は日英通商航海《にちえいつうしょうこうかい》条約を結び、領事裁判権《りょうじさいばんけん》（治外法権《ちがいほうけん》）の撤廃《てっぱい》に成功した。
Ⅲ　鹿児島の士族たちが、西郷隆盛《さいごうたかもり》を中心として西南《せいなん》戦争をおこした。

ア　［Ⅰ－Ⅱ－Ⅲ］　イ　［Ⅰ－Ⅲ－Ⅱ］　ウ　［Ⅱ－Ⅰ－Ⅲ］
エ　［Ⅱ－Ⅲ－Ⅰ］　オ　［Ⅲ－Ⅰ－Ⅱ］　カ　［Ⅲ－Ⅱ－Ⅰ］

② 下線部ｅについて、花子さんは、韓国に置かれた統監府について調べを進めていく中で、次のような＜メモ３＞を作成しました。＜メモ３＞の[お]、[か]に当てはまる語の組み合わせとして適切なものを、下のア～エの中から一つ選んで、その記号を書きなさい。

＜メモ３＞
1905年、アメリカの仲介によって日本と[お]との間で講和会議が開かれて[か]が結ばれ、韓国における日本の優越権を[お]に認めさせた。これにもとづき、日本は韓国への政治介入《かいにゅう》を強めていき、韓国の外交権をうばって保護国にした。統監府は、日本が韓国を治めるために置いた役所である。

ア　［お　清《しん》　か　下関《しものせき》条約］　イ　［お　清　か　ポーツマス条約］
ウ　［お　ロシア　か　下関条約］　エ　［お　ロシア　か　ポーツマス条約］

2　２班では、「外国から日本に渡ってきた人物」というテーマを設定し、カード１～カード３を作成しました。下の(1)～(3)の問いに答えなさい。

カード１　無学祖元《むがくそげん》 f 宋《そう》から渡ってきた臨済《りんざい》宗《しゅう》の僧《そう》で、1279年、g 北《ほう》条時宗《じょうときむね》の招きで来日し、禅《ぜん》宗《しゅう》を広めた。	カード２　孫文《そんぶん》《スンウェン》 h 辛亥革命《しんがいかくめい》後に日本に亡《ぼう》命《めい》し、1914年、中国国民党の前身《ぜんしん》である中華革命党《ちゅうかかくめいとう》を東京で組織した。	カード３　マッカーサー ＧＨＱ（連合国軍最高司令官総司令部《れんごうこくぐんさいこうしれいかんそうしれいぶ》）の最高司令官として来日し、i 戦後改革を主導した。

(1)　洋子さんは、下線部ｆ、下線部ｇについて調べを進める中で、資料２を作成し、次のような＜メモ４＞を作成しました。＜メモ４＞の［　き　］、［　く　］に当てはまる記号と内容の組み合わせとして適切なものを、下のア～エの中から一つ選んで、その記号を書きなさい。

資料２

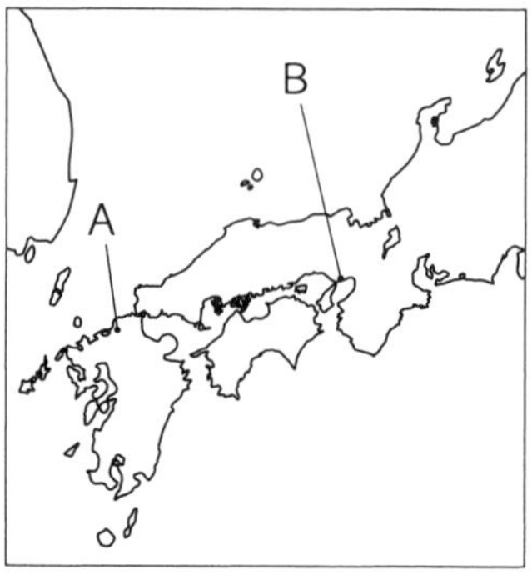

＜メモ４＞
平清盛《たいらのきよもり》は、資料２の［　き　］で示した港を整備して、下線部ｆの国と貿易を行った。また、鎌倉幕府の執権《しっけん》という地位に就いていた下線部ｇの北条時宗は、［　く　］人物である。

ア［き　A　　く　御成敗式目《ごせいばいしきもく》（貞永式目《じょうえいしきもく》）を制定した］
イ［き　A　　く　フビライ・ハンの要求をこばんだ］
ウ［き　B　　く　御成敗式目（貞永式目）を制定した］
エ［き　B　　く　フビライ・ハンの要求をこばんだ］

(2)　健一さんは、下線部ｈの辛亥革命について調べ、次のような＜まとめ＞を作成しました。＜まとめ＞の［　け　］に当てはまる人物名として適切なものを、下のア～エの中から一つ選んで、その記号を書きなさい。

＜まとめ＞
辛亥革命とは、1911年に武昌《ぶしょう》《ウーチャン》（武漢《ぶかん》《ウーハン》）で革命運動がおこり、多くの省が清からの独立を宣言し、翌年、孫文が臨時大総統《りんじだいそうとう》になり、南京《ナンキン》を首都とする中華民国《ちゅうかみんこく》の建国が宣言された出来事である。辛亥革命後は、孫文に代わって［　け　］が臨時大総統の地位をゆずり受け、首都を北京《ペキン》に移し、独裁的な政治を行った。

ア　尚泰《しょうたい》　　イ　袁世凱《えんせいがい》《ユワンシーカイ》　　ウ　毛沢東《もうたくとう》《マオツォトン》　　エ　李成桂《りせいけい》《イソンゲ》

(3)　下線部ｉの戦後改革について述べた文として適切でないものを、次のア～エの中から一つ選んで、その記号を書きなさい。
ア　治安維持法《ちあんいじほう》が制定され、共産（社会）主義に対する取りしまりが強められた。
イ　民主主義の教育の基本を示す教育基本法が制定され、教育勅語《きょういくちょくご》は廃止《はいし》された。
ウ　これまで日本の経済を支配してきた三井《みつい》・三菱《みつびし》などの財閥《ざいばつ》が解体された。
エ　地主と小作人《こさくにん》の関係を改める農地改革《のうちかいかく》が行われ、自作農《じさくのう》が大幅に増えた。

3　次の(1)〜(6)の問いに答えなさい。

(1)　太郎さんと花子さんは、企業に関する資料１を見ながら話し合っています。[あ]〜[え]に当てはまる語の組み合わせとして適切なものを、下のア〜エの中から一つ選んで、その記号を書きなさい。

資料１　企業規模別の事業者数・従業者数・売上高（2012 年）

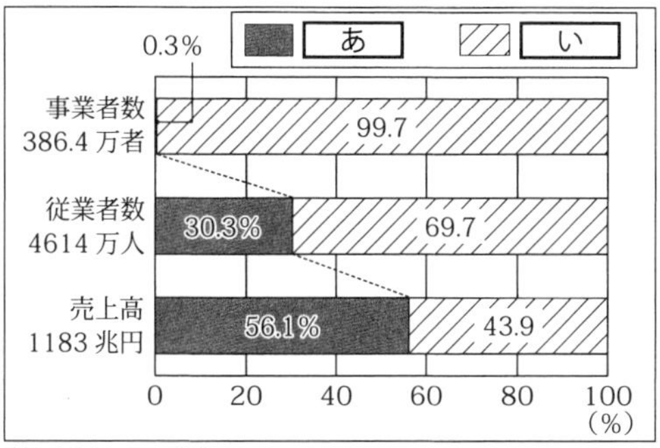

注）事業者とは、事業を行う個人と法人のことである。
〔総務省・経済産業省「平成 24 年経済センサス−活動調査」より作成〕

太郎：企業は、資本金や従業員数によって[あ]と[い]に分けられているんだよね。

花子：うん。資料１から、[い]は事業者数の約 99％を占めていることがわかるね。

太郎：また、企業は、[う]のような私企業と、[え]のような公企業に分けられるんだ。

ア［あ　大企業　い　中小企業　う　株式会社　え　造幣局《ぞうへいきょく》］
イ［あ　大企業　い　中小企業　う　造幣局　え　株式会社］
ウ［あ　中小企業　い　大企業　う　株式会社　え　造幣局］
エ［あ　中小企業　い　大企業　う　造幣局　え　株式会社］

(2)　日本の参議院議員通常選挙について述べた文として適切なものを、次のア〜エの中から一つ選んで、その記号を書きなさい。

ア　比例代表制と小選挙区制を組み合わせていて、３年ごとに定数の半分ずつを選挙する。
イ　比例代表制と小選挙区制を組み合わせていて、解散がなければ４年ごとに選挙する。
ウ　比例代表制と選挙区選挙（選挙区制）を組み合わせていて、３年ごとに定数の半分ずつを選挙する。
エ　比例代表制と選挙区選挙（選挙区制）を組み合わせていて、解散がなければ４年ごとに選挙する。

(3)　花子さんは、日本の消費者保護のための制度について調べを進めていく中で、次のような＜メモ１＞を作成しました。＜メモ１＞の[お]に当てはまる内容を、「契約」の語を用いて書きなさい。

＜メモ１＞
　クーリング・オフは、訪問販売や電話勧誘などによって商品を購入した場合に、一定期間内であれば[お]という制度である。

(4) 水戸《みと》市に住んでいる太郎さんと花子さんは、条例を制定するときの手続きについて話し合っています。下の①～③の問いに答えなさい。

> 太郎：花子さん、もしあなたが条例の制定を求める住民の代表者になったら、どのような手続きをすればいいか知っているかな。
> 花子：まずは、条例の制定に賛成してくれる人の署名《しょめい》を集めるよ。水戸市の有権者数を22万5000人とすると、［　か　］以上の署名が必要だね。
> 太郎：そうだね。それでは、必要な署名が集まったら、どこに請求《せいきゅう》すればいいのかな。
> 花子：［　き　］に請求すればいいんだよね。
> 太郎：その通りだよ。その後、水戸市議会に条例案が提出され、議会で議決されると、条例が公布されるんだ。

① 会話文中の［　か　］、［　き　］に当てはまる語の組み合わせとして適切なものを、次のア～エの中から一つ選んで、その記号を書きなさい。

ア ［か　4500人　　　き　水戸市長　　　　］
イ ［か　4500人　　　き　選挙管理委員会］
ウ ［か　7万5000人　き　水戸市長　　　　］
エ ［か　7万5000人　き　選挙管理委員会］

② 条例の制定など、有権者の署名を提出することによって、住民の意思を政治に反映させる権利を何というか、書きなさい。

③ 会話文中の下線部について、市議会の議員の被《ひ》選挙権は満何歳以上か、数字で答えなさい。

(5) 花子さんは、2009年から始まった裁判員制度について調べを進めていく中で、次のような＜メモ2＞を作成しました。＜メモ2＞の［　く　］、［　け　］に当てはまる語の組み合わせとして適切なものを、下のア～エの中から一つ選んで、その記号を書きなさい。

> ＜メモ2＞
> 裁判員制度は、国民が裁判員として［　く　］に参加し、被告人が有罪か無罪か、有罪の場合は刑罰の内容を［　け　］とともに決める制度である。

ア ［く　民事裁判　　け　裁判官］　　イ ［く　民事裁判　　け　検察官］
ウ ［く　刑事裁判　　け　裁判官］　　エ ［く　刑事裁判　　け　検察官］

(6) 資料2は、一般的な商品の流通のしくみを示している。矢印Pの説明として適切なものを、次のア～エの中から一つ選んで、その記号を書きなさい。

資料2　一般的な商品の流通のしくみ

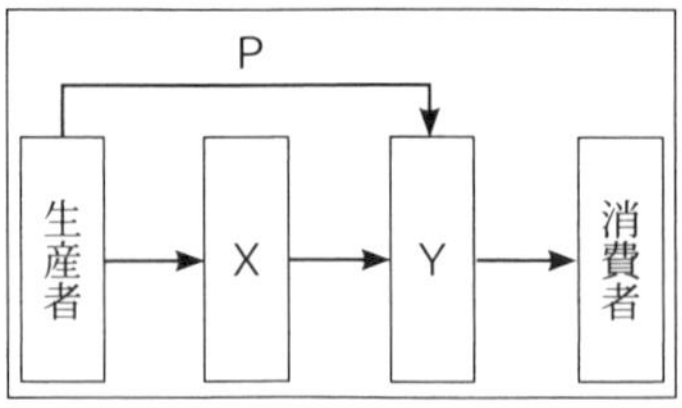

ア　Yで示した卸売《おろしうり》業者が生産者から商品を直接買い付けることで、消費者は商品を安く購入することができる。

イ　Yで示した卸売業者が生産者から商品を直接買い付けることで、小売《こうり》業者は多くの利益を出すことができる。

ウ　Yで示した小売業者が生産者から商品を直接買い付けることで、消費者は商品を安く購入することができる。

エ　Yで示した小売業者が生産者から商品を直接買い付けることで、卸売業者は多くの利益を出すことができる。

4　洋子さんの学校では、鉄道の歴史や輸送について学習しました。次の１、２に答えなさい。

１　３年１組では、「日本の鉄道の歴史」について調べ、次のような＜まとめ＞を作成しました。下の(1)～(3)の問いに答えなさい。

＜まとめ＞

1853年、ロシアの軍艦《ぐんかん》が開国を求めて長崎に来航し、幕府の使節団を船内に招き、アルコールを燃料にして走る機関車の模型《もけい》を紹介した。翌1854年には、アメリカの aペリーが２回目の来航を果たし、将軍への献上品《けんじょうひん》の一つとして蒸気機関車の模型を持ってきた。その後、明治新政府は東京・神戸間に鉄道を走らせることを決定し、イギリス人の bエドモンド・モレルを建設技術の責任者として迎えるとともに、のちに日本の鉄道の父と呼ばれる「井上《いのうえ》勝《まさる》」を政府の鉄道部門の責任者に任命した。そして、1872年に新橋《しんばし》・横浜間（約29 km）を走る日本初の鉄道が開業し、その姿は c浮世絵《うきよえ》にも描かれる文明開化《ぶんめいかいか》のシンボルであった。1889年には新橋・神戸間の東海道本線が全線開通し、東海道を東京から京都まで、平均12日かかった行程《こうてい》が１日に短縮された。東京オリンピック・パラリンピックが開催《かいさい》された1964年には東海道新幹線が開業し、現在では東京・新大阪間が２時間30分弱で結ばれている。

(1)　下線部ａのペリーは、1854年、江戸幕府と資料１の条約を結び、日本を開国させました。資料１の条約を何というか、書きなさい。

資料１　ペリーが江戸幕府と結んだ条約（部分要約）

第２条　下田《しもだ》、函館《はこだて》の両港は、アメリカ船のまきと水、食料、石炭、欠乏《けつぼう》の品を、日本で調達することに限って、入港を許可する。

第９条　日本政府が、アメリカ人以外の外国人に対して、現在アメリカ人に許可していないことを許す場合には、アメリカ人にも同様に許可しなければならない。このことについて交渉したり、時間をかけたりしないこと。

(2)　洋子さんは、下線部ｂのエドモンド・モレルについて調べたところ、この人物は、明治新政府が殖産興業《しょくさんこうぎょう》政策を進めるために招き入れたお雇《やと》い外国人の一人であることを知りました。お雇い外国人の一人であるフェノロサと協力して日本の美術の復興に努めた人物を、次のア～エの中から一つ選んで、その記号を書きなさい。

ア　岡倉天心《おかくらてんしん》　　イ　樋口一葉《ひぐちいちよう》　　ウ　中江兆民《なかえちょうみん》　　エ　尾形光琳《おがたこうりん》

(3)　健一さんは、下線部ｃの浮世絵について調べ、資料２を見つけ、次のような＜メモ１＞を作成しました。＜メモ１＞の［　あ　］に当てはまる語を書きなさい。

資料２　富嶽三十六景《ふがくさんじゅうろっけい》より「凱風快晴《がいふうかいせい》」

〔出典：ColBase（https://colbase.nich.go.jp/）〕

＜メモ１＞

資料２は、葛飾北斎《かつしかほくさい》が残した浮世絵の代表的な作品である。19世紀初めに葛飾北斎などが活躍《かつやく》した、江戸の庶民《しょみん》をにない手として発展した文化を、［　あ　］文化という。

2　３年２組では、「鉄道による輸送」について調べる中で、資料３～資料５を見つけ、それらの資料をもとに話し合いました。あとの(1)～(4)の問いに答えなさい。

資料３　５か国（日本・ドイツ・イギリス・フランス・アメリカ）の旅客《りょかく》輸送量と貨物輸送量（2009 年）
（単位：旅客輸送量 10 億人キロ・貨物輸送量 10 億トンキロ）

		日本	ア	イ	ウ	エ
旅客輸送量	自動車	899	6826	719	773	949
	鉄道	394	10	63	99	99
	水運	3	—	—	—	—
	航空	75	888	8	10	7
	合計	1371	7723	790	882	1055
貨物輸送量	自動車	335	1845	132	156	246
	鉄道	21	2265	21	32	96
	水運	167	885	—	9	56
	航空	1	22	1	1	1
	パイプライン	—	862	10	18	16
	合計	524	5879	164	216	414

注）輸送人キロは、輸送した旅客（人）数×それぞれが乗車した距離の値であり、輸送トンキロは、輸送した貨物の重量×それぞれの貨物の輸送距離の値である。
注）アメリカの貨物輸送量については、2003 年の値である。
注）四捨五入の関係で合計が異なる場合がある。

〔国土交通省「交通関連統計資料集」より作成〕

資料４　日本の旅客輸送量の割合の推移

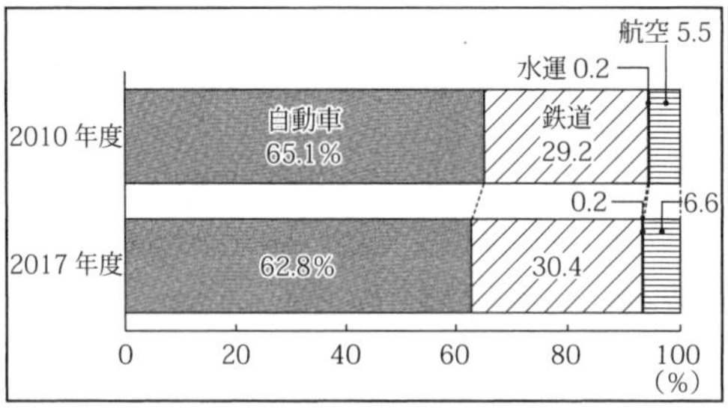

〔「数字でみる日本の 100 年 改訂第７版」より作成〕

資料５　日本の貨物輸送量の割合の推移

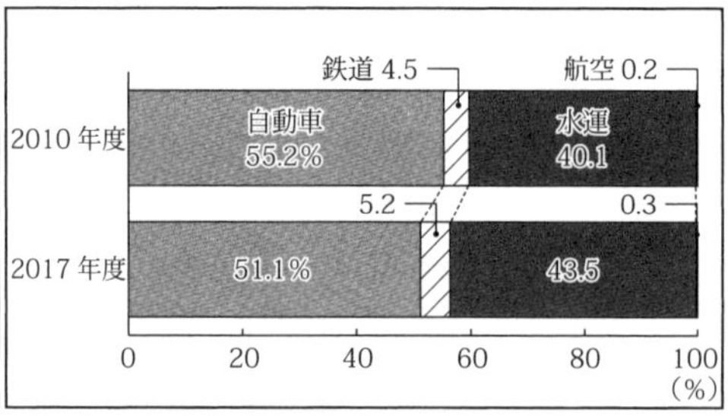

注）四捨五入の関係で合計が 100％にならない場合がある。
〔「数字でみる日本の 100 年 改訂第７版」より作成〕

太郎：資料３を見ると、５か国の旅客輸送量と貨物輸送量には、それぞれ特徴《とくちょう》が見られるね。

花子：日本の鉄道の旅客輸送量が他の４か国と比べて多いのは、鉄道を使って通勤・通学する人が多いからじゃないかな。

次郎：広大なアメリカは、旅客輸送量、貨物輸送量のどちらも５か国の中で最も多いんだね。

太郎：ドイツは、流れがゆるやかで水運に適している［　い　］が流れているので、ヨーロッパ州の３か国の中で水運の貨物輸送量が最も多いよ。

花子：うん。また、dフランスは、イギリスよりも自動車や鉄道の旅客輸送量が多いことにも気づいたよ。

太郎：それでは、資料４、資料５からは何が読み取れるだろう。

花子：日本では、旅客輸送量、貨物輸送量のどちらも、自動車の割合が減り、鉄道の割合が増えたことがわかるね。この理由について考えてみよう。

次郎：環境の面から考えると、鉄道は［　き　］ことが関係していそうだね。

(1)　資料３のア～エの中から、アメリカとイギリスを示しているものをそれぞれ一つ選んで、その記号を書きなさい。

(2)　会話文中の［　い　］に当てはまる河川として適切なものを、次のア～エの中から一つ選んで、その記号を書きなさい。

ア　メコン川　　　イ　ナイル川　　　ウ　ライン川　　　エ　ミシシッピ川

(3)　花子さんは、下線部ｄのフランスについて調べたところ、1945 年に発足《ほっそく》した国際連合（国連）の常任理事国であることを知り、そのことについて、次のような＜メモ２＞を作成しました。＜メモ２＞の［　う　］～［　か　］に当てはまる語の組み合わせとして適切なものを、下のア～エの中から一つ選んで、その記号を書きなさい。

＜メモ２＞

　国際連合（国連）は、二度の世界大戦への反省から発足した機関であり、発足当時の常任理事国は、［　う　］、［　え　］、イギリス、フランス、中国の５か国であった。しかし、連合国間の協調は長くは続かず、第二次世界大戦後の世界は、［　う　］を中心とする資本主義陣営（西側）と、［　え　］を中心とする共産（社会）主義陣営（東側）とに分かれて対立した。さらに、軍事同盟として、資本主義陣営（西側）は 1949 年に［　お　］を結成し、共産（社会）主義陣営（東側）は 1955 年に［　か　］を結成した。

ア［う　アメリカ　　　　　　　　　　え　ソ連
　　お　北大西洋条約《きたたいせいようじょうやく》機構《きこう》（ＮＡＴＯ）　か　ワルシャワ条約機構］

イ［う　アメリカ　　　　　　　　　　え　ソ連
　　お　ワルシャワ条約機構　　　　　か　北大西洋条約機構（ＮＡＴＯ）］

ウ［う　ソ連　　　　　　　　　　　　え　アメリカ
　　お　北大西洋条約機構（ＮＡＴＯ）　か　ワルシャワ条約機構］

エ［う　ソ連　　　　　　　　　　　　え　アメリカ
　　お　ワルシャワ条約機構　　　　　か　北大西洋条約機構（ＮＡＴＯ）］

(4)　会話文中の［　き　］に当てはまる内容を、資料６、資料７を参考にして、「自動車」の語を用いて書きなさい。

資料６　輸送量当たりの二酸化炭素排出量（旅客）

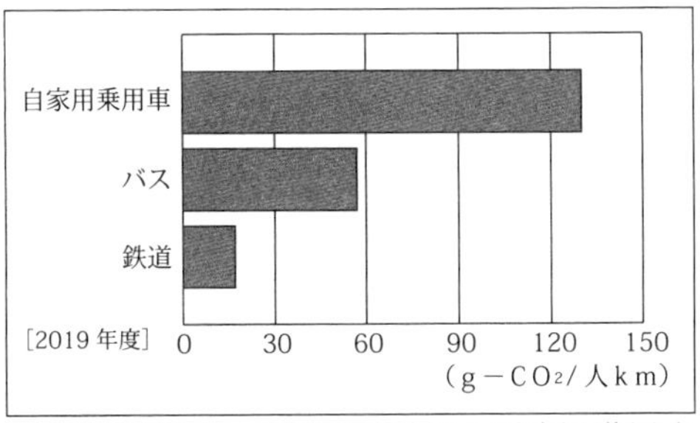

注）自家用乗用車とは、少数の人を輸送することを主な目的とした営業用以外の自動車である。
〔国土交通省「自動車輸送統計」などより作成〕

資料７　輸送量当たりの二酸化炭素排出量（貨物）

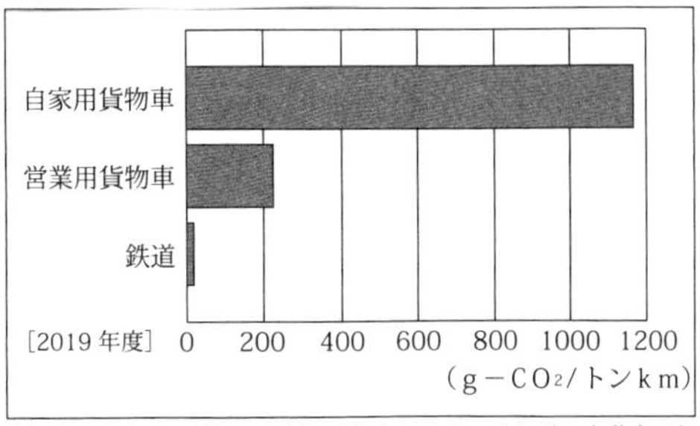

注）貨物車とは、貨物の輸送に使われるトラックなどの自動車である。営業用貨物車とは、他人の求めに応じて貨物を輸送する自動車、自家用貨物車とは、営業用貨物車以外の貨物車である。
〔国土交通省「自動車輸送統計」などより作成〕

【理　科】（50分）〈満点：100点〉

1　次の(1)～(4)の問いに答えなさい。

(1)　ちがう種類の布で別々に摩擦した３個の発泡ポリスチレンの球Ａ～Ｃを糸でつるし、それぞれの球どうしを近づけた。表は、このときの結果をまとめたものである。摩擦した発泡ポリスチレンの球Ａ～Ｃについて述べた文として、最も適切なものを、下のア～エの中から一つ選んで、その記号を書きなさい。

表

	結果
球Ａを球Ｂに近づけたとき	球ＡとＢは引き合った。
球Ａを球Ｃに近づけたとき	球ＡとＣは退け合った。
球Ｂを球Ｃに近づけたとき	球ＢとＣは引き合った。

ア　球ＡとＢは同じ種類の電気を帯びており、球ＡとＣは異なる種類の電気を帯びている。

イ　球ＡとＢは異なる種類の電気を帯びており、球ＡとＣは同じ種類の電気を帯びている。

ウ　球ＡとＢは同じ種類の電気を帯びており、球ＢとＣは異なる種類の電気を帯びている。

エ　球ＡとＢは異なる種類の電気を帯びており、球ＢとＣは同じ種類の電気を帯びている。

(2)　次の文は、ある物質の特徴について説明したものである。ある物質の名称として最も適切なものを、下のア～エの中から一つ選んで、その記号を書きなさい。

【特徴】

・電解質である。

・この物質が電離することで生じる陽イオンの数と陰イオンの数の比は、陽イオン：陰イオン＝１：１である。

・この物質の水溶液に緑色のＢＴＢ液を加えると、水溶液の色が青色に変化する。

ア　砂糖　　イ　塩化水素　　ウ　水酸化ナトリウム　　エ　水酸化カルシウム

⑶　生物の子孫の残し方や遺伝について説明した次の文中の［あ］、［い］に当てはまる内容の組み合わせとして最も適切なものを、下のア～エの中から一つ選んで、その記号を書きなさい。

生殖には、大きく分けて有性生殖と無性生殖がある。有性生殖とは、［あ］によって新しい個体をつくることである。生物の特徴となる形質が、親から子や孫の世代に伝わることを遺伝という。［い］の場合、子は親の染色体をそのまま受け継ぐため、親とまったく同じ形質を示す。

	あ	い
ア	生殖細胞	有性生殖
イ	生殖細胞	無性生殖
ウ	体細胞分裂のみ	有性生殖
エ	体細胞分裂のみ	無性生殖

⑷　日本の冬の天気について述べた文として、最も適切なものを、次のア～エの中から一つ選んで、その記号を書きなさい。

ア　海洋上に太平洋高気圧（小笠原高気圧）が発達するため、気圧配置は東高西低となることが多い。
イ　海洋上に太平洋高気圧（小笠原高気圧）が発達するため、気圧配置は西高東低となることが多い。
ウ　大陸上にシベリア高気圧（大陸高気圧）が発達するため、気圧配置は東高西低となることが多い。
エ　大陸上にシベリア高気圧（大陸高気圧）が発達するため、気圧配置は西高東低となることが多い。

2 次の(1)〜(4)の問いに答えなさい。

(1) 面に加わる力とそのはたらきについて調べるために、次の実験を行った。下の①〜③の問いに答えなさい。ただし、100gの物体にはたらく重力の大きさは１Ｎとする。

【実験】次の❶〜❸の操作を順に行った。

❶ 図１のように、質量2000gの直方体の物体Ｘと、底面積が物体Ｘよりも大きいスポンジを用意した。

❷ スポンジの上に物体Ｘの面Ａを下にして置き、スポンジのへこみを測定した。図２は、このときのようす(正面から見たときのようす)を模式的に表したものである。

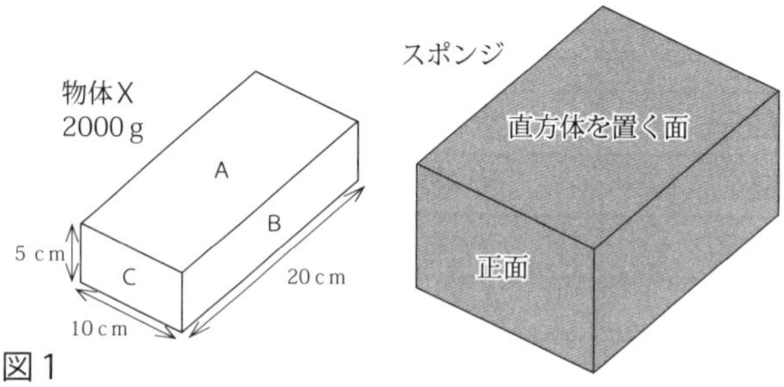

図１

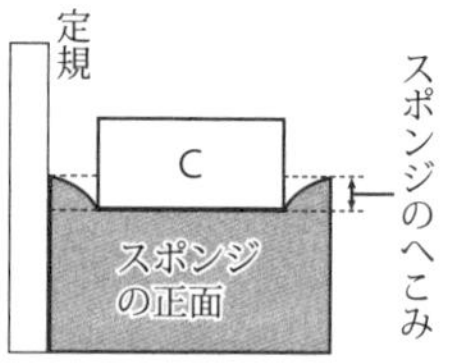

図２

❸ 物体Ｘの面Ｂ、面Ｃをそれぞれ下にして置いたときについて、スポンジのへこみを測定した。表は、これらの結果をまとめたものである。ただし、どの面を下にして置いたときも、それぞれの面とスポンジはすべて接していたものとする。

表

下にして置いた面	A	B	C
力をおよぼす面積〔m^2〕	0.02	0.01	0.005
スポンジのへこみ〔mm〕	15	30	60

① 実験において、物体Ｘの面Ａを下にして置いたとき、スポンジにおよぼす圧力は何Ｐａであったか、求めなさい。

② 実験の考察について述べた文として、最も適切なものを、次のア〜ウの中から一つ選んで、その記号を書きなさい。

ア 力の大きさが一定のとき、力をおよぼす面積が大きいほど、圧力は大きくなる。

イ 力の大きさが一定のとき、力をおよぼす面積が大きいほど、圧力は小さくなる。

ウ 力の大きさが一定のとき、力をおよぼす面積が変化しても、圧力の大きさは変化しない。

③ 空気に押されることで生じる圧力を気圧(大気圧)という。１気圧の大きさは何ｈＰａか、最も適切なものを、次のア〜エの中から一つ選んで、その記号を書きなさい。

ア 999ｈＰａ

イ 1006ｈＰａ

ウ 1013ｈＰａ

エ 1020ｈＰａ

(2) いろいろな化学変化について調べるために、次の実験を行った。下の①～③の問いに答えなさい。ただし、空気中の気体は反応に関係しないものとする。

【実験】次の❶～❹の操作を順に行った。

❶ 図1のように、鉄粉 3.5 g と硫黄 2.0 g を乳ばちの中でよく混ぜ合わせた。

❷ 鉄粉と硫黄の混合物のうち、図2のように、その4分の1ほどの量を試験管Aに入れ、残りの4分の3ほどの量を試験管Bに入れた。

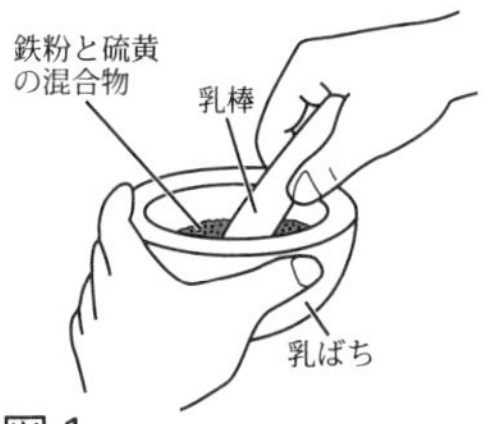

図1

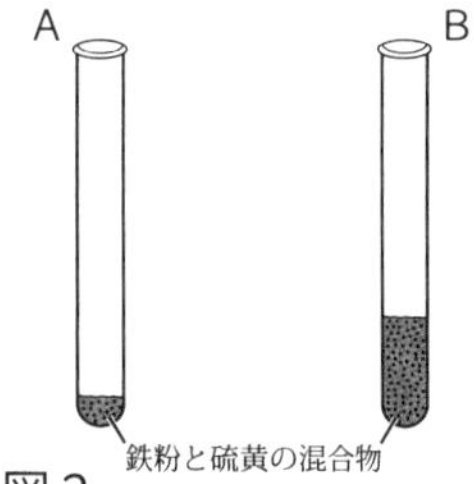

図2

❸ 図3のように、試験管Bに入れた混合物の上部を加熱し、加熱部分の色が変わりはじめたら加熱をやめ、変化のようすを観察した。試験管Aは加熱せず、そのままにしておいた。

❹ 試験管Aと加熱後の試験管B（十分に冷ました）を用いて、次の操作(a)、(b)を順に行った。ただし、加熱した試験管Bの鉄粉と硫黄は、過不足なくすべて反応したものとする。

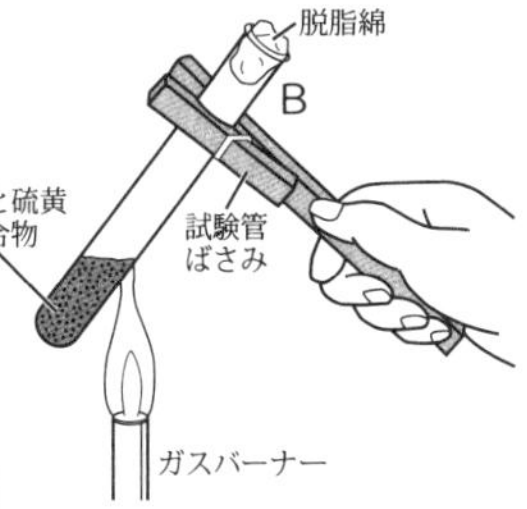

図3

(a) 試験管Aと加熱後の試験管Bに磁石を近づけて、中の物質のつき方を比べた。

(b) 試験管Aと加熱後の試験管Bに、うすい塩酸を少量ずつ加えて、ようすを観察した。ただし、塩酸の溶質は気体として発生しないものとする。

① 鉄や硫黄などのように、1種類の元素からできている物質を何というか、書きなさい。

② 操作(a)の結果について述べた文として、最も適切なものを、次のア～エの中から一つ選んで、その記号を書きなさい。

ア 試験管Aの物質は磁石についたが、試験管Bの物質は磁石につかなかった。

イ 試験管Aの物質は磁石につかなかったが、試験管Bの物質は磁石についた。

ウ 試験管AとBの物質は、どちらも磁石についた。

エ 試験管AとBの物質は、どちらも磁石につかなかった。

③ 操作(b)の結果について述べた文として、最も適切なものを、次のア～エの中から一つ選んで、その記号を書きなさい。

ア 試験管Aでは特有のにおいのある気体が発生し、試験管Bでは無臭の気体が発生した。

イ 試験管Aでは無臭の気体が発生し、試験管Bでは特有のにおいのある気体が発生した。

ウ 試験管AとBでは、どちらからも特有のにおいのある気体が発生した。

エ 試験管AとBでは、どちらからも無臭の気体が発生した。

⑶　表は、４種類の植物Ａ～Ｄの特徴を、３つの観点に着目してまとめたものである。次の①～③の問いに答えなさい。ただし、植物Ａ～Ｄは、エンドウ、マツ、イヌワラビ、ゼニゴケのいずれかである。

表

観点	ふえ方	葉、茎、根の区別	子房の有無
植物Ａ	種子	有り	無し
植物Ｂ	胞子	有り	無し
植物Ｃ	種子	有り	有り
植物Ｄ	胞子	無し	無し

①　植物Ａの名称として最も適切なものを、次のア～エの中から一つ選んで、その記号を書きなさい。

ア　エンドウ　　イ　マツ　　ウ　イヌワラビ　　エ　ゼニゴケ

②　植物Ｂは、何植物に分類されると考えられるか、最も適切なものを、次のア～エの中から一つ選んで、その記号を書きなさい。

ア　裸子植物　　イ　被子植物　　ウ　コケ植物　　エ　シダ植物

③　特徴をまとめた植物のうち、エンドウの子葉の色には、黄色と緑色の２つの形質があり、子にはどちらかの形質しか現れない。この黄色と緑色のように、同時に現れない互いに対をなす形質どうしを何というか、書きなさい。

⑷　音の性質について、次の①～③の問いに答えなさい。

①　音を発しているものを音源という。ヒトの場合、音源の振動が耳まで届くと、耳の中に見られるあるつくりが最初に振動し、音をとらえることができる。あるつくりの名称として最も適切なものを、次のア～ウの中から一つ選んで、その記号を書きなさい。

ア　うずまき管　　イ　耳小骨　　ウ　鼓膜

②　図のように、Ｐ地点から出た音がそのまま直進してＱ地点で反射し、Ｐ地点に戻ってくるのに要した時間が４秒であった場合、このときの音が空気中を伝わる速さは、何m/sであったと考えられるか、最も適切なものを、次のア～エの中から一つ選んで、その記号を書きなさい。

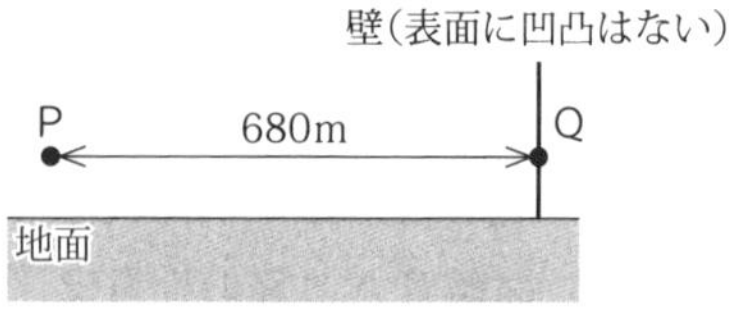

図

ア　320m/s　　イ　340m/s　　ウ　360m/s　　エ　380m/s

③　１秒間に音源が振動する回数を振動数という。振動数の単位を記号で書きなさい。または、振動数の単位の読み方を書きなさい。

3

太郎さんは、水溶液に電流を流す実験を行い、ノートにまとめた。下の(1)～(4)の問いに答えなさい。

> 太郎さんの実験ノートの一部
>
> 【手順】
>
> ❶ 質量パーセント濃度が10％の塩化銅水溶液150 cm^{3}をビーカーに入れた。
>
> ❷ 図のような装置を組み立てて、塩化銅水溶液に電流を流した。
>
> ❸ 電流を流してしばらくすると、陰極の表面には赤色の物質が付着し、陽極の表面からは<u>特有のにおいがする気体</u>が発生した。
>
> 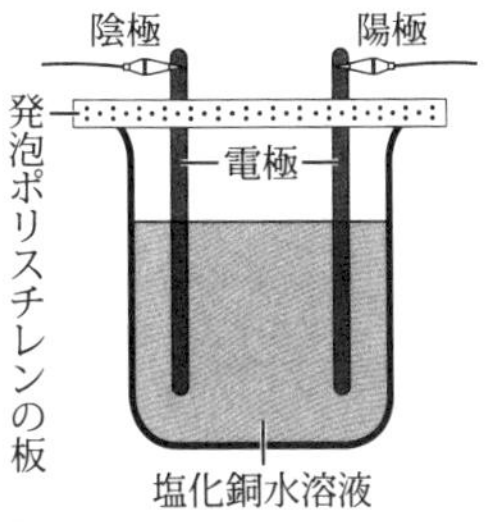
>
>
> 図

(1) 太郎さんは、今回の実験で用いた塩化銅水溶液中に溶けている塩化銅の質量を求めた。次は、塩化銅の質量を求めたときの過程である。これについて、下の①、②の問いに答えなさい。

> 【過程】
>
> 質量パーセント濃度が10％の塩化銅水溶液の密度は1.08 g/cm^{3}なので、塩化銅水溶液150 cm^{3}の質量は、[　あ　] gとなる。この質量をもとに、水溶液中に溶けている塩化銅の質量を求めると、およそ [　い　] gとなる。

① 文中の [　あ　] に当てはまる数を書きなさい。

② 文中の [　い　] に当てはまる数として最も適切なものを、次のア～エの中から一つ選んで、その記号を書きなさい。

ア　12　　　イ　14　　　ウ　16　　　エ　18

(2) 水溶液中における塩化銅の電離のようすを、化学式とイオンを表す化学式を用いて表すと、右のようになる。[　う　] に当てはまる式として最も適切なものを、次のア～エの中から一つ選んで、その記号を書きなさい。

> $CuCl_2 \rightarrow Cu^{2+} +$ [　う　]

ア　Cl_2　　　イ　Cl^-　　　ウ　$2Cl^-$　　　エ　Cl^{2-}

(3) 下線部の気体の特徴について述べた文として、最も適切なものを、次のア～エの中から一つ選んで、その記号を書きなさい。

ア　酸化銀を加熱することでも発生する気体で、有毒な気体である。

イ　炭酸水素ナトリウムを加熱することでも発生する気体で、空気よりも重い気体である。

ウ　ものを燃やすはたらきがあり、この気体の水溶液はアルカリ性を示す。

エ　殺菌作用や漂白作用があり、この気体の水溶液は酸性を示す。

(4) 実験において、塩化銅水溶液に電流を流していた間、塩化銅水溶液の濃度は、しだいにどうなったと考えられるか、電流を流すことで起きた化学変化についてふれながら説明しなさい。

4　花子さんは、先生と一緒にメダカの体内における血液の流れについて調べ、ノートにまとめた。あとの(1)～(4)の問いに答えなさい。

花子さんの観察ノートの一部

【手順】

❶　図１のように、チャック付きポリエチレンの袋に少量の水と水槽から取り出した生きているメダカを入れ、袋から水を追い出すようにしてチャックを閉めた。

❷　ポリエチレンの袋を顕微鏡のステージに置き、低倍率で観察してメダカの位置を調節した。

❸　顕微鏡の倍率を大きくして、メダカの尾びれの部分を観察し、スケッチした。その後、メダカを水槽に戻した。

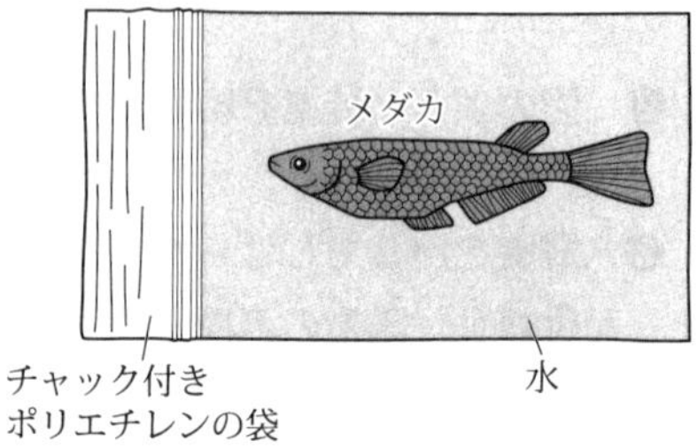

図１

【結果】

・図２は、メダカの尾びれを観察したときに見られたつくりのスケッチである。

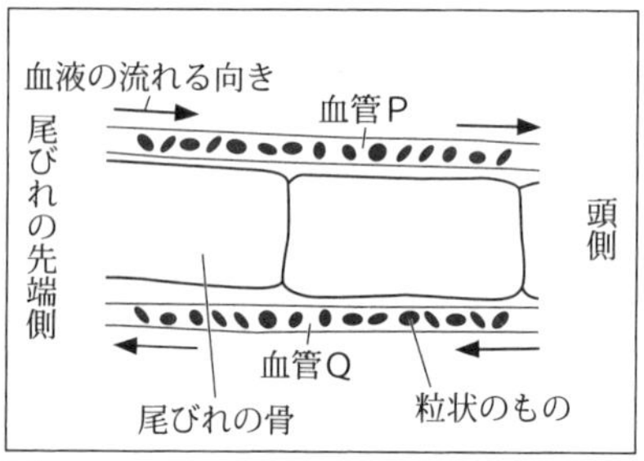

図２

先生と花子さんは、観察後にノートを見ながら次のような会話をした。

先　　生：メダカの尾びれを観察して、何か気づいたことはありますか。

花　　子：尾びれの細い血管の中に粒状のものが見え、血管Ｐ、Ｑの中を一列に並んで矢印の向きに流れていました。

先　　生：血管ＰとＱは、どちらも毛細血管という、メダカの体全体に張り巡らされた細い血管ですね。血管ＰとＱは、尾びれの先端でつながっていて、動脈と静脈をつなぐ血管でもあります。粒状のものは赤血球で、［　あ　］という赤い物質が含まれています。

花　　子：以前の授業で、赤血球は酸素を運ぶことができると学びました。赤血球が酸素を運ぶことができるのには、［　あ　］と何か関係があるのでしょうか。

先　　生：良い質問ですね。［　あ　］には、［　い　］という性質があります。この性質により、赤血球は酸素を運ぶことができるのです。

(1) ❷の操作において、花子さんが低倍率でメダカを観察していたとき、図3のように、視野の左上の方に尾びれの一部が見えた。花子さんは、図3のRで示した部分を視野の中央に移動させるため、ステージ上のポリエチレンの袋を動かした。このときのポリエチレンの袋を動かした向きとして最も適切なものを、図4のア～エの中から一つ選んで、その記号を書きなさい。ただし、今回の観察で用いた顕微鏡は、観察物が上下左右逆向きに見えるものとする。

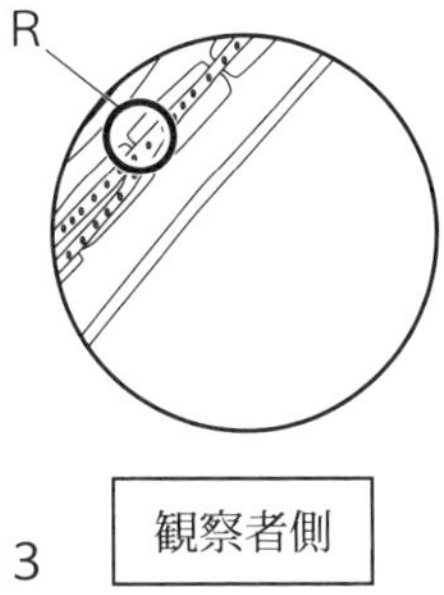

図3

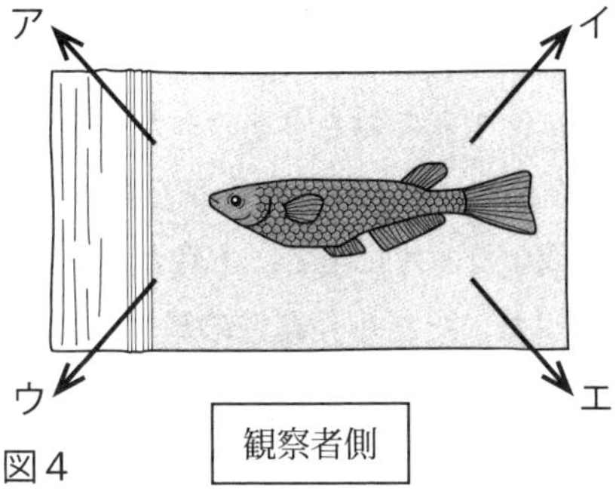

図4

(2) 文中の下線部について、次の①、②の問いに答えなさい。

① 図2の血管Pには静脈血が流れており、血管Qには動脈血が流れていると考えられる。メダカの体内を流れる動脈血について述べた文として、最も適切なものを、次のア～エの中から一つ選んで、その記号を書きなさい。

ア 肺から取り入れられた酸素が多く含まれている血液
イ えらから取り入れられた二酸化炭素が多く含まれている血液
ウ 肺から取り入れられた二酸化炭素が多く含まれている血液
エ えらから取り入れられた酸素が多く含まれている血液

② 図2と下線部より、メダカの体内における血液が流れる経路について、最も適切に表しているものを、次のア～エの中から一つ選んで、その記号を書きなさい。

ア 心臓 → 動脈 → 血管P → 血管Q → 静脈 → 心臓
イ 心臓 → 動脈 → 血管Q → 血管P → 静脈 → 心臓
ウ 心臓 → 静脈 → 血管P → 血管Q → 動脈 → 心臓
エ 心臓 → 静脈 → 血管Q → 血管P → 動脈 → 心臓

(3) 文中の［ あ ］に当てはまる語を書きなさい。

(4) 文中の［ い ］に当てはまる内容を、「酸素が多い場所」、「酸素が少ない場所」という二つの語を用いて書きなさい。

5　太郎さんと花子さんは、運動とエネルギーについて調べる実験を行い、ノートにまとめた。下の(1)～(5)の問いに答えなさい。

実験ノートの一部

【手順】

❶　図１のように、おもりをのせることができる台車と、質量が等しい３個のおもりを用意した。

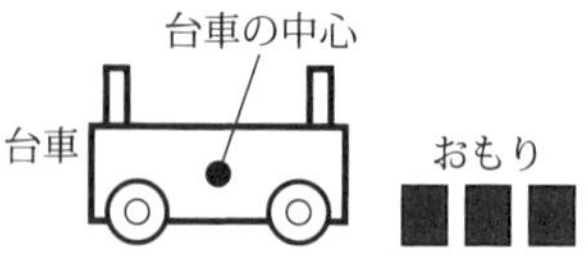

図１

❷　図２のように、１個のおもりをのせた台車を、斜面上の 10 c m、20 c m、30 c mの高さから静かに手を離して水平面上に置いた木片に当て、木片が静止するまでの移動距離を調べた。ただし、高さの基準は、水平面上の台車の中心の高さとし、おもりをのせることで、台車の中心の位置は変わらなかったものとする。また、台車が木片に当たっても、おもりは動かなかったものとする。

❸　台車にのせるおもりの数を２個、３個と変えて、❷と同様の操作を行った。

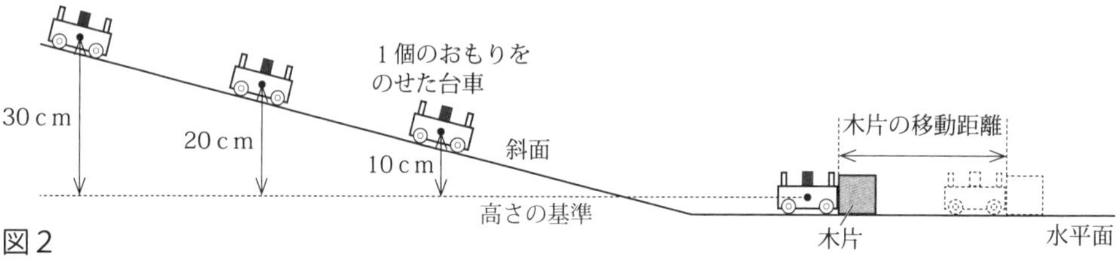

図２

【結果】

表は、台車にのせたおもりの数、台車を離した高さ、木片の移動距離の関係についてまとめたものである。表では、１個のおもりをのせた台車を 10 c mの高さから離したとき、木片の移動距離は５ c mであったことを示している。

表

台車にのせたおもりの数〔個〕	1			2			3		
台車を離した高さ〔c m〕	10	20	30	10	20	30	10	20	30
木片の移動距離〔c m〕	5	10	15	10	20	30	15	30	45

(1)　図２において、摩擦や空気抵抗の影響を考えない場合、台車が斜面上を下っているときの台車にはたらく斜面に平行な分力の大きさについて述べた文として、最も適切なものを、次のア～エの中から一つ選んで、その記号を書きなさい。

ア　斜面を下るにつれて、しだいに大きくなる。

イ　斜面を下るにつれて、しだいに小さくなる。

ウ　斜面を下っていく中で、その大きさは一定のまま変わらない。

エ　斜面を下っていく中で、その大きさは大きくなったり小さくなったりする。

⑵　太郎さんは、表にまとめた結果から、次のように考察した。文中の [あ] に当てはまる語を書きなさい。

【考察】
　今回の実験において、木片の移動距離は、台車にのせたおもりの数と、台車を離した高さの両方に [あ] していることが分かった。

⑶　今回の実験において、３個のおもりをのせた台車を25ｃｍの高さから離した場合、木片の移動距離は何ｃｍになると考えられるか、求めなさい。

⑷　図２において、摩擦や空気抵抗の影響を考えない場合、水平面上を運動していた台車は、木片に当たる直前まで、速さが一定で一直線上を進む運動をしていたと考えられる。この運動を何というか、書きなさい。

⑸　太郎さんと花子さんは、実験後にノートを見ながら次のような会話をした。

太　郎：今回の実験では、台車は木片に対して仕事をしたと考えられるよ。
花　子：物体に力を加えて、物体を力の向きに動かしたとき、物体に対して仕事をしたといえるよね。仕事の大きさは、力の大きさと力の向きに動かした距離が分かれば求められるよ。
太　郎：そうだね。１個のおもりをのせた台車を10ｃｍの高さから離したときについて考えてみよう。このときの木片の移動距離は５ｃｍだったね。力の大きさはどうかな。
花　子：木片を移動させるのに必要な最小の力の大きさは、水平面上の [い] にはたらく [う] と同じ大きさの力が必要なはずだよ。

　上の文中の [い] 、[う] に当てはまる語の組み合わせとして最も適切なものを、次のア～カの中から一つ選んで、その記号を書きなさい。

	い	う
ア	台車	重力
イ	台車	垂直抗力
ウ	台車	摩擦力
エ	木片	重力
オ	木片	垂直抗力
カ	木片	摩擦力

6 次の資料は、ある地域で行われたボーリングによる地質調査についてまとめたものである。下の(1)～(5)の問いに答えなさい。ただし、調査が行われたこの地域付近において、地層は、途中でずれたり曲がったりせず、同じ厚さ、同じ角度で、ある一定方向に傾いてできたものとする。また、地層の上下関係の逆転などはないものとする。

【資料】

・図１は、調査した地域の地形を模式的に表したもので、Ａ～Ｅは、調査が行われた地点の位置を示している。また、図１の実線は等高線を、数値は標高を示しており、Ａ地点の標高は 85 m、Ｂ地点の標高は 75 m、Ｃ地点とＤ地点の標高は 70 m、Ｅ地点の標高は 65 mである。

・図２は、調査の結果をもとに作成したＡ地点～Ｄ地点の地層の柱状図である。

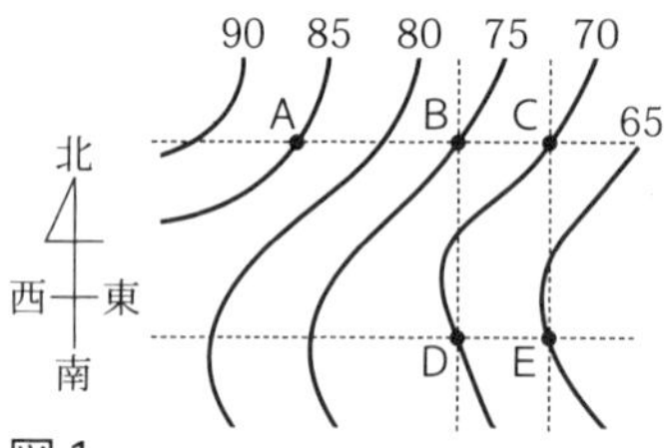

図１

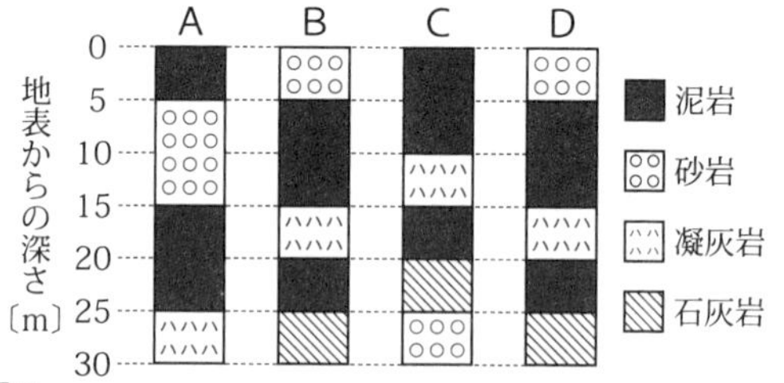

図２

(1) 図２の地層をつくっている岩石は、いずれも積もったものが長い年月をかけて押し固められてできた岩石である。このような岩石を何というか、書きなさい。

(2) 図２において、凝灰岩が見られることから、調査を行った地域付近では、過去にどのような出来事があったと考えられるか、説明しなさい。

(3) 図１、２より、Ａ地点における凝灰岩の表面の標高は 60mであることがわかる。Ｅ地点における凝灰岩の表面の標高は何mであると考えられるか、最も適切なものを、次のア～エの中から一つ選んで、その記号を書きなさい。

ア 60m　　イ 55m　　ウ 50m　　エ 45m

(4) 図２の石灰岩に含まれていた生物の遺骸《いがい》から、石灰岩ができた地質年代を古生代と推定した。石灰岩に含まれていた生物の遺骸は、何という生物であったと考えられるか、最も適切なものを、次のア～エの中から一つ選んで、その記号を書きなさい。

ア ビカリア　　イ フズリナ　　ウ ナウマンゾウ　　エ アンモナイト

(5) 石灰岩にうすい塩酸をかけると、石灰岩の主成分である炭酸カルシウム（$CaCO_3$）と塩酸（HCl）が反応して泡が出る。水蒸気や塩酸の溶質が気体として発生しないとした場合、この泡の正体は何という気体であると考えられるか、化学式で書きなさい。

四

次の㈠～㈣の問いに答えなさい。

㈠ 次の⑴～⑹の――線部について、片仮名の部分を漢字で、漢字の部分の読みを平仮名で書きなさい。（漢字は楷書《かいしょ》で書くこと。）

⑴ 車がコショウする。

⑵ 荷物をアズける。

⑶ ボウサイ訓練を行う。

⑷ 目のつけ方が鋭い。

⑸ 選手を激励する。

⑹ 生徒を率いて歩く。

㈡ 「中途半端で役に立たないこと」という意味のことわざとして、最も適切なものを、次のア～エの中から選んで、その記号を書きなさい。

ア 亀の甲より年の功
イ 帯に短したすきに長し
ウ 木を見て森を見ず
エ ひょうたんから駒《こま》が出る

㈢ 次の文の――線部と活用形が同じものを、後のア～エの中から一つ選んで、その記号を書きなさい。

・自分の頭で考える習慣を身につける。

ア 家を出るときは戸締まりを確認しなさい。
イ みんなで運べばすぐに終わるだろう。
ウ 友だちから英語の教科書を借りる。
エ テーブルの上に本を重ねて置く。

㈣ クラスで読書について話し合ったところ、「本はたくさん読むより、一冊をじっくり読んだ方がよい」という意見が出た。あなたはこの意見に賛成か、反対か。あなたの考えを書きなさい。ただし、以下の条件に従うこと。

1 百字以上、百五十字以内で書くこと。（句読点を含む。）
2 二段落構成とし、第一段落には、この意見に賛成か反対か、あなたの立場を明確に書くこと。第二段落には、その理由を書くこと。
3 正しい原稿用紙の使い方をすること。ただし、題名と氏名は書かないこと。また、｛ や ‖ 等の記号（符号）を用いた訂正もしないこと。
4 文体は、常体「だ・である」で書くこと。

(五) 【II】の［B］に入る言葉として、最も適切なものを、次のア～エの中から選んで、その記号を書きなさい。

ア 間接　イ 限定　ウ 否定　エ 魅力

(六) 八木さんが発表原稿を作成するときに、【II】を用いることで、どのような効果が得られるか。最も適切なものを、次のア～エの中から選んで、その記号を書きなさい。

ア 【I】に書かれている内容と同様の主張を提示することで、発表者の考えに説得力を持たせようとする効果。

イ 【I】に書かれている内容に関連する別の内容を挙げることで、聞き手が考えを広げられるようにする効果。

ウ 【I】に書かれている内容の具体例を挙げて改めて説明することで、聞き手に発表者の考えを正しく理解させる効果。

エ 【I】に書かれている内容とは相反している内容を示すことで、発表者とともに聞き手も考えを深められる効果。

(七) 次は、八木さんが発表で示すために作成したスライドの一部です。［C］、［D］に入る内容として、最も適切なものを、それぞれ下のア～エの中から選んで、その記号を書きなさい。

【スライドの一部】

【I】の文章

◇ 日本語全体について

・やまとことば―昔から日本にある

↕（これらが［C］ように工夫）

・漢語―中国からもたらされた漢字を使っている

※さらに外来語が加わる

【II】の文章

◇「恰好」（漢語）について

＊本来の意味＝理想的な状態

↓

＊日本語として概念が独特に発展

・「恰好が良い／悪い」

＝

標準的なモデルをふまえて、［D］考え方

［C］

ア 統一されない
イ 衰退しない
ウ うまくとけ合う
エ 区別できる

［D］

ア 標準を目指す
イ 理想を明示する
ウ 違いを非難する
エ 優劣を決める

(一)　【I】の［A］に入る言葉として、最も適切なものを、次のア～エの中から選んで、その記号を書きなさい。

ア　しかし　　イ　たとえば　　ウ　しかも　　エ　もし

(二)　【I】に①微妙に使い分けながらとあるが、私たちは和語・漢語・外来語をどのように使い分けているのか。次の文の［　　］に入る最も適切な言葉を、【I】の本文中から九字で抜き出して書きなさい。

・私たちの感覚にもとづいて［　　］使い分けている。

(三)　【I】に②ほんとうに日本語は大変ですよねとあるが、筆者がこのように述べているのはなぜか。その理由を、「三つ」「違い」という二つの言葉を使って、四十字以上、四十五字以内で書きなさい。（句読点を含む。）

(四)　【I】の文章の展開の説明として、最も適切なものを、次のア～エの中から選んで、その記号を書きなさい。

ア　和語・漢語・外来語の使い方について、具体的な例を挙げながら考察を述べている。
イ　日本語の持つ独自のニュアンスについて、歴史的な経緯を示しつつ主張を述べている。
ウ　和語・漢語・外来語の長所と短所について、それらを対比しながら意見を述べている。
エ　日本語のもつ問題点について、複数の文学作品を引用しながら解決策を述べている。

【II】（【I】を読んだ後に見つけた文章の一部）

「カッコいい」の語源は「恰好《かっこう》」であり、これは『白氏文集《はくしもんじゅう》』[※1]とともに九世紀半ばには日本に輸入されていたが、使用され始めたのは、室町時代から江戸時代にかけて、五山[※2]の禅僧たちが漢籍の再読を行った時期である。その意味は、「あるものとあるものとがうまく調和する・対応する」という理想的な状態を指すものだった。

その後、「恰好が良い」、「恰好が悪い」という同義反復的な表現で、調和の程度が意識されるようになる。まず一般にその理想像が理解されている前提で、それとズレているかどうかだけでなく、標準的なモデルを中心に、その上下が序列化された。「恰好が悪い」というのは、理想に満たないというより、標準以下という意味である。

「恰好」は今日の中国語では使用されておらず、これは日本で独特に発展した概念である。

「恰好が良い／悪い」の判断が出来るのは、専門家や良い趣味を備えた通人である。マスメディアが十分に発達するまで、この限られた人たちの評価が全国的に共有されるということはなかった。従って、各分野の「恰好が良い」の影響力も［B］的だった。

「恰好が良い」ものは、見る者を快くする。一方「恰好が悪い」ものは気持ちが悪く、殊にそれが自分に関することであるならば、羞恥心《しゅうちしん》を覚える。その場合、理想的なほどに秀でることまでは望まれず、せめて標準的であることが出来れば、羞恥心は解消される。

（平野啓一郎『「カッコいい」とは何か』による。）

※1　白氏文集＝白居易《はくきょい》の詩文集。　※2　五山＝寺格（位）の高い五つの寺院。

三

国語の授業で、調べたことをまとめて発表する学習活動を行うことになりました。八木さんは、新聞に載っていた記事に興味を持ち、「日本語」をテーマに発表しようと考えました。発表原稿を作成するために見つけた文章【Ⅰ】・【Ⅱ】について、後の㈠～㈦の問いに答えなさい。

【Ⅰ】

「準備する」とか「具体化する」とか、漢語＋「する」という使い方、これは大変便利で、私たちもよく使っています。ここから、漢語をどういうふうに文法のなかへ組み込むかという工夫が行なわれていくようになります。

遣唐使も遣隋使も出さなくなったあと、日本は閉じた国として――実際はたくさん出ていく人がいるのですが――一応きちっと閉じた国として、やまとことばと漢語を使いながら、言葉を熟成させていくのです。途中で、戦国時代のころにラテン語とかポルトガル語とかオランダ語が入ってきました。「カステラ」とか「ランプ」とか「※羅紗《らしゃ》」「ビードロ」などの外来語がたくさん入ってきますが、基本的には、たくさん蓄えた漢語と、その前からあったやまとことばを熟成させたのが日本語であると言えるのではないかと思います。大づかみにやっていますので、いろいろ乱暴なところがあるかもしれませんが、大枠としてはそう言ってもいいでしょう。

私たちはいま、昔からのやまとことばである和語と、中国から借り入れた漢字を使った漢語と、欧米から借りた外来語を一緒にして、①微妙に使い分けながら生活しています。たとえば「ひとつ」はやまとことばですね。「一《いち》」となると、これは漢語です。それから「ワン」という外来語を使うことがあります。あるいは「ひと」はやまとことばで、「人間」は漢語、そして「マン」という英語、これらを私たちは微妙に使い分けています。「(店を)ひらく」というやまとことば、「開店」という漢語、それから「オープンする」ともいいますね。これは、「開店する」という、漢語＋「する」の使い方と同じです。

夏目《なつめ》漱石《そうせき》に『こゝろ』という題の作品がありますが、なぜ漢字の「心」にしなかったのでしょう。きっと、ごくごく少数かもしれないけれど、「しん」なんて読む人がいるからでしょうね。[A]、平仮名に開いたことによって、ある意味で「深み」が出ています。題名ひとつでも、漱石はそうやって神経を使いました。では、漢字は使わないのかというと、もちろんそうではなくて、「吾輩《わがはい》は猫である」「硝子《ガラス》戸の中」なんて題名もあります。

ふだんはあまり気にしていませんが、私たちは三種類の言葉を本当に微妙に使い分けているのです。「きまり」やまとことば、「規則」漢語、「ルール」英語、これをどういうふうに使い分けているか。家庭で子どもがなにかをするときに、「それはうちのルールですよ」と言うと、かなりいいところのうちで、嘘《うそ》くさい(笑)。「それはうちのきまりじゃないの」と言うと、まあぴしゃりとくる感じ。「うちの規則でしょう」と言うと、なんか、寄宿舎みたいな家という感じがしますよね。これ、微妙に使い分けているわけです。その他、「わざ」「技術」「テクニック」、「おおい」「被覆」「カバー」、「すみ」「一隅」「コーナー」、「ためし」「試験」「テスト」。「あした試験がある」と言うと、それによって一生が変わるかなという感じが多少しないでもないですけど、「あしたテストだ」と言うと、毎日のテストか一週間に一度のテストか、まあ、たいしたことないな、ちょっと映画でも見に行こうというような程度です。「あしたためしがある」と言ったって(笑)、「えっ?」と聞き返されるだけでしょう。

こうやって、微妙な使い分けを、私たちはほとんど意識せずにしているのです。(中略)

②ほんとうに日本語は大変ですよね。やまとことばと漢語と外来語の三つを覚えなければなりません。いま、やまとことばだけで通そうとしても無理です。漢語だけでも通せませんし、外来語だけではもちろん通せません。ですから外国人は苦労すると思います。

日本語の音韻体系は簡単で簡潔で、非常な合理性を持っています。五十音図を思い出して下さい。あれで日本語の音全部を言い尽くしているわけですからすごい。ところが、書き文字になると、最低三つのニュアンスをちゃんと知った上で使いこなしていかないとダメなんです。あの人は語感が悪いとか言いますけど、それは、この使い分けのことなんですね。作家の文章でも、漢字やカタカナの選び方がどうもうまくはまってないなという場合は、この人は語感がちょっとね、なんて言います。それぐらい、日本語の書き文字はむずかしいのです。

(井上ひさし「日本語教室」による。一部省略)

※　羅紗＝毛織物の一種。

【Ⅱ】話し合いの一部

木村	鳩と蟻という、意外な組み合わせで一つの教訓を語っていますね。彼らの行動を具体的に追ってみましょうか。
山田	まず、蟻が波にさらわれて命の危険にさらされたところを、①鳩が助けます。
鈴木	しばらくするとそこに人間がやってきて、鳩を捕らえるわなを仕掛けようとしましたね。
中西	はい。でも、それを見て、あることを「②おもうた」蟻が、人間の足に喰らいつき、鳩は無事に逃げた、というわけですね。
木村	その蟻の「おもうた」こととその行動に関連して、「下心」のあとに、教訓がまとめられています。この「③人より恩をかうむつては、そなたもそれを報ぜう志をおもちあれ」というのは、現代にも通じることですよね。

(一)【Ⅰ】の 1にはかに・2おほきに・3のぼつて・4おもちあれ のうち、現代仮名遣いで書いた場合と表記が同じものを一つ選んで、その番号を書きなさい。

(二)【Ⅰ】に なでさする とあるが、この主語として、最も適切なものを、次のア～エの中から選んで、その記号を書きなさい。

ア　蟻　　イ　鳩　　ウ　或人　　エ　そなた

(三)【Ⅱ】に ①鳩が助けます とあるが、【Ⅰ】では、その方法についてどのように書かれていたか。その具体的内容として、最も適切なものを、次のア～エの中から選んで、その記号を書きなさい。

ア　海のほとりに出て波の中に入って蟻を助けた。
イ　蟻がつかまれるように木の枝を落とした。
ウ　口にくわえた木の枝を使って蟻を引っぱった。
エ　蟻が人間に見つからないように口に入れた。

(四)【Ⅱ】に ②おもうた とあるが、蟻が「思った」内容が書かれている部分を【Ⅰ】からすべて抜き出し、その初めと終わりの三字を書きなさい。

(五)【Ⅱ】に ③人より恩をかうむつては、そなたもそれを報ぜう志をおもちあれ とあるが、この部分から読み取れる作者の考えとして、最も適切なものを、次のア～エの中から選んで、その記号を書きなさい。

ア　恩を与えたならば、その報いを受けようと思うのは当然だ。
イ　恩を受けたならば、感謝の気持ちをはっきり伝えたほうがよい。
ウ　恩を受けても、無理に恩返しをしようなどと思わないことだ。
エ　恩を受けたならば、なんとしてでも恩を返そうと思うべきである。

二

木村さんたちは、「昔の人の考え方を知ろう」という国語の授業で、【一】の古典の文章を読み、【二】のように内容についてグループで話し合いました。後の㈠～㈤の問いに答えなさい。

【一】古典の文章

あるとき蟻《あり》が海邊《かいへん》(海のほとり)に出てゆくところに、1にはかに大きな波がうつてきて引連れられ、すでに命もあやふいさまに漂ひゆくを、梢《こずゑ》から鳩《はと》がみたが、それが難儀を救はうとおもうたか、樹の枝をくひ切つて、蟻のあたりへ投げおとせば、蟻は2おほきに便りを得て、その枝に3のぼつて水際《みぎは》にあがつた。しばしして或人《あるひと》がきて、その樹のえだに鳩のわなを刺《さ》いたれば、かの蟻ただいまの恩賞を報ぜうずるとおもうたか、その人の足をしたたかに喰《く》らうたれば、わなをなげすててまづその足をなでさするまに、鳩はこの由《よし》を見及《みおよ》うで、忽《たちま》ちそこを立つて去《い》んだと申す。

下心

人より恩をかうむつては、そなたもそれを報ぜう志を4おもちあれ、恩を知らぬものは蟻蟲《ありむし》にも劣るといふことぢや。

（「伊曽保物語」による。）

㈠　次のア〜エは【Ⅱ】の［A］〜［D］に入る出来事である。［B］に入るものとして、最も適切なものを、次のア〜エの中から選んで、その記号を書きなさい。

ア　あきれながら眺めた　　イ　外へ出て行った　　ウ　木枠を握りしめた　　エ　駆けだした

㈡　【Ⅰ】・【Ⅱ】の中に①いらいらしてきたとあるが、まりもがいらいらしていたのはなぜか。その理由を、「馬」「取り決め」という二つの言葉を使って、三十五字以上、四十字以内で書きなさい。（句読点を含む。）

㈢　【Ⅰ】・【Ⅱ】の中に②懸命に顔をあげて近づいていったとあるが、まりもがこのような行動をとったのは、どのような気持ちがあったからか。そのまりもの気持ちが最もよくわかる一文を【Ⅰ】の本文中から抜き出し、その初めの五字を書きなさい。

㈣　【Ⅱ】の「言動や描写から『石本博美』の人物像を考える」の［　］にはそれぞれ本文中の根拠となる部分が入るが、そこに入るものとして、適切でないものを、次のア〜エの中から一つ選んで、その記号を書きなさい。

ア　手をあげたのは石本博美だった。
イ　石本博美だけが知ったふうな口調で言った。
ウ　博美が、ふいっと横を向く。
エ　石本博美の強い視線が注がれているのを感じた。

㈤　【Ⅰ】の表現の特徴として、最も適切なものを、次のア〜エの中から選んで、その記号を書きなさい。

ア　クラスメイトたちへの心情の変化を丁寧に表現することで、葛藤しながらも成長していくまりもの姿を描いている。
イ　まりもに寄り添うチャンプや馬たちの描写によって、動物たちがまりもを信頼している様子を印象的に表している。
ウ　まりもの視点から場面を描くことで、だんだんと自信や勇気を持ち始めているまりもの内面を細かく表現している。
エ　会話文を多用して物語を進行させることで臨場感を持たせ、場面から緊迫した雰囲気を感じ取れるようにしている。

【Ⅱ】伊藤さんのノート

○ 言動や描写から登場人物の心情を考える

まりも（主人公）	志渡	クラスメイトたち
	乗馬の基本的なことを教える →	誰も馬にまともに乗れない
・［A］ ←	一人ひとり馬から抱き下ろす	
・［B］ ←		石本博美「あたし乗る！」
・①いらいらしてきた		
	「どうだった、みんな」 →	「むずかしかった！」「楽しかった！」「お手本を見してくんなきゃわかんないよ！」
・どきりとした ←	準備万端という表情で目をあげた	
・［C］ ←	まりもを呼ぶ	みんながざわめく
・②懸命に顔をあげて近づいていった		
・「……ほんとに、そう思う？」	「お前、自分を誰だと思ってる？」	
・［D］ ←	「ほんとのメロディを見せてやれ」	

○ 言動や描写から「石本博美」の人物像を考える

〈根拠〉

			目を合わせなくても、ものすごく意地悪な顔をしているのがわかる。

↓

〈人物像〉

生意気でとても負けず嫌いな人物

博美が、ふいっと横を向く。
「それはそうとなあ、みんな。俺、じつはうっかりしててさあ。みんなにまずお手本を見せてやるのを忘れてたんだわ。誰だっていきなり初めての馬に乗せられて、さあ上手にやれって言われたって、難しくて当たり前だよな。ごめんごめん」
「そうだよ！」
と、みんなが図に乗って騒《さわ》ぎだす。
「お手本を見してくんなきゃわかんないよ！」
志渡が、準備万端という表情で目をあげた。まりもはどきりとした。まるで、こちらがどこにいるのかわかっているかのように、通風窓にぴたりと目を据《す》えて大声で呼ぶ。
「おーい、まりも！」
驚いた子どもたちが、みんなして厩舎をふり返った。
「そっちの作業はいいから、ちょっとこっち来て手伝ってくれ」
まりもは、通路に座っているボーダーコリーを見やった。
「どうしよう、チャンプ」
犬が、黙って首をかしげる。
「まりもー、いるかー？」
みんなに会うのは嫌《いや》だったが、石本博美から逃げたと思われるのはもっと癪《しゃく》だった。
まりもは木箱から降りると、深呼吸をした。もう一度、した。それから、思いきって厩舎の扉《とびら》を押し開け、外へ出て行った。
「おーう、邪魔《じゃま》してすまん」と、志渡が言った。「あのな、今この子たちをちょっと乗っけてやったんだけど、どうやったら上手に乗れるようになるのかお手本を見せて欲しいって言うんだわ。まりも、ちょっとやってみせてくんないか」
みんながざわめく。
「うそ。岩館、乗れんの？」
岸田大地が驚いたように言う。
「どうだろうなあ？」志渡は笑いながら言った。「まりも、こっち来てみな」
石本博美の強い視線が注がれているのを感じた。目を合わせなくても、ものすごく意地悪な顔をしているのがわかる。まりもは②懸命に顔をあげて近づいていった。
そばまで行くと、志渡がまるで男同士みたいに肩《かた》を組んで、そっと耳打ちをした。
「いいか、まりも。俺の言う通りやれ。いいとこ見せようとか、いつもと違うことをしてやろうなんて考えなくていい。いつもどおりだ。大丈夫、お前ならできる」
「……ほんとに、そう思う？」
心細くて訊《き》いたのだが、志渡はいつものあの顔で不敵に笑った。
「お前、自分を誰だと思ってる？」
「え、わかんないよ」
「この俺が見込んだ唯一の弟子だべ」
目と目を見合わせる。まりもの喉《のど》が、勝手にごくりと鳴った。
「今、貴《たか》ちゃんがハミ※4をつけてくれてる」
「あたし、メロディに乗りたい」
「当然でしょ」と、志渡は言った。「聞こえてたか。腹が減って動かないんだとよ」
「ん、聞こえてた。ばかみたい」
「だな。ほんとのメロディを見せてやれ」
「――はい！」
まりもは、駆けだした。

（村山由佳「天翔る」による。一部省略）

※1　厩舎＝馬や牛などを飼う小屋。　※2　馬場＝乗馬を行うための土地。
※3　曳き馬＝手綱を持って馬と歩くこと。　※4　ハミ＝馬の口にくわえさせる馬具。

二〇二三年度 大成女子高等学校（5教科記述式）

【国　語】（五〇分）〈満点：一〇〇点〉

一　伊藤さんは、国語の授業で【Ⅰ】の文章を読み、登場人物の心情や人物像を【Ⅱ】のようにノートにまとめました。後の(一)～(五)の問いに答えなさい。（【Ⅰ】はページごとに上段から下段に続いている。）

【Ⅰ】授業で読んだ文章

小学六年生の岩館《いわだて》まりもは、志渡《しど》が経営する牧場で乗馬に打ち込んでいる。クラスメイトの藤原奈々恵《ふじわらななえ》の誕生日に、クラスメイトたちが馬に乗りに来るが、クラスになじめていないまりもは、犬のチャンプと一緒に※1厩舎《きゅうしゃ》の中から様子を見ていた。

メロディの鞍《くら》の上にはまず今日の主役である奈々恵が、そしてファルコンには男子の一人がまたがっている。奈々恵とは家が近所で仲のいい小林《こばやし》健一《けんいち》だ。

志渡が、基本的なことを教える声が聞こえた。進め、の合図。止まれ、のサイン。自分に教えてくれたのと同じことを、あんなにあっけなく他の子たちにも教えるのかと思ったら、目の前が黄色くなる思いがした。

けれど、奈々恵と健一は、しょっぱなから壁《かべ》にぶつかっていた。歩いてもまっすぐ進まずにあっちへこっちへ曲がってしまうメロディと、※2馬場《ばば》の真ん中で立ち止まったまま遠くを見ているファルコンを相手に、二人とも四苦八苦している。柵《さく》の外から、他の子たちが口々にからかう。

ようやく馬場をよれよれと三周くらいしたところで交代になった。志渡が一人ひとり鞍から抱き下ろしているのを、まりもはあきれながら眺めた。あたしには、最初の時からひとりで飛び降りさせたのに。

「さあ、次は誰だ？」

「あたし乗る！」

手をあげたのは石本博美《いしもとひろみ》だった。まりもは思わず窓の木枠《きわく》を握りしめた。もう一人は、岸田大地《きしだだいち》が名乗りを上げた。サッカーチームのキャプテンで、運動会のリレーでも必ず代表に選ばれる男子だ。

だが、今の今まで野次を飛ばしていた彼らも、いざ乗ってみれば前の二人と同じだった。ただ馬を歩かせて角馬場の柵沿いに大きく一周するだけのことが、どうしてもうまくできない。

「あんなんじゃ、馬が混乱しちゃうよ」

小声で呟《つぶや》くと、クウン？　とチャンプが問うような声をもらした。

「馬と人間の間には、ちゃんと取り決めがあるのにさ」

クウン、とチャンプが律儀《りちぎ》に相づちを打つ。

見ているうちに、まりもは①いらいらしてきた。（中略）

おしまいに藤原奈々恵の両親がみんなに勧められてまたがり、楽しそうに※3曳《ひ》き馬で一周ずつしたところで、志渡が、腕組みをして言った。

「どうだった、みんな」

それぞれが口々に叫んだ。

「むずかしかった！」

「楽しかった！」

「乗ったら高くてびっくりした！」

石本博美だけが知ったふうな口調で言った。

「メロディはさ、おなかすいてるから動かなかったんだよ。ちゃんとゴハンもらってないんでないの？」

志渡の眉《まゆ》が、片方だけひょいと吊《つ》り上がる。まりもはつぶやいた。

「あ。怒った」

顔は笑っていても、あれは志渡がちょっとカチンときた時の癖《くせ》だ。カンカンというほどではない、でも細い青筋が一本立ったくらいの感じ。

「そっかー、あいつ腹へってたんかー」と、志渡は言った。「そりゃ気づかなかったわ。さっきまであーんな広い牧草地に放されてたのに、何にも食べてなかったんかなあ」

2023年度／大成女子高等学校（5教科記述式）

英語解答

1 (1) No.1 イ　No.2 ア　No.3 ウ
No.4 エ　No.5 ア
(2) No.1 イ　No.2 エ　No.3 エ
No.4 ウ
(3) No.1 イ　No.2 ア
(4) ① 75　② math　③ living

2 (1) ① ago　② that　③ Let
(2) ④ cities　⑤ helped　⑥ gave

3 (1) エ　(2) ウ→イ→ア

4 (1) ①…ウ　②…イ　③…イ　④…ウ
⑤…ア
(2) school uniform

5 (1) イ，ウ，ク　(2) ウ
(3) ① draws pictures of animals
② interesting and wonderful
(4) ①…イ　②…ア　③…エ
(5) エ

6 (例) I would try hard to be a singer if I were John. Singers also do great jobs. They can make people happy and excited. I can work hard for my favorite thing even If I have a very hard time. (40語)

1〔放送問題〕解説省略

2〔長文読解総合―Eメール〕

≪全訳≫A．こんにちは，サオリ。元気？　あなたは2か月前に茨城を離れて，東京に住み始めたわね。それ以来，私はあなたがいなくて寂しいわ。よくあなたと一緒に撮った写真を見ているの。東京での生活はどう？　それについて私に知らせてね。

B．こんにちは，メアリー。Eメールをありがとう。東京は日本で最も大きい都市のうちの1つよ。とてもたくさんの人がいるから，最初は毎日とても疲れたわ。でも，今は楽しい時を過ごしてる。クラスメートは親切よ。よく彼らに助けられているわ。私は毎日，学校用にあなたがくれたバッグを使ってるの。クラスメートはそれがかわいいってよく言ってくれるわ。それを聞くととてもうれしいの。

(1)＜適語補充＞①動詞 left は leave の過去形(leave－left－left)なので，「2か月前に」とする。～ ago で「～前に」。　②空所以下は，直前の名詞 pictures を後ろから修飾する関係代名詞節だと考えられる。t で始まる関係代名詞は that。took の目的語となる pictures を先行詞とする目的格の関係代名詞である。　take pictures「写真を撮る」　take－took－taken　③‘let＋人＋動詞の原形’で「〈人〉に～させる」という意味を表す。Let me know で「私に知らせて」という意味。

(2)＜語形変化＞④‘one of the＋最上級＋複数名詞’「～の中の1つ」の形。city のように‘子音字＋y’で終わる語の複数形は，y を i に変えて es をつける。　⑤前に be動詞があり(I'm は I am の短縮形)，直後に by them とあることから，‘be動詞＋過去分詞＋by …’「…によって～される」の受け身の文だと判断できる。　⑥「あなたが私にくれたバッグ」という意味になると考えられる。the bag you gave me は，bag と you の間に目的格の関係代名詞が省略された‘名詞＋主語＋動詞...’の形。　‘give＋人＋物’「〈人〉に〈物〉をあげる」　give－gave－given

3〔長文読解総合〕

(1)＜要旨把握―記事＞≪全訳≫ひばり図書館はひばり市で最も古い図書館です。駐車場はありませんが，駐輪場はあります。蔵書数はおよそ10万冊です。本は一度に10冊，2週間借りることができます。

また，DVD は一度に５枚，１週間借りることができます。図書館には辞書が何冊かあり，それらを使うことができますが，借りることはできません。

＜解説＞ひばり図書館の利用案内。エ．「人々は図書館の中だけで，ひばり図書館の辞書を使うことができる」は，本文の最終文と同じ内容になっている。　ア．「ひばり市にある図書館のいくつかは，ひばり図書館よりも古い」　イ．「ひばり図書館には駐車場と駐輪場がある」　ウ．「人々は一度に10枚の DVD を１週間借りることができる」

⑵＜文整序―日記＞≪全訳≫姉〔妹〕と私はテニスをするのが好きです。／→ウ．私たちは家の近くの公園でよくテニスをします。／→イ．昨日，私たちはそれを楽しもうとそこへ行きました。／→ア．でも，私たちがそこに着くと，雨が降り始めました。／だから，私たちは家に帰りました。明日は晴れるといいな。

＜解説＞アとイにある there「そこ」が何を指すのか考える。これは，ウにある the park (near our house)のことと考えられるので，ウが最初にくる。アとイは，「公園に行った」→「でも，そこに着くと雨が降ってきた」というイ→アの流れになるとわかる。

４〔長文読解総合―対話文〕

≪全訳≫❶アサミ（A）：これを見て，ケビン。それは私たちの学校についての情報を示しているの。私たちのクラスがあなたのためにそれをつくったのよ。❷ケビン（K）：わあ，それはいいね！　ありがとう。この学校には長い歴史があるんだね。今は2023年11月だから，①80周年だ！　あっ，このポスターには生徒たちがこの学校のことが大好きな理由が書かれているんだね！❸A：そうよ。あなたが私たちのクラスに入る前，私たちの担任の先生が私たちに，私たちの学校についてのいいことを先生に言うように言ったの。それぞれの生徒が１つ答えたのよ。❹K：なるほど。たくさんの生徒が「私たちは高度な英語教育を受けられる」って答えたんだ。❺A：そのとおり。私たちのクラスには38人の生徒がいるから，②そのうちの半分がそう答えたの。学校の図書室には英語で書かれた本がたくさんあるのよ。❻K：それはすごいね！　③君はそのうちの１人なの？❼A：いいえ。私は「私たちの学校にはたくさんのおもしろい行事がある」って答えたの。❽K：なるほど。君の好きな行事は何？❾A：ボランティアの日よ。④７月にあるの。生徒たちが学校の周囲の通りと近くの公園を掃除するのよ。❿K：なるほど。僕は僕らの制服が好きだけど，そう答えたのは２人だけだね。⓫A：そうね。ところで，私たちの学校にはたくさんのわくわくするクラブがあるのよ。自己紹介で，あなたはバスケットボールをすると言ってたわね。この学校にはバスケットボール部があるわよ。それに入るつもり？⓬K：いいや。⑤僕はここで何か新しいことをしたいんだ。だから，僕は違う部に入るつもりだよ。

わかば高校にようこそ，ケビン！／創立：1943年10月１日　生徒数：600人／私たちの学校について何が好きですか？／高度な英語教育を受けられる。　19人／私たちの学校にはたくさんのおもしろい行事がある。　10人／私たちの学校にはたくさんのわくわくする部がある。　７人／私たちの学校の制服はすてきだ。　２人／学校行事／４月　遠足／５月　体育の日／７月　ボランティアの日／９月　コーラス大会／11月　文化祭／１月　英語スピーチ大会／２月　マラソン大会／一緒にたくさんのことを楽しみましょう！

⑴＜適語(句)・適文選択＞①ポスターに創立日が書いてある。2023から1943をひけばよい。なお，'数詞＋year(s) old' という表現は，人の年齢だけでなく，このように建物などについても使われる。②ポスターより，「高度な英語教育を受けられる」と答えたのは19人。これは38人のクラスの半分

である。　③直後でアサミがこの質問に対しNo.と答えているので，Yes／Noで答えられる疑問文のイかエが入る。その後，アサミが自分の回答について答えていることからイに決まる。イのthemは，「高度な英語教育と答えた19人の生徒」のことと考えられる。　④ポスター参照。ボランティアの日はJuly「７月」である。　⑤前後の内容から，ケビンはバスケ部以外の部に入るつもりであることがわかる。直後のSo「だから」より，他の部に入る理由となる言葉が入る。

(2)<適語句補充>直後でonly two students answered so「そう答えたのは２人だけ」と言っている。ポスターより，２人の生徒が答えているのは「制服」についてである。

5〔長文読解総合─物語〕

≪全訳≫❶ミナトは13歳だ。彼は上手に絵を描くことができる。彼はよく動物の絵を描く。夏休みの前に，彼は美術の先生であるマエダ先生から宿題を出された。彼女は生徒たちに「みんなはどんな種類の空が好き？　それを描いて，その絵を９月の最初の美術の授業で見せて」と言った。夏休みの間に，美術の宿題のために，ミナトは一生懸命に彼の好きな空を描こうとした。❷９月２日に，ミナトと他の生徒たちは３時限目に美術の授業があった。「絵を持ってきましたか？　絵を持って前に来て，それについて話してください」とマエダ先生は言った。最初に，生徒の１人であるリョウが自分の絵を見せた。その絵には，青空の中に飛行機雲があった。彼はクラスメートになぜそれを描いたのかを説明した。クラスの別の生徒であるエミが彼女の絵を持って前に行った。その絵には，青空の中に小さな雲が１つあった。その後，他の何人かの生徒がクラスメートに自分の絵を見せた。それらは全て青空の絵だった。だから，ミナトは「なんでみんな青空の絵を描いたんだろう？　それじゃおもしろくない」と思った。❸数分後，ミナトの順番がきた。彼は自分の絵をクラスメートに見せた。「この絵を見てください。僕の好きな空です」と彼は言った。クラスの多くの生徒が彼の絵を見て驚いた。クラスメートの１人であるコウタが「なんで雨降りの空の絵を描いたんだ？　雨降りの空を描いたのは君だけだ！　君は変だな！」と言った。他の何人かの生徒がコウタに賛同した。ミナトはそれをとても悲しく思った。❹マエダ先生は生徒たちに言った。「ミナトの絵は興味深くてすばらしいわ。誰もが自分自身の考えを持っている。だから，好きなものは生徒それぞれによって違うの。それは自然なことよ。あなたにとっては，青空が一番いいのね，コウタ，でもミナトにとっては，雨降りの空がそうなの。あなたたちは人とは違う，だから考え方や好みも違う。私たちが私たちの違いを理解するのは大切なことよ」　クラスの誰もが真剣に彼女の言うことを聞いた。さらにマエダ先生は生徒の中の３人を呼んで，彼らに質問をした。「カレーは好き，アカネ？」と彼女は言った。アカネは「はい」と言った。「あなたはどう，ユウジ？」とマエダ先生は言った。ユウジも「はい，それは僕の大好物です」と言った。「あなたもそれが好き，ショウゴ？」とマエダ先生は言った。彼も「はい。僕はカレーが大好きです」と言った。「わかったわ。あなたたちはみんなカレーが好きなのね，アカネ，ユウジ，ショウゴ，でも，カレーにはたくさんの種類があるわ。あなたたちの好きなカレーは同じではないと思う。だから，好きな空についても，あなたたちのそれぞれが違う好みや違う考えを持っているのよ」とマエダ先生は言った。コウタが「そのとおりです，マエダ先生。ごめん，ミナト。僕はひどいことを言って，君を悲しませた」と言った。ミナトは「いいよ。わかってくれてありがとう，コウタ」と言った。「よかった。私はあなたたちみんなに，他の人の違う考えとその人たちの個性を理解してほしいの」とマエダ先生は言った。

(1)<内容真偽>ア．「ミナトは絵を描くのがあまり得意ではない」…×　第１段落第２文参照。ミナトは絵を描くのが上手である。　イ．「夏休みの美術の宿題は，好きな空の絵を描くことだった」

…○　第１段落第４～６文に一致する。　ウ．「マエダ先生はミナトのクラスの生徒たちに，９月２日の３時限目に彼らの絵について話すように言った」…○　第１段落第６文および第２段落第１～３文に一致する。　エ．「リョウはいくつかの雲がある青空の絵を描いた」…×　第２段落第４，５文参照。いくつかの雲でなく１つの飛行機雲。　オ．「エミの好きな空は飛行機雲がある青空だ」…×　第２段落第７，８文参照。飛行機雲でなく小さい雲。　カ．「ミナトは，他の生徒たちの絵を見るのはおもしろいと思った」…×　第２段落終わりの２文参照。青空の絵ばかりで，おもしろくないと思った。　キ．「最初に，ミナトのクラスの生徒たちは彼の絵がいいと思った」…×　第３段落第５～９文参照。多くの生徒は変だと思った。　ク．「コウタはマエダ先生の話を聞いた後に，ミナトに申し訳なく思った」…○　第４段落後半の内容に一致する。

⑵＜適所選択＞脱落文の「ミナトはそれをとても悲しく思った」という意味から，ミナトが悲しむような出来事の後に入ると考えられる。ウの前に，コウタがミナトを変だと言い，他の生徒が賛同している場面がある。

⑶＜英問英答＞①「ミナトは何の絵をよく描くか」―「彼はよく動物の絵を描く」　第１段落第３文参照。　②「マエダ先生はミナトの空の絵をどう思ったか」―「それは興味深くてすばらしいと彼女は思った」　第４段落第１文参照。

⑷＜要約文完成＞≪全訳≫これはとてもいい話だと私は思います。最初，私は①なぜミナトが雨降りの空を描いたのか理解できませんでした。私は他の生徒たちに賛同しました。でも，②マエダ先生の意見を読んだ後，私は理解しました。他の人の考えと私のは同じ③である必要はないのです。

＜解説＞①直後で「他の生徒たちに賛同した」とあるので，なぜミナトだけ雨降りの空を描いたのかがわからなかったのである。　②その理由がわかったのは，本文中のコウタたちと同様に，マエダ先生の話を読んだ後だと考えられる。　③マエダ先生の話は，それぞれが違う好みや違う考えを持っているというものなので，「他の人々の考えと私の考えは同じである必要はない」のである。　don't have to ～「～する必要はない，～しなくてもよい」

⑸＜表題選択＞ミナトが１人だけ違う絵を描いたことを通じて，マエダ先生が人それぞれ違うのだから考え方や好みも人それぞれ違うことは当然で，その違いを理解することが重要だ，ということを伝える話。この内容を表しているのは，エ．「私たちはみんな，違う考えを理解するべきだ」。

6〔テーマ作文〕

≪全訳≫【新聞記事】僕はジョンです。自分の将来について考えています。僕は歌を歌うのが大好きなので，歌手になりたいと思っています。それについて両親に話したら，僕の父は「お前には，私のような医者になってもらいたい」と言いました。それもいい考えだと思います。さて，将来僕はどっちの仕事をするべきでしょうか。／【ブラウン先生の質問】もしあなたがジョンなら，どうしますか。

＜解説＞まず，ブラウン先生の質問を受けて If I were John, I would ～の形で，自分の希望である歌手になるか，親の期待である医者になるか，自分の意見を決め，続けてその理由を具体的に説明するとよい。解答例は「もし僕がジョンだったら，僕は一生懸命に歌手になろうとするだろう。歌手もすばらしい仕事だ。彼らは人々を幸せにし，楽しませることができる。たとえとてもつらい目にあっても，僕は自分の好きなことのためなら，一生懸命に努力できると思う」という意味。

数学解答

1 (1) ① -4　② $2\sqrt{3}$　③ $8a^3b$　④ $\dfrac{y}{6}$

(2) $x=4$

2 (1) 6　(2) $\dfrac{1}{8}$　(3) 35個

(4) 3倍

3 (1) AOC〔COA〕

(2) ① (例)△ABCと△CADにおいて，仮定より，∠CDP＝∠CDA＝90°……①　半円の弧に対する円周角だから，∠ACB＝90°……②　①，②より，∠ACB＝∠CDA……③　直線lは円Oの接線だから，∠OAD＝90°……④　①，④より，同位角が等しいので，DC∥AB　平行線の錯角は等しいので，∠BAC＝∠ACD……⑤　③，⑤より，2組の角がそれぞれ等しいので，△ABC∽△CAD

② $3\sqrt{5}$ cm

4 (1) ① 0.5%　② 20%

(2) 5時間50分後

5 (1) ① 17.5分　② 0.20　(2) イ

6 (1) 216cm^2　(2) 120°　(3) 75cm^3

1〔独立小問集合題〕

(1)①＜数の計算＞$-7+3=-4$

②＜数の計算＞与式$=\sqrt{2^2\times2}+\sqrt{2\times6}-\sqrt{2}\times2=2\sqrt{2}+\sqrt{2^2\times3}-2\sqrt{2}=2\sqrt{3}$

③＜式の計算＞与式$=18ab\times\dfrac{4}{9}a^2=8a^3b$

④＜式の計算＞与式$=\dfrac{2x+5y-2(x+2y)}{6}=\dfrac{2x+5y-2x-4y}{6}=\dfrac{y}{6}$

(2)＜二次方程式＞$x^2-10x+16+2x=0$，$x^2-8x+16=0$，$(x-4)^2=0$　$\therefore x=4$

2〔独立小問集合題〕

(1)＜関数―変域＞関数$y=\dfrac{a}{x}$で，xの変域が$1\leqq x\leqq3$のとき，yの変域が$2\leqq y\leqq6$と正の値をとるから，この変域において，xの値が増加するとyの値が減少する。よって，$x=1$のときyの値は最大で$y=6$となる。よって，$6=\dfrac{a}{1}$が成り立ち，$a=6$となる。

(2)＜確率―カード＞袋Aから取り出したカードに書かれた数aは2，3，4，5の4通り，袋Bから取り出したカードに書かれた数bは6，7，8，9の4通りだから，a，bの組合せは全部で$4\times4=16$(通り)ある。このうち，方程式$ax-1=b-x$の解が$x=2$となるのは，解を代入して，$a\times2-1=b-2$より，$b=2a+1$のときである。この関係が成り立つa，bの組を求めると，$a=2$のとき，$b=2\times2+1=5$となり，適さない。$a=3$のとき，$b=2\times3+1=7$となり，適する。$a=4$のとき，$b=2\times4+1=9$となり，適する。$a=5$のとき，$b=2\times5+1=11$となり，適さない。よって，条件を満たす組合せは$(a,\ b)=(3,\ 7)$，$(4,\ 9)$の2通りあるから，求める確率は$\dfrac{2}{16}=\dfrac{1}{8}$である。

(3)＜一次方程式の応用＞800円の定価で販売した商品Aをx個とすると，売れ残って500円の仕入れ値で販売した個数は$40-x$個となるから，販売金額の合計について，$800x+500(40-x)=30500$が成り立つ。これを解くと，$800x+20000-500x=30500$，$300x=10500$より$x=35$となるから，定価で販売した商品Aは35個である。

(4)＜関数―面積比＞2点A，Bは関数$y=x^2$のグラフ上にあり，x座標がそれぞれ-2，1だから，y座標は$y=(-2)^2=4$，$y=1^2=1$となり，A$(-2,\ 4)$，B$(1,\ 1)$である。これより，直線ABの傾きは$\dfrac{1-4}{1-(-2)}=\dfrac{-3}{3}=-1$だから，その式は$y=-x+b$とおける。点Bを通るので，$1=-1+b$より，$b=2$となり，直線ABの式は$y=-x+2$である。点Cは直線AB上にあり，$y$座標は0だから，$x$座標は$0=-x+2$より，$x=2$となり，C$(2,\ 0)$である。右図のように，2点A，Bから$x$軸にそれぞれ垂線AI，BHを引くと，△BOCの底辺をOCと見たとき，高さはBHとなり，点Cのx座標よりOC=2，点Bのy座標よりBH=1となるので，$\triangle\mathrm{BOC}=\dfrac{1}{2}\times\mathrm{OC}\times\mathrm{BH}=\dfrac{1}{2}\times2\times1=1$である。また，△AOCの底辺をOCと見たとき，高さはAIで，点Aのy座標よりAI=4だから，$\triangle\mathrm{AOC}=\dfrac{1}{2}\times\mathrm{OC}\times\mathrm{AI}=\dfrac{1}{2}\times2\times4=4$である。よって，$\triangle\mathrm{AOB}=\triangle\mathrm{AOC}-\triangle\mathrm{BOC}=4-1=3$となるので，$\dfrac{\triangle\mathrm{AOB}}{\triangle\mathrm{BOC}}=\dfrac{3}{1}=3$より，△AOBの面積は△BOCの面積の3倍である。

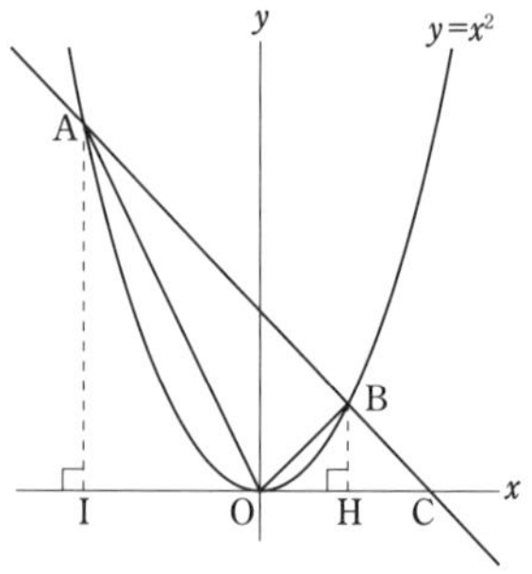

3〔平面図形―円，直角三角形〕

(1)<証明>右図の△OCAにおいて，円Oの半径より，OA=OCである。また，∠ABC=30°のとき，$\overset{\frown}{\mathrm{AC}}$に対する円周角と中心角の関係より，∠AOC=2×∠ABC=2×30°=60°となる。

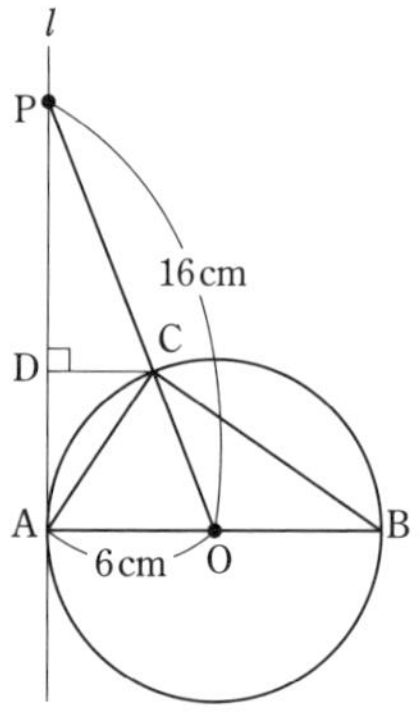

(2)<証明，長さ>①右図の△ABCと△CADにおいて，CD⊥APより∠CDP=∠CDA=90°，線分ABが直径より，∠ACBは半円の弧に対する円周角で∠ACB=90°がいえるので，∠ACB=∠CDAが成り立つ。また，円Oは直線lと点Aで接していて，∠OAD=90°なので，∠CDP=∠OADとなり，同位角が等しいから，DC∥ABである。よって，平行線の錯角より，∠BAC=∠ACDがいえるので，2組の角がそれぞれ等しく，△ABC∽△CADである。

②①より，DC∥ABだから，△CDP∽△OAPであり，DC：AO=CP：OPである。AO=OC=6(cm)，CP=OP−OC=16−6=10(cm)だから，DC：6=10：16となり，DC=$\dfrac{15}{4}$(cm)となる。また，△ABC∽△CADだから，AB：CA=CA：DCとなり，CA=x(cm)とすると，12：x=x：$\dfrac{15}{4}$が成り立つ。これより，$x^2=45$，$x=\pm3\sqrt{5}$であり，$x>0$より$x=3\sqrt{5}$となる。よって，AC=$3\sqrt{5}$(cm)である。

4〔関数―関数の利用〕

(1)<数量の計算>①電気自動車Pについて，出発時のバッテリーの残量が100%で，200km走行したときにバッテリーの残量が0%になったので，走行距離1kmあたりにバッテリーの残量は，100÷200=0.5(%)減少する。　②電気自動車Qについて，出発時のバッテリーの残量が100%で，120km走行したときにバッテリーの残量が10%になったので，走行距離120kmでバッテリーの残量は，100−10=90(%)減少する。これより，走行距離1kmあたりにバッテリーの残量は，90÷120=0.75(%)減少する。よって，120km走行したときに80%まで充電して，200km地点まで200−120=80(km)走行しているので，電気自動車Qが200km走行したときのバッテリーの残量は，80−0.75×80=20(%)である。

(2)<時間>電気自動車Pは時速30kmで200kmを停車することなく走ったので，200km走行するの

にかかった時間は $200\div30=\dfrac{20}{3}$(時間)である。また，電気自動車Qは時速50kmで120km地点まで走行するのにかかった時間は $120\div50=\dfrac{12}{5}$(時間)である。その後，バッテリーを10%から80%まで $80-10=70$(%)充電したが，20分間すなわち $\dfrac{20}{60}=\dfrac{1}{3}$(時間)あたり10%の割合で充電したので，充電にかかった時間は，$\dfrac{70}{10}\times\dfrac{1}{3}=\dfrac{7}{3}$(時間)である。よって，電気自動車Qが120km地点から再び走り始めるのは，出発時から $\dfrac{12}{5}+\dfrac{7}{3}=\dfrac{71}{15}$(時間)後である。また，電気自動車Pは，出発してから $120\div30=4$(時間)後に電気自動車Qを追い抜く。以上より，x 時間後の走行距離を $y$km としたグラフは右図のようになる。電気自動車Qが再び120km地点から時速50kmで走り始めたときの式は，$y=50x+b$ とおけ，点 $\left(\dfrac{71}{15},\ 120\right)$ を通るから，$120=50\times\dfrac{71}{15}+b$，$120=\dfrac{710}{3}+b$，$b=-\dfrac{350}{3}$ より，$y=50x-\dfrac{350}{3}$ となる。また，電気自動車Pは時速30kmで走行するから，その式は $y=30x$ となる。電気自動車Pが電気自動車Qに追い抜かれたのは，これら2直線の交点になるので，2式から y を消去して，$30x=50x-\dfrac{350}{3}$，$-20x=-\dfrac{350}{3}$，$x=\dfrac{35}{6}$ より，出発してから $\dfrac{35}{6}=5\dfrac{5}{6}$(時間)後である。$\dfrac{5}{6}$ 時間は $\dfrac{5}{6}\times60=50$(分)だから，電気自動車Pが電気自動車Qに追い抜かれたのは，出発してから5時間50分後である。

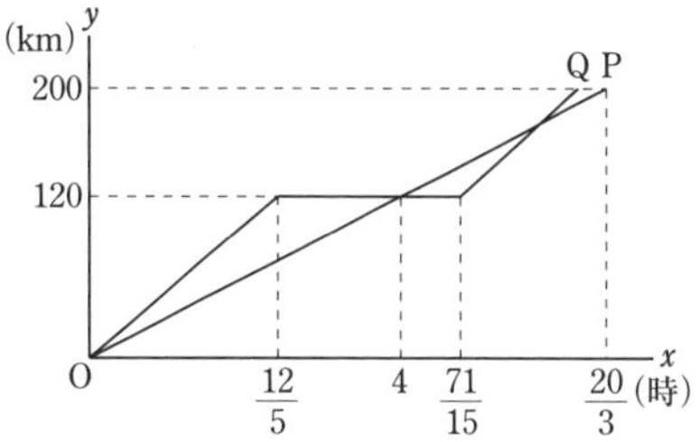

5 〔データの活用―ヒストグラム，箱ひげ図〕

(1)<最頻値，相対度数>①図1より，最も度数が多い階級は15分以上20分未満の階級だから，最頻値はその階級の階級値で，$\dfrac{15+20}{2}=17.5$(分)である。　②図1より，徒歩で通学する生徒15人のうち，通学時間が5分以上10分未満の生徒は3人だから，5分以上10分未満の階級の相対度数は，$3\div15=0.20$ である。

(2)<四分位数>図2において，第1四分位数は約12分，第2四分位数は約18分，第3四分位数は約23分である。一方，図1において，第2四分位数は中央値だから，徒歩で通学する生徒15人の通学時間を短い順に並べたときの8番目の値で，15分以上20分未満となる。第1四分位数は通学時間が短い方から1～7番目の中央値だから，4番目の値で5分以上10分未満となる。第3四分位数は通学時間が短い方から9～15番目の中央値だから，12番目の20分以上25分未満となる。よって，図1，図2を比べると，第1四分位数は必ず図2の方が大きい。また，第2四分位数および第3四分位数は，図1の生徒の実際の通学時間がわからないため，どちらが大きいかわからない。以上より，必ずいえるのはイである。

6 〔空間図形―立方体〕

≪基本方針の決定≫(2)　△MPNがどんな三角形になるかを考える。

(3)　体積を求める立体を含む三角錐を考える。

図1

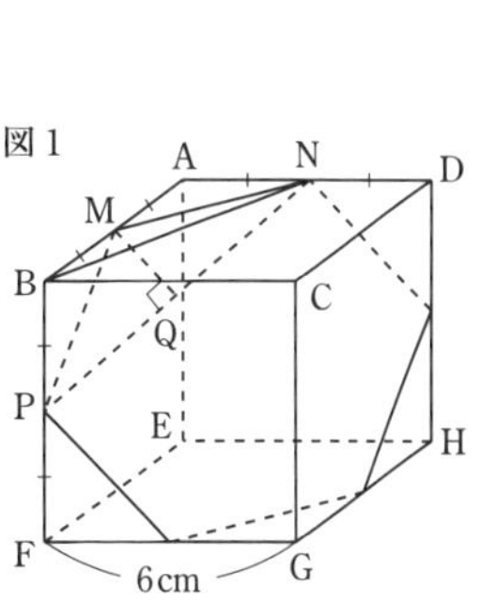

(1)<表面積>この立方体をつくる1つの正方形の面積は，$6\times6=36$ で，それが6つあるから，求める表面積は，$36\times6=216$(cm^2)である。

(2)<角度>右図1において，点Mは辺ABの中点だから，AM＝BM＝

$\frac{1}{2}$AB＝$\frac{1}{2}$×6＝3(cm)である。同様に，点N，Pもそれぞれ辺AD，BFの中点だから，AN＝BP＝3(cm)となる。△AMN，△BMPはともに等しい辺が3cmの直角二等辺三角形になるので，MN＝MP＝$\sqrt{2}$×3＝3$\sqrt{2}$となる。また，2点B，Nを結ぶと，△ABNにおいて三平方の定理より，BN＝$\sqrt{\mathrm{AB}^2+\mathrm{AN}^2}$＝$\sqrt{6^2+3^2}$＝$\sqrt{45}$＝3$\sqrt{5}$となり，2点P，Nを結ぶと，△BNPは∠NBP＝90°の直角三角形だから，PN＝$\sqrt{\mathrm{BP}^2+\mathrm{BN}^2}$＝$\sqrt{3^2+(3\sqrt{5})^2}$＝$\sqrt{54}$＝3$\sqrt{6}$となる。△MPNはMP＝MNの二等辺三角形なので，点Mから辺PNに垂線MQを引くと，△MPQ≡△MNQであり，PQ＝$\frac{1}{2}$PN＝$\frac{1}{2}$×3$\sqrt{6}$＝$\frac{3\sqrt{6}}{2}$となる。よって，PM：PQ＝3$\sqrt{2}$：$\frac{3\sqrt{6}}{2}$＝2：$\sqrt{3}$より，△MPQは∠PMQ＝60°の直角三角形になる。したがって，∠NMQ＝∠PMQ＝60°となるから，∠PMN＝2∠PMQ＝2×60°＝120°である。

≪別解≫点Pが辺BFの中点であるとき，図1のように，立方体ABCDEFGHを3点M，N，Pを通る平面で切ると，平面はそれぞれ辺FG，GH，DHの中点で交わり，切り口の図形は正六角形となる。このとき，∠PMNは正六角形の1つの内角なので，∠PMN＝120°である。

(3)<体積>右図2のように，立方体を3点P，M，Nを通る平面で切った面と辺DHとの交点をRとする。線分GP，CB，NMを延長すると1点で交わり，その点をIとし，同様に，線分GR，CD，MNを延長すると1点で交わり，その点をJとする。△AMNと△BMI，△DJNにおいて，AM＝BM＝AN＝DN＝3，∠MAN＝∠MBI＝∠JDN＝90°，∠AMN＝∠BMI＝∠ANM＝∠DNJ＝45°より，△AMNと△BMI，△DJNは合同な直角二等辺三角形である。これより，BI＝DJ＝DN＝3となるから，CI＝CJ＝CD＋DJ＝6＋3＝9となる。また，△JDRと△JCGにおいて，DR∥CGより，△JDR∽△JCGで，相似比はDJ：CJ＝3：9＝1：3となるので，DR＝$\frac{1}{3}$CG＝$\frac{1}{3}$×6＝2である。よって，三角錐PBMIと三角錐RDNJは合同となる。以上より，点Cを含む部分の体積は，〔三角錐GCIJ〕－〔三角錐PBMI〕－〔三角錐RDNJ〕＝$\frac{1}{3}\times\frac{1}{2}\times9^2\times6-\frac{1}{3}\times\frac{1}{2}\times3^2\times2-\frac{1}{3}\times\frac{1}{2}\times3^2\times2$＝81－3－3＝75(cm^3)となる。

図2

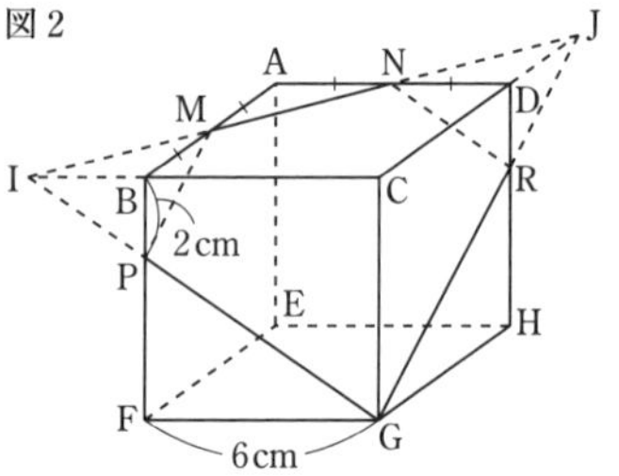

社会解答

1
1 (1) ア
(2) 記号…エ
内容 (例)日本の排他的経済水域が減少してしまう
(3) 記号…ウ　栽培方法…促成
2 (1) エ　(2) イ
(3) 河川…アマゾン　記号…ア
(4) ウ　(5) イ

2
1 (1) イ
(2) 記号…ウ　宗派…天台宗
(3) (例)南蛮〔スペインやポルトガル／ヨーロッパ〕との貿易を続けた
(4) ①…オ　②…エ
2 (1) エ　(2) イ　(3) ア

3
(1) ア　(2) ウ
(3) (例)無条件で〔理由にかかわりなく〕契約を解除する〔取り消す／破棄する〕ことができる
(4) ①…ア　②…直接請求権　③…25
(5) ウ　(6) ウ

4
1 (1) 日米和親　(2) ア
(3) 化政
2 (1) アメリカ…ア　イギリス…イ
(2) ウ　(3) ア
(4) (例)自動車に比べて二酸化炭素排出量が少ない

1〔地理─総合〕

1(1)＜農業産出額＞④の鹿児島県に広がるシラス台地は水をたくわえにくいため，畜産や畑作を中心に農業が行われている。特に豚は全国第１位，肉用牛と肉用若鶏(ブロイラー)は全国第２位の飼養頭・羽数で，畜産が盛んである(2021年)。したがって，農業産出額が最も高く，農業産出額割合のうち畜産の占める割合が高いアが当てはまる。なお，米の生産が盛んな①の秋田県は米の占める割合が高いイ，みかん・梅・かきなど果実の栽培が盛んな②の和歌山県は果実の占める割合が高いウ，ピーマン・なすなどの野菜の生産が盛んな③の高知県は野菜の占める割合が高いエが当てはまる。

(2)＜与那国島，排他的経済水域＞資料３がある日本最西端に位置している島は与那国島(沖縄県)である。なお，アの竹島(島根県)は日本固有の領土だが韓国が占拠している。イの南鳥島(東京都)は日本最東端の島である。ウの択捉島(北海道)は北方領土の１つで，日本最北端に位置しているが，現在はロシアが占拠している。また，日本最南端の沖ノ鳥島(東京都)が水没すると，沖ノ鳥島の周囲に広がる排他的経済水域を失ってしまう。なお，排他的経済水域とは，海岸線から200海里(約370km)以内の領海を除いた水域をいい，沿岸国が水産資源や鉱産資源を利用する権利を持つ。

(3)＜地形図の読み取り，促成栽培＞Ｃの地域には畑(∨)ではなく田(॥)が，Ｆの地域には田ではなく畑が広がっている。また，温暖な気候やビニールハウスなどの施設を利用して農作物の出荷時期を早める栽培方法は促成栽培である。促成栽培は，宮崎平野・高知平野など温暖な地域で盛んに行われている。

2(1)＜世界の国＞メモ１の「時差」に注目すると，ロンドンとの時差が８時間，東京との時差が１時間なので，ロンドンよりも東京に近い都市だと判断できる。また，「気候」に注目すると，熱帯に属していることがわかるので，赤道に近い低緯度地域の都市と判断できる。これらのことから，エのマニラ(フィリピンの首都)が当てはまる。フィリピンはヨーロッパの人々による布教活動を受けたため，現在でも主にキリスト教が信仰されている。

⑵＜オーストラリアの特徴＞オーストラリアは乾燥大陸とも呼ばれ，大陸のおよそ３分の２の地域が年降水量500mm 未満の地域であり，年降水量500mm 以上の地域は北部から南東部にかけてと南西部の沿岸地域に見られる。また，オーストラリアの人口は，温暖な気候の南東部や南西部に集中している。

⑶＜南アメリカ州の特徴＞資料７のＰの河川はアマゾン川である。アマゾン川の河口付近には赤道が通り，流域面積は世界最大である。また，アンデス山脈の標高4000m 以上の高地は気温が低く農業に不向きであるため，主にリャマ・アルパカなどの家畜の放牧が行われている（ア…○）。なお，山林を焼きはらったところで大豆を栽培しているのはアマゾン川流域である（イ…×）。二期作は中国南部や東南アジアなどで広く行われている（ウ…×）。プランテーションによるカカオの栽培は，アフリカのコートジボワールなどで行われている（エ…×）。

⑷＜アジア州の特色＞上位５か国に日本や韓国が入っていることから，お．には経済に関する項目である「国民総所得」が当てはまる。また，サウジアラビア・イラク・イランなど西アジアの国が上位に入っていることから，か．には「原油（石油）産出量」が当てはまる。

⑸＜資料の読み取り＞資料９から，総発電量に占める原子力発電による発電量の割合が4.6％と最も少なく，資料10から，風力発電による発電量が３か国のうちで4060億 kWh と最も多い国は中国である（イ…○）。なお，資料９から，総発電量に占める火力発電による発電量の割合が最も多い国は日本である（ア…×）。資料10から，再生可能エネルギーの発電量の合計は，日本が1241億 kWh，中国が7523億 kWh，アメリカが4877億 kWh なので，日本は３か国の中で最も少ない（ウ…×）。資料11から，水力発電所の最大出力を比べると，世界で最も大きい水力発電所である三峡の最大出力（18460MW）は，日本で最も大きい水力発電所である奥多々良木の最大出力（1932MW）の約9.6倍であり，10倍未満である（エ…×）。

2 〔歴史―総合〕

１⑴＜聖徳太子＞607年に小野妹子を遣隋使として派遣したのは聖徳太子〔厩戸皇子〕である。聖徳太子は，役人としての心構えを示す十七条の憲法をつくったほか，手柄や功績に応じて役人に取り立てる冠位十二階の制度を定めたり，法隆寺を建てたりした。なお，アは卑弥呼，ウは聖武天皇，エは中大兄皇子や中臣鎌足らについて述べている。

⑵＜平安京遷都，平安初期の仏教＞あ．794年に都を平安京に移し，政治を立て直そうとした天皇は桓武天皇である。なお，白河天皇は1086年に上皇となった後も政治を行う院政を始めた天皇である。い・う．804年に遣唐使とともに唐に渡って仏教を学び比叡山（滋賀県・京都府）に延暦寺を建てた最澄は日本に天台宗を伝えた。なお，高野山（和歌山県）に金剛峯寺を建て，日本に真言宗を伝えたのは最澄と同じ頃に唐に渡った空海である。

⑶＜南蛮貿易とバテレン追放令＞1587年，豊臣秀吉は資料１のバテレン追放令を出して宣教師の国外追放を命じた。一方で，資料１中に「ポルトガルの貿易船は，商売のために来ているので特別に許可する」とあるように，ポルトガルの商人が日本に来航することを認めた。この頃に行われていた南蛮貿易はキリスト教と密接に結びついていたことから，キリスト教の信者は減らず，キリスト教の禁止を徹底することができなかった。

⑷①＜年代整序＞年代の古い順に，Ⅲ（西南戦争―1877年），Ⅰ（最初の衆議院議員総選挙・第一回帝国議会の開催―1890年），Ⅱ（領事裁判権〔治外法権〕の撤廃―1894年）となる。　②＜日露戦争＞1904年に始まった日露戦争は，やがて両国ともに戦争の継続が困難になったことから，1905年の日

本海海戦で日本が勝利したことをきっかけに，アメリカの仲介を受けて講和会議が開かれた。このとき結ばれたポーツマス条約で，ロシアは韓国における日本の優越権を認めたほか，旅順や大連の租借権，樺太の南半分を日本にゆずった。なお，下関条約は1895年に結ばれた日清戦争の講和条約である。

2(1)＜日宋貿易，北条時宗＞き．平清盛は，Ｂの位置にあった大輪田泊(現在の神戸)を整備して宋との貿易を行った。　く．鎌倉幕府第８代執権の北条時宗は，フビライ・ハンによる服属の要求を無視し，文永の役(1274年)と弘安の役(1281年)の２度の元寇では防戦を指揮した。なお，御成敗式目〔貞永式目〕は，1232年に第３代執権北条泰時によって制定された。

(2)＜袁世凱＞辛亥革命が起こった後，孫文は大総統の地位を袁世凱にゆずった。袁世凱は首都を北京へ移し，孫文らとの約束を無視して独裁的な政治を行った。なお，アの尚泰は琉球王国の最後の王，ウの毛沢東は中国共産党を率いて1949年に中華人民共和国の建国を宣言した政治家，エの李成桂は14世紀末に李氏朝鮮を建国した人物である。

(3)＜戦後改革＞1925年に制定された共産主義などを取り締まる治安維持法は太平洋戦争後に廃止され，政党は自由な政治活動を行えるようになった。

3〔公民―総合〕

(1)＜企業の分類＞あ・い．製造業などでは，資本金３億円以下または従業員300人以下の場合に中小企業(業種によって定義は異なる)とされ，これを上回る規模の場合に大企業とされる。日本の中小企業の事業者数は企業全体の約99％を占めているものの，売上高では大企業の方が多い。　う・え．私企業(民間企業)は利潤の追求を目的とする企業のことをいい，公企業は国や地方公共団体の資金で運営される企業のことをいう。私企業には株式会社などの法人企業や農家などの個人企業があり，公企業には造幣局などの独立行政法人やバスなどの地方公営企業がある。

(2)＜参議院議員通常選挙＞参議院議員通常選挙は，比例代表制と，１つまたは２つの都道府県を単位とする選挙区選挙(選挙区制)を組み合わせて行われており，３年ごとに定数の半分を改選する。なお，衆議院議員総選挙は，比例代表制と小選挙区制を組み合わせた小選挙区比例代表並立制で行われており，解散がなければ４年ごとに定数の全てを選挙する。

(3)＜クーリング・オフ制度＞クーリング・オフ制度は，事業者に比べて情報が少ない消費者を保護するために設けられている制度で，消費者は一定期間内であれば無条件で一方的に契約を解除することができる。訪問販売などが対象であり，例えば店頭で商品を選んで購入したときはクーリング・オフ制度の対象とならない。

(4)＜地方自治＞①・②地方自治では住民の意思を直接反映させるために直接請求権が認められている。条例の制定にあたっては，有権者の50分の１以上の署名を集めて首長に請求する必要がある。したがって，ここで水戸市の条例の制定を求める場合，22.5×0.02＝0.45(万人)より，4500人以上の署名を集めて，首長(水戸市長)に請求することになる。なお，直接請求権には，条例の制定の請求のほか，条例の改廃の請求，監査請求，議会の解散請求，首長や議員の解職請求などがある。　③参議院議員と都道府県知事の被選挙権が与えられるのは満30歳以上，衆議院議員や市区町村長，地方議会議員の被選挙権が与えられるのは満25歳以上である。

(5)＜裁判員制度＞裁判員は，重大な犯罪についての刑事裁判の第一審に参加し，被告人が有罪か無罪か，有罪であればどのような刑罰が適当かを裁判官とともに決定する。なお，検察官は事件を捜査し，被疑者を被告人として起訴する国家公務員である。

(6)＜流通のしくみ＞Xには卸売業者，Yには小売業者が当てはまる。矢印Pは，Xの卸売業者を介さずにYの小売業者が生産者から商品を直接買い付けるルートを示しており，このルートを利用すると小売業者は流通にかかる労力や費用を抑えることができ，商品を安く売ることができる。

4〔三分野総合—日本の鉄道の歴史を題材とした問題〕

1(1)＜日米和親条約＞1854年，江戸幕府は横浜に来航したペリーと日米和親条約を結び，下田と函館の2港を開いて，寄港したアメリカの船に水や食料，薪などを与えることを認めた。この条約が結ばれたことによって日本は開国することになり，鎖国体制が崩れた。

(2)＜岡倉天心＞アメリカ人のフェノロサと協力して日本の美術の復興に努め，東京美術学校の設立に力を尽くしたのは岡倉天心である。なお，イの樋口一葉は『たけくらべ』や『にごりえ』などを著した小説家，ウの中江兆民はルソーの思想を日本に紹介した人物，エの尾形光琳は元禄文化(江戸時代)の絵師である。

(3)＜化政文化＞19世紀初めの文化・文政時代に江戸の人々を中心に栄えた文化は化政文化である。この頃，葛飾北斎や歌川広重らが風景画，喜多川歌麿が優れた美人画を描いた。また，小林一茶や与謝蕪村らは俳諧(俳句)で活躍し，十返舎一九が『東海道中膝栗毛』を，曲亭(滝沢)馬琴が『南総里見八犬伝』を著した。

2(1)＜資料の読み取り＞資料3より，会話文を参考にしながら判断する。次郎さんの発言「アメリカは，旅客輸送量，貨物輸送量のどちらも5か国の中で最も多い」より，アメリカにはアが当てはまる。また，その次の太郎さんの発言「ドイツは，(中略)ヨーロッパ州の3か国の中で水運の貨物輸送量が最も多い」より，イ～エのうち，水運の貨物輸送量が最も多いエがドイツに当てはまる。さらにその次の花子さんの発言「フランスは，イギリスよりも自動車や鉄道の旅客輸送量が多い」より，イとウのうち，自動車や鉄道の旅客輸送量が多いウがフランスに当てはまる。したがって，残ったイがイギリスに当てはまる。

(2)＜ライン川＞ライン川は，スイスのアルプス山脈に源を発し，ドイツなどを流れてオランダで北海に注ぐ国際河川である。複数の国を流れることから運河として利用されてきた。なお，アのメコン川は東南アジアを流れ，ベトナムで南シナ海に注ぐ河川である。イのナイル川はアフリカ東部を流れ，エジプトで地中海に注ぐ世界最長の河川である。エのミシシッピ川はアメリカ合衆国を流れ，メキシコ湾に注ぐ河川である。

(3)＜国際連合，軍事同盟＞国際連合が発足した1945年当時の安全保障理事会の常任理事国は，アメリカ・ソ連・イギリス・フランス・中国の5か国であった。しかし，連合国間の協調は続かず，やがてアメリカを中心とする資本主義陣営(西側)とソ連を中心とする共産(社会)主義陣営(東側)とに分かれて対立する冷たい戦争(冷戦)となった。また，1949年に結成された北大西洋条約機構(NATO)はアメリカ・カナダ・イギリス・フランスなど資本主義諸国が加盟した。NATOに対抗して1955年に結成されたワルシャワ条約機構はソ連・ポーランド・ハンガリーなど共産(社会)主義諸国が加盟した。なお，ワルシャワ条約機構は1991年に解体された。

(4)＜自動車の二酸化炭素排出量＞資料6から自家用乗用車やバス，資料7から自家用貨物車や営業用貨物車は，鉄道に比べて二酸化炭素の排出量が多いことがわかる。このことから，資料4，資料5のように，2010年度から2017年度にかけて自動車の割合が減り，鉄道の割合が増えたことは，自動車に比べて鉄道の方が二酸化炭素排出量が少ないことが影響していると考えられる。

2023年度／大成女子高等学校（5教科記述式）

理科解答

1 (1) イ　(2) ウ　(3) イ　(4) エ

2 (1) ① 1000Pa　②…イ　③…ウ

(2) ① 単体　②…ア　③…イ

(3) ①…イ　②…エ　③ 対立形質

(4) ①…ウ　②…イ　③ Hz〔ヘルツ〕

3 (1) ① 162　②…ウ　(2) ウ

(3) エ

(4) (例)塩化銅が電気分解されるので，濃度はしだいに薄くなった。

4 (1) ア　(2) ①…エ　②…イ

(3) ヘモグロビン

(4) (例)酸素が多い場所では酸素と結びつき，酸素が少ない場所では結びついた酸素の一部を放す

5 (1) ウ　(2) 比例　(3) 37.5cm

(4) 等速直線運動　(5) カ

6 (1) 堆積岩

(2) (例)火山の噴火〔火山活動〕があった。

(3) イ　(4) イ　(5) CO_2

1〔小問集合〕

(1)＜静電気＞同じ種類の電気を帯びている球は退け合い，異なる種類の電気を帯びている球は引き合う。よって，表より，引き合った球Aと球Bが帯びている電気の種類は異なり，退け合った球Aと球Cが帯びている電気は同じ種類である。

(2)＜物質の特徴＞電解質は，水に溶けて陽イオンと陰イオンに分かれる物質で，ア～エのうち，塩化水素(HCl)と水酸化ナトリウム(NaOH)，水酸化カルシウム($Ca(OH)_2$)である。これらの電解質のうち，HClとNaOHが電離したときの陽イオンと陰イオンの数の比は，〔陽イオン〕：〔陰イオン〕＝1：1になるが，$Ca(OH)_2$が電離したときの陽イオンと陰イオンの数の比は，〔陽イオン〕：〔陰イオン〕＝1：2になる。また，緑色のBTB液を加えると水溶液の色が青色に変化するのはアルカリ性の水溶液なので，求める物質はNaOHである。

(3)＜生殖＞有性生殖は，生殖細胞の受精によって新しい個体をつくる生殖の方法である。これに対して，無性生殖は，生殖細胞の受精によらず体細胞分裂によって新しい個体をつくる生殖の方法で，子は親の染色体をそのまま受け継ぐため，親と全く同じ形質を示す。

(4)＜日本の気象＞日本の冬は，ユーラシア大陸上にシベリア高気圧が発達し，太平洋上に低気圧が発達するため，西高東低の気圧配置になることが多い。

2〔小問集合〕

(1)＜圧力＞①圧力は，〔圧力(Pa)〕＝〔面に垂直にはたらく力の大きさ(N)〕÷〔力がはたらく面積(m^2)〕で求められる。物体Xにおいて，面Aの面積は0.2×0.1＝0.02(m^2)，質量が2000gより，重さは2000÷100×1＝20(N)である。よって，求める圧力は，20÷0.02＝1000(Pa)となる。　②〔圧力(Pa)〕＝〔面に垂直にはたらく力の大きさ(N)〕÷〔力がはたらく面積(m^2)〕より，はたらく力の大きさが一定のとき，力を及ぼす面積が大きいほど，圧力は小さくなることがわかる。これは，表より，力を及ぼす面積が大きいほど，スポンジのへこみが小さいことからもわかる。　③気圧(大気圧)は，空気の重さによって生じる圧力で，1気圧は1013hPaである。

(2)＜化学変化＞①鉄や硫黄のように，1種類の元素だけでできている物質を単体といい，2種類以上の元素でできている物質を化合物という。　②試験管Aの物質は鉄粉と硫黄の混合物だから，鉄の性質はそのまま残っているため，磁石につく。一方，試験管Bのように，鉄粉と硫黄を混合して加熱すると，鉄と硫黄が結びついて硫化鉄という黒っぽい物質が生じる。生じた硫化鉄には鉄の性質はないため，磁石につかない。　③試験管Aの鉄粉と硫黄の混合物にうすい塩酸を加え

ると，鉄と塩酸が反応して無臭の水素が発生する。これに対し，試験管Ｂに生じた硫化鉄にうすい塩酸を加えると，硫化鉄と塩酸が反応して特有のにおいのある硫化水素が発生する。

⑶＜植物の分類，遺伝＞①，②表より，種子でふえ，葉，茎，根の区別があり，子房がない植物Ａは裸子植物であることがわかる。ア～エのうち，裸子植物のなかまはマツである。また，胞子でふえ，葉，茎，根の区別がある植物Ｂはシダ植物である。なお，エンドウは被子植物，イヌワラビはシダ植物，ゼニゴケはコケ植物である。　③エンドウの黄色の子葉と緑色の子葉のように，子に現れる形質のうち，同時に現れない互いに対をなす形質どうしを対立形質という。

⑷＜音＞①空気を伝わってきた音の振動は，まず，耳の中の鼓膜を振動させる。鼓膜で受けた音の振動は，耳小骨を経てうずまき管に伝わる。うずまき管の中には音の刺激を受け取る感覚細胞があり，振動を信号に変えて大脳に送り，大脳で音が聞こえたと判断する。　②図で，音は680mのPQ間を１往復したから，音が進んだ距離は，$680\times2=1360$(m)である。よって，この距離を４秒で伝わったことから，求める音の速さは，$1360\div4=340$(m/s)となる。　③音源が１秒間に振動する回数を振動数といい，単位はHz(ヘルツ)を用いる。

3〔化学変化とイオン〕

⑴＜密度，濃度＞①物質の質量は，〔質量(g)〕＝〔密度(g/cm^3)〕×〔体積(cm^3)〕で求められる。よって，質量パーセント濃度が10％の塩化銅水溶液の密度が1.08g/cm^{3}より，塩化銅水溶液150cm^{3}の質量は，$1.08\times150=162$(g)である。　②溶質の質量は，〔溶質の質量(g)〕＝〔水溶液の質量(g)〕×$\dfrac{\text{〔質量パーセント濃度(\%)〕}}{100}$で求められる。よって，10％の塩化銅水溶液162gに溶けている塩化銅の質量は，$162\times\dfrac{10}{100}=16.2$より，約16gである。

⑵＜電離＞塩化銅($CuCl_2$)は水に溶けると電離して，銅イオン(Cu^{2+})と塩化物イオン(Cl^-)に分かれる。電離の様子を，化学式を使って表すときは，矢印の左側に電離する物質の化学式，右側に生じるイオンの化学式を書き，矢印の左右で原子の数が等しくなるようにイオンの化学式の前に係数をつける。また，矢印の右側の＋と－の数が等しいことを確認する。

⑶＜気体の性質＞塩化銅水溶液に電流を流すと，陰極に金属の銅が付着し，陽極からは特有のにおいがする塩素が発生する。塩素は黄緑色の気体で，殺菌作用や漂白作用があり，その水溶液は酸性を示す。なお，アで発生する気体は酸素で，有毒ではなく，イで発生する気体は二酸化炭素で，空気より重い。また，ウの気体は酸素で，酸素はほとんど水に溶けない。

⑷＜水溶液の濃度＞実験のように塩化銅水溶液を電気分解すると，水溶液中に溶けている塩化銅の量はしだいに減少する。よって，塩化銅水溶液の濃度はしだいに薄くなる。

4〔生物の体のつくりとはたらき〕

⑴＜顕微鏡の使い方＞顕微鏡で見える像は，実物とは上下左右が逆になっている。そのため，この観察では，視野の中で動かしたい向きと逆向きにポリエチレンの袋を動かすと，観察対象を視野の中央に移動することができる。よって，図３のＲで示した部分を右下に動かして視野の中央に移動するには，ポリエチレンの袋を左上に動かせばよい。

⑵＜血液と循環＞①動脈血は酸素を多く含んでいる血液のことである。メダカなどの魚類は，水に溶けている酸素をえらで血液中に取り入れる。よって，メダカの体内を流れる動脈血は，えらから取り入れられた酸素が多く含まれている血液である。　②心臓から出ていく血液が流れている血管を動脈，心臓に戻ってくる血液が流れている血管を静脈という。毛細血管Ｐの中の血液は尾びれの先端側から頭側の方へ向かって流れているので静脈につながり，毛細血管Ｑの中の血液は頭側から尾びれの先端側へ向かって流れているので動脈とつながっていることがわかる。よって，血液

の流れる経路は，心臓→動脈→血管Q→血管P→静脈→心臓である。

⑶，⑷＜血液＞赤血球にはヘモグロビンという赤い物質が含まれている。ヘモグロビンは，酸素の多い場所では酸素と結合し，酸素の少ない場所では結合していた酸素の一部を放すという性質を持つ。この性質によって，赤血球は酸素を体の各部に運ぶことができる。

5〔運動とエネルギー〕

⑴＜斜面上の運動＞一定の傾きの斜面上に置いた台車にはたらく斜面に平行な力は，台車にはたらく重力の斜面に平行な分力に等しい。台車にはたらく重力は一定であるため，斜面に平行な分力の大きさも一定になる。

⑵＜力学的エネルギー＞表より，台車を離した高さが10cmのとき，台車にのせたおもりの数が2倍，3倍となると，木片の移動距離も2倍，3倍となっている。これより，木片の移動距離は台車にのせたおもりの数に比例していることがわかる。また，台車にのせたおもりの数が1個のとき，台車を離した高さが2倍，3倍となると，木片の移動距離も2倍，3倍となることから，木片の移動距離は台車を離した高さに比例していることがわかる。つまり，木片の移動距離は，台車にのせたおもりの数と，台車を離した高さの両方に比例している。

〔編集部注：台車の質量は考えないものとした。〕

⑶＜力学的エネルギー＞⑵より，木片の移動距離は台車を離した高さに比例している。表より，3個のおもりをのせた台車を10cmの高さから離したとき，木片の移動距離は15cmである。よって，台車を，25÷10＝2.5(倍)の25cmの高さから離したとき，木片の移動距離は15×2.5＝37.5(cm)となる。

⑷＜等速直線運動＞摩擦や空気抵抗などのない水平面上で，運動の向きに力がはたらいていないとき，台車は速さが一定で一直線上を進む運動をする。この運動を等速直線運動という。

⑸＜摩擦力＞触れ合っている物体の間には摩擦力が生じる。木片を移動させるには，木片にはたらく摩擦力と同じ大きさの力を逆向きに加えればよい。

6〔大地のつくりと変化〕

⑴＜堆積岩＞図2の地層をつくる岩石は，川などで運ばれた泥や砂が海底や湖底で堆積し，長い時間をかけて押し固められてできたものである。このような岩石を堆積岩という。

⑵＜凝灰岩＞凝灰岩は，火山灰などの火山噴出物が堆積してできた堆積岩である。よって，凝灰岩の層が見られる地域では，その付近で過去に火山の噴火などの火山活動があったと考えられる。

⑶＜地層＞図1，図2より，A，B，C，Dの4地点での凝灰岩層の表面の標高を求めると，A地点では85－25＝60(m)，B地点では75－15＝60(m)，C地点では70－10＝60(m)，D地点では70－15＝55(m)となる。これより，凝灰岩層の表面の標高は，東西方向にあるA地点，B地点，C地点では等しく，南北方向にあるB地点，D地点では南にあるD地点の方が60－55＝5(m)低い。よって，この地域の地層は東西方向には水平で，北から南に向かって下がっていることがわかる。したがって，E地点における凝灰岩層の表面の標高は，真東にあるD地点と同じ55mと考えられる。

⑷＜示準化石＞地層が堆積した年代を知る手がかりとなる化石を示準化石という。ア～エで，フズリナの化石は古生代，ビカリアとナウマンゾウの化石は新生代，アンモナイトの化石は中生代の示準化石である。

⑸＜石灰岩＞石灰岩にうすい塩酸をかけると，石灰岩の主成分の炭酸カルシウム($CaCO_3$)と塩酸(HCl)が反応して二酸化炭素(CO_2)が発生し，塩化カルシウム($CaCl_2$)と水(H_2O)ができる。

国語解答

一 (一) ウ

(二) クラスメイトたちが馬と人間の間にある取り決めを守らずに，馬を混乱させているから。(40字)

(三) みんなに会　(四) ア　(五) ウ

二 (一) 4　(二) ウ　(三) イ

(四) ただい～うずる　(五) エ

三 (一) ウ　(二) ほとんど意識せずに

(三) やまとことばと漢語と外来語の三つを覚えた上で，その違いを理解して使わなければいけないから。(45字)

(四) ア　(五) イ　(六) イ

(七) C…ウ　D…エ

四 (一) (1) 故障　(2) 預　(3) 防災

(4) するど　(5) げきれい

(6) ひき

(二) イ　(三) ア

(四) (例)私はこの意見に賛成だ。／なぜなら，本を深く理解するためには，じっくり読むことが必要だと考えるからだ。私は，読書のよいところは，筆者の考えや登場人物の心情などを深く理解することで，自分の考え方が広がったり，豊かな気持ちになったりするところだと思う。だから私は，本はじっくり読みたい。

(149字)

一〔小説の読解〕出典；村山由佳『天翔る』。

(一)<文章内容>志渡が奈々恵と健一を「鞍から抱き下ろしている」様子を，まりもは「あきれながら眺め」た(A…ア)。次に馬に乗りたいと立候補したのが石本博美だったのを見て，まりもは緊張し，「思わず窓の木枠を握りしめ」た(B…ウ)。志渡が厩舎の中にいる自分を呼んだので，まりもは，迷ったものの思いきって「外へ出て」いった(C…イ)。志渡が「俺が見込んだ唯一の弟子だ」と言ってくれたので，まりもは，みんなに「ほんとのメロディ」を見せようと自信を持って「駆けだした」のである(D…エ)。

(二)<文章内容>「馬と人間の間には，ちゃんと取り決めがある」のに，クラスメイトたちが取り決めを守らないため，馬が「混乱」してうまく動けないでいる様子に，まりもは，いらだちを感じ，もどかしい気持ちになったのである。

(三)<心情>クラスになじめておらず，クラスメイトの誕生祝いにも参加していないまりもは，志渡に呼ばれても「みんなに会うのは嫌」で出ていきたくなかったが，出ていかないことで，みんなに「石本博美から逃げたと思われるのはもっと癪だった」ので，勇気を奮い立たせて，みんなのところに近づいていったのである。

(四)<文章内容>馬のことを知らないのに「知ったふうな口調」で話すことからは，博美の生意気な性格がうかがえる(イ…○)。また，正しい反論をされると「ふいっと横を」向いて自分の非を認めず相手を拒絶したり，手本として選ばれたまりもを非常に気にして「強い視線」を注いだりすることからは，博美の負けず嫌いな性格がうかがえる(ウ・エ…○)。

(五)<表現>この文章は，まりもの視点から描かれ，クラスになじめず厩舎の中にいたまりもが，「深呼吸」をしてから勇気を出して「外へ出て」いき，馬の乗り方の手本を見せることに「心細く」思ったものの，志渡に唯一の弟子と言われて，喉が「ごくり」と鳴り，自信を持って「駆けだした」というように，まりもの心情の変化がわかりやすく表現されている。

二〔古文の読解─仮名草子〕出典；『伊曾保物語』。

≪現代語訳≫あるとき蟻が海のほとりに出ていくと，突然大きな波が打ち寄せてきて（波に）連れていかれ，まさに命も危うい様子で漂っていくと，（その様子を）梢から鳩が見ていたが，それ（＝蟻）が困っているのを助けようと思ったのか，木の枝を（くちばしで）かみ切って，蟻の（漂っている）辺りに投げて落としたので，蟻は非常に助かって，その枝に上って水際に上がった。しばらくしてある人が来て，その木の枝に鳩（を捕るため）のわなを刺したところ，例の蟻が先ほどの恩を返そうと思ったのか，その（わなを仕掛けようとした）人の足に思い切りかみついたので，（その人が）わなを投げ捨てて真っ先に足をなでてさする間に，鳩はこの事情に気づいて，即座にそこから立ち去ったという。／教訓／人から恩を受けたら，自分もその恩に報いようという気持ちを持ちなさい，恩に報いない者は蟻にも劣るということだ。

㈠＜歴史的仮名遣い＞歴史的仮名遣いの語頭以外のハ行は，現代仮名遣いでは原則として，「わいうえお」になる（１・２…×）。また，促音の「つ」は，現代仮名遣いでは「っ」になる（３…×）。

㈡＜古文の内容理解＞木にわなを仕掛けようとした「或人」は，蟻が足にかみついたので，痛みを感じ，驚いてわなを投げ捨て，真っ先に足をなでてさすった。

㈢＜古文の内容理解＞鳩は，溺れそうな蟻がつかまることができるように，「樹の枝をくひ切つて」その枝を「蟻のあたりへ」投げ落とし，蟻を助けたのである。

㈣＜古文の内容理解＞鳩に命を救われた蟻は，ある人がわなを仕掛けて鳩を捕まえようとしていたので，「ただいまの恩賞を報ぜうずる」と思い，その人の足にかみついたのである。「うずる」は，推量や意志を表す助動詞「むず」の変化したもの。

㈤＜古文の内容理解＞「報ぜう」は，恩を返す，という意味の動詞「報ず」の未然形に，意志の助動詞「う（「む」の変化した形）」がついたもので，「それを報ぜう志」は，その恩に報いようという気持ち，という意味。蟻でさえ恩を受けたら返すのだから，人間も，他人から恩を受けたらその恩に報いる気持ちを持つべきである。

三〔論説文の読解―芸術・文学・言語学的分野―日本語〕出典；井上ひさし『日本語教室』／平野啓一郎『「カッコいい」とは何か』。

≪本文の概要≫【Ⅰ】日本の人々は，中国からもたらされた漢字を使った漢語と，昔からあるやまとことばである和語を使いながら，言葉を熟成させてきた。そこに欧米から入ってきた外来語が加わり，現在の私たちは，やまとことばである和語と中国から借り入れた漢字を使った漢語と欧米から借りた外来語を，ほとんど意識せずに微妙に使い分けて生活している。日本語では，例えば和語では「きまり」，漢語では「規則」，外来語（英語）では「ルール」のように，三種類の言葉を覚え，そのうえでその三つのニュアンスを知り，使い分けをしなければならない。そのため，日本語の書き文字は難しいのである。

【Ⅱ】「恰好」という漢語は本来，「あるものとあるものとがうまく調和する」という理想的な状態を指すものだったが，日本では，「恰好が良い／悪い」という表現で，調和の程度が意識され，標準的なモデルをもとに上下の序列を決める意味になった。「恰好」は，日本語として独特に発展した概念である。

㈠＜接続語＞夏目漱石の『こゝろ』が「心」でないのは，「しん」と読まれてしまうことを避けるためだろうが，それだけでなく，「こゝろ」と平仮名で書くことで，言葉に「深み」を持たせるためだろうと考えられる。

㈡＜文章内容＞同じ物事を指しているように見える和語，漢語，外来語でも，それぞれの語が持つニュアンスに微妙な差異があり，使うのに適した文脈や状況が異なっている。私たちは，文脈に合っているかどうかという「感じ」をもとに，その「微妙な使い分け」を「ほとんど意識せずに」行っている。

㈢＜文章内容＞日本語を使う人は，「やまとことばと漢語と外来語の三つを覚えなければ」ならず，さらに「最低三つのニュアンスをちゃんと知った上」で，それらのわずかな違いを理解して使い分けなければならないのである。

㈣＜表現＞日本語は，昔からある和語と漢語を熟成させたものに，外来語が加わったことで成立しているという，日本語の歴史的な流れが説明されている（イ…×）。そして，作品名としての夏目漱石の『こゝろ』や，やまとことばである和語の「きまり」「ためし」，漢語の「規則」「試験」，外来語の「ルール」「テスト」などを挙げ，私たちが微妙な言葉のニュアンスを感じ取り，和語・漢語・外来語をほとんど意識せずに使い分けていることが述べられている（ア…○，ウ・エ…×）。

㈤＜表現＞「恰好が良い／悪い」という評価は，「専門家や良い趣味を備えた通人」という限られた人にしかできないうえに，マスメディア発達以前では，「全国的に共有されるということはなかった」ため，彼らの評価が影響を与える範囲も限られていた。

㈥＜表現＞【Ⅰ】では昔からある和語と中国からの漢字を使った漢語によって言葉を熟成させたのが日本語で，そこに外来語が加わったことが述べられている。【Ⅱ】では，「恰好」という言葉を挙げ，漢語が日本で取り入れられる過程で独特に発展し，本来の中国語とは違う概念を持つ言葉になったことが述べられている。漢語が日本で独特に発展したという，漢語をそのまま取り入れたことと異なる視点からの文章を取り上げることで，聞き手が日本語について視野を広げられるようになっている。

㈦＜文章内容＞C.「漢語＋『する』」という言葉に見られるように，やまとことばに漢語をどういうふうに「組み込むかという工夫」が行われた。　D.「恰好が良い／悪い」は，日本で独特に発展をした言葉で，この表現によって「標準的なモデルを中心に，その上下が序列化」された。「恰好が良い」は，標準的なモデルから見て上，「恰好が悪い」は，標準的なモデルから見て下という意味で，専門家や通人によって判断されるものとなった。

四〔国語の知識〕

㈠＜漢字＞⑴「故障」は，機械や身体などの機能が損なわれ正常に動かないこと。　⑵音読みは「預金」などの「ヨ」。　⑶「防災」は，災害をふせぐこと。　⑷音読みは「鋭敏」などの「エイ」。　⑸「激励」は，はげまして奮起させること。　⑹音読みは「引率」などの「ソツ」，「確率」などの「リツ」。

㈡＜ことわざ＞「帯に短したすきに長し」は，帯には短く，たすきには長いことから，中途半端で何の役にも立たないこと。「亀の甲より年の功」は，年長者には若者にはない知恵や技能があること。「木を見て森を見ず」は，物事の重要でない小さな部分に注目しすぎて全体を見渡すことができない，という意味。「ひょうたんから駒が出る」は，思いもかけないことが起こる，という意味。

㈢＜品詞＞「考える」と「出る」は，下一段活用動詞「考える」「出る」の連体形。「運べ」は，五段活用動詞「運ぶ」の仮定形。「借りる」は，上一段活用動詞「借りる」の終止形。「重ね」は，下一段活用動詞「重ねる」の連用形。

㈣＜作文＞第一段落では，本は一冊をじっくり読んだ方がよいという意見に賛成か反対か，自分の立場をはっきりと書く。第二段落では，なぜ賛成あるいは反対なのかを，読書に対する自分の考えや自分の体験などを挙げながら具体的に書く。字数を守り，誤字脱字に注意して書くこと。

2023年度 大成女子高等学校（3教科マーク式）

【英　語】（50分）〈満点：100点〉

A 次のアとイの英文は，カナダに引っ越したKaoriと茨城県に住む友人のYokoのメールのやり取りです。それぞれの英文を読んで，〔１〕～〔６〕にそれぞれ最も適切なものを選び，番号をマークしなさい。

ア

Hi Yoko. How are you doing? The climate in Canada is very different from that in Ibaraki. The 〔１〕 difference is SNOW!! It snows a lot here. I'll send you a picture of my house. I'm sure you have never 〔２〕 so much snow in Ibaraki! I hope we can meet in Canada and go 〔３〕 together.

〔１〕
① large
② larger
③ bigger
④ biggest
⑤ most
⑥ much

〔２〕
① see
② sees
③ saw
④ seen
⑤ seeing
⑥ to see

〔３〕
① ski
② skis
③ skied
④ skiing
⑤ skier
⑥ skying

イ

Hi Kaori. 〔 4 〕 for your email. It sounds like you are enjoying your stay in Canada. The picture you took is so beautiful! But can you imagine? We had a heavy snow in Ibaraki yesterday! Now, our town is all 〔 5 〕 . My friends and I made a snowman. It was so fun. 〔 6 〕 make a big snowman in Canada someday!

〔 4 〕

① Sorry
② Excuse me
③ Please
④ Think you
⑤ Good
⑥ Thank you

〔 5 〕

① white
② green
③ red
④ yellow
⑤ black
⑥ purple

〔 6 〕

① Let's
② It's
③ That's
④ What's
⑤ Cat's
⑥ How

B 次の文は高校生の Asami と Kyoko が映画館のスケジュールを見ながら話しているものです。よく読んで，〔７〕～〔１１〕に当てはまるものをひとつずつ選び，番号をマークしなさい。

Asami：Shall we watch a movie this Sunday?

Kyoko：Sure. What will we watch?

Asami：Let's check out the movie schedule. I don't want to watch any SF movies. They are too loud for me.

Kyoko：OK. I'm not good with〔７〕. I really don't like them because I feel I will dream about *ghosts at night.

Asami：I see. So we both can enjoy *Sweet January*, or〔８〕.

Kyoko：Oh! I *totally forgot! I will have brass band practice this Sunday until 3:00 pm. So, I can go to a movie after 4:00 pm. Is it OK?

Asami：Of course! Then let's watch〔９〕.

Kyoko：Yes! Can I ask Yumi to come with us? She loves the actor who appears in it.

Asami：Sure. We are three *in total. So we can get〔１０〕off each!

Kyoko：Great! Let's meet at the TG coffee shop at〔１１〕!

Asami：OK!

上映スケジュール

タイトル	ジャンル	上映１	上映２
Battle of Spaceship (宇宙大戦争)	☆	10:00 am	1:00 pm
Sweet January (１月の恋)	♡	9:00 am	12:00 pm
Monsters School (モンスターズスクール)	☺	11:00 am	2:00 pm
Ghost Castle (闇夜の城)	☹	1:00 pm	4:00 pm
Pretty Girl (プリティガール)	♡	2:00 pm	5:00 pm
Mission to Moon (月への冒険)	☆	2:30 pm	5:30 pm

SF☆　ラブストーリー♡　ホラー☹　アニメ☺

料金

通常料金 (Regular Price)	一般	1,800 円
	学生	1,200 円
	幼児	500 円

特別料金 (Special Price)	朝割 その日最初に上映される作品	1,000 円
	友割 ３人以上の来館で一人あたり	1,000 円

*ghost お化け　totally 完全に　in total 合計で

〔7〕

① SF movies

② love stories

③ horror movies

④ animation movies

⑤ non-fiction movies

⑥ comedy movies

〔8〕

① *Battle of Spaceship* and *Monsters School*

② *Monsters School* and *Pretty Girl*

③ *Ghost Castle* and *Pretty Girl*

④ *Ghost Castle* and *Mission to Moon*

⑤ *Pretty Girl* and *Mission to Moon*

⑥ *Monsters School* and *Ghost Castle*

〔9〕

① *Battle of Spaceship*

② *Sweet January*

③ *Monsters School*

④ *Ghost Castle*

⑤ *Pretty Girl*

⑥ *Mission to Moon*

〔１０〕

① 100 yen

② 200 yen

③ 300 yen

④ 500 yen

⑤ 600 yen

⑥ 800 yen

〔１１〕

① 1:00 pm

② 1:30 pm

③ 2:30 pm

④ 3:30 pm

⑤ 4:30 pm

⑥ 5:30 pm

C 次の会話文を読んで，あとの設問の答えとして最も適切なものをひとつずつ選んで，番号をマークしなさい。

Kei: I'm going to Hawaii this spring. You were born there, weren't you, Judy?

Judy: Yes, I was. Your trip sounds fun!

Kei: Would you tell me something about Hawaii?

Judy: OK. The *State of Hawaii is made of six big islands: Kauai, Oahu, Molokai, Lanai, Maui and Hawaii. The *state capital, Honolulu, is on Oahu. Honolulu is a very beautiful city.

Kei: Then Honolulu is a big city. I want to experience the real Hawaii.

Judy: I think you should visit another island. How about Hawaii Island?

Kei: Is that the place you came from?

Judy: Yes, it is the biggest island in the State of Hawaii, so it is called "Big Island."　There are many things to see there. We have two famous mountains. One is Mauna Kea, and the other is Mauna Loa. Mauna Kea means "White Mountain" in the Hawaiian language, and you can see snow on top of it in winter.

Kei: Snow? In Hawaii? I can't believe it!

Judy: Mauna Loa is usually called "Kilauea." It is an active *volcano, and it last *erupted in 1983. So, Hawaii Island is still growing larger because of its *volcanic activities.

Kei: Fantastic! I want to go there!

Judy: You can visit "Volcano National Park." There are beautiful green jungles, the *caldera sending up smoke, and....

Kei: Isn't it dangerous?

Judy: No, not at all. In this park, we also have 240 kilometers of hiking courses, *campsites, and museums.

Kei: *You're kidding!

Judy: (1)No, I'm not. The park is quite large, so you need a car to go around the hiking courses!

Kei; That's a good joke. Can I enjoy any sports?

Judy: Yes, of course!　You can enjoy diving, fishing and playing golf.

Kei: I am very glad to receive so much useful information. *Mahalo!

Judy: Oh, you already know some Hawaiian words!

*state　州　　state capital　州都　　volcano　火山　　erupt　噴火する
volcanic activity　火山活動　　caldera　カルデラ　　campsite　キャンプ場
You're kidding.　冗談でしょ　　Mahalo　ハワイ語で「ありがとう」

〔１２〕Where was Judy born?

① Kauai Island

② Oahu Island

③ Molokai Island

④ Lanai Island

⑤ Maui Island

⑥ Hawaii Island

〔１３〕What does (1) mean?

① I'm not Kei.

② I'm not Judy.

③ I'm not Hawaiian.

④ I'm not good at sports.

⑤ I'm not kidding.

⑥ I'm not going to Hawaii.

〔１４〕Which sentence is **NOT** true?

① The capital of Hawaii is Honolulu.

② There are two famous mountains on Hawaii Island.

③ Hawaii Island is dangerous because of its volcanic activities.

④ We can enjoy diving, fishing, and playing golf in the Volcano National Park.

⑤ In winter, it snows even in Hawaii.

⑥ Mauna Loa erupted about forty years ago.

D 次の英文は日本でホームステイをしているJaneと友人のMakiの会話です。よく読んで，あとの問いに答えなさい。

Jane: Hi, Maki. Happy Valentine's Day! Here you are.
(Maki got a present.)
Maki: Oh, beautiful! Are〔ア〕flowers for me? Thanks.
Jane: 〔イ〕I hope you like them.
Maki: I love them. Jane, 〔ウ〕(me, your, beautiful, made, present, happy).
But why did you give me the present today?
Jane: In the U.S. , anyone can give presents on Valentine's Day.
Maki: Really? I didn't know that. Tell me more about Valentine's Day in your country.
Jane: Well, cards are often used in the U.S. In early February, we write special cards with warm messages. We give them on Valentine's Day. Children give cards to their friends, teachers, and family. Couples give cards, chocolates, and flowers to each other. I know a man〔エ〕gave a handmade ring to his girlfriend.
Maki: 〔オ〕I love it.
Jane: Valentine's Day is a day to show our love and friendship.
Maki: I see. You mean we should show our love and feelings?
Jane: Right. You know, Maki, you are wearing a nice shirt. That looks good on you.
Maki: Thanks. My Japanese friends didn't say anything about my shirt. So you are the〔カ〕person to say it.
Jane: Maybe they think your shirt is nice. They don't say it because they are〔キ〕. But we should tell our feelings to each other.
Maki: Yes. I hope more Japanese will show their feelings to each other.

〔１５〕空欄〔ア〕に最も適切なものを選び，番号をマークしなさい。
① this
② that
③ these
④ those
⑤ their
⑥ its

〔１６〕空欄〔イ〕、〔オ〕に入る表現の組み合わせとして最も適切なものを選び，番号をマークしなさい。

①〔イ〕You're welcome.　〔オ〕That sounds nice.

②〔イ〕You're welcome.　〔オ〕No problem.

③〔イ〕That sounds nice.　〔オ〕No problem.

④〔イ〕That sounds nice.　〔オ〕All right.

⑤〔イ〕All right.　〔オ〕No problem.

⑥〔イ〕All right.　〔オ〕That sounds sad.

〔１７〕下線部〔ウ〕のかっこ内の語を意味が通るように並び替えた時，５番目に来る語の番号をマークしなさい。

① me

② your

③ beautiful

④ made

⑤ present

⑥ happy

〔１８〕空欄〔エ〕に最も適切なものを選び，番号をマークしなさい。

① whose

② where

③ which

④ what

⑤ whom

⑥ who

〔１９〕空欄〔カ〕に最も適切なものを選び，番号をマークしなさい。

① best

② most

③ oldest

④ first

⑤ last

⑥ tallest

〔２０〕空欄〔キ〕に最も適切なものを選び，番号をマークしなさい。

① beautiful

② shy

③ sad

④ good

⑤ short

⑥ poor

〔２１〕次の文はMakiが書いたこの日の日記です。対話の内容に合うように空欄に当てはまる語の組み合わせとして最も適切なものを選び，番号をマークしなさい。

Jane told me about Valentine's Day in the U.S. To show our feelings, we can (1) presents. Also, like Jane's words about my shirt, it is important to (2) our feelings to each other. I hope more Japanese will become the people like Americans.

① (1) make (2) show
② (1) make (2) tell
③ (1) get (2) know
④ (1) get (2) show
⑤ (1) give (2) know
⑥ (1) give (2) tell

E 次の英文は１６６６年にイギリスで起きたロンドン大火についての物語である。よく読んであとの問いに答えなさい。

When I was young, I went to work in London. *In those days, the streets of London were *narrow and smelly.

One night, at the end of that hot summer, I heard someone outside shouting. A fire started in a bakery in *Pudding Lane. It was on September 2nd, 1666. I ran up to my *master's room. It *was already on fire but he *managed to get out of the room. Other houses and shops were on fire. They were built *mainly of wood, so they caught fire easily. We ran out on to the street. It was a windy night and the wind *blew the flames. Fire was widely spreading to the town. We joined people who were running away. Some people tried to <u>put out</u> the flames. We ran down to the river and many boats were taking people across the river. We wanted to get on one, but there was no space for us. The fire was coming near the river. We went to <u>put out</u> the flames and people *made a chain to work together. We had to carry water from the river. We worked very hard all night.

On the evening of the fourth day, the fire was <u>put out</u> at last. We were happy to be alive. This Great Fire of London destroyed 1,300 houses and 87 churches.

*in those days 当時　narrow and smelly 狭くて臭い　Pudding Lane プディング通り
master 主人　be on fire 火事で　manage to ～ どうにか～する　mainly 主に
blow the flames 炎を吹きあげる　make a chain 列をなす

〔２２〕この物語の主人公は当時何をしていましたか。最も適切なものを選び，番号をマークしなさい。
① 故郷のロンドンに帰省していた。
② ロンドンの学校に通っていた。
③ ロンドンで仕事を探していた。
④ ロンドンのパン屋で買い物をしていた。
⑤ ロンドンで働いていた。
⑥ ロンドンで観光をしていた。

〔２３〕火災発生時の状況について最も適切なものを選び，番号をマークしなさい。
① 夏の初めの夜のことだった。
② パン屋の主人が火災を発見した。
③ 主人公は主人の部屋へ走ったが，すでに火が回っていた。
④ 他の家や店にはまだ火が回っていなかった。
⑤ 主人公の主人は火災で亡くなった。
⑥ １６６６年の８月のことだった。

〔２４〕本文中の put out の意味として最も適切なものを選び，番号をマークしなさい。

① 消す
② 逃げる
③ 戦う
④ 燃やす
⑤ 置く
⑥ 乗る

〔２５〕本文の内容に合う文を，次のア～カの中から三つ選んで，その組み合わせとして最も適切なものを一つ選び，番号をマークしなさい。

ア When the fire started, I was in London.
イ I couldn't help my master in the fire.
ウ Many houses were caught in the fire, but shops were almost safe.
エ Some people tried to put out the fire, and I helped them.
オ To put out the flames, a lot of people worked all night.
カ This story was not a real story.

①アイオ
②アウカ
③アエオ
④イエオ
⑤ウエオ
⑥ウオカ

【数　学】（50分）〈満点：100点〉

1　次の(1)～(5)について，空欄に当てはまるものをそれぞれ ①～⑧ から選びなさい。

(1)　$1+(-5)-2=$ [1]

① -9　② -7　③ -6　④ 2　⑤ 4　⑥ 8　⑦ 10　⑧ 11

(2)　$-9-2^3\times(-3^2)=$ [2]

① -102　② -90　③ -81　④ -54　⑤ -45　⑥ 27　⑦ 45　⑧ 63

(3)　$\frac{1}{2}(4a-6b)-\frac{1}{3}(3a-6b)=$ [3]

① $a-b$　② $a-18b$　③ $a-6b$　④ $a-14b$

⑤ $3a-4b$　⑥ $3a-8b$　⑦ $5a-b$　⑧ $5a-5b$

(4)　$\frac{x-5}{3}-\frac{x-7}{4}=$ [4]

① $\frac{x-41}{12}$　② $\frac{x+1}{12}$　③ $-\frac{x-13}{12}$　④ $-\frac{x^2-12x+35}{12}$

⑤ -2　⑥ -1　⑦ $\frac{1}{6}$　⑧ 2

(5)　$\sqrt{54}-\sqrt{6}(\sqrt{2}-1)+\sqrt{27}=$ [5]

① $5\sqrt{3}$　② $2\sqrt{6}+\sqrt{3}$　③ $4\sqrt{6}+\sqrt{3}$　④ 12

⑤ $4\sqrt{6}+5\sqrt{3}$　⑥ $\sqrt{6}+7\sqrt{3}$　⑦ $2\sqrt{6}+3\sqrt{3}$　⑧ $4\sqrt{6}+7\sqrt{3}$

2

次の (1) ～ (5) について，空欄に当てはまるものをそれぞれ ① ～ ⑧ から選びなさい。

(1)　$x(x-8)+4(x-3)$ を因数分解すると，$\boxed{6}$ である。

① $(x-8)(x-4)$　② $(x-8)(x+4)$　③ $(x-8)(x-3)$　④ $(x-8)(x+3)$

⑤ $(x+3)(x-4)$　⑥ $(x-3)(x+4)$　⑦ $(x+2)(x-6)$　⑧ $(x-2)(x+6)$

(2)　ある洋菓子店では，シュークリームはプリンより 40 円安い。この店でプリン 6 個とシュークリーム 4 個を購入したところ，代金は 1340 円であった。このとき，プリン 1 個の値段は $\boxed{7}$ 円である。

ただし，消費税は考えないものとする。

① 110　② 120　③ 130　④ 134　⑤ 140　⑥ 150　⑦ 158　⑧ 200

(3)　2 次方程式 $8x^2+2x-3=0$ の解は，$x=\boxed{8}$ である。

① $-\frac{11}{8}, \frac{9}{8}$　② $\frac{3}{4}, \frac{1}{2}$　③ $-\frac{4}{3}, 2$　④ $\frac{4}{3}, -2$

⑤ $\frac{3}{4}, -\frac{1}{2}$　⑥ $\frac{1}{2}, -\frac{3}{4}$　⑦ $\frac{-1\pm\sqrt{7}}{8}$　⑧ $\frac{-1\pm\sqrt{7}}{4}$

(4)　右の表は，あるコンビニエンスストアで 1 週間に売れたパンの個数を価格別にまとめたものである。また，売上総額を売れた個数で割った平均値は 134.25 円であった。

この表において，平均値である 134.25 円を a，最頻値を b，中央値を c とするとき，a，b，c の大小関係を表しているものとして，正しいものは $\boxed{9}$ である。

ただし，消費税は考えないものとする。

価格（円）	個数（個）
100	75
120	120
140	95
160	65
180	45
計	400

① $a>b>c$　② $a>c>b$　③ $b>a>c$　④ $b>c>a$

⑤ $c>a>b$　⑥ $c>b>a$　⑦ $a>b=c$　⑧ $b=c>a$

(5)　下の図において，四角形 ABCD を直線 m を軸として 1 回転させてできる回転体の体積は $\boxed{10}$ cm^3 である。ただし，円周率は π とする。

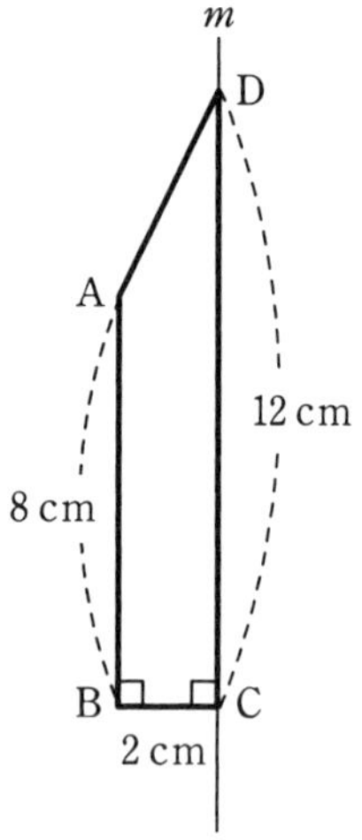

① $\frac{16}{3}\pi$　② $\frac{112}{3}\pi$　③ 16π　④ 20π　⑤ 32π　⑥ 34π　⑦ 48π　⑧ 192π

3

次の (1) ～ (2) について，空欄に当てはまるものをそれぞれ ① ～ ⑧ から選びなさい。

大小 2 つのさいころを同時に投げる。大きいさいころの出た目を a ，小さいさいころの出た目を b とする。ただし，さいころは 1 から 6 までのどの目が出ることも同様に確からしいとする。

(1)　$a+b=8$ となる確率は $\boxed{11}$ である。

① $\frac{1}{6}$　② $\frac{1}{9}$　③ $\frac{2}{9}$　④ $\frac{1}{12}$　⑤ $\frac{5}{12}$　⑥ $\frac{5}{18}$　⑦ $\frac{5}{36}$　⑧ $\frac{7}{36}$

(2)　$2a=b$ となる確率は $\boxed{12}$ である。

① $\frac{1}{6}$　② $\frac{1}{9}$　③ $\frac{2}{9}$　④ $\frac{1}{12}$　⑤ $\frac{1}{18}$　⑥ $\frac{1}{36}$　⑦ $\frac{5}{36}$　⑧ $\frac{7}{36}$

4　次の (1) ～ (2) について，空欄に当てはまるものをそれぞれ ① ～ ⑧ から選びなさい。

放物線 $y=2x^2$ …ア 上に点 A，D，
放物線 $y=-\dfrac{1}{2}x^2$ …イ 上に点 B，C があり，
線分 AD，BC は x 軸に平行で，線分 AB，DC は y 軸に平行である。
ただし，点 A の x 座標は負とする。

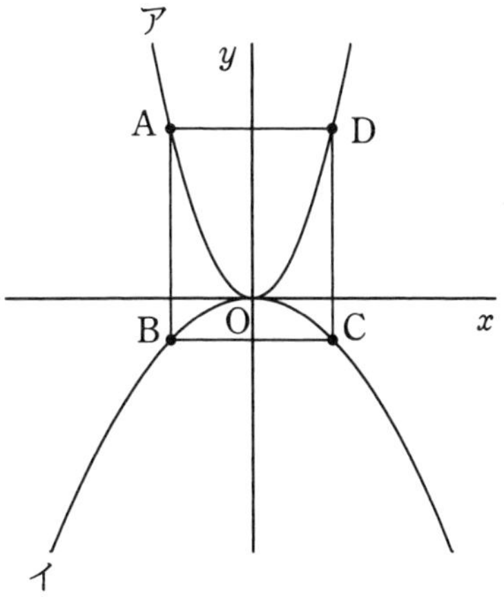

(1)　点 A の x 座標が -3 のとき，線分 AB の長さは $\boxed{\ 13\ }$ である。

① $\dfrac{15}{2}$　② $\dfrac{27}{2}$　③ $\dfrac{45}{2}$　④ 9　⑤ 15　⑥ 18　⑦ 27　⑧ 45

(2)　四角形 ABCD が正方形となるとき，点 C の x 座標は $\boxed{\ 14\ }$ である。

① 2　② 3　③ 4　④ $\dfrac{1}{2}$　⑤ $\dfrac{4}{3}$　⑥ $\dfrac{3}{4}$　⑦ $\dfrac{5}{4}$　⑧ $\dfrac{4}{5}$

5

次の (1) ～ (3) について，空欄に当てはまるものをそれぞれ ① ～ ⑧ から選びなさい。

ある電話会社には，A，B，C の３つのプランがある。それぞれのプランの１か月の使用料は，下の表の通りである。

（１か月の使用料）＝（基本料金）＋（１分ごとの通話料金）×（通話時間（分））

表

Aプラン	：基本料金 2000 円	＋	通話料金１分 25 円
Bプラン	：基本料金 3000 円	＋	月間 80 分まで通話無料，80 分を超えると１分 45 円
Cプラン	：基本料金 5000 円	＋	通話無料

下の図は，A，B，C の３つのプランの１か月の使用料と通話時間の関係を 100 分までまとめたものである。

図

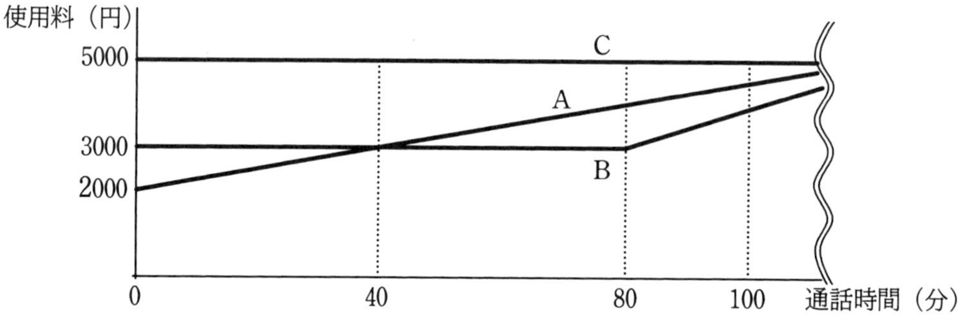

(1)　１か月に 120 分通話したとき，１か月の使用料が最も安いプランの料金は

15 円である。

① 2025　② 3045　③ 3500　④ 3800
⑤ 4500　⑥ 4800　⑦ 5000　⑧ 8400

(2)　Bプランの使用料がAプランの使用料以下になるのは，１か月の通話時間が

16 のときである。

① 0 分以上 40 分以下　② 40 分以上 80 分以下　③ 40 分以上 100 分以下
④ 40 分以上 120 分以下　⑤ 40 分以上 130 分以下　⑥ 80 分以上 120 分以下
⑦ 80 分以上 130 分以下　⑧ 120 分以上 130 分以下

(3)　１か月の通話時間を x 分，使用料を y 円とする。Bプランの通話時間が 80 分を超えたとき，y を x の式で表すと 17 である。

① $y=80x-600$　② $y=80x+45$　③ $y=45x+3000$　④ $y=45x+6600$
⑤ $y=45x+800$　⑥ $y=45x-600$　⑦ $y=80x+3000$　⑧ $y=80x+6600$

6 次の(1)～(3)について，空欄に当てはまるものをそれぞれ ① ～ ⑧ から選びなさい。

3つの立体A，B，Cがある。

A：底面の半径2cm，高さ4cmの円すい

B：半径2cmの球

C：底面の半径2cm，高さ4cmの円柱

(1) 体積比 A:B:C= 18 である。

① 1:2:3　② 2:1:3　③ 2:2:3　④ 2:1:2

⑤ 3:2:1　⑥ 1:3:2　⑦ 1:1:2　⑧ 1:2:2

(2) 表面積の比 B:C= 19 である。

① 1:5　② 5:3　③ 4:3　④ 4:5　⑤ 5:4　⑥ 3:5　⑦ 3:4　⑧ 2:3

(3) A，B，Cのどの立体でもすっぽりと収めることのできる立方体の容器のうち，最小のものの容積は 20 cm^3 である。

① 8　② 16　③ 20　④ 32　⑤ 64　⑥ 32π　⑦ 16π　⑧ 64π

問4　傍線部ウ「いとありがたし」は、「たいへんに難しくめったにないことである」という意味であるが、筆者が「めったにない」としているのはどのようなことか。その説明として最も適切なものを、次の①～⑤の中から選びなさい。解答番号は〔 24 〕

① 鞠の精霊が成通の前に姿を現すほどに、成通の蹴鞠が達人の域に到達したこと。
② 鞠の精霊が成通とともに蹴鞠をしたくなるほどに、成通の蹴鞠の芸は素晴らしかったこと。
③ 鞠の精霊や子どもたちが見物に来るほどに、成通の蹴鞠は技は優れていたこと。
④ 鞠の精霊が子どもたちとともに、成通の蹴鞠に勝負を挑んだこと。
⑤ 鞠の精霊や子どもを魅了する蹴鞠の技を、成通が披露したこと。

問5　本文の内容として最も適切なものを、次の①～⑤の中から選びなさい。解答番号は〔 25 〕

① 道を極めることは難しく困難はつきものだが、その喜びは大きい。
② 興味を持つことを見つけたのならば、途中で投げ出してはいけない。
③ 誰にでも得意なことはあるが、その道の達人になるのは難しい。
④ 諦めることはいつでもできるので、するだけのことはすべきである。
⑤ 何事も始めることはできるが、その道を極めることは難しい。

問1　本文中の波線部で示されたもののうち、現代仮名遣いとは異なる書き表し方を含んでいるものを、次の①～⑤の中から選びなさい。
解答番号は〔 21 〕

① ばかり
② いみじく
③ かやう
④ まほしけれ
⑤ おぼゆる

問2　傍線部ア「その徳やいたりにけむ」とあるが、どういうことか。その解釈として最も適切なものを、次の①～⑤の中から選びなさい。
解答番号は〔 22 〕

① 長年の間、蹴鞠に打ち込んだその能力が発揮されるときがきたのであろうか。
② 長年の間、蹴鞠に打ち込んだその能力は非の打ち所がないものであった。
③ 長年の間、蹴鞠に打ち込んだお陰があったに違いない。
④ 長年の間、蹴鞠に打ち込んだお陰があったのだろう。
⑤ 長年の間、蹴鞠に打ち込んだお陰があったということなのだろうか。

問3　傍線部イ「うつくしげにぞありける」は「かわいらしいものであった」という意味であるが、その主語として最も適切なものを、次の①～⑤の中から選びなさい。解答番号は〔 23 〕

① 成通卿
② 鞠
③ 小児
④ 柳の枝
⑤ 青の唐装束

四 次の文章を読んで、あとの問1から問5に答えなさい。解答番号は〔21〕～〔25〕

※1成通卿《なりみちきょう》、年ごろ(長い間)※2鞠《まり》を好み給ひけり。アその徳やいたりにけむ、ある年の春、鞠の精、※3懸《かか》りの柳の枝にあらはれて見えけり。※4みづら結ひたる小児、十二三ばかりにて、青色の唐装束《からさうぞく》して、いみじくイうつくしげにぞありける。なにごとをも始むとならば、底をきはめて、かやうのしるしをもあらはすばかりにぞ、せまほしけれど、かかるためし、ウいとありがたし。

されば、

学ぶ者は※5牛毛のごとし、得る者は※6麟角《りんかく》のごとし

ともあり。

また、

することかたきにあらず(難しいのではない)よくすることのかたきなり

ともいへる。げにもとおぼゆるためしありけり。(本当にその通りだと思われる例があったのだ。)

（「十訓抄」新編日本古典文学全集による。）

※1　成通卿　平安時代の貴族。藤原成通。
※2　鞠　蹴鞠《けまり》のこと。鹿の革で作った鞠を互いに蹴って遊ぶ競技。
※3　懸り　蹴鞠を行う場所の四隅に植える木。
※4　みづら　平安時代の少年の髪型。
※5　牛毛　数量の多いことのたとえ。
※6　麟角　想像上の動物である麒麟《きりん》の角で、極めて珍しいもののたとえ。

問４　次の文は、本文中の【Ａ】〜【Ｅ】のどこに入るか。最も適切な箇所を、次の①〜⑤の中から選びなさい。解答番号は〔 19 〕

どちらにしろ、ひとつの考え方を維持するために支払わねばならぬ努力の質と量についての自覚がないかぎり、うまくはいかないのである。

①　【Ａ】
②　【Ｂ】
③　【Ｃ】
④　【Ｄ】
⑤　【Ｅ】

問５　本文の内容と合致しないものを、次の①〜⑤の中から選びなさい。解答番号は〔 20 〕

①　これまでの日本では、妻が耐えがたい気持ちを夫にはっきりと表明することは、日本人の美徳に反すると考えられてきた。
②　日本人の妻が夫に自分の気持ちを理解してもらうために、古い倫理観を破り自己主張をするようになったことが高く評価できる。
③　ものを言うためには、自分の考えを述べ、相手の言い分を聞き、互いの妥協点を見つける話し合いを続けていく覚悟が必要である。
④　アメリカ人の夫と日本人の妻との間には、問題の解決策の追求に対する意識の違いがあり、離婚事件に発展してしまった。
⑤　意見の食い違いを解決するには、時間と労力を費やす相当な努力が必要なので、日本流でもアメリカ流でもそれほど楽ではない。

問2　傍線部ア「そのような考えによっている」とあるが、どういうことか。その説明として最も適切なものを、次の①〜⑤の中から選びなさい。
解答番号は［17］

① 自己の考えを周囲に漏らさず、己の胸の内にとどめることが、日本人の美学であると考える人が多いということ。
② 自己の考えや不満を心にためず、自己主張をするべきだという考えを持つ人が増えてきたということ。
③ 不平や不満があっても、口に出さない我慢強い態度が、日本人の精神を支えるのだという考えを強く持ち続けること。
④ 妻は夫の意見を黙って聞くのではなく、古い倫理観を完全に捨て去り、何事もはっきりと断れるようになったということ。
⑤ 妻は夫の言うことにつき従いつつも、嫌いな人は嫌いだと、はっきり断ることこそが本当の愛情であるということ。

問3　傍線部イ「努力を払おうとしない」とあるが、どういうことか。その説明として最も適切なものを、次の①〜⑤の中から選びなさい。
解答番号は［18］

① 夫が自分の友人対し、妻が嫌だと感じることをやめたうえでつきあってくれるよう頼んでいないこと。
② 妻は夫の友人が嫌いなので、夫は妻の気持ちに配慮しつつ、妻に愛想よく振る舞ってもらえるように頼んでいないこと。
③ 妻が夫に対し、夫の友人を嫌いだと伝えるだけで、友人とのつき合い方に関しての妥協点を見出そうとしていないこと。
④ 妻は夫に対し、夫の友人が嫌いだと伝えたので、夫は妻の気持ちを優先して、友人とのつき合い方を検討すべきだということ。
⑤ 夫の友人が嫌いだという気持ちが、妻の態度に出るのは仕方のないことだから、夫もある程度はあきらめるべきだということ。

自分の意見を言うだけでなく、相手の意見も聞き、話合いを続けるのは、黙っているのと同じくらい苦しさに耐える力を必要とするだろう。どちらをとるにしろ、人生というものは、それほど楽なものではないのである。

日本の昔の考えと、アメリカの考えと、どちらがいいなどとは言えたものではない。どちらにしろ一長一短であり、どちらにしろ、それを本当にやり抜くためには相当な努力を必要とするものである。このあたりのことがわからぬ人は、日本流は苦しくて駄目だからアメリカ流に変わろうとか、少しだけアメリカ流をやってみて、うまくゆかないと、やはり日本流が素晴らしいのだなどと言いはじめる。【Ｄ】

どちらの考えがいいとか悪いとか言えないのであるが、時の流れとしては、日本人の多くがアメリカ流の方に向かっていることは事実であろう。以前よりは、黙っていずに、ものを言う人が増えたことも事実である。職場においても、家庭においてもそうであろう。

しかし、それでもわれわれは日本流を引き摺《ず》っていて、例にあげた日本人妻のように、何かを言うことは最後通告のように行ない、実はそれが話のはじまりであることに気がつかないことが多いのではなかろうか。黙っているのではなく、（Ⅲ）、ものを言いはじめたのなら、そこから困難な話合いを続行してゆく覚悟が必要と思われる。【Ｅ】

（河合隼雄「こころの処方箋」による。）

問１　本文中の空欄 Ⅰ ～ Ⅲ に入る接続詞の組み合わせとして最も適切なものを、次の①～⑤の中から選びなさい。
解答番号は〔16〕

① Ⅰ さて　Ⅱ しかし　Ⅲ ところで
② Ⅰ ところで　Ⅱ しかし　Ⅲ もし
③ Ⅰ たとえば　Ⅱ やがて　Ⅲ ゆえに
④ Ⅰ また　Ⅱ だが　Ⅲ ところで
⑤ Ⅰ いわゆる　Ⅱ そこで　Ⅲ 仮に

三　次の文章を読んで、あとの問1から問5に答えなさい。解答番号は〔16〕～〔20〕

「黙って耐える」ということは、日本人にとっての美徳であった。そこに美学を発見する人さえあった。辛いことにあくまでも耐え、しかもそれについて語らない、不平を言わない、ということが大切なのである。このような倫理観は、今でも多くの日本人を支えている。

しかし、ものごとにはいろいろな考え方がある。黙って耐えてなどいずに、自分の考えや意見は、どんどんと言うべきである、という考えもある。最近ではこちらの考えの方がむしろ優勢になってきて、たとえば、これまでは耐えてばかりいた日本の妻が、夫に対してはっきりと自己主張することも増えてきた。最近、ジャーナリズムを賑《にぎ》わせた、いわゆる「退職金離婚」現象なども、アそのような考えによっていると見るべきであろう。妻がいつまでも夫の専制――と思われること――に耐えずに、自分の耐え難い気持をはっきりと表明するのである。【A】

（Ⅰ）、アメリカ人の夫と日本人の妻との間に生じた離婚事件で、次のような例があった。日本人の妻が夫に対する不満をまず申立てたのだが、それは次のようなことであった。

妻の話によると、夫の友人で妻の嫌いなタイプの人が居た。家に遊びに来たときは我慢してつき合っていたが、とうとう辛抱できなくなって、あの友人は大嫌いだ、と夫に告げた。夫は反対せずにそれを聞いていた。ところが暫《しば》らくたって、夫はまたその友人を家に連れ帰ってきた。妻は激怒した。この前あれほど、はっきりと嫌いだと言っておいたのに、また連れ帰ってくるというのは、自分の気持を無視している。これは、夫が自分を愛していないからだ、というのが彼女の主張である。【B】

これに対して、夫は次のように言った。

妻が自分の友人を嫌いなのはよくわかった。しかし、妻はただあんな人は大嫌いというだけで、話を打ち切ってしまい、それではどうするのか話し合おうとしない。妻が彼を嫌いでも、自分は彼を友人としてつき合いたいと思っている。それでは、その葛藤《かっとう》を解決するために、友人を連れてくる回数をもっと少なくしてくれ、とか、友人を連れてきてもいいが、そのとき自分は一緒に話し合ったりしない、とか、何らかの妥協点を見出すことができるはずである。それを、ただ自分の気持を言うだけで妥協点を見出すためのイ努力を払おうとしないのは、妻の方こそ愛情がないのではないか、と言うのである。【C】

この話を聞いたとき、私はすごく教えられた、と感じた。昔の日本流にゆくと、この日本人の妻は、夫の友人であるかぎり、「黙って耐えて」、その上にっこりと笑ったりして接待をしたのではなかろうか。（Ⅱ）、日本人も変化してきて、自己主張をして、あんな友人は嫌いだと言葉に出した。それは、日本の古い倫理観を破る第一歩である。

その一歩を踏み出したのなら、そこでやめてしまわずに、相手の言い分も聞き、更に自分の考えを述べ、話合いを続けることによって妥協点を探し出すべきだ、とアメリカ人は言っているのである。黙っているのは辛いことだ。だからといって、発言すれば楽になるなどというものではない。

問6　傍線部オ「間違ってはいない、それは、絶対に」とあるが、ここに用いられている表現技法は何か。その技法として最も適切なものを、次の①～⑤の中から選びなさい。解答番号は〔 14 〕

① 倒置法
② 擬人法
③ 体言止め
④ 暗喩
⑤ 押韻

問7　この文章の特徴を説明したものとして適切なものを、次の①～⑤の中から選びなさい。解答番号は〔 15 〕

① テンポのよい会話を中心に話を展開させ、読み手を飽きさせないように工夫されている。
② カタカナを多用して、弥生子や母の様子の描写を読み手に分かりやすく伝えようとしている。
③ 語り手である弥生子の言葉から、読み手は崩壊してしまった家族の姿をイメージしやすくなっている。
④ 弥生子の知らない父の姿や思いを母のセリフからイメージさせ、会話を中心に家族の在り方を描いている。
⑤ 弥生子の両親と、弥生子の夫を比較しながら話が進み、正しい家族の在り方がわかるように描かれている。

問3　傍線部イ「よく似てるもの、お父さんと」とあるが、どういうことか。その説明として最も適切なものを、次の①～⑤の中から選びなさい。
解答番号は〔 11 〕

① 弥生子の母である自分と、弥生子の父は家の美味しいご飯が好きであるという点でよく似ている、ということ。
② 弥生子の母である自分と、弥生子の父は家族を大事にしているという点でよく似ている、ということ。
③ 弥生子の夫である祥之と、弥生子の父は家族を大事にしているという点でよく似ている、ということ。
④ 弥生子の夫である祥之と、弥生子の父は働き者で家庭をかえりみないという点でよく似ている、ということ。
⑤ 弥生子の夫である祥之と、弥生子の父は家の美味しいご飯が好きであるという点でよく似ている、ということ。

問4　傍線部ウ「みんなそうだった」とあるが、どういうことか。その説明として最も適切なものを、次の①～⑤の中から選びなさい。
解答番号は〔 12 〕

① 昔の親の思う家族には自分自身が含まれていないため、親たちは自分自身のために一生懸命頑張っていたということ。
② 昔の親の思う家族には自分自身が含まれていないため、親たちは自分以外の家族のために一生懸命頑張っていたということ。
③ 昔の親の思う家族には自分自身が含まれていないため、親たちは自分の頑張りと家族の生活を全く別のものとして考えていたということ。
④ 昔の親の思う家族には自分自身も含まれているため、親たちは自分とその他の家族が皆で満足できるように頑張っていたということ。
⑤ 昔の親の思う家族には自分自身も含まれているため、親たちは自分がいなくなってしまったあとも家族が暮らせるようにしたということ。

問5　傍線部エ「無理に斜にかまえて言う」とあるが、これはなぜか。その説明として最も適切なものを、次の①～⑤の中から選びなさい。
解答番号は〔 13 〕

① 今の姿勢では寝辛く感じ、体を斜めにしながら母に反論するため。
② 母の話す家族観に納得できない自分の気持ちを態度に表して伝えようとするため。
③ 母の話す家族観に素直に応じると泣いてしまいそうになる気持ちを抑えるため。
④ 母の話す家族観に感動し、改まった態度を取る必要があると感じたため。
⑤ 弥生子の角度からでは母の言葉がうまく聞き取れず、聞き取りやすい体勢になるため。

問1　傍線部A～Cについて、カタカナの部分と同じ漢字を用いるのはどれか。適切なものを、あとの①～⑥の中から選びなさい。解答番号は［7］～［9］

A　格コウ［7］

①　コウ定も否定もしない。
②　家族旅コウの予定を立てる。
③　太平洋をコウ海する。
④　コウ撃を受ける。
⑤　彼のコウ物は焼き魚だ。
⑥　コウ事現場を避ける。

B　気ハイ［8］

①　均等にハイ分する。
②　ハイ後から近づく。
③　人気のハイ優を調べる。
④　初戦でハイ退する。
⑤　優勝に祝ハイを挙げる。
⑥　産業ハイ棄物を処理する。

C　カン心［9］

①　カン謝の気持ちを伝える。
②　手厚いカン迎を受ける。
③　カン単な問題を間違える。
④　不正へのカン与を疑う。
⑤　映画をカン賞する。
⑥　カン境問題について考える。

問2　傍線部ア「わたし、この家、嫌いだもん」とあるが、弥生子がこのように言うのはなぜか。その理由として最も適切なものを、次の①～⑤の中から選びなさい。解答番号は［10］

①　父の死は、遊園地の隣に住みたいという弥生子のわがままが原因であり、昔の自分が憎らしく思われるから。
②　父の死は、弥生子のために買った家の立地が原因であり、それではまるで自分のせいで父が死んだように思われるから。
③　父の死は、父が見栄を張るためだけに買ったこの家に住んだことが原因であり、そんな父のことは馬鹿らしく思われるから。
④　父の死は、弥生子を想って買った家のローン返済のために働き過ぎたことが原因であり、自分のせいで父が死んだように思われるから。
⑤　父の死は、父の持病が働き過ぎて再発したことが原因であり、この家に住まなければそんなことはなかったように思われるから。

なにが言いたいのか、よくわからなかった。

だが、母親は自分の答えに我ながらcカン心したように、「美味しい晩ごはんを食べさせることが幸せだったのよねえ、お父さんにとっては」と繰り返した。

「そこに自分がいないんだったら、意味ないじゃない」

「そうよねえ……でも、お父さんが家族を大事にするって言うとき、自分は含めてないのよね。お母さんとあんたの二人だけが、家族なの。その家族のために、あんなにがんばって働いたの。あの頃の父親って、ウチのお父さんだけじゃなくて、みんなそうだったんじゃないの？」

返す言葉に詰まった。家族には自分自身が含まれていない――そんなのおかしいとは思う。間違った考え方だとも思う。それでも、その考え方は、泣きたくなるほどくっきりと、よくわかる。

「お母さんもそうだった？」弥生子は訊いた。「お母さんも、家族を考えるとき、自分のことは入れてなかった？」

「なんとなくね」母親はくすぐったそうに笑う。「家族のために美味しいごはんをつくろうっていうときは、あんたとお父さんのことしか考えてなかったなぁ……他の家のお母さんもみんなそうだったと思うけど」

話が途切れた。弥生子は、もうなにも言えなくなった。へたに口を開くと、涙声になってしまいそうだった。

「なんでだろうね」

母親は言った。「ほんと、なんでなんだろうね」とつづけて、ふーう、と息をついた。

「あの頃の親って、ウみんなそうだったよねえ、いまのひとたちみたいに、自分も楽しんで、家族も楽しんで、っていう考え方してなかったよね。家族のためになにかをする、家族を幸せにするために自分が苦労をする、そういうのがあたりまえだったんだよねえ……」

「そんなの……恩着せがましいだけだと思うけど」

エ無理に斜にかまえて言うと、その胸の内を読み取ったように、母親はクスッと笑った。

「そういえば、ねえ、弥生子、このまえひさしぶりに思いだしたこと、教えてあげようか」

「なに？」

父親がまだ元気だった頃、ドリーム・パークに出かけたときの、数少ない思い出のひとつ――だった。

「乗り物に乗るときは、いつもあんたとお母さんが二人で乗ってたでしょ。『たまには乗ってみれば？』ってお父さんに言っても、絶対に乗らないの」

「そうだっけ……」

「なんでかっていうとね、あんたとお母さんが乗り物に乗って楽しんでるのを見るのが、いちばん楽しいからなんだって。自分が乗っちゃうと見られないでしょ、だからいつも外からわたしたちを見て、手を振ってたのよねえ……」

母親は、「まあ、ほんとは乗り物に乗るのが照れくさかっただけだと思うけど」とオチをつけて、またクスッと笑う。

弥生子も笑い返して、祥之のことを思った。祥之は家族で遊園地に出かけると、身長制限で文也が乗れない絶叫マシンにも一人で乗る。遊園地で過ごす休日を、めいっぱい楽しもうとする。帰り道にはすっきりした顔で、「さあ、明日からまた仕事がんばるぞ」とガッツポーズをつくる。

オ間違ってはいない、それは、絶対に。だが、そんなふうにはふるまえなかった父親のことも、いまはもう、間違っているとは思わなかった。

（重松清「送り火」による。）

そしてもう一言、弥生子の背中をさするような声で――。
「お父さんも好きだったのよ、この家のこと、すごく」
夜が更けるにつれて、外はしんしんと冷え込んできた。夜十一時のニュースによると、明日の朝はこの冬いちばんの冷え込みになるだろう、とのことだった。
母親に「ひさしぶりだから、並んで寝ようか」と言われて素直に応じたのは、ひどいことを言ってしまった申し訳なさもあったし、母親の人恋しさを察したからでもあった。
部屋の明かりを消してからも、しばらく寝付けなかった。母親も同じなのだろう、寝返りを何度も打って体の向きを変えていた。背中合わせの格コウになったときを見計らって、弥生子は小さく声をかけてみた。
「お母さん、起きてるよね？」
「うん……」
「さっき、ごめん」
母親は息だけの声で、うん、と応え、また寝返りを打って仰向けになった。
「ねえ、弥生子。祥之《よしゆき》さんって優しいひとだよねえ、ほんとに」
「……それがあのひとの取り柄だから」
「仕事も大変なんじゃないの？　不景気なんだし」
「でも、出世とかたくさんお金を稼ぐとか、そういうこと考えないひとだから。家族みんなで楽しく暮らすのがいちばんだっていう考えなんだよね、若い頃からずっと」
答えたあと、ふと、昼間ちらっと考えたことを思いだした。
「お父さんがもし生きてたら、祥之さんのこと、どう思っただろうね」と母親に訊《き》いてみた。
母親は考える間もなく、言った。
「すごく気に入ったと思うよ」
「そう？」
「だって、ィよく似てるもの、お父さんと」
「そんなことないでしょ、ぜんぜん違うんじゃない？」
「そっくりよ」
「違うってば。彼は、ローンのために無理な残業なんて絶対にしないよ。ウチで晩ごはん食べるのがいちばん楽しみなひとなんだから、お父さんとは正反対でしょ？」
母親の答えは、今度は少し間をおいて返ってきた。
「お父さんも、家族をいちばん大事にしてたひとだったから」
「でも、ほとんど家にいなかったじゃない。晩ごはんなんて毎晩毎晩、お母さんとわたしの二人きりだったじゃない」
「……晩ごはん、美味しかったでしょ。寂しかったけど、美味しかったでしょ？　それでいいのよ、お父さんは。お母さんと弥生子が家で美味しい晩ごはんを食べてることが、お父さん、嬉しかったの」

二　次の文章を読んで、あとの問1から問7に答えなさい。解答番号は〔7〕〜〔15〕

「はっきり言うけど、ア<u>わたし、この家、嫌いだもん</u>。お父さんが勝手に無理してローン組んで、それであんなふうに死んじゃうなんてさ、ばかみたいじゃない」
　母親は怒らなかった。そのかわり、悲しそうな顔になって言った。
「弥生子《やえこ》の喘息《ぜんそく》、ここに引っ越してきたから治ったのよ」
「あんなの、おとなになったら治るんだってば。関係ないって」
「お父さんねえ、最初に団地のパンフレット持って帰ったじゃない。そのとき、あんたが遊園地の隣だっていうんで大喜びしたの。それが嬉しくて嬉しくて、忘れられない、って言ってた」
「わたし、覚えてないから知らない」
　そっぽを向いた。幼い子どもがヘソを曲げたようだ、と自分でも思う。
「そんなふうに言っちゃったら、お父さん、かわいそうでしょう?」
　母親の声も、聞き分けのない子どもをなだめるような口調に変わった。
　そっぽを向いたせいで、父親の仏壇を斜めから見るA<u>格コウ</u>になった。うつむいて、声に感情を乗せないように気をつけて、つづけた。
「わたし、思うんだけど……」
「なに?」
「ここに引っ越してきたのって、お父さんの見栄だったんじゃないの? 他人に対してどうこうじゃなくて、自分の、なんていうか、自己満足みたいな」
　母親はあきれたように笑った。
「自分の住む家で、なんで見栄張らなきゃいけないの」
「だって……必死に残業しなきゃローンが返せないような家を買うのって、どう考えたっておかしいじゃない。もっと安いところでよかったんだよ。そうすれば、お父さん、あんなに働かなくてすんだんだし、あんなふうに死んじゃうこともなかったでしょ」
　母親は黙っていた。沈黙から逃れたくて、弥生子はさらにつづけた。
「喘息のことなんて、どうでもよかったじゃない。ちょっと空気のきれいなところなんて、他にどこでもあるんだから。わたしのために引っ越して、無理して、働きどおしで、それで死んじゃったから……わたしのせいになっちゃったじゃない、お父さんが死んだの。はっきり言って、もう、迷惑なんだから。お父さんが死んだことを一生背負わなきゃいけないんだよ、こっちは。お母さんにはわかんないのよ、その気持ち」
　途中から、言うつもりのなかったことまで、ぶちまけた。母親がなにか言いかけるB<u>気ハイ</u>がしたから、それをさえぎって、「わたし、大嫌い、こんな家」と言い切った。
　長い間をおいて、母親は言った。
「お母さんは、この家、好きだから」

問5　次の文の空欄に入る言葉として最も適切なものを、あとの①～⑥の中から選びなさい。解答番号は〔 5 〕

海外赴任の話は彼にとって（　　）だったに違いない。

① かわいい子には旅をさせよ
② 馬の耳に念仏
③ 寝耳に水
④ 忠言耳に逆らう
⑤ 渡る世間に鬼はない
⑥ 猿も木から落ちる

問6　次の漢文を訓読する場合、どの順番で読むか。あとの①～⑥の中から選びなさい。解答番号は〔 6 〕

水ハ随フ二方円ノ器ニ一。

① 2　3　1　4　5
② 1　3　4　5　2
③ 3　2　4　5　1
④ 1　3　2　5　4
⑤ 3　1　2　4　5
⑥ 1　5　2　3　4

問3　次の熟語と同じ構成のものを、あとの①～⑥の中から選びなさい。解答番号は〔3〕

進退

① 暗示
② 屋外
③ 徹夜
④ 日照
⑤ 未明
⑥ 出没

問4　次のことわざの意味にあたる熟語を、あとの①～⑥の中から選びなさい。解答番号は〔4〕

棚からぼたもち

① 幸運
② 無駄
③ 用心
④ 落下
⑤ 慎重
⑥ 矛盾

二〇二三年度
大成女子高等学校（3教科マーク式）

【国語】（五〇分）〈満点：一〇〇点〉

一

次の問1から問6に答えなさい。解答番号は［1］～［6］

問1　次の例文の傍線部と同じ働きのものを、あとの①～⑥の中から選びなさい。解答番号は［1］

今週末の予定はない。

① 昨日は、勉強しないで寝た。
② かげろうの一生は短くはかない。
③ 課題を仕上げなければならない。
④ 大切な本がない。
⑤ この果物は食べられない。
⑥ こどもの表情はあどけない。

問2　敬語の使い方が適切なものを、次の①～⑥の中から選びなさい。解答番号は［2］

① 留学生のことはお聞きになっております。
② 母がこちらにいらっしゃいます。
③ 父がお会いになった人が、先生です。
④ 監督が拝借したラケットは、私のものです。
⑤ あなたにこのペンを差し上げましょう。
⑥ あちらの受付でうかがってください。

2023年度／大成女子高等学校（３教科マーク式）

英語解答

A　〔１〕④　〔２〕④　〔３〕④
　　〔４〕⑥　〔５〕①　〔６〕①

B　〔７〕③　〔８〕②　〔９〕⑤
　　〔10〕②　〔11〕⑤

C　〔12〕⑥　〔13〕⑤　〔14〕③

D　〔15〕③　〔16〕①　〔17〕①
　　〔18〕⑥　〔19〕④　〔20〕②
　　〔21〕⑥

E　〔22〕⑤　〔23〕③　〔24〕①
　　〔25〕③

数学解答

1　(1)③　(2)⑧　(3)①　(4)②
　　(5)③

2　(1)⑦　(2)⑥　(3)⑥　(4)⑤
　　(5)②

3　(1)⑦　(2)④

4　(1)③　(2)⑧

5　(1)⑥　(2)⑤　(3)⑥

6　(1)①　(2)⑧　(3)⑤

国語解答

一　問１④　問２⑤　問３⑥
　　問４①　問５③　問６⑥

二　問１　A…⑤　B…①　C…①
　　問２④　問３③　問４②
　　問５③　問６①　問７④

三　問１②　問２②　問３③
　　問４④　問５②

四　問１③　問２⑤　問３③
　　問４①　問５⑤

2022年度 大成女子高等学校(5教科記述式)

【英　語】（50分）〈満点：100点〉

1　次の(1)～(4)は，放送による問題です。それぞれ放送の指示にしたがって答えなさい。

(1)　これから，No. 1 から No. 5 まで，五つの英文を放送します。放送される英文を聞いて，その内容に合うものを選ぶ問題です。それぞれの英文の内容に最もよく合うものを，ア，イ，ウ，エの中から一つ選んで，その記号を書きなさい。

No. 1

ア

イ

ウ

エ

No. 2

ア

イ

ウ

エ

No. 3

ア

火	水	木
☂	☀	☂

イ

火	水	木
☂	☂	☂

ウ

木	金	土
☂	☀	☂

エ

木	金	土
☂	☂	☂

No. 4

No. 5

ア　今日の時間割

1時限目	理科
2時限目	国語
3時限目	音楽
4時限目	社会
給食	
5時限目	英語

イ　今日の時間割

1時限目	数学
2時限目	国語
3時限目	音楽
4時限目	社会
給食	
5時限目	英語

ウ　今日の時間割

1時限目	英語
2時限目	国語
3時限目	音楽
4時限目	社会
給食	
5時限目	理科

エ　今日の時間割

1時限目	数学
2時限目	英語
3時限目	音楽
4時限目	社会
給食	
5時限目	理科

(2)　これから，No. 1からNo. 4まで，四つの対話を放送します。それぞれの対話のあとで，その対話について一つずつ質問します。それぞれの質問に対して，最も適切な答えを，ア，イ，ウ，エの中から一つ選んで，その記号を書きなさい。

No. 1

ア　It's June 30.

イ　It's July 1.

ウ　It's August 13.

エ　It's August 30.

No. 2

ア　To the music room.

イ　To the computer room.

ウ　To the science room.

エ　To the school library.

No. 3

ア　He did his homework.

イ　He practiced the guitar.

ウ　He watched a DVD.

エ　He played tennis.

No. 4

ア　For two days.

イ　For three days.

ウ　For four days.

エ　For five days.

⑶　これから，ディック(Dick)と友人のマイ(Mai)の対話を放送します。そのあとで，その内容について，Question No. 1 と Question No. 2 の二つの質問をします。それぞれの質問に対して，最も適切な答えを，ア，イ，ウ，エの中から一つ選んで，その記号を書きなさい。

No. 1

ア　One book.

イ　Seven books.

ウ　Eight books.

エ　Ten books.

No. 2

ア　She will borrow a book about history.

イ　She will read a book about science.

ウ　She will bring some of her history books to school.

エ　She will listen to music with Dick.

⑷　リョウ(Ryo)は英語の授業でスピーチをしています。これからその内容を放送します。リョウのスピーチの内容について正しいものはどれですか。下のア，イ，ウ，エの中から一つ選んで，その記号を①に書きなさい。

また，あなたならリョウの質問に対して何と答えますか。英語 1 文で②に書きなさい。

①　リョウのスピーチの内容について正しいもの

ア　Takeshi is sixty years old.

イ　Takeshi doesn't have any daughters.

ウ　Takeshi lives with Ryo and his family in Tochigi.

エ　Takeshi is liked by everyone around him.

②　リョウの質問に対する答え

(　　　　　　　　　　　　　　　　　　　　　　　　　　　　　　　　　　　　)

これで，放送による聞き取りテストを終わります。続いて，問題２に進みなさい。

※　放送による問題の放送文は，英語の問題の終わりに付けてあります。

2 次のAとBの英文は，茨城県に住む高校生のフミコ(Fumiko)と，カナダに住むジョン(John)がやり取りしたメールです。それぞれの英文を読んで，下の(1)，(2)の問いに答えなさい。

A

> Hello, Fumiko.
> Yesterday, my sister and I went to a library to do *volunteer work. The library is famous for ①(it) variety of picture books. We read some of those books to children. It was difficult for us to read to them, but we ②(be) happy that they enjoyed listening to the stories. Some children in the town study Japanese, so I want to read books ③(write) in Japanese to them next time.
> I think doing things for others is important. Have you ever *done volunteer work?

* volunteer ボランティア　　done do の過去分詞

B

> Hello, John.
> I have done some volunteer work. I taught some subjects such as science and math to some elementary school students a ④(f 　　) weeks ago.
> I think volunteer work is important, too. In the world, there are a lot of children ⑤(w 　　) can't go to school. If I ⑥(k 　　) a lot of languages, I could help them study.

(1) Aの英文が完成するように，文中の①～③の(　　　)の中の語を，それぞれ1語で適切な形に直して書きなさい。

(2) Bの英文が完成するように，文中の④～⑥の(　　　)内に，最も適切な英語を，それぞれ1語ずつ書きなさい。なお，答えはすべて(　　　)内に示されている文字で書き始めるものとします。

3 次の(1)，(2)の問いに答えなさい。

(1) 次の英文は，ある生徒が書いたスピーチ原稿の一部です。この生徒が伝えている内容として最も適切なものを，下のア～エの中から一つ選んで，その記号を書きなさい。

I've been playing the piano since I was five. I started learning the piano because my mother had one. When I was ten, I *entered a contest, but I could not play well. I said to my mother, "I will *quit the piano," but she said, "It's easy to quit. However, if you love the piano, you shouldn't *give up. You should *keep practicing." I listened to her words and never stopped playing. I'm still taking piano lessons. Last month, there was a piano contest and I *won a prize. I was very happy.

* enter～ ～に参加する　quit～ ～をやめる　give up あきらめる
keep ～ing ～し続ける　win a prize 賞をとる

ア Practicing every day makes people tired.
イ Something good will happen if we keep trying.
ウ It is important for us to keep changing.
エ Sometimes it is important for us to give up.

(2) 次の英文中の［　　　　］には，下のア～ウの三つの文が入ります。意味の通る英文になるように，ア～ウの文を並べかえて，記号で答えなさい。

I didn't like to cook. I *wasn't good at cooking. ［　　　　］ I was so happy to hear that and decided to try cooking again.

* be good at～ ～が得意である

ア I didn't want to cook, but I cooked for my brother.
イ Then my brother said, "This is really *delicious. Please make it again."
ウ However, one day, my mother and father went out, and I had to cook dinner for my brother.

* delicious とてもおいしい

4 ハナ(Hana)と，アメリカ出身の留学生のフレッド(Fred)は，次のページの学校の文化部(culture club)についての案内を見ながら話をしています。下の対話文を読んで，(1)，(2)の問いに答えなさい。

Hana： Our school has some sports and culture clubs, Fred.

Fred： Good. I don't like sports, so I want to join a culture club.

Hana： Oh, I see. Look at this. It's about our school's culture clubs. I'm in the music club. All of the members are kind, and we practice hard to *win an award at a contest in August. （ ① ）. Why don't you join us?

Fred： Oh, I like music, so I want to join, but I can't. I have to help my host mother every （ ② ）. She is busy on that day.

Hana： Then, how about the chorus club? They have an important contest in （ ③ ）, and they win an award there every year.

Fred： I don't like to sing. You told me that you had a sister. Is she in any culture clubs?

Hana： Yes. She's in the *volunteer club. She does some volunteer work from （ ④ ） every Saturday. She often says that she feels happy after doing some volunteer work.

Fred： Great. Actually, I'm in a volunteer club in my city in the U.S.

Hana： Really? ［　　　　　　］ in the club?

Fred： For five years. I joined the club when I was ten. When I do something good for other people, I feel happy. So, I can understand your sister. The volunteer club is good for me, but I want to join a different club here. I'm also interested in the English club. I think I can help the members in the club.

Hana： Wonderful. （ ⑤ ） and Mr. Jones will be happy if you join that club.

* win an award　受賞する　　volunteer　ボランティア

Volunteer Club

Teacher	Tanaka Asami
Members	19 boys and 12 girls
Days	Tuesday and Saturday
Time	Tuesday 4:30 p.m. – 5:30 p.m. Saturday 9:00 a.m. – 4:00 p.m.

We do some good things for our city. We meet every Tuesday after school and talk about our next activities. We meet at nine and start to do some volunteer work in many places at nine thirty every Saturday. For example, we clean parks and streets.

English Club

Teachers	Kodama Ryo, Thomas Jones
Members	16 boys and 11 girls
Days	Monday and Friday
Time	4:30 p.m. – 6:00 p.m.

We learn English from our English teachers, Mr. Kodama and Mr. Jones. We do a lot of things to learn English. For example, we have *discussions in English. We also help people from other countries at an *international festival in July and join an English speech contest in January.

Music Club

Teacher	Suzuki Yuto
Members	8 boys and 15 girls
Days	Monday and Wednesday
Time	4:30 p.m. – 6:00 p.m.

We *perform in many places every year. For example, we play at our school festival in November. We have an important contest in August, and we practice hard for the contest.

Chorus Club

Teacher	Sato Miki
Members	10 boys and 19 girls
Days	Thursday and Saturday
Time	Thursday 4:30 p.m. – 6:00 p.m. Saturday 9:00 a.m. – 11:30 a.m.

We always enjoy practicing singing. Our club is famous in our city because we sing very well. We win an award every year at an important contest in June.

* discussion 議論　international 国際的な　perform 演奏する

(1) 対話文中の（ ① ）～（ ⑤ ）に入る最も適切なものを，ア～エの中から一つ選んで，その記号を書きなさい。

① ア There are eight boys in our club
　イ There are more than thirty members in our club
　ウ Our club has ten boys and nineteen girls
　エ We have no girl students in our club

② ア Tuesday　イ Wednesday　ウ Thursday　エ Friday

③ ア June　イ July　ウ August　エ November

④ ア 4:30 p.m. to 5:30 p.m.　イ 4:30 p.m. to 6 p.m.
　ウ 9 a.m. to 11:30 a.m.　エ 9 a.m. to 4 p.m.

⑤ ア Ms. Tanaka　イ Mr. Kodama　ウ Mr. Suzuki　エ Ms. Sato

(2) 対話の流れに合うように，文中の［　　　　］に入る適切な英語５語を書きなさい。

5 下の英文を読んで，次のページの(1)〜(4)の問いに答えなさい。

Yui was ten years old. She lived near a temple. One Monday, when she was coming home from her school, she saw a small white dog at the temple. It wasn't wearing a *collar. She thought, "That dog doesn't have a family. That's sad." She thought the dog was hungry, so she *ran home to bring it some food.

Ten minutes later, Yui was back at the temple and gave the dog some food. She did that every day. One Friday, her mother said to Yui in the *kitchen, "I put some *bread here this morning, but it's not here. Did you eat it?" Yui said, "Actually..." [1] She started to tell her mother about the dog she found at the temple. Then, her mother said, "That poor dog. Let's bring it home." Yui said, "Can we? I'm so happy!"

Soon, Yui and her mother went to the temple to bring the dog home. Yui gave the dog a name, Koro. The next day, Yui's mother bought a red collar for him. Yui's family loved him. Yui's father walked him every morning, and Yui did it after school every day. [2]

One Wednesday, when Yui was walking Koro, his collar *suddenly *came off, and he *ran away. She said, "Koro! Koro! Wait!" but he continued running. She was sad. She went back and told her mother. Then, Yui's family decided to make a *poster of their *lost dog, with a *photo and their phone number.

One year later, Yui was still looking for Koro with her mother and father. One Friday, when Yui was coming home from her school, a white dog was running in the *garden of a house. It *resembled Koro. When she tried to say, "Koro" to the dog, an *elderly man standing in the garden said to the dog, "Saburo! Come here." [3] Yui looked at the dog and the elderly man *for a while. He saw Yui and said, "Hi. What's up?" [4] Then, he said, "Last year, my dog ran away from here when I was washing him. I was looking for him, but I couldn't find him for a while. However, one day, when I was walking near my house, he suddenly ran back to me." Yui just said, "I see." He said, "Thank you for taking care of him. *Thanks to you, he was *well when I found him again. Please visit us when you have free time. He will be happy." She said, "Yes, I will. Goodbye, Ko... , no, Saburo!" *in a tearful voice.

* collar 首輪　ran run の過去形　kitchen 台所　bread パン
suddenly 突然　come off 外れる　run away 逃げる　poster ポスター
lost dog 迷いイヌ　photo 写真　garden 庭　resemble〜 〜に似ている
elderly 年配の　for a while しばらくの間　thanks to〜 〜のおかげで
well 元気な　in a tearful voice 涙声で

(1) 本文の内容に合う文を，次のア～クの中から三つ選んで，その記号を書きなさい。

ア When Yui was ten years old, she saw a white dog without a collar at a temple.

イ When Yui saw the dog at the temple, she had no way to help him on that day.

ウ Koro was loved by Yui and her family, and her father and Yui walked Koro every day.

エ Koro ran away from Yui's house, but he was soon found.

オ Yui made a poster with her father and mother to help an elderly man look for his dog.

カ Yui saw a dog which was called Saburo in the garden of an elderly man's house.

キ The elderly man thanked Yui for taking care of his dog and bringing him home.

ク The elderly man said that he wanted to bring the dog to Yui's house when he had time.

(2) 次の文は，文中の［ 1 ］～［ 4 ］のどこに入るのが最も適切か，番号で答えなさい。

Yui told him about Koro.

(3) 次の①，②の質問に，それぞれ指定された語数の英文で答えなさい。ただし，符号(, . ? ! など)は，語数には含まないものとします。

① What day did Yui's mother buy a red collar for Koro? （5語以上）

② What was the elderly man doing before Saburo ran away from him? （4語）

(4) 次の対話文は，本文を読んだ先生と生徒とのものです。①，②に入る英文をあなたの立場で，それぞれ15語程度で書きなさい。ただし，符号(, . ? ! など)は，語数には含まないものとします。

Teacher： Do you think Saburo is happy now?
Student： （ ① ）
Teacher： I see. *By the way, please tell me your opinion about having pets.
Student： （ ② ）

* by the way　ところで

6 あなたは，友達のメアリー(Mary)から次のようなメールをもらいました。メアリーの質問に対する答えを，メールの書き出しに続けて英語 30 語以上，40 語以内で書きなさい。なお，記入例にならい，符号(，．？！ など)は，その前の語につけて書き，語数には含まないものとします。

【あなたがメアリーからもらったメール】

> Today, my friends and I talked about the things we like in our city. There are many good things in our city. How about your city? What do you like about it? Please tell me about it.

記入例				
	Are	you	Ms.	Brown?
	No,	I'm	not.	

Hello, Mary.

Thank you for your e-mail.

30

40

See you soon.

＜放送による問題放送文＞

ただいまから1番の，放送による聞き取りテストを行います。問題は(1)から(4)までの四つです。放送中メモを取ってもかまいません。

それでは(1)の問題から始めます。

(1)　これから，No. 1 から No. 5 まで，五つの英文を放送します。放送される英文を聞いて，その内容に合うものを選ぶ問題です。それぞれの英文の内容に最もよく合うものを，**ア**，**イ**，**ウ**，**エ**の中から一つ選んで，その記号を書きなさい。

それぞれの英文は，2回放送します。

では，はじめます。

No. 1

▷The girl is writing a letter to her friend.◁

繰り返します。（▷～◁）

No. 2

▷We use this to know what time it is.◁

繰り返します。（▷～◁）

No. 3

▷It's Saturday today.　It has been raining for three days.◁

繰り返します。（▷～◁）

No. 4

▷I bought a bag that has a picture of a bird on it.　It was 1,500 yen.◁

繰り返します。（▷～◁）

No. 5

▷I like math class, but I don't have it today.　I also like English class, and I have it after lunch today.◁

繰り返します。（▷～◁）

これで(1)の問題を終わります。

次に，(2)の問題に移ります。

(2)　これから，No. 1 から No. 4 まで，四つの対話を放送します。それぞれの対話のあとで，その対話について一つずつ質問します。それぞれの質問に対して，最も適切な答えを，**ア**，**イ**，**ウ**，**エ**の中から一つ選んで，その記号を書きなさい。

対話と質問は，2回放送します。

では，はじめます。

No. 1

A: ▷My birthday is August 13th, Meg.

B: Really, Yoshio?　My mother's birthday is August 13th, too.

A: Wow!　When is yours?

B: My birthday is July 1st.　So, tomorrow is my birthday.

Question: What is the date today?◁

繰り返します。（▷～◁）

No. 2

A: ▷Hi, Mike.　I saw Judy in the music room ten minutes ago.　She was looking for you.

B: Really?　I was doing my science homework in the computer room then.　Is she still in the music room now?

A: I don't think so.　I think she is in the school library.

B: OK.　I'll go there.

Question: Where will Mike go?◁

繰り返します。（▷～◁）

No. 3

A: ▷What did you do yesterday, Naoko?

B: I did my homework in the morning and cleaned my room in the afternoon, David.

A: Oh, I cleaned my room yesterday, too.　I did that after practicing the guitar in the morning.　In the afternoon, I watched a DVD and played tennis.

B: That's nice.

Question: What did David do before cleaning his room yesterday?◁

繰り返します。（▷～◁）

No. 4

A: ▷You look happy, Kevin.

B: Yes, Saki.　I'm going to go to Okinawa next week and stay there for three days.

A: Great.　I went there four or five years ago and stayed there for two days.　Okinawa is a nice place.　Enjoy your trip!

B: Thank you.

Question: How long will Kevin stay in Okinawa next week?◁

繰り返します。（▷～◁）

これで(2)の問題を終わります。

次に，(3)の問題に移ります。

(3)　これから，ディック（Dick）と友人のマイ（Mai）の対話を放送します。そのあとで，その内容について，Question No. 1 とQuestion No. 2 の二つの質問をします。それぞれの質問に対して，最も適切な答えを，**ア**，**イ**，**ウ**，**エ**の中から一つ選んで，その記号を書きなさい。
　対話と質問は，２回放送します。

　では，はじめます。

Dick：▷Do you like reading books, Mai?
Mai：Yes, Dick. I usually read seven books in one month. Last month, I had a lot of time, so I read ten books.
Dick：Really? That's great. I usually read eight books in one month, but last month, I could only read one book. I was busy.
Mai：I see. What kind of books do you like to read?
Dick：I like to read about science, cars, and music.
Mai：Oh, you read many different kinds of books. I usually read about history. I learn a lot from those books.
Dick：That's great. I'm a little interested in history. Can I borrow one of your books?
Mai：Sure. I will bring some to school tomorrow. You can choose the one you like.
Dick：Thank you.

Questions:
No. 1　How many books did Dick read last month?
No. 2　What will Mai do tomorrow?◁

繰り返します。（▷～◁）

これで⑶の問題を終わります。

次に，⑷の問題に移ります。

⑷　リョウ（Ryo）は英語の授業でスピーチをしています。これからその内容を放送します。リョウのスピーチの内容について正しいものはどれですか。下の**ア**，**イ**，**ウ**，**エ**の中から一つ選んで，その記号を①に書きなさい。
　また，あなたならリョウの質問に対して何と答えますか。英語１文で②に書きなさい。
　英文は２回放送します。

　では，はじめます。

▷Hello, everyone. I'm Ryo. I'm fifteen. Today, I'll talk about my grandfather, Takeshi. He is sixty-five years old. He is my mother's father. He lives alone in Tochigi. He always thinks about other people. He is very kind to everyone. So, everyone around him likes him. He has a lot of friends. I think he is a nice man. I want to be like him in the future. How about you? What kind of person do you want to be in the future?◁

繰り返します。（▷～◁）

これで，放送による聞き取りテストを終わります。続いて，問題**２**に進みなさい。

【数　学】 (50分) 〈満点：100点〉

1 次の計算をしなさい。

（1） $-5+2$

（2） $(-3)\times(-4)+(-2)^3$

（3） $7a+2b-3(2a+b)$

（4） $\sqrt{54}-\sqrt{12}\times 5\sqrt{2}$

2 次の各問に答えなさい。

（１）「一の位が0でない2けたの自然数をMとし，Mの十の位の数と一の位の数を入れかえてできる2けたの自然数をNとすると，$M+2N$は3の倍数である」

このことを次のように説明した。

> **(説明)**
>
> Mの十の位の数をa，一の位の数をbとすると，
>
> $M=$ [ア]，$N=$ [イ]
>
> と表すことができる。このとき，
>
> $M+2N=$ [ア] $+2($ [イ] $)=3($ [ウ] $)$
>
> [ウ] は自然数だから，$3($ [ウ] $)$は3の倍数である。
>
> したがって，$M+2N$は3の倍数である。

このとき，上の [ア] ～ [ウ] に当てはまる式を，それぞれ書きなさい。

（２） あるお店でりんご6個とみかん5個を買ったとき，代金の合計は1000円であった。このお店でりんご4個を買ったときの代金は，みかん3個を買ったときの代金よりも160円高い。ただし，消費税は考えないものとする。

りんごとみかんの値段を求めるために，りんご1個の値段をx円，みかん1個の値段をy円として連立方程式をつくると，次のようになる。

$$\begin{cases} \boxed{\text{ア}} = 1000 \\ 4x = \boxed{\text{イ}} \end{cases}$$

このとき，上の [ア]，[イ] に当てはまる式を，それぞれ書きなさい。

（３）　下の**図**で，点Ａは x 軸上の点，２点Ｂ，Ｃは関数 $y = ax^2$（$a > 0$）のグラフ上の点であり，点Ａと点Ｂの x 座標はともに３で，点Ｂと点Ｃの y 座標は等しい。

ＡＢ＝ＢＣのとき，a の値を求めなさい。

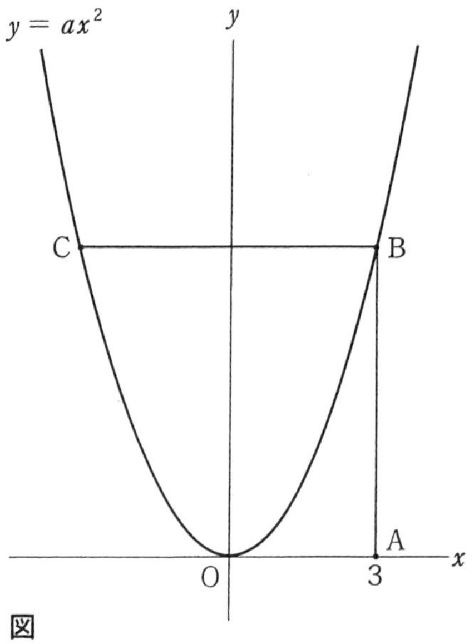

図

（４）　25 人の生徒がバスケットボールのフリースローをそれぞれ５回ずつ行った。下の**表**は，５回のうち成功した回数とその人数をまとめたものである。

25 人の成功した回数の平均が 2.4 回のとき，a，b の値を，それぞれ求めなさい。

表

成功した回数（回）	0	1	2	3	4	5
人数（人）	1	5	a	b	3	2

3　**図１**のように，正三角形ＡＢＣの３つの頂点Ａ，Ｂ，Ｃを通る円をかき，Ａを含まない弧ＢＣ上に点Ｐをとる。

点Ａと点Ｐを結び，線分ＡＰと線分ＢＣの交点をＤとする。

先生と花子さんの次の会話を読んで，あとの（１），（２）の問いに答えなさい。

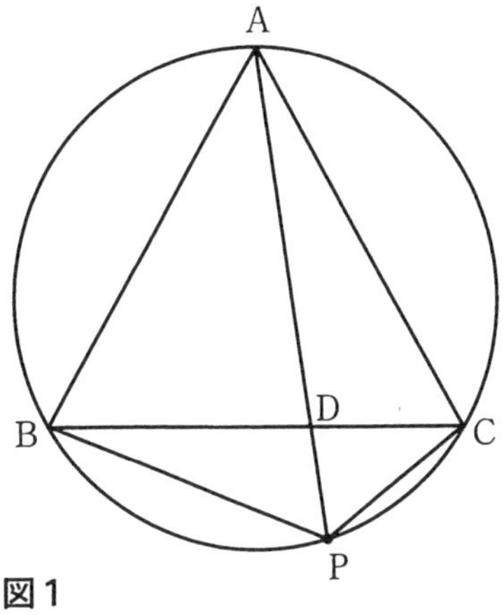

図１

（先生と花子さんの会話）

先生：点Ｐが弧ＢＣ上のどこにあっても必ず成り立つことがらを考えてみましょう。

花子：∠ＡＰＢ，∠ＡＰＣはどちらも 60° になります。

先生：そうですね。ほかにも，<u>ＡＰ＝ＢＰ＋ＣＰ</u>が成り立ちます。

花子：えっ！なぜそうなるのですか？

（１）　下線部が成り立つことを，次のように証明した。

（証明）

図２のように，線分ＡＰ上にＢＰ＝ＢＱとなるような点Ｑをとると，ＢＰ＝ＢＱ，∠ＢＰＱ＝∠ＢＣＡ＝60° より，△ＰＢＱは正三角形になる。

△ＰＢＣと△ＱＢＡで，

ア

合同な三角形の対応する辺は等しいから，ＣＰ＝ＡＱ

△ＰＢＱは正三角形だから，ＢＰ＝ＰＱ

よって，ＢＰ＋ＣＰ＝ＰＱ＋ＡＱ＝ＡＰ

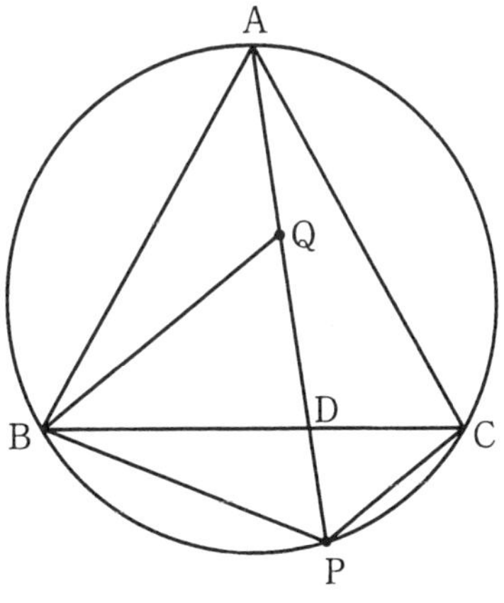

図２

ア に当てはまる証明を書きなさい。

（2） **図2**において，ＡＢ＝ＢＣ＝ＡＣ＝７cm，ＢＰ＝５cm，ＣＰ＝３cmとする。

（先生と花子さんの会話）

先生：このとき，ＤＰの長さを求めてみましょう。

花子：どのようにすれば求められますか。

先生：△［　イ　］と相似な図形である△ＡＢＰや△ＡＤＢ，△ＢＤＱの相似を利用すれば求められますよ。

①　［　イ　］に当てはまる記号を書きなさい。

②　ＤＰの長さを求めなさい。

4 家から公園までの道のりは600 mである。兄は家を出発して公園まで走り，公園で２分間休けいして，走って家にもどり，家で２分間休けいして，ふたたび走って公園に向かった。この間，兄の走る速さは一定である。また，弟は兄と同時に家を出発し，一定の速さで歩いて公園に向かった。弟は家を出発してから20分後に公園に着き，兄はその４分前にふたたび公園に着いた。下の**図**は，２人が家を出発してからの時間をx分，家からの道のりをy mとして，２人の進行のようすを表したグラフである。

このとき，あとの(１)～(３)の問いに答えなさい。

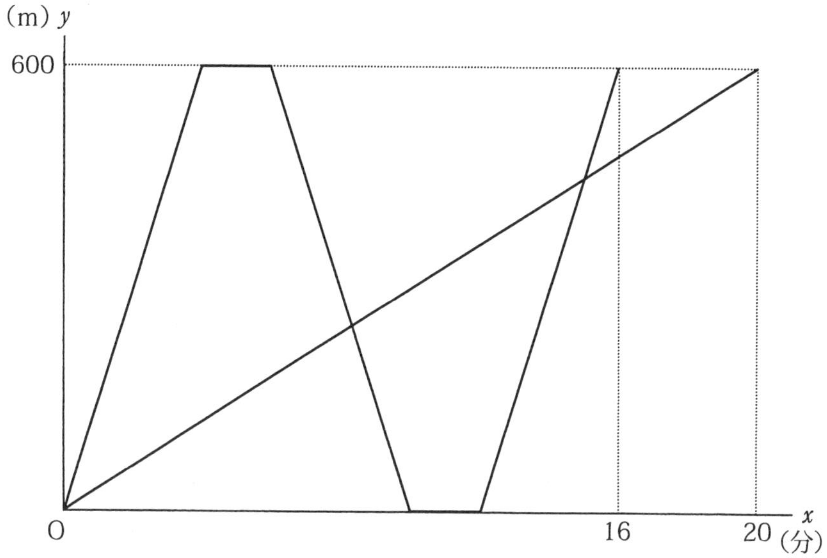

図

(１)　兄の走る速さは分速何mか求めなさい。

(２)　兄が家にもどって休けいしたあと，ふたたび公園に向かって走っているとき，兄の進行を表すグラフの式を，$y = ax + b$ の形で表しなさい。

(３)　公園に向かって走っている兄が弟を追いこしたのは，弟が家を出発してから何分後か求めなさい。

5 黒い面と白い面が裏表になっているオセロの駒《こま》を，黒い面を表にして，横1列に6個並べる。1から6までの目が出るさいころを1回投げ，左端から出た目の数だけオセロの駒の裏表を逆にする。さらに，もう1回さいころを投げ，右端から出た目の数だけオセロの駒の裏表を逆にする。例えば，1回目に4の目が，2回目に3の目が出たときは，下の**図**のように，駒の表の面の色は左端から「白白白黒白白」となっている。

このとき，あとの（1）～（3）の問いに答えなさい。ただし，さいころは1から6までのどの目が出ることも同様に確からしいとする。

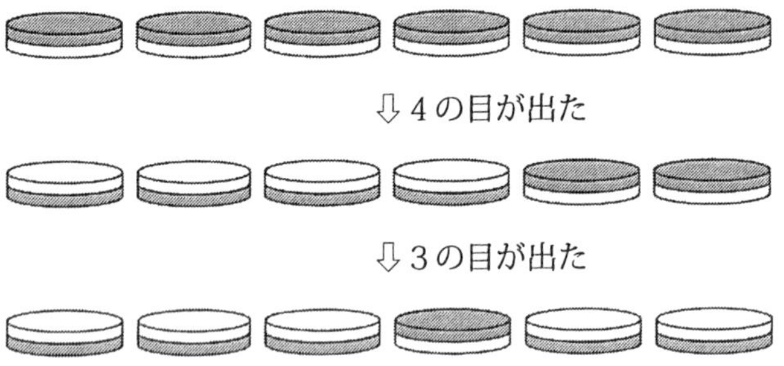

図

（1） 1回目に5の目が，2回目に4の目が出たとき，駒の表の面の色はどのようになるか。左端から「白白白黒白白」のように答えなさい。

（2） 2回投げ終えたとき，左端から4番目の駒の表の面の色が黒になる確率を求めなさい。

（3） 2回投げ終えたとき，表の面の色が白である駒の枚数が3枚以上になる確率を求めなさい。

6 **図1**の立体ＡＢＣＤ－ＥＦＧＨにおいて，四角形ＡＢＣＤは台形で，∠ＤＡＢ＝∠ＡＢＣ＝90°，辺ＡＥ，ＢＦ，ＣＧ，ＤＨはすべて底面ＡＢＣＤと垂直である。また，面ＡＤＨＥ，面ＢＣＧＦは正方形である。

ＡＤ＝5cm，ＡＢ＝12cm，ＢＣ＝8cmのとき，次の（１）～（３）の問いに答えなさい。

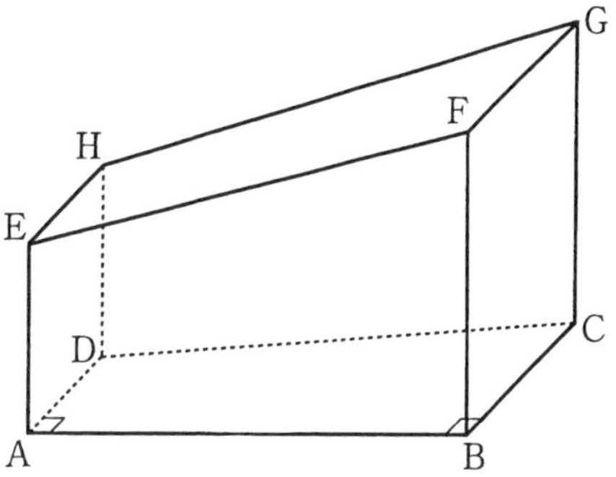

図1

（１） **図1**の立体において，辺ＢＣとねじれの位置にある辺は全部で何本か求めなさい。

（２） **図1**の立体の体積を求めなさい。

（３） **図2**のように，辺ＡＢ上にＡＰ＝4 cmとなる点Ｐをとり，線分ＥＰと線分ＡＦの交点をＱとする。

このとき，ＡＱ：ＱＦをできるだけ簡単な整数の比で表しなさい。

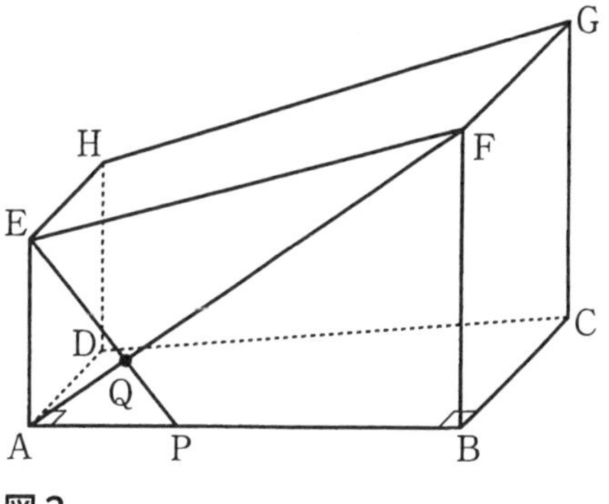

図2

【社　会】（50分）〈満点：100点〉

1　ある中学校の社会科の授業で，「東北地方にはどのような特色があるのだろうか」という課題で，班ごとにテーマを設定し，学習しました。次の１～３に答えなさい。

1　Ａ班では，東北地方の自然環境に興味をもち，「東北地方の気候の特色」というテーマを設定し，資料１，資料２を集めました。下の(1)～(3)の問いに答えなさい。

資料１　東北地方の二つの都市の気温と降水量

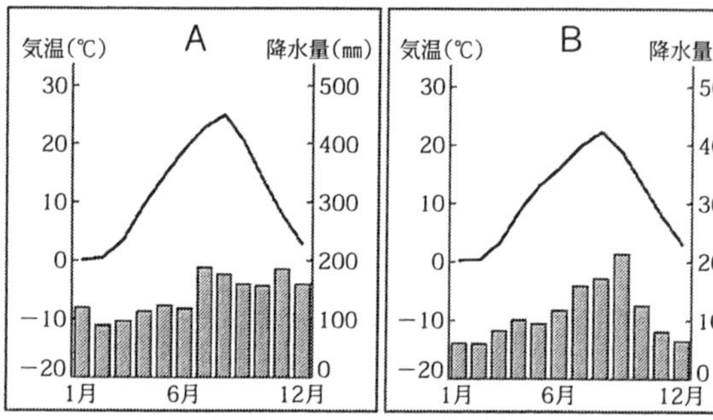

〔「理科年表」2021 年版より作成〕

資料２　東北地方の米の作況指数（2003 年）

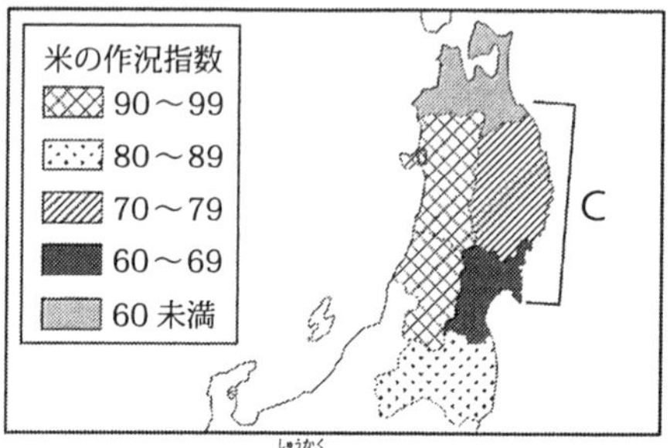

注）平年作を 100 とした収穫《しゅうかく》期の指数である。

〔農林水産省「作物統計調査」より作成〕

(1)　Ａ班は，資料１から読み取ったことをもとに，東北地方の気候について調べ，次のような＜メモ＞を作成しました。＜メモ＞の［あ］，［い］に当てはまる語の組み合わせとして最も適切なものを，下のア～エの中から一つ選んで，その記号を書きなさい。

＜メモ＞
資料１は，岩手県宮古《みやこ》市と秋田県秋田市の気温と降水量を示したものであり，Ａは［あ］に当てはまります。ＡとＢのように，［い］の東側と西側の地域では，年間の降水量の変化に違いが見られます。

ア［**あ**　宮古市　　**い**　越後《えちご》山脈］　イ［**あ**　宮古市　　**い**　奥羽《おうう》山脈］
ウ［**あ**　秋田市　　**い**　越後山脈］　エ［**あ**　秋田市　　**い**　奥羽山脈］

(2)　Ａ班は，資料２から，東北地方の太平洋側の県では，2003 年の米の収穫量が平年と比べて大きく落ちこんでいることを知りました。この原因を，風の名称にふれながら，「夏」，「気温」という語を用いて書きなさい。

(3)　資料２のＣで示した三陸《さんりく》海岸には，複雑に入り組んだ海岸線が見られます。このような海岸線をもつ海岸を何というか，書きなさい。

2　Ｂ班では，「東北地方と世界の国々の関わり」というテーマを設定し，話し合いました。あとの(1)～(4)の問いに答えなさい。

資料３

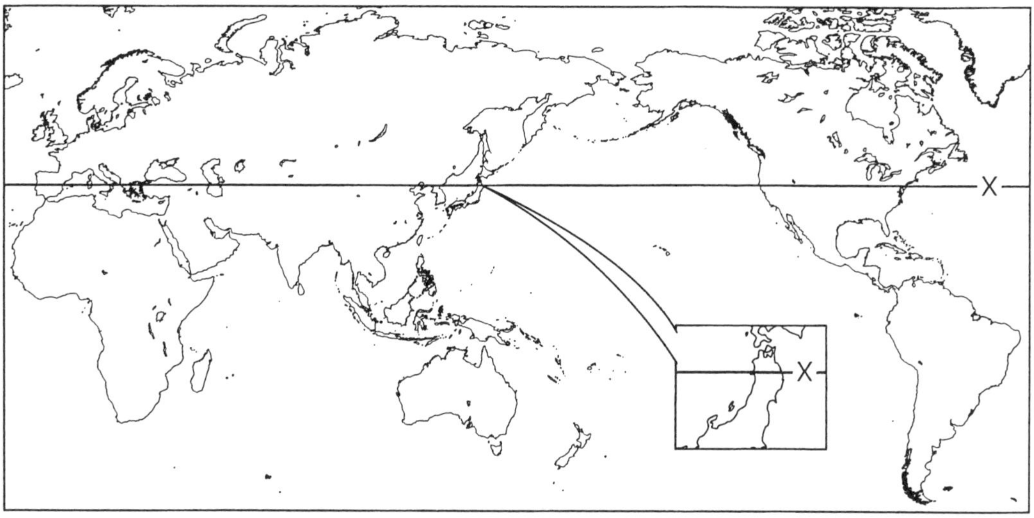

次郎：資料３を見ると，a 世界の中の東北地方の位置がよくわかるね。東北地方は，どのような国と関わりがあるのかな。

洋子：東北地方の港で行われている貿易について調べたら，2018 年の輸出額の第１位は b 中国，輸入額の第１位は c オーストラリアになっていたよ。また，d アメリカとの貿易もさかんに行われているよ。

⑴　下線部 a について，資料３の緯《い》線《せん》X は，秋田県や岩手県を通っています。この緯線 X が示す緯度として最も適切なものを，次のア～エの中から一つ選んで，その記号を書きなさい。

ア　北緯 20 度　　イ　北緯 40 度　　ウ　北緯 60 度　　エ　北緯 80 度

⑵　下線部 b について，次のア～エは，2018 年の中国，エチオピア，アルゼンチン，日本の人口ピラミッドを示したものです。ア～エのうち，中国に当てはまるものを一つ選んで，その記号を書きなさい。

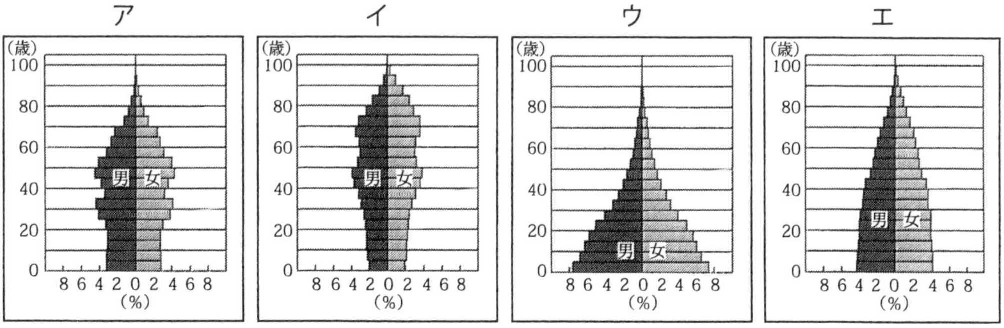

〔国連資料より作成〕

⑶　下線部 c について，次郎さんは，オーストラリアについて調べ，次のような<メモ>を作成しました。<メモ>の **う** に当てはまる国名を，下のア～エの中から一つ選んで，その記号を書きなさい。

<メモ>
オーストラリアは，かつてこの国を植民地として支配していた［う］と強く結びついていましたが，近年では，距離が近いアジアの国との関係が強まっています。

ア　アメリカ　　イ　スペイン　　ウ　スイス　　エ　イギリス

(4)　下線部dについて，洋子さんは，資料4を見つけ，次のような<メモ>を作成しました。<メモ>の［え］に当てはまる語をカタカナで書きなさい。

資料4

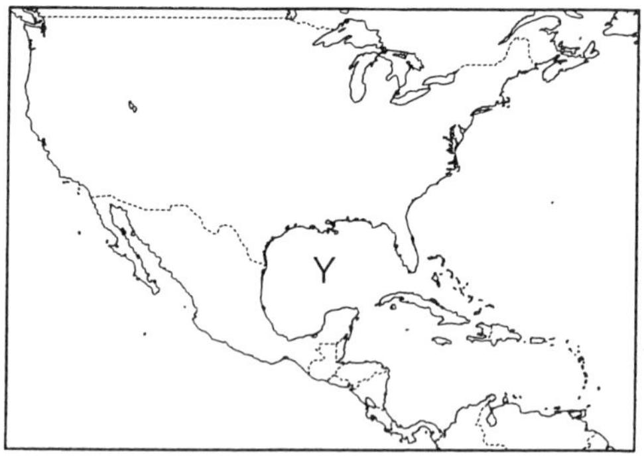

<メモ>
資料4のYで示したメキシコ湾の沿岸では，主に8月から9月にかけてカリブ海やメキシコ湾で発生する熱帯低気圧である［え］が，たびたび大きな被害をもたらします。

3　C班では，「東北地方の産業」というテーマを設定し，調べたことをもとに<発表原稿>を作成しています。下の(1)～(4)の問いに答えなさい。

<発表原稿>
- 東北地方では，米やe果実などの栽培《さいばい》がさかんです。
- 東北地方には，規模が大きい工業地帯や工業地域はありませんが，f近年，工業の生産額が増加傾向にあります。
- g東北地方の各県では，その地域でとれるh森林資源や鉱産資源を活用した伝統的工芸品が生産されています。

(1)　下線部eについて，C班では，山形県にさくらんぼが名前についた駅があることを知り，資料5を見つけました。資料5の地形図について述べた文として最も適切なものを，次のア～エの中から一つ選んで，その記号を書きなさい。

資料5　山形県にある地域の地形図

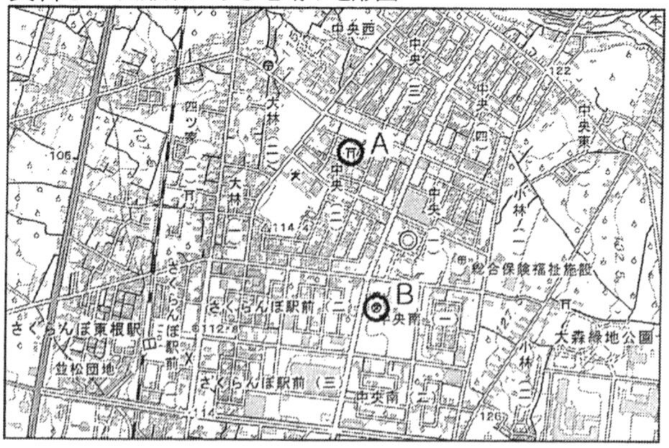

〔国土地理院発行2万5千分の1地形図「楯岡」より作成〕
〈編集部注：編集上の都合により原図の88%に縮小してあります。〉

ア　さくらんぼ東《ひがし》根《ね》駅の周辺には老人ホームがある。
イ　市役所は，大森緑地公園から見て南西にある。
ウ　総合保険福祉施設の東側の土地は，主に果樹園として利用されている。
エ　地形図上のAの神社からBの高等学校までの長さは，直線距離で約2cmなので，実際の距離は約5kmである。

⑵　下線部ｆについて，良子さんは，東北地方の工業に興味をもち，資料６，資料７を見つけ，下の＜メモ＞を作成しました。＜メモ＞の［ お ］に当てはまる内容を書きなさい。

資料６　東北地方の各県の製造品出荷額等の推移

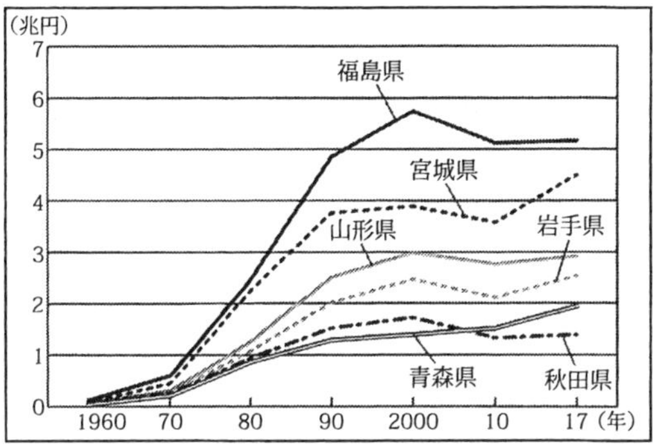

〔「数字でみる日本の100年」改訂第７版より作成〕

資料７　東北地方の主な工業団地（2013年）

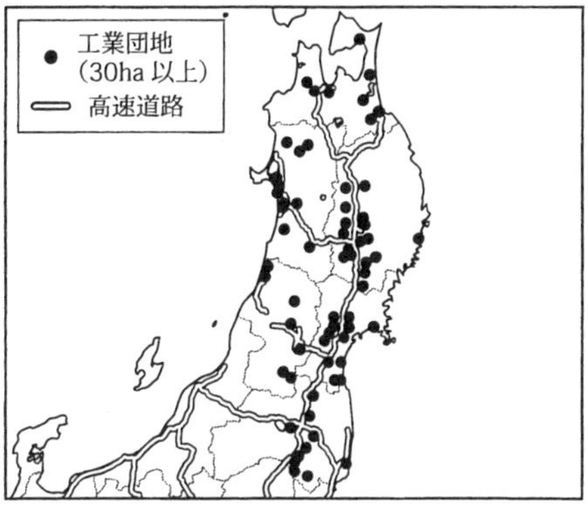

＜メモ＞
資料６から，東北地方の製造品出荷額等は，1970年ごろから2000年ごろにかけて大きく増加していることがわかります。この背景として，資料７から，［ お ］ということが考えられます。

⑶　下線部ｇについて，三郎さんは，東北地方の各県の様子を比較するために，資料８を見つけました。資料８のうち，宮城県に当てはまるものを，ア～エの中から一つ選んで，その記号を書きなさい。

資料８　東北地方の各県の比較（2016年）

県名	面積（㎢）	人口（千人）	65歳以上の人口の割合（％）
山形	9323	1113	31.5
福島	13784	1901	29.5
ア	7282	2330	26.4
イ	11638	1010	34.7
ウ	15275	1268	31.1
エ	9646	1293	31.0

〔「データでみる県勢」2018より作成〕

⑷　下線部ｈについて，良子さんは，岩手県の林業について調べ，資料９を見つけ，その中の三つの資料を使い，次のようにまとめました。資料９のＡ～Ｅの中から，良子さんが使った資料として適切なものを三つ選んで，その記号を書きなさい。

＜まとめ＞
岩手県は木炭やまつたけなどの特用林産物の生産量が多く，県の総面積に占める林野面積は７割以上となっています。しかし，女性の林業従事者は減少傾向にあり，2017年度は2005年度の半分以下となっています。

資料9

A　岩手県の年齢別林業従事者の割合の推移

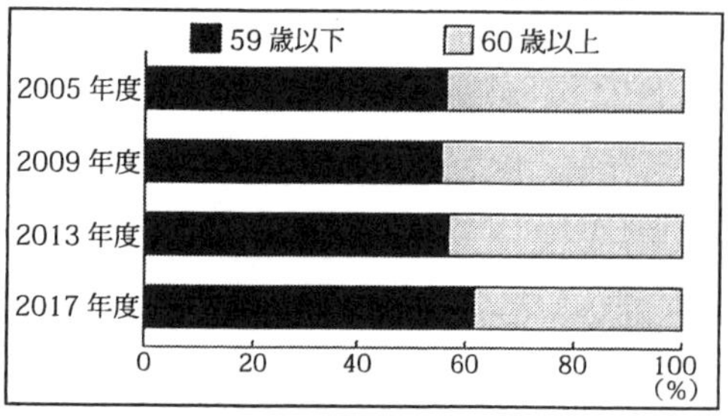

B　岩手県の年間就労日数別林業従事者の割合の推移

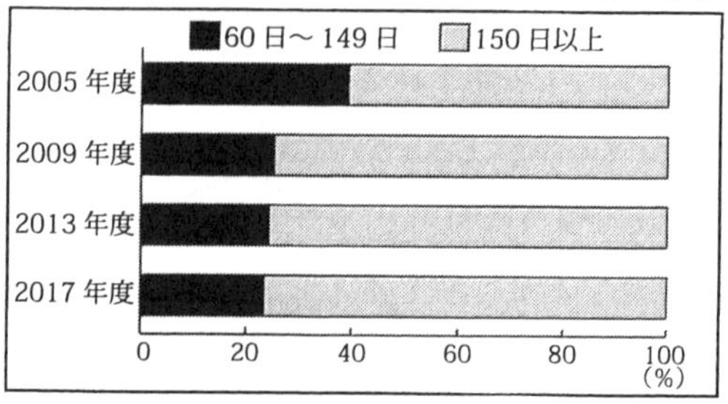

C　岩手県の林野率（2015年）

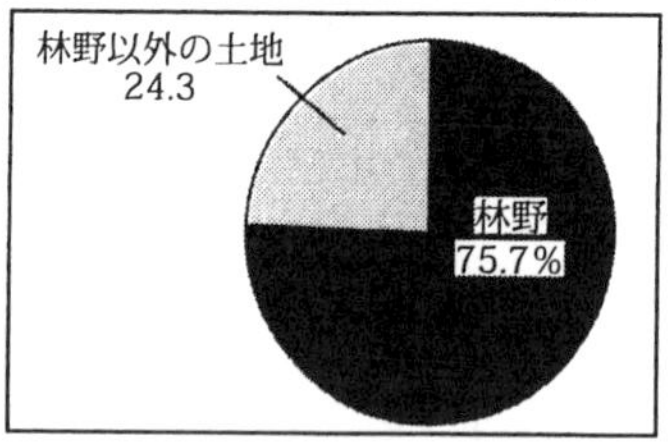

D　岩手県の女性の林業従事者数の推移

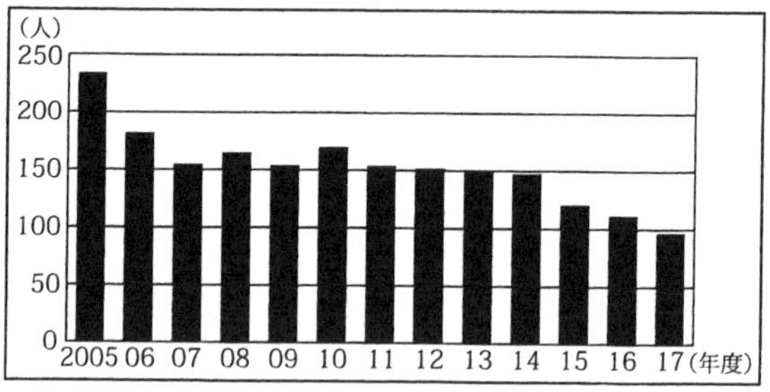

E　岩手県の主な特用林産物の生産量と全国順位(2019年)

	生産量（t）	全国順位
木炭	2384.9	第1位
まつたけ	3.1	第2位
生しいたけ	4253.8	第3位

注）特用林産物とは，本来森林や原野から得られる産物のうち，一般木材を除いたものの総称である。

〔A，B，Dは岩手県資料，C，Eは「データでみる県勢」2021より作成〕

2

ある中学校の社会科の授業で，「それぞれの時代にはどのような特色があるのだろうか」という課題で，班ごとにテーマを設定し，学習しました。次の1，2に答えなさい。

1　A班は，「それぞれの時代におこった戦い」というテーマを設定し，カード1～カード4を作成しました。下の(1)～(4)の問いに答えなさい。

カード1　蝦夷《えみし》との戦い 8世紀末から9世紀にかけて，朝廷《ちょうてい》は東北地方に勢力を広げようとし，その地に住んでいた蝦夷の本拠地《ほんきょち》である胆沢《いさわ》地方を攻撃《こうげき》した。	カード2　承久《じょうきゅう》の乱 後鳥羽《ごとば》上皇は朝廷《ちょうてい》の勢力の回復を図り，幕府《ばくふ》をたおそうと兵を挙げたが，幕府は大軍を送り，これを破った。
カード3　日清《にっしん》戦争 日本は日清戦争に勝利し，清《しん》との間にa下関《しものせき》条約を結んだ。	カード4　太平洋《たいへいよう》戦争の終結 日本はポツダム宣言を受け入れて降伏《こうふく》し，連合国軍の支配下で様々な改革が進められた。

⑴　太郎さんは，カード１の蝦夷との戦いについて調べ，次のような<メモ>を作成しました。<メモ>の［あ］に当てはまる人物名を書きなさい。

> <メモ>
> 朝廷から征夷大将軍《せいいたいしょうぐん》に任命された［あ］は，801 年に大軍を率いて胆沢地方を平定し，翌年に胆沢城《いさわじょう》を築きました。

⑵　花子さんは，カード２の承久の乱に興味をもち，承久の乱の前後の様子を比較するために資料１を見つけ，次のような<メモ>を作成しました。<メモ>の［い］に当てはまる内容を書きなさい。また，承久の乱がおきた時代につくられたものを，下のア〜エの中から一つ選んで，その記号を書きなさい。

資料１　承久の乱の前後の幕府の勢力

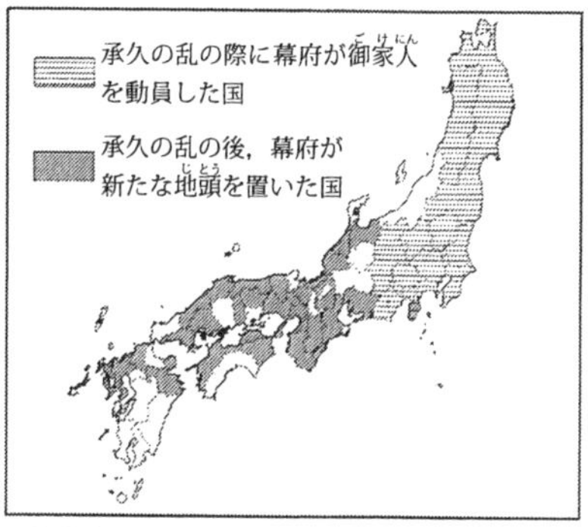

> <メモ>
> 資料１から，承久の乱の後，幕府の勢力が［い］ことがわかります。

ア　東大寺《とうだいじ》の大仏
イ　平等院鳳凰堂《びょうどういんほうおうどう》の阿弥陀如来像《あみだにょらいぞう》
ウ　東大寺南大門《とうだいじなんだいもん》の金剛力士像《こんごうりきしぞう》
エ　法隆寺《ほうりゅうじ》の釈迦如来像《しゃかにょらいぞう》（釈迦三尊像《しゃかさんぞんぞう》）

⑶　太郎さんは，下線部ａが結ばれた後のできごとについて調べ，次のような<メモ>を作成しました。<メモ>の［う］に当てはまる場所を，資料２のＡ〜Ｄの中から一つ選んで，その記号を書きなさい。

資料２

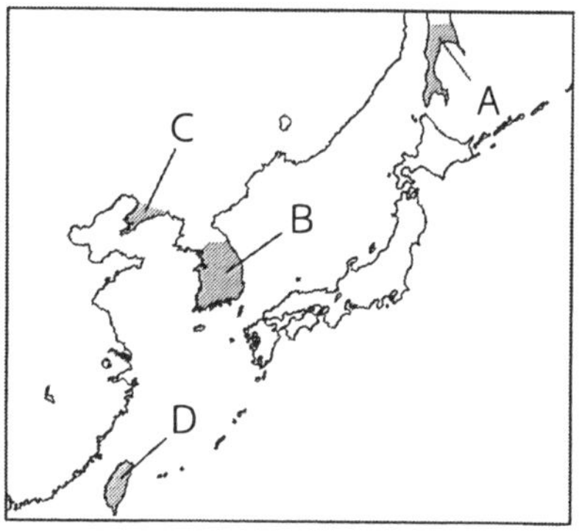

> <メモ>
> 下関条約が結ばれた後，ロシア，ドイツ，フランスは，この条約で得た地域の一部である［う］を清に返還するよう日本に要求しました。

⑷　太郎さんたちは，カード４の太平洋戦争の終結後の日本について調べ，話し合いました。文中の［え］に当てはまる人物名を，下のア〜エの中から一つ選んで，その記号を書きなさい。また，［お］に当てはまる語を書きなさい。

> 太郎：1951 年，［え］内閣がアメリカなどの 48 か国とサンフランシスコ平和条約を結び，日本は独立を回復したんだね。
> 花子：でも，同時に結ばれた［お］条約によって，日本国内にアメリカ軍の基地が残されることになったよ。

ア　原敬《はらたかし》　　イ　佐藤栄作《さとうえいさく》　　ウ　田中角栄《たなかかくえい》　　エ　吉田茂《よしだしげる》

2　B班は，「それぞれの時代の農村の様子」というテーマを設定し，右の表をもとに話し合いました。次の(1)～(3)の問いに答えなさい。

時代	できごと
室町《むろまち》時代	b 土《つち》《ど》一揆《いっき》がおこる
江戸《えど》時代	c 天保《てんぽう》の改革で人返しの法が出される
昭和《しょうわ》時代	d 小作《こさく》争議がおこる

(1)　下線部bについて，次郎さんは，次のような<メモ>を作成しました。<メモ>の［　か　］に当てはまる語を書きなさい。

<メモ>
土一揆がおこった背景として，農村では，有力な農民を中心に［　か　］とよばれる自治組織がつくられ，農民どうしの結びつきが強まったことがあります。

(2)　次郎さんは，下線部cに興味をもち，資料3，資料4を見つけ，洋子さんと話し合いました。文中の［　き　］に当てはまる内容を書きなさい。

資料3　江戸に住む人の出身地

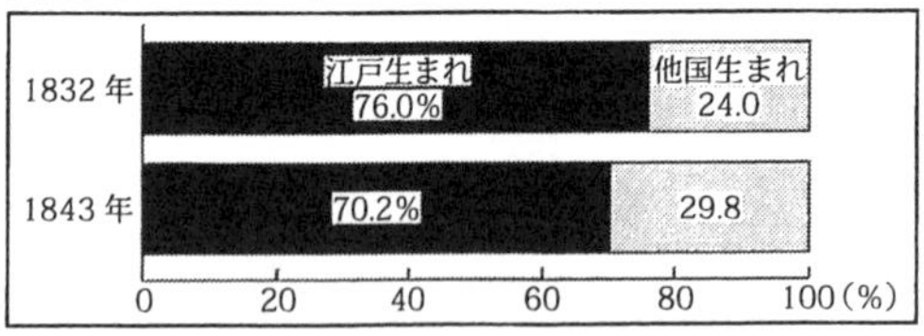

〔「幕末江戸社会の研究」より作成〕

資料4　幕領の年貢《ねんぐ》収納高の推移

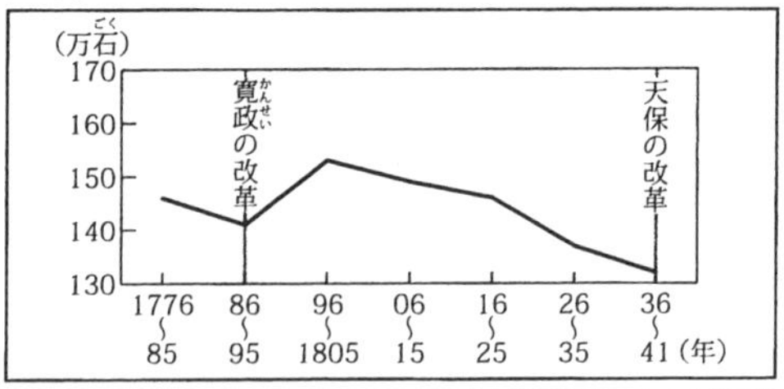

〔「史料日本史」上より作成〕

次郎：天保の改革では，江戸に出かせぎに来ている農民を故郷に帰らせる人返しの法が出されたね。
洋子：そうね。資料3，資料4から，このような政策が行われたのは［　き　］からだということがわかるわ。

(3)　年表中の下線部dについて，資料5のXの時期の小作争議の増加と最も関係の深いできごとを，次のア～エの中から一つ選んで，その記号を書きなさい。

ア　世界恐慌《せかいきょうこう》の拡大
イ　治安維持法《ちあんいじほう》の制定
ウ　シベリア出兵の決定
エ　国家総動員法《こっかそうどういんほう》の制定

資料5　小作争議の件数の推移

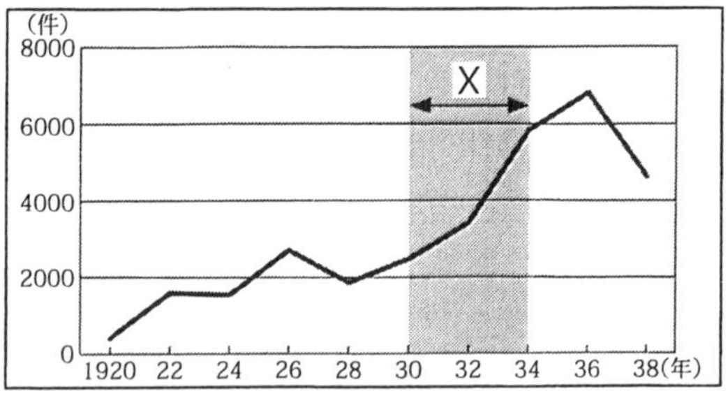

〔「昭和史」より作成〕

3

ある中学校の社会科の授業で，「私たちの生活や権利はどのようにして守られているのだろう」という課題で，班ごとにテーマを設定し，学習しました。次の１，２に答えなさい。

１　Ａ班は，授業で学んだことをもとに，「私たちの生活を守るためのしくみ」というテーマを設定し，レポートにまとめました。次の(1)〜(3)の問いに答えなさい。

レポート

> 消費者を守るためには，a 消費者の権利が保障される必要があります。日本では，1960 年代に消費者のための政策が本格的に始まりました。
>
> b 企業にとって，労働者は生産を行ううえで欠かせない存在です。c 労働者を守るために，様々な法律が定められています。

(1)　下線部ａについて，太郎さんは，次のような＜メモ＞を作成しました。＜メモ＞の［あ］，［い］に当てはまる語の組み合わせとして最も適切なものを，下のア〜エの中から一つ選んで，その記号を書きなさい。

> ＜メモ＞
>
> 1960 年代にアメリカでかかげられた「安全を求める権利（安全である権利），知らされる権利（知る権利），［あ］，意見を反映させる権利（意見を聞いてもらう権利）」の消費者の四つの権利は，その後の各国の政策にも影響《えいきょう》を与えました。日本では，製品の欠《けっ》陥《かん》によって消費者が被害を受けたことを証明すれば，製造者などに対して損害賠償《ばいしょう》を求めることができる［い］が制定されました。

ア［　あ　選択する権利（選ぶ権利）　い　製造物責任法（ＰＬ法）］
イ［　あ　選択する権利（選ぶ権利）　い　消費者基本法］
ウ［　あ　裁判を受ける権利　い　製造物責任法（ＰＬ法）］
エ［　あ　裁判を受ける権利　い　消費者基本法］

(2)　下線部ｂについて，太郎さんは，日本の企業について調べ，右のような＜メモ＞を作成しました。＜メモ＞の［う］に当てはまる内容を，「多くの人」という語を用いて書きなさい。また，大企業と中小企業を比較した資料１のＡ〜Ｄに当てはまる語の組み合わせとして最も適切なものを，次のア〜エの中から一つ選んで，その記号を書きなさい。

> ＜メモ＞
>
> 企業には，個人企業と法人企業があります。法人企業の中で一般的な株式会社では，［う］ために，株式を発行しています。

資料１　日本の大企業と中小企業の比較（2016 年）

企業数の割合		従業員数の割合	
A	B	C	D
99.7%	0.3%	68.8%	31.2%

〔中小企業庁資料より作成〕

ア［　Ａ　大企業　Ｂ　中小企業　Ｃ　大企業　Ｄ　中小企業］
イ［　Ａ　大企業　Ｂ　中小企業　Ｃ　中小企業　Ｄ　大企業］
ウ［　Ａ　中小企業　Ｂ　大企業　Ｃ　中小企業　Ｄ　大企業］
エ［　Ａ　中小企業　Ｂ　大企業　Ｃ　大企業　Ｄ　中小企業］

⑶　太郎さんは，下線部ｃについて調べ，資料２を見つけ，次のような＜メモ＞を作成しました。＜メモ＞の［え］に当てはまる語を書きなさい。

資料２　労働者の権利を守るためのある法律の主な内容

○男女は同一賃金
○労働時間は週 40 時間，１日８時間以内
○少なくとも週１日の休日

＜メモ＞
資料２のように，働くうえで重要な条件については，［え］という法律で定められています。

２　Ｂ班は，「人々の平等はどのようにして守られているのか」というテーマを設定し，話し合いました。下の⑴～⑷の問いに答えなさい。

次郎：人々が出身や性別，人種などによって差別されないために，様々な方法でｄ平等を守るくふうがされているよ。その中で，基本になるのは法律によって平等を守ることだね。
洋子：また，ｅ国会議員のｆ選挙でも，一人一票の平等選挙が原則となっているよ。
次郎：うん。不平等な扱《あつか》いが解消されない場合は，裁判によって解決する方法もあるよ。
洋子：ｇ裁判所は，法に基づいて問題を解決することで私たちの権利を守っているんだね。

⑴　下線部ｄについて，洋子さんは，資料３を見つけ，次のような＜メモ＞を作成しました。＜メモ＞の［お］に当てはまる語をカタカナで書きなさい。

＜メモ＞
資料３は，車いすの人や高齢者などが使いやすいように，手すりが付いたトイレの写真です。すべての人に自由な公共施設の利用を保障するために，資料３のようなトイレを公共施設に設置するなど，［お］化が進められています。

資料３

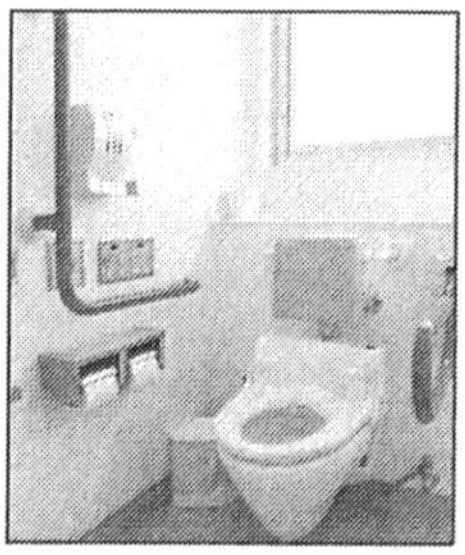

⑵　下線部ｅについて，次郎さんは，衆議院議員と参議院議員を比較するために，資料４を見つけました。資料４のＸ～Ｚに当てはまる語の組み合わせとして最も適切なものを，次のア～エの中から一つ選んで，その記号を書きなさい。

資料４　衆議院議員と参議院議員の比較

	被選挙権	任期
衆議院	Ｘ	Ｚ
参議院	Ｙ	６年

ア［　Ｘ　25 歳以上　Ｙ　30 歳以上　Ｚ　３年　］
イ［　Ｘ　25 歳以上　Ｙ　30 歳以上　Ｚ　４年　］
ウ［　Ｘ　30 歳以上　Ｙ　25 歳以上　Ｚ　３年　］
エ［　Ｘ　30 歳以上　Ｙ　25 歳以上　Ｚ　４年　］

⑶　洋子さんは，下線部ｆについて調べ，資料５を見つけ，次のような＜メモ＞を作成しました。＜メモ＞の［か］に当てはまる数字を書きなさい。

資料５　各政党の得票数

政党	Ａ党	Ｂ党	Ｃ党	Ｄ党
得票数	600 票	480 票	240 票	150 票

＜メモ＞
衆議院議員選挙において，比例代表制の定数７のブロックで，資料５の得票数だった場合，Ｂ党の獲得《かくとく》議席数は［か］議席です。

⑷　下線部ｇについて，次郎さんは，資料６を見つけ，次のような＜まとめ＞を作成しました。＜まとめ＞の［　き　］に当てはまる内容を，「憲法」という語を用いて書きなさい。

資料６　三権の抑制《よくせい》と均衡《きんこう》の関係

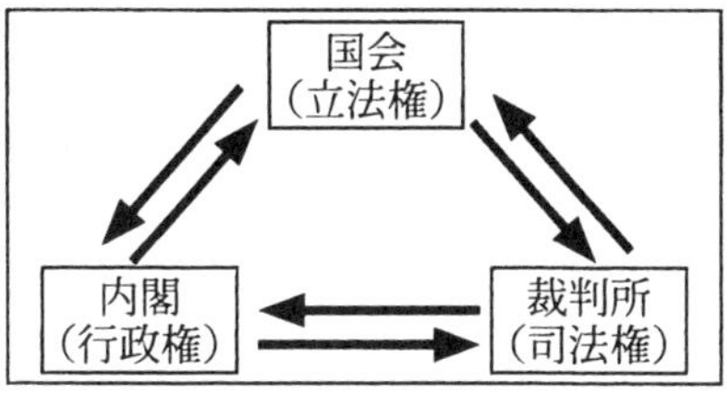

＜まとめ＞
　日本の政治では，資料６のように，三つの権力が互いに行きすぎを抑制しあっています。その中で，裁判所は司法権をもっており，最高裁判所は，法律などが［　き　］ため，「憲法の番人」とよばれています。

4

ある中学校の社会科の授業で，「様々な分野の歴史をまとめよう」という課題で，班ごとにテーマを設定し，学習しました。次の１～３に答えなさい。

１　Ａ班では，「農業の歴史」というテーマを設定し，話し合いました。下の⑴～⑶の問いに答えなさい。

太郎：鎌倉時代や室町時代には，定期市で人々が物を売り買いするようになったよね。こうした商業の活性化は，ａ農業技術が向上し，生産活動がさかんになったことが関係していると思うな。
花子：そうね。明治時代になると，ｂ北海道でも米がさかんにつくられるようになったわ。
太郎：次は，ｃ現代の日本で行われている農業の特色について調べてみよう。

⑴　下線部ａについて，鎌倉時代と室町時代の農業技術について述べた文として最も適切なものを，次のア～エの中から一つ選んで，その記号を書きなさい。
ア　備中《びっちゅう》ぐわや千歯《せんば》こきなどの農具が使われるようになった。
イ　石包丁《いしぼうちょう》を使って稲の穂《ほ》をかり取るようになった。
ウ　肥料として，干《ほ》した鰯《いわし》（干鰯《ほしか》）などが用いられるようになった。
エ　西日本を中心に，稲を育てた後に麦を育てる二毛作《にもうさく》がさかんになった。

⑵　下線部ｂについて，資料１，資料２を参考にして，茨城県と比較した北海道の農業の特徴について，「一人当たり」という語を用いて書きなさい。

資料１　北海道と茨城県の農業就業人口（2015年）

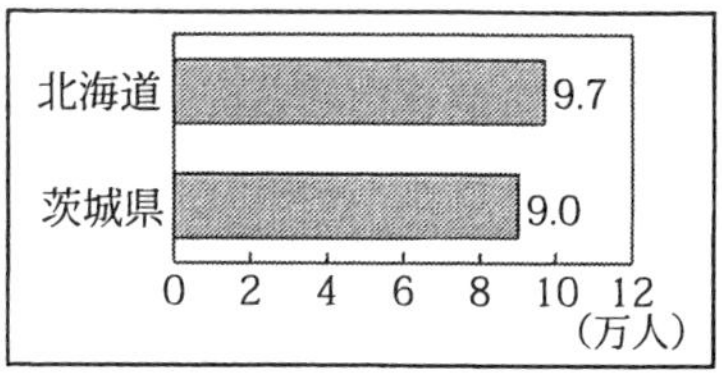

資料２　北海道と茨城県の耕地面積（2015年）

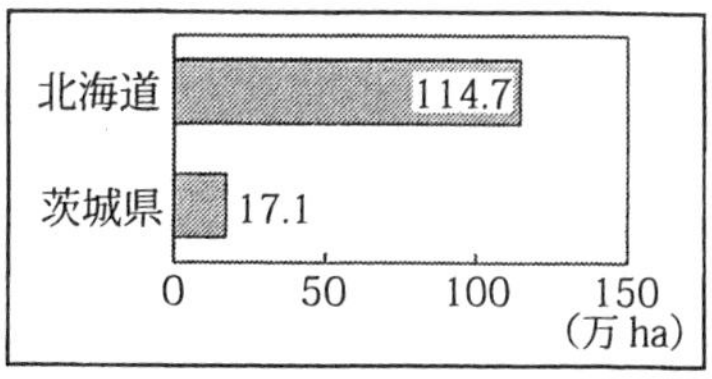

〔資料１，２は「データでみる県勢」2017より作成〕

(3)　下線部ｃについて，花子さんは，日本各地で行われている農業について調べ，次のような＜メモ＞を作成しました。＜メモ＞の【あ】，【い】に当てはまる語の組み合わせとして最も適切なものを，下のア～カの中から一つ選んで，その記号を書きなさい。

＜メモ＞
○千葉県や茨城県では，大消費地に近い条件を生かした【あ】が行われており，新鮮さが求められる野菜の生産がさかんです。
○宮崎県や高知県では，温暖な気候を生かし，なすやピーマンなどの【い】が行われています。

ア［　あ　近郊《きんこう》農業　　い　促成《そくせい》栽培　］　　イ［　あ　近郊農業　　い　抑制栽培　］
ウ［　あ　促成栽培　　い　近郊農業　］　　エ［　あ　促成栽培　　い　抑制栽培　］
オ［　あ　抑制栽培　　い　促成栽培　］　　カ［　あ　抑制栽培　　い　近郊農業　］

2　Ｂ班では，「憲法の歴史」というテーマを設定し，資料３，資料４を見つけ，これらの資料をもとに話し合いました。下の(1)～(3)の問いに答えなさい。

資料３　大日本帝国憲法発布の式典

資料４　ワイマール憲法（一部要約）

第151条
(1)経済生活の秩序《ちつじょ》は，すべての人に，人たるに値する生存を保障することを目指す正義の諸原則に適合するものでなければならない。各人の経済的自由は，この限界内においてこれを確保するものとする。
(2)法律的強制は，脅《おびや》かされている権利を実現するため，又は，公共の福祉の優越《ゆうえつ》的な要請《ようせい》に応ずるためにのみ，許される。
(3)通商及び営業の自由は，法律の定める基準に従って保障される。

次郎：近代になると，人権を守るためには，人の支配ではなく法の支配が欠かせないという考えから，欧米諸国を中心に憲法が制定されるようになったね。
洋子：資料３は，ｄ大日本帝国憲法の発布の式典だね。この憲法は，初代内閣総理大臣の伊藤博文《いとうひろぶみ》を中心につくられたよ。
次郎：資料４のｅワイマール憲法では，20歳以上のすべての男女に選挙権が認められたよ。
洋子：太平洋戦争の終結後には，ｆ日本国憲法がつくられたね。日本国憲法では様々な人権を保障しているけれど，近年は，情報化などの科学技術の発展にともない，憲法に直接的に明記されていない新しい人権が主張されるようになったわ。

⑴　下線部ｄが発布された時期を，右の年表中のア～エの中から一つ選んで，その記号を書きなさい。

西暦	で　き　ご　と
	ア
1877	西南《せいなん》戦争がおこる
	イ
1902	日英同盟《にちえいどうめい》が結ばれる
	ウ
1925	普通選挙法が公布される
	エ

⑵　下線部ｅが発布された国と，この憲法で初めて規定された権利の組み合わせとして最も適切なものを，次のア～エの中から一つ選んで，その記号を書きなさい。

ア［　国ーフランス　　権利ー社会権　］
イ［　国ーフランス　　権利ー財産権　］
ウ［　国ードイツ　　権利ー社会権　］
エ［　国ードイツ　　権利ー財産権　］

⑶　花子さんは，下線部ｆについて調べ，資料５を見つけました。資料５中の［　う　］に共通して当てはまる語を書きなさい。

資料５　日本国憲法の条文

第１条
天皇は，日本国の［　う　］であり日本国民統合の［　う　］であつ《(っ)》て，この地位は，主権の存する日本国民の総意に基《もと》づく。

３　Ｃ班では，「外交の歴史」というテーマを設定し，調べたことをもとに<発表原稿>を作成しています。下の⑴～⑶の問いに答えなさい。

<発表原稿>
日本では古来より様々な国と交流し，特に，地理的に近いｇ中国からは大きな影響を受けてきました。江戸時代には，ｈ鎖国《さこく》の体制がとられたことで海外との交流が制限されましたが，開国から今日に至るまで，日本は様々な国際情勢の影響を受けてきました。近年では，交通やｉＩＣＴ（情報通信技術）が発達したことで，貿易や情報のやり取りを通じた外国との関わりはより密接になっています。

⑴　下線部ｇについて，資料６は，１世紀の半ばに倭《わ》（日本）の奴国《なのくに》《なこく》の王が中国に使いを送り，皇帝から授けられたとされる金印《きんいん》を示しています。このときの中国の王朝名を，次のア～エの中から一つ選んで，その記号を書きなさい。

ア　殷《いん》（商《しょう》）　　イ　隋《ずい》　　ウ　漢《かん》（後漢《ごかん》）　　エ　秦《しん》

資料６　金印

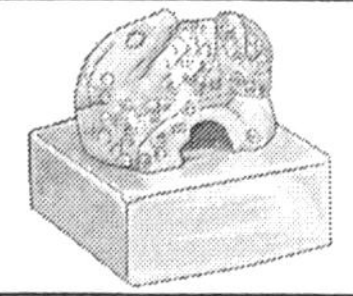

(2) 下線部hについて，三郎さんは，鎖国下の日本の様子について調べ，資料7，資料8を見つけ，次のような＜メモ＞を作成しました。＜メモ＞の［え］，［お］に当てはまる語をそれぞれ書きなさい。

資料7 「解体新書」

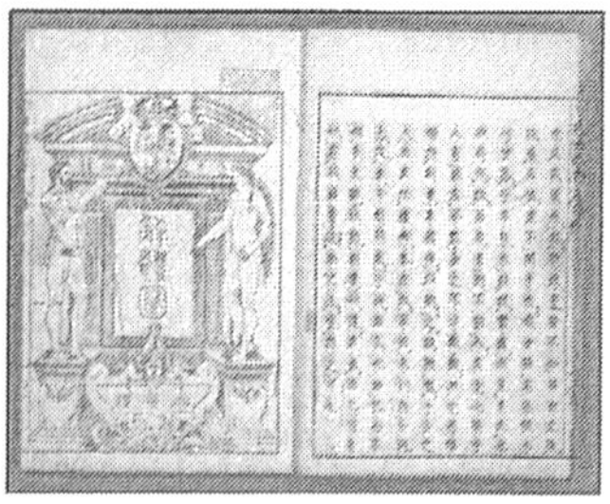

〔国立国会図書館蔵〕

資料8

＜メモ＞
18世紀にヨーロッパの書物の輸入禁止がゆるめられると，西洋の学問をオランダ語で研究する［え］がさかんになり，杉《すぎ》田《た》玄白《げんぱく》らによって資料7の書物が出版されました。一方，貿易が制限されたことで，綿《めん》や絹《きぬ》などの国産化が進み，19世紀には，作業所に人を集めて分業で製品を生産する，［お］というしくみが発達しました。資料8は，このしくみを取り入れた綿織物業の様子です。

(3) 下線部iについて，良子さんは，近年のインドでＩＣＴ産業が発展していることを知り，資料9，資料10を見つけ，次のような＜メモ＞を作成しました。資料9，資料10からわかることをもとに，＜メモ＞の［か］に当てはまる内容を書きなさい。

資料9 インドの英語教育

○インドでは，英語が準公用語となっていて，英語を話す人口がアメリカに次いで多い。
○保育園や幼稚園のころから英語教育が始まる地域があり，授業が英語だけで行われる小学校もある。

＜メモ＞
アメリカにあるＩＣＴ関連企業のＡ社では，Ａ社あての電話を，夜の時間帯はインドのコールセンターＢ社につなぐことで，問い合わせに24時間対応しています。このようなことができるのは，［か］ためです。

資料10 Ａ社とＢ社の位置と現地時間

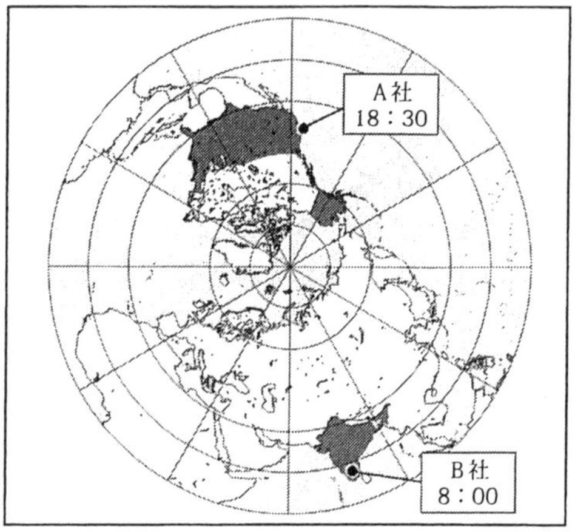

【理　科】（50分）〈満点：100点〉

1　次の(1)～(4)の問いに答えなさい。

(1)　銅線をＵ字形磁石のＮ極とＳ極の間に通して，図のような装置を組み立てた。その後，回路に電流を流したところ，矢印Ｘの向きに銅線が動いた。電源装置のスイッチをいったん切り，条件を変えて再び電流を流したところ，銅線は矢印Ｘの向きに動き，銅線の振れ幅は最初に電流を流したときよりも大きく振れた。下線部における条件は，最初に電流を流したときと比べてどのようであったと考えられるか，最も適切なものを，次のア～エの中から一つ選んで，その記号を書きなさい。

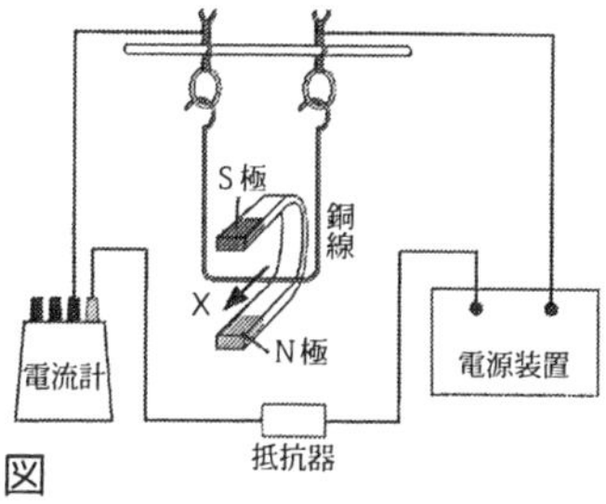

図

ア　磁界の向きを逆向きにして，それ以外の条件は変えなかった。
イ　電流の向きを逆向きにして，それ以外の条件は変えなかった。
ウ　抵抗の大きさが大きい抵抗器を用いて，それ以外の条件は変えなかった。
エ　抵抗の大きさが小さい抵抗器を用いて，それ以外の条件は変えなかった。

(2)　上皿てんびんの片方の皿に固体Ａ，もう一方の皿に固体Ｂをのせ，２つの固体Ａ，Ｂの質量を比べた。図は，つり合ったときの固体Ａ，Ｂの形状を表したもので，固体Ａは一辺がＬ〔ｃｍ〕の立方体，固体Ｂは一辺が２Ｌ〔ｃｍ〕の立方体であった（２ＬはＬの２倍という意味）。図の固体Ａ，Ｂについて，最も適切に述べているものを，下のア～エの中から一つ選んで，その記号を書きなさい。

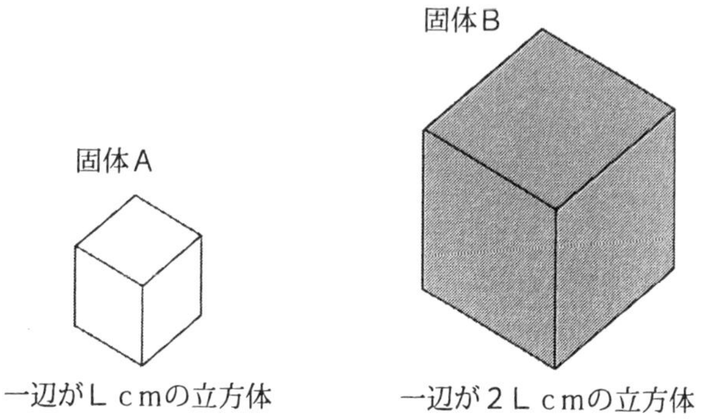

図

ア　固体Ａの密度は固体Ｂの密度よりも大きく，その大きさは，固体Ｂの２倍である。
イ　固体Ａの密度は固体Ｂの密度よりも大きく，その大きさは，固体Ｂの８倍である。
ウ　固体Ｂの密度は固体Ａの密度よりも大きく，その大きさは，固体Ａの２倍である。
エ　固体Ｂの密度は固体Ａの密度よりも大きく，その大きさは，固体Ａの８倍である。

(3) デンプンのりにブドウ糖をとかしてつくった溶液をペトリ皿に入れたあと，図のように，溶液の上にくぼみをつけたセロハン(目に見えないほどの小さな穴が無数にあいている)をのせて水を注ぎ，10分ほどおいた。セロハンのくぼみの水をスポイトでとり，試験管XとYに同量ずつ入れ，試験管Xにはヨウ素液を入れて，反応を調べた。試験管Yにはベネジクト液と沸騰石を加えて軽く振りながらガスバーナーで加熱し，反応を調べた。表は，調べた結果をまとめたものである。セロハンの穴の大きさをa，デンプンの大きさをb，ブドウ糖の大きさをcとしたとき，a～cを大きい順に左から並べているものを，下のア～エの中から一つ選んで，その記号を書きなさい。

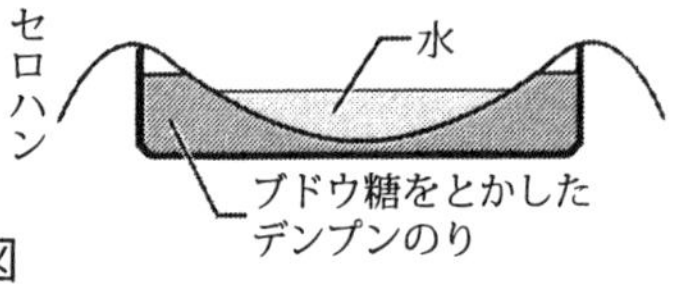

図

表

試験管Xにおける結果	反応はなく，特徴的な色の変化は見られなかった。
試験管Yにおける結果	反応が見られ，特徴的な色の変化が見られた。

ア　a→b→c

イ　a→c→b

ウ　b→a→c

エ　b→c→a

(4) 次の文中の［あ］，［い］に当てはまる内容の組み合わせとして最も適切なものを，下のア～エの中から一つ選んで，その記号を書きなさい。

地震が起こると，［あ］まわりに伝わっていく。主要動は，［い］による地面の揺れである。

	あ	い
ア	P波とS波が同時に発生して	P波
イ	P波とS波が同時に発生して	S波
ウ	P波が発生したあとにS波が発生して	P波
エ	P波が発生したあとにS波が発生して	S波

2 次の(1)～(4)の問いに答えなさい。

(1) 化学変化と熱の関係について調べるために，次の実験を行った。下の①～③の問いに答えなさい。

【実験】次の❶，❷の操作を順に行った。

❶ 試験管に塩化アンモニウムと水酸化バリウムを順に入れ，少量の水を加えた。

❷ 図1のように，フェノールフタレイン液を染みこませた脱脂綿ですばやくふたをし，温度変化を10秒おきに観察した。図2は，試験管に水を加えてからの経過時間と温度計が示した温度との関係をまとめたグラフである。

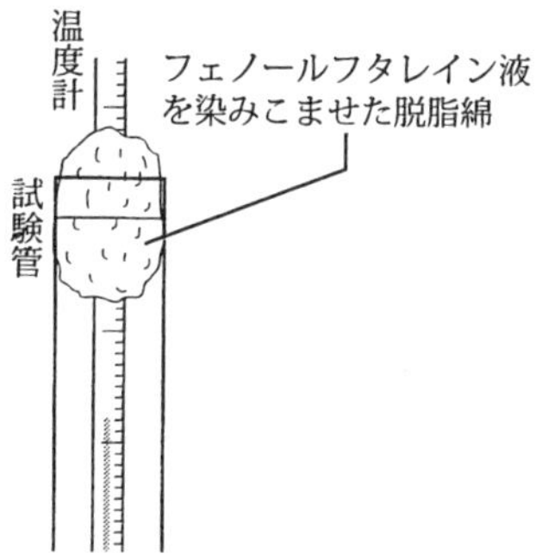

図1

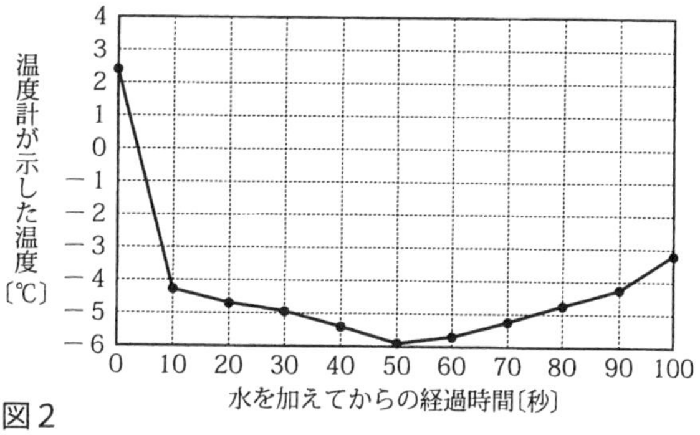

図2

① 実験において，試験管に水を加えると，特有のにおいがして，図1の脱脂綿が赤色に変化した。このような結果の原因となった気体の化学式を書きなさい。

② 次の文中の [　　　] に当てはまる語を書きなさい。

> 図2のような温度変化が見られたのは，試験管に水を加えることで，周囲から熱を吸収する化学変化が起きたためである。このような化学変化を [　　　] という。

③ 試験管に水を加えてから温度変化をともなう化学変化が終わったのは，経過時間が何秒から何秒の間であったと考えられるか，次のア～ウの中から一つ選んで，その記号を書きなさい。また，そのように判断した理由を温度変化に着目し，数値は使わずに説明しなさい。

ア　0秒から20秒の間

イ　40秒から60秒の間

ウ　70秒から90秒の間

(2) 凸レンズのはたらきについて調べるために，次の実験を行った。下の①～③の問いに答えなさい。ただし，凸レンズに入った光が屈折する場合，光は凸レンズの中心線で屈折して進むものとする。

【実験】次の❶～❸の操作を順に行った。

❶ 真横から見たときの膨らみ方が異なる凸レンズA，Bに光を当てて，点F（焦点）の位置や光軸，焦点距離などを調べた。表1は，調べた結果をまとめたものである。

表1

	凸レンズA	凸レンズB
結果	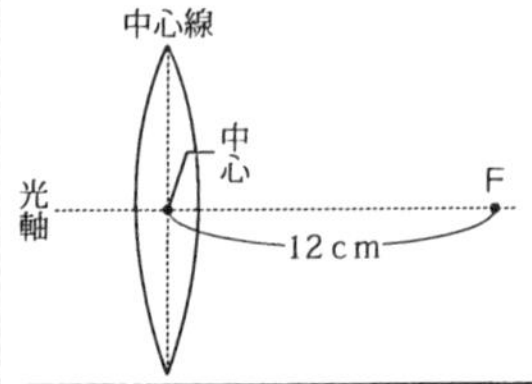	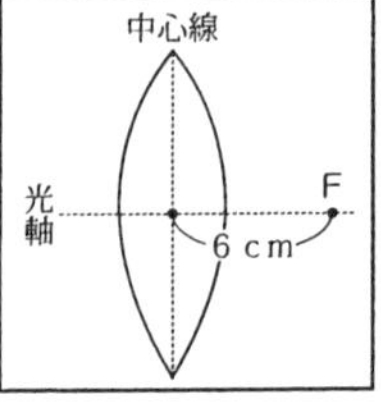

❷ 光学台，凸レンズA，スクリーン，光源となる物体Xを用いて，凸レンズAによる像のでき方を調べた。また，凸レンズBによる像のでき方についても調べた。調べた結果，物体Xが各凸レンズの焦点距離の2倍の位置にあるとき，物体Xと同じ大きさのはっきりとした像がスクリーンにできた。

❸ 同様にして，凸レンズCの点Fの位置や光軸，焦点距離を調べ，凸レンズCによる像のでき方を調べた。

① 次の文中の［あ］，［い］に当てはまる語の組み合わせとして最も適切なものを，次のア～エの中から一つ選んで，その記号を書きなさい。

凸レンズの膨らみが大きいほど，屈折のしかたが［あ］なるため，焦点距離は［い］なることがわかった。

	あ	い
ア	大きく	長く
イ	小さく	長く
ウ	小さく	短く
エ	大きく	短く

② 図は，凸レンズBを用いて，像のでき方を調べたときのようすを表したものである。図の物体Xから出た光aと光bが像の点Yに届くまでの光の道筋を，解答用紙の図にかきなさい。

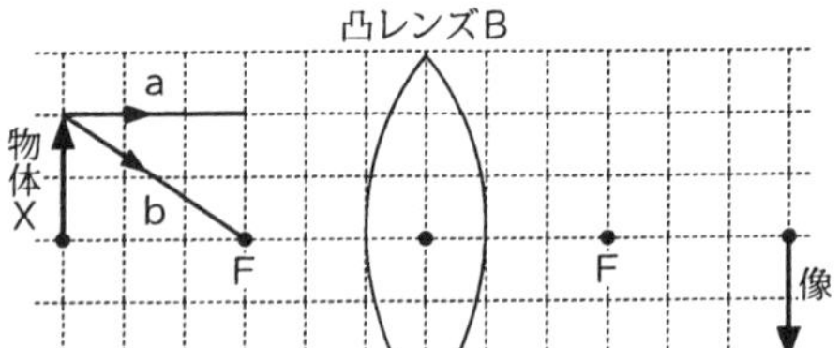

図

③ 表2は，スクリーン上にはっきりとした像ができたときの物体Xから凸レンズCの中心線までの距離，凸レンズCの中心線からスクリーンまでの距離をまとめたものである。凸レンズCの焦点距離は何cmか，求めなさい。

表2

物体Xから凸レンズCの中心線までの距離〔cm〕	12	16	24
凸レンズCの中心線からスクリーンまでの距離〔cm〕	24	16	12

(3) 表は，メンデルが行った実験の一部についてまとめたものである。下の①～③の問いに答えなさい。

表

実験の内容		かけ合わせた形質		現れた形質とその数	
		種子の形	子葉の色	種子の形	子葉の色
実験１	形質が異なる純系の親をかけ合わせた。	丸 × しわ	黄色 × 緑色	すべて丸	すべて黄色
実験２	実験１でできた子どうしをかけ合わせた。	丸 × 丸	黄色 × 黄色	丸　5483 個 しわ　1847 個	黄色　6028 個 緑色　2005 個

① 丸い種子をつくる純系のエンドウの遺伝子の組み合わせをＡＡとした場合，このエンドウからできる生殖細胞がもつ遺伝子はＡと表す。このように表す理由について述べた次の文中の［　　　］に当てはまる語を書きなさい。

> 生殖細胞は，染色体の数がもとの細胞の半分になる［　　　］という特別な分裂によってつくられるから。

② エンドウの種子の形は丸としわのいずれかの形質しか現れず，子葉の色は黄色と緑色のいずれかの形質しか現れない。このように，どちらか一方しか現れない形質どうしを何というか，書きなさい。

③ 実験１でできた丸い種子をつくる個体(種子の形について純系ではない個体)としわの種子をつくる個体をかけ合わせた。このとき得られる形質とその比として最も適切なものを，次のア～エの中から一つ選んで，その記号を書きなさい。

ア　丸：しわ＝１：１　　イ　丸：しわ＝２：１

ウ　丸：しわ＝３：１　　エ　丸：しわ＝３：２

(4) 図は，地球誕生(およそ 46 億年前)から現在までの期間を，100 cmのものさしを用いて表したもので，ものさしの左端は地球誕生を示しており，右端は現在を示している。次の①，②の問いに答えなさい。

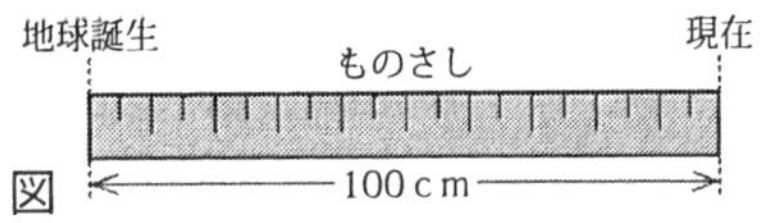

図

① 化石などから決められる地球の歴史の時代区分を何というか，書きなさい。

② 古生代の始まりがおよそ５億 4000 万年前であった場合，古生代の始まりは，図のものさしの右端からおよそ何 cm離れたところになるか，最も適切なものを，次のア～エの中から一つ選んで，その記号を書きなさい。

ア　8 cm

イ　12 cm

ウ　16 cm

エ　20 cm

3　太郎さんは，葉のはたらきについて調べる実験を行い，ノートにまとめた。下の(1)～(4)の問いに答えなさい。

> 太郎さんの実験ノートの一部
>
> 【手順】
>
> ❶　透明なポリエチレンの袋を４つ用意し，それぞれ袋Ａ，Ｂ，Ｃ，Ｄとする。
>
> ❷　袋ＡとＢには新鮮なタンポポの葉を同じ枚数ずつ入れて，ストローで息をふきこみ，気体検知管を用いて袋ＡとＢの中の二酸化炭素の割合（濃度）を測定する。
>
> ❸　袋ＣとＤには何も入れず，ストローで息をふきこみ，気体検知管を用いて袋ＣとＤの中の二酸化炭素の割合（濃度）を測定する。
>
> ❹　袋Ａ～Ｄの口を輪ゴムで密閉し，図のように，袋ＡとＣは光が当たる明るい部屋に，袋ＢとＤは光が当たらない暗室に置く。
>
> ❺　数時間後，袋Ａ～Ｄの中の二酸化炭素の割合（濃度）を再び測定し，❷，❸のときと比べる。
>
> 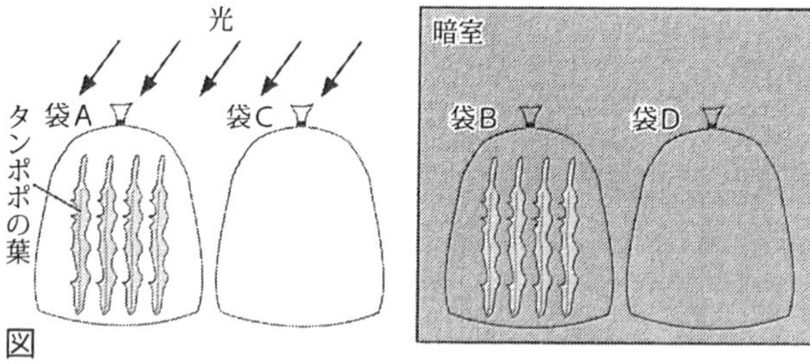
>
> 図
>
> 【結果】　表は，❺の結果をまとめたものである。
>
> 表
>
> | 袋 | A | B | C | D |
> |---|---|---|---|---|
> | ❷のときと比べた二酸化炭素の割合（濃度） | 減少した。 | 増加した。 | | |
> | ❸のときと比べた二酸化炭素の割合（濃度） | | | 等しかった。 | 等しかった。 |

(1)　次の文中の［　あ　］，［　い　］に当てはまる内容をそれぞれ書きなさい。

> 実験において，袋ＣとＤのような条件を用意した目的は，袋を置く場所にかかわらず，［　あ　］の変化が，［　い　］によることを確かめるためである。

(2)　袋Ａの二酸化炭素の割合（濃度）が減少した理由を，「タンポポの葉の呼吸によって放出される二酸化炭素の量に比べて，」という書き出しに続けて，「光合成」という語を用いて説明しなさい。

(3)　❺の操作のあと，タンポポの葉をとり出して，袋Ａ～Ｄに石灰水を加えた。このとき，他の袋に比べて，石灰水が最も白くにごったのはどの袋であったと考えられるか，Ａ～Ｄの中から一つ選んで，その記号を書きなさい。

(4)　タンポポの葉を観察すると，網目状の葉脈が見られる。タンポポの体のつくりについて，最も適切に述べているものを，次のア～エの中から一つ選んで，その記号を書きなさい。

ア　単子葉類である。　　　イ　維管束は輪状に並んでいる。

ウ　ひげ根をもつ。　　　　エ　維管束はない。

4　花子さんは，物体の運動とエネルギーについて調べるために，次の実験を行った。下の(1)～(3)の問いに答えなさい。ただし，面が粗い布上以外での物体間の摩擦，空気抵抗は考えないものとする。

【実験】

傾きが異なる２つの斜面と滑らかにつながった水平面の装置を組み立てた。その後，図１のように，斜面上の点Ａの位置に金属球を置いて静かにはなしたところ，金属球は斜面上を下って水平面上を通過し，もう一方の斜面上の点Ｂの位置まで上がった。

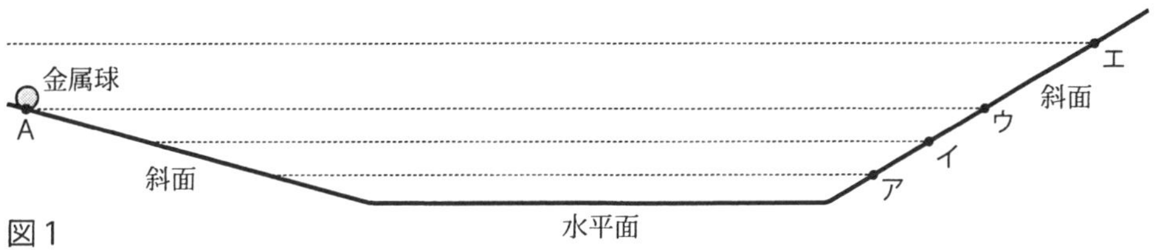

図１

(1)　図２は，図１の水平面上における 0.3 秒ごとの金属球の位置を示したもので，金属球は水平面上において等速直線運動をしていたことがわかった。次の①，②の問いに答えなさい。

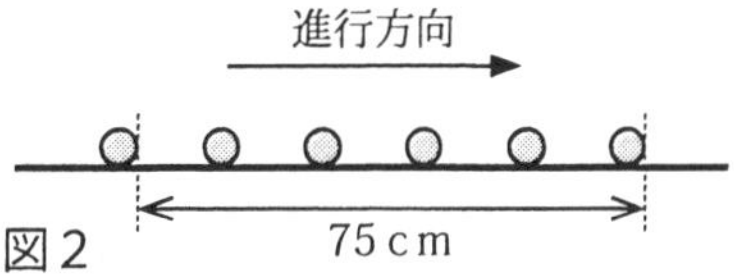

図２

①　図２の金属球にはたらく力について，最も適切に述べているものを，次のア～エの中から一つ選んで，その記号を書きなさい。

ア　重力と面に平行な分力がはたらいており，この２つの力は，作用・反作用の関係にある。
イ　重力と面に平行な分力がはたらいており，この２つの力は，つり合いの関係にある。
ウ　重力と垂直抗力がはたらいており，この２つの力は，作用・反作用の関係にある。
エ　重力と垂直抗力がはたらいており，この２つの力は，つり合いの関係にある。

②　図２の金属球の平均の速さは何ｃｍ/ｓか，求めなさい。

(2)　点Ｂの位置として最も適切なものを，図１のア～エの中から一つ選んで，その記号を書きなさい。また，次の文中の［　　　　］に当てはまる内容を書きなさい。

位置エネルギーと運動エネルギーとの和を力学的エネルギーという。図１の金属球が点Ｂの位置まで上がったのは，力学的エネルギーが［　　　　］ためである。

(3)　花子さんは，図３のように水平面上の一部に面が粗い布を貼りつけて，実験と同様の操作を行い，その結果を次のようにまとめた。下の①，②の問いに答えなさい。

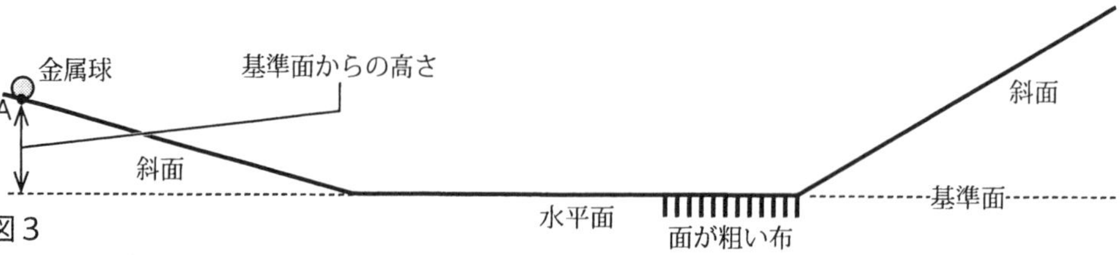

図３

【結果】

・　斜面上の点Ａの位置に金属球を置いて静かにはなしたところ，金属球は斜面上を下って水平面上，面が粗い布上の順に通過し，もう一方の斜面上の点Ｃの位置まで上がった。

・　点Ｃの位置まで上がった金属球はいったん静止したあと，斜面上を下って面が粗い布上，水平面上の順に通過し，もう一方の斜面上の点Ｄの位置まで上がった。

①　図３において，点Ａの基準面からの高さをａ，点Ｃの基準面からの高さをｃ，点Ｄの基準面からの高さをｄとする。ａ，ｃ，ｄの大小関係として最も適切なものを，次のア～エの中から一つ選んで，その記号を書きなさい。

ア　ａ＜ｃ＜ｄ

イ　ａ＞ｃ＞ｄ

ウ　ａ＝ｃ＝ｄ

エ　ａ＜ｃ＝ｄ

②　①で選んだような結果になった理由を，「運動している金属球に」という書き出しに続けて，「摩擦力」と「力学的エネルギー」という２つの語を用いて説明しなさい。

5　太郎さんは，いろいろな酸とアルカリの中和について調べるために先生と実験を行い，ノートにまとめた。あとの(1)～(3)の問いに答えなさい。ただし，溶質は気体にならないものとし，水の蒸発は考えないものとする。また，空気中の気体は実験結果に影響しないものとする。

太郎さんの実験ノートの一部

【実験　いろいろな酸とアルカリの中和】

【目的】 中和が起こるとき，酸とアルカリの種類が異なると，生じる塩《えん》も異なるのかを調べる。

【手順】

❶　試験管A～Eにうすい水酸化ナトリウム水溶液をそれぞれ5.0 cm^3ずつ入れ，適量のＢＴＢ液を加えて青色の水溶液をつくる。

❷　試験管A～Eに 1.0 cm^3，2.0 cm^3，3.0 cm^3，4.0 cm^3，5.0 cm^3のうすい塩酸を加える。

❸　試験管を軽く振りながら，水溶液のようすを観察する。

❹　うすい水酸化バリウム水溶液とうすい硫酸を用いて，❶～❸と同様の操作を行う。ただし，これらの水溶液を用いたときの試験管はＦ～Ｊとする。

【結果】 うすい水酸化ナトリウム水溶液とうすい塩酸を用いたときの結果を表１に，うすい水酸化バリウム水溶液とうすい硫酸を用いたときの結果を表２にまとめた。

表１

試験管	A	B	C	D	E
うすい水酸化ナトリウム水溶液の体積〔cm^3〕	5.0	5.0	5.0	5.0	5.0
加えたうすい塩酸の体積〔cm^3〕	1.0	2.0	3.0	4.0	5.0
水溶液のようす	青色のまま変化しなかった。		緑色に変化した。	黄色に変化した。	

表２

試験管	F	G	H	I	J
うすい水酸化バリウム水溶液の体積〔cm^3〕	5.0	5.0	5.0	5.0	5.0
加えたうすい硫酸の体積〔cm^3〕	1.0	2.0	3.0	4.0	5.0
水溶液のようす	うすい硫酸を加えると，水溶液が白くにごった。しばらく放置したところ，白色の沈殿が見られた。水溶液は青色であった。		うすい硫酸を加えると，水溶液が白くにごった。しばらく放置したところ，白色の沈殿が見られた。水溶液は緑色であった。	うすい硫酸を加えると，水溶液が白くにごった。しばらく放置したところ，白色の沈殿が見られた。水溶液は黄色であった。	

(1)　うすい水酸化ナトリウム水溶液とうすい塩酸を用いたときについて，次の①，②の問いに答えなさい。

① 図１は，ある時点での水溶液中のようすを粒子のモデルで表したもので，ナトリウムイオンが全部で３個，中和によって生じた水分子が全部で２個見られる。図１の水溶液中において，塩化物イオンは何個存在していると考えられるか，解答用紙の図の［　　］にイオンを表す化学式を用いて表しなさい。

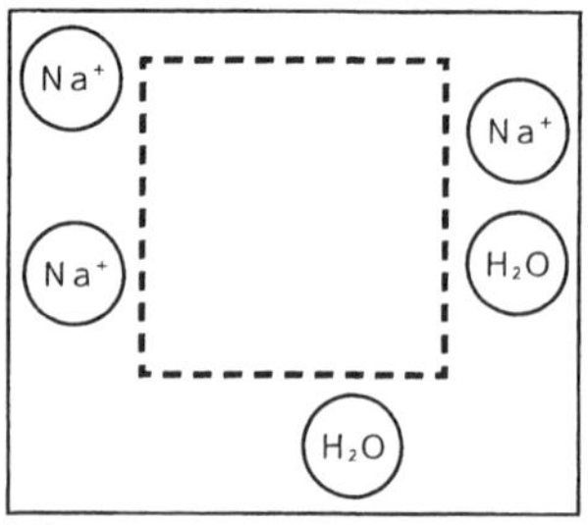

図１

② うすい塩酸を加えたあとの試験管Ｃ，Ｄの水溶液において，ｐＨの値をそれぞれｃ，ｄとする。ｃ，ｄの大小関係として最も適切なものを，次のア～エの中から一つ選んで，その記号を書きなさい。

ア　$7 > c = d$　　イ　$c < d$　　ウ　$c > d$　　エ　$c = d = 7$

(2)　うすい水酸化バリウム水溶液とうすい硫酸を用いたときについて，次の①，②の問いに答えなさい。

① 太郎さんは，うすい水酸化バリウム水溶液とうすい硫酸との反応を，次のような化学反応式で表すことにした。［あ］，［い］に当てはまる化学式を書きなさい。

$$Ba(OH)_2 + H_2SO_4 \rightarrow \boxed{\text{あ}} + 2\boxed{\text{い}}$$

② 図２は，試験管Ｆ～Ｈに見られた沈殿のようすを拡大して表したもので，沈殿の量はＦ，Ｇ，Ｈの順に多くなっていることがわかる。試験管ＩとＪにおける沈殿の量について，最も適切に表しているものを，次のア～エの中から一つ選んで，その記号を書きなさい。ただし，選択肢中の点線はＨの沈殿の位置を示している。

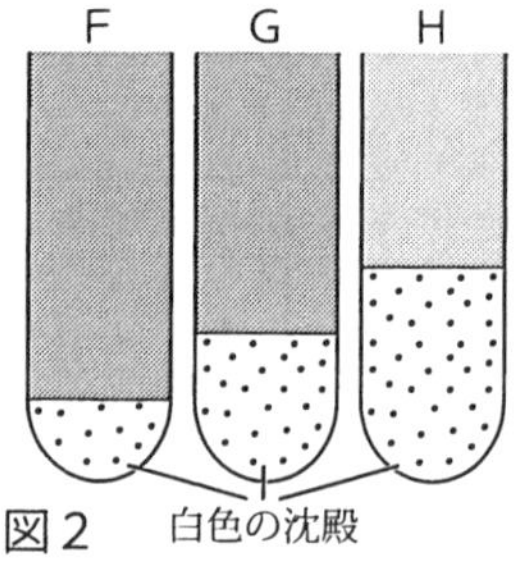

図２

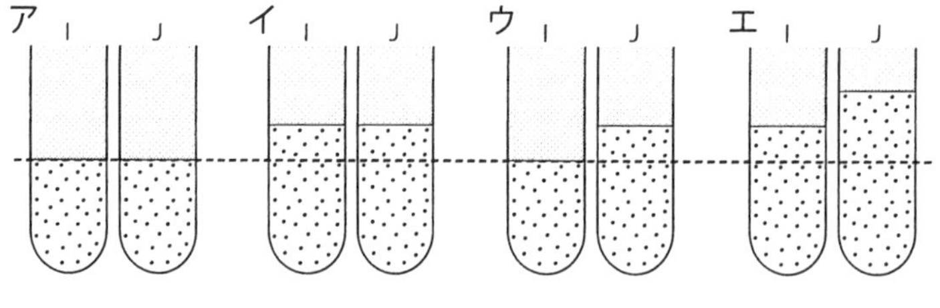

(3)　太郎さんと先生は，実験後に次のような会話をした。次の文中の［う］に当てはまる内容を，「水」という語を用いて書きなさい。

太　郎：沈殿が生じる反応と生じない反応があったので，酸とアルカリの種類が異なると，中和によって生じる塩《えん》も異なるということがわかりました。

先　生：うすい水酸化ナトリウム水溶液とうすい塩酸との反応では，中和によって塩化ナトリウムという塩《えん》が生じ，うすい水酸化バリウム水溶液とうすい硫酸との反応では，中和によって硫酸バリウムという塩《えん》が生じます。白い沈殿が生じたのは，塩化ナトリウムに比べて，硫酸バリウムには［う］性質があるためです。

6　花子さんは，気温と湿度の関係について調べる実験を行い，ノートにまとめた。下の(1)〜(4)の問いに答えなさい。

花子さんの実験ノートの一部

【実験１】

ある日の午前 10 時に，部屋の中に設置されていた乾湿計を見たところ，図のようになっていた。すぐそばの壁に貼ってあった表１(湿度表)を用いて，このときの湿度を求めたところ，［　　　］%であった。

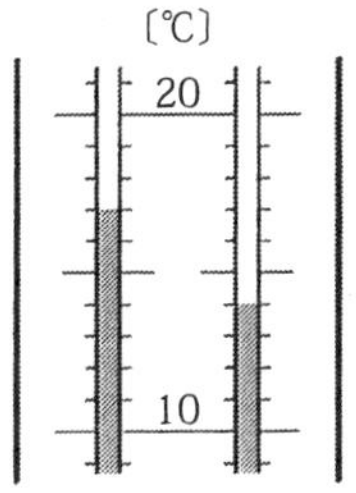

図

表１　　湿度表

乾球の読み〔℃〕	乾球と湿球との目もりの読みの差〔℃〕			
	1	2	3	4
20	91	81	72	64
19	90	81	72	63
18	90	80	71	62
17	90	80	70	61
16	89	79	69	59
15	89	78	68	58
14	89	78	67	57
13	88	77	66	55

【実験２】

部屋の空気中に含まれる水蒸気量が変化しないように，部屋を閉め切って，午前 11 時から午後２時までの１時間おきに，部屋の気温と湿度を調べた。表２は，このときの結果をまとめたものである。また，表３はそれぞれの気温に対する飽和水蒸気量をまとめたものである。

表２

	午前11時	午後0時	午後1時	午後2時
気温〔℃〕	19	21	24	26
湿度〔%〕	62	55	47	42

表３

気温〔℃〕	飽和水蒸気量〔g/m^3〕	気温〔℃〕	飽和水蒸気量〔g/m^3〕
13	11.4	20	17.3
14	12.1	21	18.3
15	12.8	22	19.4
16	13.6	23	20.6
17	14.5	24	21.8
18	15.4	25	23.1
19	16.3	26	24.4

(1)　文中の［　　　］に当てはまる数を書きなさい。

(2)　花子さんは，表２の［　　　］で示した部分をもとに，部屋の空気１m^3中に含まれている水蒸気量(g/m^3)を計算し，小数第一位を四捨五入して整数で求めた。このとき求めた整数を書きなさい。

(3)　実験２において，午前 11 時から午後２時までの３時間の間に湿度が下がった理由を，「気温」と「飽和水蒸気量」という２つの語を用いて説明しなさい。

表４

	使用前	使用後
気温〔℃〕	26	26
湿度〔%〕	42	55

(4)　実験２のあと，部屋を閉め切ったままにし，水蒸気のみを出す加湿器を「強」にして 15 分間使用した。表４は，加湿器を使用する前後の気温と湿度をまとめたものである。加湿器によって増加した空気中の水蒸気量は，全部でおよそ何ｇであったと考えられるか，最も適切なものを，次のア〜エの中から一つ選んで，その記号を書きなさい。ただし，部屋全体の空気の体積は 25m^3であったものとする。

ア　40ｇ　　イ　53ｇ　　ウ　66ｇ　　エ　79ｇ

四　次の㈠〜㈢の問いに答えなさい。

㈠　次の⑴〜⑹の――線部について、片仮名の部分を漢字で、漢字の部分の読みを平仮名で書きなさい。

⑴　キケンを察知する。

⑵　恩師の言葉を胸にキザむ。

⑶　荷物をユウソウする。

⑷　一定の距離を隔てる。

⑸　不要な書類を破棄する。

⑹　気の緩みを戒める。

㈡　次の行書で書かれた漢字を楷書で書くときの総画数と同じ総画数である漢字を、1〜4の中から選んで、その番号を書きなさい。

1　潔
2　環
3　衛
4　製

㈢　次の【会話】の□に入る言葉として、最も適切なものを、1〜4の中から選んで、その番号を書きなさい。

【会話】

清水　ぼくが好きなサッカーチームは、残りの三試合で一勝できれば、リーグ戦の優勝が決まるんだ。
和田　うらやましいな。ぼくが好きなチームは、残りの三試合で一敗でもすると、下のレベルのリーグに降格になってしまうんだ。
清水　そうなんだ。残りの三試合は□で戦っていくしかないね。

1　蛍雪の功
2　背水の陣
3　他山の石
4　漁夫の利

司会　今の星野さんの発言について、山田さんはどう思いますか。
山田　私たちが読んだ文章の内容を踏まえて考えると、確かに、「御飯」に対する「ライス」という外来語には、日本語を豊かにする側面があるように思えてきました。私は、外来語のよくない点ばかりに着目していましたが、よい点もあるということに気づきました。
司会　なるほど。外来語の使用にはメリットもデメリットもあって、肯定や否定は一概には決められないということでよいですか。
星野　はい。その通りだと思います。だからこそ、私たち自身が外来語をうまく活用していけるように、しっかりと考えていく必要があるのだと思います。
山田　私もその通りだと思います。
司会　では、外来語をうまく活用していくための心がけについて話し合ってみましょう。

(四) 本文と【I】から読み取れることとして、最も適切なものを、次の1～4の中から選んで、その番号を書きなさい。
1 本文では、外来語の無意味な濫用は有害であると述べられているが、A中学校の生徒は、体裁のよさを追って外来語の使用を肯定する人が多い。
2 本文では、日本文化論における外来語の扱われ方について述べられているが、A中学校の生徒は、外来語と文化を結びつけて考えてはいない。
3 本文では、併存型の外来語の存在意義について述べられているが、A中学校の生徒は、外来語が日本語を豊かにすると考えている人は少ない。
4 本文では、外来語はゲーム感覚で使えばよいと述べられているが、A中学校の生徒は、日本語のよさを大切にすべきだと考えている人もいる。

(五) 【II】の［A］に入る最も適切な言葉を、本文中から十字以内で抜き出して書きなさい。

(六) 【II】の外来語の使用にはメリットもデメリットもあって、肯定や否定は一概には決められないということでよいですかという司会の発言は、どのような役割を果たしているか。その説明として最も適切なものを、次の1～4の中から選んで、その番号を書きなさい。
1 これからの話し合いの方向性を定めるために、疑問点を解消する役割。
2 これまでの話し合いに関連する具体例を示し、参加者の理解を深める役割。
3 これからの話し合いを結論に導くために、対立する意見を整理する役割。
4 これまでの話し合いで出た発言内容をまとめ、参加者に確認する役割。

(七) 本文と【I】・【II】を参考にして、外来語をうまく活用していくための心がけについてのあなたの意見を書きなさい。ただし、以下の条件に従うこと。

1 百字以上、百五十字以内で書くこと。（句読点を含む。）
2 二段落構成とし、第一段落には、A中学校の生徒の外来語に対する意識とその理由についてまとめ、第二段落には、あなたが外来語をうまく活用していくために心がけたいことを具体的に書くこと。
3 正しい原稿用紙の使い方をすること。
4 文体は、常体「だ・である」で書くこと。ただし、題名と氏名は書かないこと。また、⌒や═等の記号（符号）を用いた訂正もしないこと。

【Ⅰ】生徒会が行ったＡ中学校の生徒対象のアンケートの結果

①外来語の使用についてどう思うか

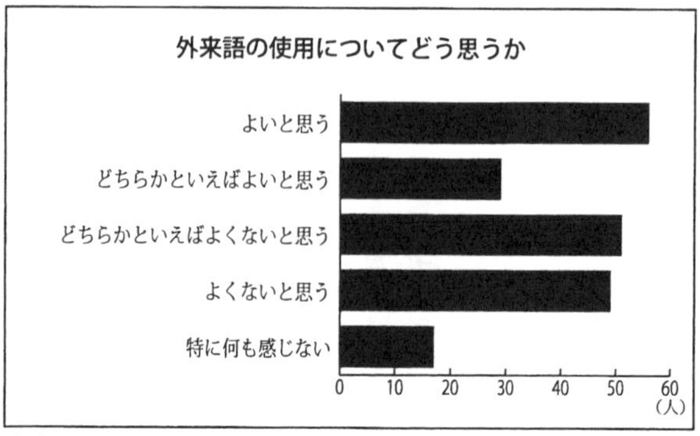

対象：星野さんの通うＡ中学校の生徒202人

②外来語の使用をよいと思う理由

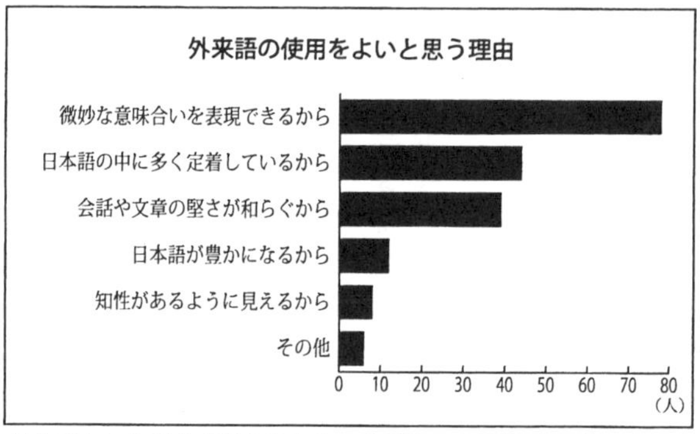

対象：「よいと思う」「どちらかといえばよいと思う」と回答した生徒（複数回答）

③外来語の使用をよくないと思う理由

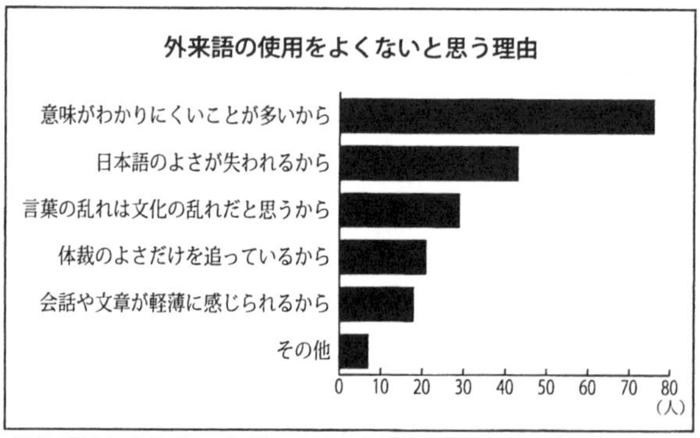

対象：「どちらかといえばよくないと思う」「よくないと思う」と回答した生徒（複数回答）

【Ⅱ】グループでの話し合いの一部

司会　それでは、外来語の使用についての話し合いをします。みなさんは、外来語の使用についてどう思いますか。

星野　私は、どちらかといえばよいと思います。主な理由は、日本語が豊かになると思うからです。

山田　私は、よくないと思います。意味がわかりにくい外来語がやたらと使われているように感じるからです。

司会　たとえば、どのような外来語の意味がわかりにくいと感じますか。

山田　社会的なニュースの記事で「コンセンサス」という外来語が使われていたので、意味を調べたところ、「合意」という意味だとわかりました。なぜ「合意」と言わず、わざわざ「コンセンサス」という外来語を使うのだろうと思いました。

司会　今の山田さんの発言について、星野さんはどう思いますか。

星野　私も、同じようなことを感じたことがあって、それが、外来語の使用を完全によいとは言いきれない理由の一つです。私たちが読んだ文章には、「御飯」と「ライス」のように、［Ａ］にある日本語と外来語の例が挙げられていましたが、確かに、「合意」と「コンセンサス」は、その例にはあてはまらないような気がします。

㈠ 星野さんは、授業で、日本人の事物の把握の様式が持つ特徴についてノートにまとめた。［ア］と［イ］に入る最も適切な語句を、本文中から［ア］は九字、［イ］は漢字一字で抜き出して書きなさい。

〈日本人の事物の把握の様式が持つ特徴〉

直接の対象以外の文脈要素が副次的に含まれている

【例】
・「御飯」―「［ア］」という意味で認識している
・各種の「お茶」―「番茶と取手のついた紅茶茶碗」「緑茶とコーヒーカップ」の組み合わせはしっくりこない

↓

対象に「［イ］」という文脈を取り込んで認識している

㈡ 次の一文は、本文中の〈 1 〉～〈 4 〉のどこに入るか。最も適切な箇所の番号を書きなさい。

この心理がライスという、理性的な見地から言えば無用と思われる外来語を選ばせる原因だと思う。

㈢ 本文の特徴として、最も適切なものを、次の1～4の中から選んで、その番号を書きなさい。

1 筆者の疑問を冒頭で読者に投げかけることで、読者の興味をひくような文章になっている。
2 現状や背景に関する筆者の分析を示したうえで、強い主張へとつなげる文章になっている。
3 事実や意見を淡々と述べ、比喩的な表現を一切使わないことで、客観的な文章になっている。
4 筆者の体験は書かず、一般性の高い事例のみを扱《あつか》い、読者に想像させる文章になっている。

三

星野さんは、国語の授業で、外来語について書かれた文章や、生徒会が行ったアンケートの結果をもとに、グループでの話し合いを行い、意見文を書くことになりました。次の文章と【Ⅰ】・【Ⅱ】について、後の(一)～(七)の問いに答えなさい。

せっかくちゃんとした日本語があるのに、どうして外国のことばを使うのかといった非難は、例えば食堂などで給仕※1が水と言えばよいのにウォーターを使い、苺《いちご》という美しい語があるのに、わざわざストロベリーと呼んだりすることに向けられるようだ。

しかしこのような一見無意味に見える外来語の使用も、よく観察してみると、そこには日本人の事物の把握の様式がもつ、一つの特徴が表《あら》われていることに気づくのである。〈 1 〉

それは何かと言うと、例えば米の飯はたとえそれを昔の人がしたように、木の葉に盛ろうと、茶碗《ちゃわん》によそおうと、洋皿の上に盛りつけようと、米の飯であることはいっこうに変《かわ》らないはずである。しかし私たちはどうも御飯ということばを和食の文脈、特に茶碗との共起性において強く認識するらしい。

つまり御飯ということばの意味には〈米を炊いたもの〉に加えて〈茶碗によそわれている〉という直接の対象以外の文脈要素が、副次的に含まれていると言える。だから洋皿に盛りつけた御飯は、たしかに御飯には違いないのだが、でもそれを御飯と呼ぶことに、何となくためらいを感じるのである。〈 2 〉

要するにライスということばは、日本語の中で〈洋皿につけられている米の飯〉という意味分化をとげ、単なる御飯、つまり茶碗で食べる米の飯とはすでに相補的な関係にあるのだ。

同様にして、いかに外来語好みの若者でも、苺畑に生えている真紅の苺を指して、ストロベリーとは言わないだろう。だがレストランで美しいガラスの器に盛られてクリームなどがかかっていると、ついストロベリーと言いたくなるのである。

私の言うこの文脈取り込み型の認識様式、つまり表現形態は、気象現象という意味ではまったく同じ雨に対して、日本語には数多くの異なった名称がつけられているといった、日本文化論などでおなじみの指摘の背後にも見られるものである。

このような感覚に支えられている現象は、必ずしも直接言語に表われてはこない習慣にも認められる。それは多くの日本人が、同じお茶を飲むのにも、煎茶、番茶、そして紅茶をそれぞれ違った器で飲むという習慣である。番茶と取手のついた紅茶茶碗の組合せは、どこか感覚的にしっくりしないと感じるのが平均的日本人なのである。私はアメリカ人のある家で、緑茶をコーヒーカップに入れて出されたとき、つくづくこの点を思い知らされた記憶がある。

このような文脈取り込み型の心理にもとづく外来語の使用、それも英語に由来する外来語の行き過ぎとも思える乱用を可能にした重要な条件として、戦後の日本における国民規模での英語教育の普及をあげなければならない。〈 3 〉

義務教育となった中学校でほとんどの日本人が三年間も英語を学び、そのまた九割強が高等学校でさらに英語教育を受けるため、身近な事物や現象を英語では何と言うかといった程度の英語の知識が、国民大多数の常識となったのである。

この事実があればこそ、英語による併存《へいぞん》型の表現が爆発的に広がったと考えられる。もし一般の人が、たとえ文脈取り込み型の心理から、洋皿に盛った米の飯を従来のようにただ御飯と呼ぶことに抵抗を感じたとしても、米は英語でライスだという知識がなければ言い換えることが出来ないし、またライスと言われても何のことか理解できないから、広く普及することはありえないはずである。〈 4 〉

併存型の外来語のほとんどが英語であることを考えれば、度を過ぎた外来語の多用に対して批判的な人々が、しばしばその理由にあげる欧米崇拝や外国語に対する憧れやコンプレックス※2に加えて、日本人が元来もっている文脈取り込み型の言語心理を、広く普及した英語の知識が助長したという事実を考慮《こうりょ》する必要があると考える。

しかしこのように外来語の多用に対して、どちらかと言えば理解を示す私でも、絶対に望ましくないと思う、まったく無意味どころか有害この上もない併存型の濫用がある。それは「行政サイドと致《いた》しましても、タックスペイヤー※3のニーズ※4に応えるべく、システム作りをシリアス※5に検討中であります」といった、耳を掩《おお》いたくなるような種類の日本語である。

頭の中で日本語を出来るだけ多くの英語に置き換えるゲームをやっているとしか思えないような、この種の馬鹿《ばか》げた傾向は私たちの日常生活の中に、いま疫病のように拡《ひろ》がりだしている。

（鈴木孝夫「教養としての言語学」による。）

※1　給仕＝飲食物をテーブルに出すなど、食事の際に飲食の世話をする人。
※2　コンプレックス＝劣等感。　※3　タックスペイヤー＝納税者。
※4　ニーズ＝要求。　※5　シリアスに＝本格的に。

㈠【Ⅱ】の四コマめに入る絵として、最も適切なものを、次の1～4の中から選んで、その番号を書きなさい。

1

2

3

4

㈡【Ⅲ】の武志さんの質問に対する答えとして、最も適切なものを、次の1～4の中から選んで、その番号を書きなさい。

1 権力者である小松内府が、どんな方法で先頭までたどり着くのかに興味があったから。
2 遅れてやってきた小松内府が、どの車に場所をゆずらせるのかに興味があったから。
3 華美な生活をしている小松内府が、どんな車に乗っているのかに興味があったから。
4 風流な人物だと評判の小松内府が、どの場所で祭を見るのかに興味があったから。

㈢【Ⅲ】の晶子さんの感想にある、小松内府の配慮とはどのようなことか。その内容を具体的に表している部分を、【Ⅰ】から十五字以上、二十字以内で抜き出して書きなさい。

㈣【Ⅲ】の美咲さんの感想の□に入る内容として、最も適切なものを、次の1～4の中から選んで、その番号を書きなさい。

1 小松内府の行動が、「人のふり見て我がふり直せ」ということわざに通じている点
2 小松内府の行動が、「人事を尽くして天命を待つ」ということわざに通じている点
3 居合わせた人々の行動が、「虎《とら》の威を借るきつね」ということわざに通じている点
4 居合わせた人々の行動が、「石橋をたたいて渡る」ということわざに通じている点

【II】洋司さんが【I】の古典を紹介する際に作った四コマ漫画

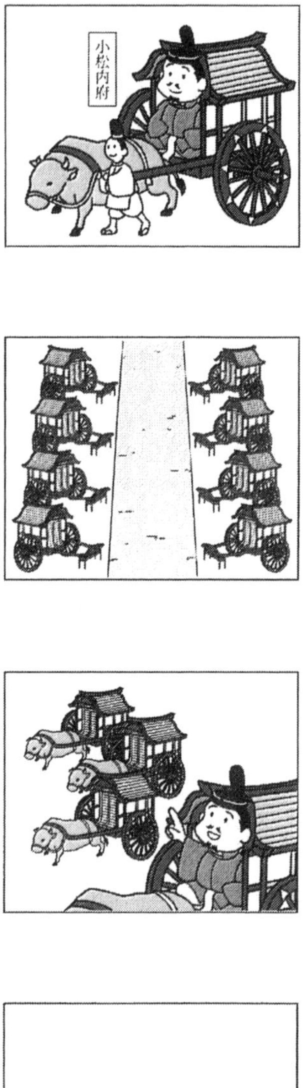

【III】洋司さんが紹介した古典について、グループで出された質問や感想の一部

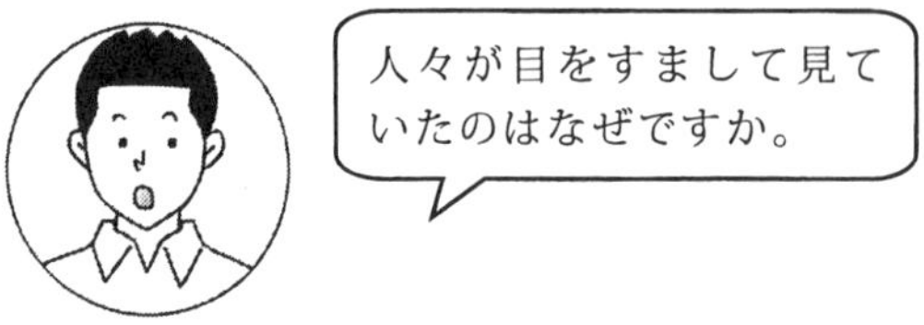

武志

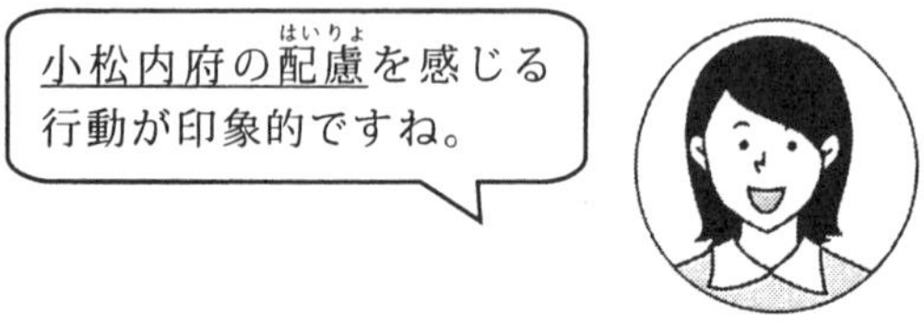

晶子

美咲

(五) 優子さんは、【Ⅲ】の紹介文の二文目を分かりやすく書き直すことにした。この小説は、主人公の雄太が中学二年生で、山を舞台にした小説です。という箇所を、「これは、」という書き出しに続けて、同じ言葉を繰り返さないように、二十五字以上、三十字以内で書きなさい。（句読点を含む。）

二

洋司さんは、「自分の選んだ古典を紹介しよう」という国語の授業で、自作の四コマ漫画を使ってグループの友達に紹介し、その後で質問や感想をもらいました。次の【Ⅰ】～【Ⅲ】について、後の(一)～(四)の問いに答えなさい。

【Ⅰ】洋司さんが選んだ古典

小松内府《こまつのないふ》、賀茂祭《かもまつり》見むとて、車四五両ばかりにて、一条大路《いちでうおほぢ》に出《い》で給《たま》へり。物見車《ものみぐるま》はみな立てならべて、すきまもなし。「いかなる車か、のけられむずらむ」と、人々目をすましたるに、ある便宜《びんぎ》の所なる（都合のよいところにある）車どもを、引き出しけるを見れば、みな、人も乗らぬ車なりけり。かねて見所《けんじよ》を取りて、人をわづらはさじのために、空車《むなぐるま》を五両立て置かれたりけるなり。

そのころの内府の※1綺羅《きら》にては、いかなる車なりとも、あらそひがたくこそありけめども、※2六条の御息《みやす》所《どころ》のふるき例もよしなくやおぼえ給ひけむ（好ましくないとお考えだったのだろうか）。さやうの心ばせ、情《なさけ》深し。

（「十訓抄」による。）

※1　綺羅＝威光。権勢。
※2　六条の御息所＝『源氏物語』の登場人物で、賀茂祭の場所争いで恥をかいた。

(三)　イぼくはあせった　とあるが、【Ⅰ】の［　　］の中で、このときの「ぼく」の気持ちとして、最も適切な発言をしている人物は誰か。次の1～4の中から選んで、その番号を書きなさい。

1　千秋　　2　誠　　3　里美　　4　拓也

【Ⅱ】優子さんの読書記録

○　タイトルと著者名
　『ぼくたちのＰ（パラダイス）』　にしがきようこ

○　読み始め・読み終わり　　5／2　～　5／4

○　選んだ理由
・授業で読んだ場面が印象に残り，結末が気になったから。

○　授業で読んだ中で気になったところ
・「ぼく」の揺れ動く心情
・「ぼく」が山に来ている理由や，「みんな」との関係
・「ぼく」の人物像

○　読んで思ったこと・印象的だったこと
・雄太（ぼく）の成長が感じられてよかった！
・夜中にふと目を覚ました雄太が，星を見ていたユイと語り合う場面では，いろんなことを考えさせられた。
・夜中の嵐を察知した雄太がとった行動に，雄太の大きな成長を感じた。
・私も山で暮らしてみたいと思った。
・下山後の「山に忘れ物，してきた」という雄太のセリフが印象的だった。

【Ⅲ】読書記録をもとにした本の紹介文

私が紹介したい小説は，『ぼくたちのＰ（パラダイス）』です。この小説は，主人公の雄太が中学二年生で，山を舞台にした小説です。

夏休み，雄太は，親戚のおじさんから，一緒に「別荘」に行かないかと誘われます。のんびりとした生活を想像した雄太はその誘いに乗りますが，大学で山の研究をしているおじさんの「別荘」とは，正確には，山の頂上の手前にある「避難小屋」で，雄太は，登山の途中で嫌気がさしてしまいます。

しかし，おじさんの研究室に所属し，山の自然の保全や調査を行っている大学生たち（リーダー，長老，ホク，ユイ，ヒメ）と交流する中で，雄太の気持ちは徐々に変化していきます。

ある夜，ふと目を覚ました雄太は，星を見ていたユイと語り合います。自然の保全について「ある意味おこがましい」と語るユイ。「自然を守ることはぜったいに正しい」と言う雄太。「ぜったいとか，一つのことに決めつけないほうがいい」と返すユイ……。ユイの言葉は，カミナリがこわいという「最大の弱み」から生まれた雄太の予知能力が，山では「命綱」であることにも通じています。

この小説は，雄太とおじさんが下山する場面で終わります。雄太は，ひと夏の山での経験を通じて，大きく成長していきます。みなさんも，ぜひ読んでみてください。山で暮らしてみたくなるかもしれませんよ。

(四)　優子さんは、【Ⅱ】の読書記録をもとにして、【Ⅲ】のように本の紹介文を書いた。書く際に気をつけた点として適切でないものを、次の1～4の中から一つ選んで、その番号を書きなさい。

1　読みやすい紹介文になるように、それぞれの場面や読後の感想を、段落に分けて述べた。
2　授業で読んだ場面と関連のあるおじさんとの会話の場面に触れて、興味を引くようにした。
3　紹介文を読む人に話の主題が伝わるように、雄太がひと夏で成長したことに触れた。
4　話のあらすじが伝わるように、授業で読んだ場面には出てこない登場人物にも触れた。

る。

　そして、いっせいに小屋にむかって小走りにかけだした。イぼくはあせった。もしぼくの予感がまちがっていたらどうしようという不安が頭をかすめる。でも、体はカミナリの予感で小きざみにふるえはじめている。カミナリは確実に来る。

「ゆっくりと、急ごうや」

リーダーさんが声をかけてくれた。

（にしがきようこ「ぼくたちのＰ（パラダイス）」による。一部省略）

※　稜線＝連なった山々と空の境界線。尾根。

【一】「文章の表現と登場人物の言動に着目して読む」という学習課題に取り組む、優子さんのグループでの話し合い

優子　この文章には、今まで授業で学習した表現技法がたくさん出てきたよね。「たたきつけるように」には直喩が使われているよね。

拓也　うん。「声がカミナリの音のように聞こえる」も直喩だよね。あと、擬態語や擬音語もあったよ。

千秋　「どっと笑い声があがった」とか、「ぼくのプライドはがらがらと音をたててくずれていった」の部分だね。私は、「ぼく」が過去を回想している部分で使われている体言止めが印象的だったよ。

誠　そうだね。過去を回想している部分には、体言止めの使用と同時に、短い文を重ねてテンポよく表現するという工夫もあるんじゃないかな。そうすることで、過去を回想している今の「ぼく」の、平常心を失っている様子が伝わってくる気がしたよ。

優子　誠さんの意見、いいね。文章の表現と内容には深い関係があるんだね。次に、気になった人物の言動や気持ちについて話し合ってみようよ。

里美　「ア顔をあげ、おそるおそるみんなの表情をうかがった」という行動に、このときの「ぼく」の気持ちが集約されていると感じたよ。

拓也　話の展開を考えると、その後の「みんな」の言動や心情も印象的だよね。

優子　「みんな」が撤収している場面に「イぼくはあせった」とあるけれど、このときの「ぼく」はどんな気持ちだったのかな。

1 千秋　急いで撤収しなければならないと感じているのに、「みんな」の機敏な動きについていけなくて困っているんじゃないかな。

2 誠　「浮き足だった気持ち」とあるから、早く逃げたいのに「みんな」を待たなければいけないことにもどかしさを感じていると思うよ。

3 里美　私は、その後に「ぼく」のからだの変化が描写されているから、カミナリへの恐怖が増してきているのだと思うよ。

4 拓也　カミナリが来ることを確信してはいるものの、「みんな」の反応を見て、万が一カミナリが来なかったら申し訳ないと思っているんじゃないかな。

優子　なるほど、みんないろいろ考えているね。「ぼく」はこの後どうなっていくのかな。今度、好きな本の紹介文を書くよね。私、この本で書こうと思う。全部読んで、いつものように読書記録をつけて、紹介文を書いてみるね。

㈠　【一】に 文章の表現と内容には深い関係がある とあるが、本文の表現と内容の説明として、最も適切なものを、次の１～４の中から選んで、その番号を書きなさい。

１　心の中の思いを直接的な表現で示すことで、「みんな」を信頼している「ぼく」の心情を具体的に表現している。

２　情景描写を伴った会話や登場人物の表情を示すことで、「みんな」の不安が高まっていく様子を効果的に表現している。

３　場面の展開に沿って複数の登場人物の視点を切り替えることで、天候のめまぐるしい変化を印象的に表現している。

４　回想の部分以外では文末を現在形に統一することで、今の「ぼく」や「みんな」が置かれている状況を明確に表現している。

㈡　ア顔をあげ、おそるおそるみんなの表情をうかがった とあるが、このときの「ぼく」の気持ちを、本文中の言葉を使って、五十字以内で書きなさい。（句読点を含む。）

二〇二二年度

大成女子高等学校(5教科記述式)

【国 語】(五〇分)〈満点:一〇〇点〉

一 次の文章と【Ⅰ】~【Ⅲ】について、後の(一)~(五)の問いに答えなさい。

夏休みに大学生たちと山の保全活動を行っていた雄太《ゆうた》は、ある気配を感じて手を止めた。

「ぼく、帰る」
ん? という顔でリーダーさんがぼくを見た。
「なんだ、トイレか?」
顔が冷たくなってくる。
「そんなんじゃない。来る」
え? というみんなの顔が増えていく。
「何が?」
「カミナリ!」
たたきつけるように言ってしまい、あわてた。とりつくろうこともできないほど、うろたえた。この場所からすぐにでも逃げだしたくなった。
(しまった!)
ぼくはすぐにそう思った。同時に、小学生のころのことを思いだしていた。

小学三年生で転校してすぐのことだった。
カミナリが鳴りはじめた。ぼくはこわくて泣いた。手がつけられないほど泣いた。みんながぼくを遠巻きにして見ている。先生が来て保健室に連れていかれた。その間も幼子《おさなご》が泣きじゃくるように、ぼくは泣いた。泣きに泣いていたら、母さんが保健室にやってきた。
小さいころから、大きい音にはとても敏感でこわがるたちだったぼく。少しずつ人工的な音にはなれていったけれど、カミナリだけはどうしてもだめだった。(中略)
「すごい泣き声だったよな」
「でもさ、カミナリがこわいなんて、ちょっとかわいくない?」
どっと笑い声があがった。
(かわいい? かわいそうだと同情されるならまだわかるけど、かわいい?)
ぼくのプライドはがらがらと音をたててくずれていった。
そのとき以来、カミナリをこわがるぼくをみんなから隠そうと心にかたく誓った。

幸い、一年でその学校から転校した。
しかし、日本全国、どこに行ってもカミナリは鳴る。それも急に鳴りだす。
ぼくはいつも気をはって、カミナリがこわい自分を隠し続けた。そのために、みんなから一歩離れることにした。さらにうしろに一歩。そのうち自分から積極的に何かをする気がなくなっていった。転校をくり返したせいばかりじゃない。ぼくは一人になっていった。
カミナリをこわがるだめなぼく。なんとかしようとあがいているうちに、カミナリが鳴る前の気配を感じとるようになっていった。急に鳥肌がたったり、吐き気がしてくる。体全体でカミナリの鳴る前兆を感じるようになっていった。

今、カミナリの鳴る前のかすかな気配がする。微妙に空気がふるえはじめるのがわかる。毛穴が少しずつ開いていく不快感、なじみのある感覚だ。
(カミナリがこわいこと、必死に隠してきたのに……)
ぼくは、がっかりしてしまった。みんなにぼくの最大の弱みを見せてしまった。からかわれるに違いない。ここでの楽しい暮らしもこれで終わりだ。
(油断していた)
ぼくはくちびるをかんだ。
ア顔をあげ、おそるおそるみんなの表情をうかがった。ところが、ぼくの思いとうらはらに、不安そうなみんなの顔が目の前に並んでいた。
「えっ?」
からかわれると身構えていたぼくは拍子《ひょうし》ぬけした。
「カミナリ? いい天気だぞ」
ユイさんの声が不安げだ。
「そういえば、このところ来てないな」
長老さんがつぶやいている。
「おい、ホク、どうだ?」
リーダーさんがホクさんを見る。
「カミナリはいつ来てもおかしくないけどな」
太陽の光を手でさえぎりながら青い空を見ていたホクさんが、「あれか?」と指さしながらつぶやいた。全員がいっせいにそっちの方向を見る。むこうの山の※稜線《りょうせん》のきわに小さい一かたまりの黒い雲がわいていた。
「カミナリ雲やろか?」
あんな小さな雲が、と思う間もなく、すぐにリーダーさんの大声が耳元でした。
「撤収《てっしゅう》!」
声がカミナリの音のように聞こえる。浮き足だった気持ちにムチが入り、足がすでに走ろうよとせかしている。
みんなで必要な荷物をまとめる。工具をビニールシートで包み、重石《おもし》をのせ

2022年度／大成女子高等学校（５教科記述式）

英語解答

1 (1) No.1　ウ　No.2　ア　No.3　エ
No.4　イ　No.5　ア
(2) No.1　ア　No.2　エ　No.3　イ
No.4　イ
(3) No.1　ア　No.2　ウ
(4) ①　エ
②　(例)I want to be a kind person.

2 (1) ①　its　②　were　③　written
(2) ④　few　⑤　who　⑥　knew

3 (1) イ　(2) ウ→ア→イ

4 (1) ①…ア　②…イ　③…ア　④…エ
⑤…イ
(2) (例)How long have you been

5 (1) ア，ウ，カ　(2) 4
(3) ①　She bought it on Saturday.
②　He was washing him〔it〕.
(4) ①　(例)Yes, I do.　I think he's having a wonderful time with the elderly man.
②　(例)I think having pets is good because people and pets make each other happy.

6 (例)There is a famous park in our city.　I love that park.　Many people visit it every day.　There are many beautiful flowers there.　We can enjoy seeing different flowers in each season.　I often take pictures of them.（39語）

〔学校発表解答〕

1〔放送問題〕解説省略

2〔長文読解総合―Ｅメール〕

≪全訳≫Ａ．こんにちは，フミコ。昨日，姉〔妹〕と僕は図書館へボランティアをしに行ったよ。その図書館は，いろいろな絵本で有名なんだ。僕たちはそのうちの何冊かを子どもたちに読んであげた。読み聞かせをするのは僕たちには難しかったけど，彼らが楽しんでお話を聞いてくれてうれしかった。町には日本語を勉強している子どもたちもいるから，今度は日本語で書かれた本を読んであげたいな。他人のために何かをすることは大切だと思う。君はこれまでにボランティア活動をしたことある？

Ｂ．こんにちは，ジョン。ボランティア活動はしたことがあるわ。数週間前に小学生に理科や算数などの教科を教えたの。私もボランティア活動は大切だと思う。世界には，学校に行けない子どもたちがたくさんいるわ。私がたくさんの言語を知っていたら，彼らの勉強を助けることができるのに。

(1)<語形変化>①直後に名詞 variety があるのでこれを修飾する所有格（「～の」の形）にする。　it－its－it　②昨日の経験について書いているので，過去の文。主語が we なので were が適切。　③「日本語で書かれた本」となるように過去分詞にする。　write－wrote－written

(2)<適語補充>④ a few「２，３の，いくらかの」　⑤(w　　) can't go to school は直前の children を説明する関係代名詞節だと考えられる。先行詞が children で直後に動詞が続いているので，'人'を先行詞とする主格の関係代名詞が入る。　⑥文後半の could に注目。'If＋主語＋動詞の過去形…，主語＋助動詞の過去形＋動詞の原形…'「もし～なら…なのに」の仮定法過去の文である。　know－knew－known

3〔長文読解総合―スピーチ〕

(1)＜要旨把握＞≪全訳≫私は５歳のときからピアノを弾いています。ピアノを習い始めたのは，母がピアノを持っていたからです。10歳のとき，コンクールに出場したのですが，うまく弾けませんでした。母に「ピアノはやめる」と言ったのですが，母は「やめるのは簡単よ。でもピアノが大好きなら，諦めない方がいいわ。練習を続けるべきよ」と言いました。母の言葉を聞いて，私はピアノを弾くのをやめませんでした。今もピアノのレッスンを受けています。先月，ピアノのコンクールがあり，賞を取りました。とてもうれしかったです。

＜解説＞ピアノの演奏がうまくいかず諦めそうになったこともあったが，続けたことで賞が取れた，という内容。この内容に合うのは，イ．「がんばり続ければ，いいことが起きる」。　ア．「毎日練習すると，人は疲れてしまう」　ウ．「私たちは変化し続けることが大切だ」　エ．「私たちはときには諦めることも大切だ」

(2)＜文整序＞≪全訳≫私は料理が好きではありませんでした。料理が得意ではなかったのです。／→ウ．ところがある日，父と母が出かけたので，私は弟のために夕食をつくらなければなりませんでした。／→ア．私は料理をしたくなかったのですが，弟のために料理をしました。／→イ．すると弟が「これ，すごくおいしいね。またつくってよ」と言ったのです。／それを聞いてとてもうれしかったので，また料理をやってみることにしました。

＜解説＞ウの However「しかしながら」に注目し，これを最初に置くと，「料理は得意ではなかった」→「でも料理をしなければならなかった」という‘逆接’の流れができる。この後は実際に料理をしたこと，最後にその料理に対する弟の感想の順に続ければよい。

4〔長文読解総合─対話文〕

≪全訳≫❶ハナ(Ｈ)：私たちの学校にはいくつかの運動部と文化部があるのよ，フレッド。❷フレッド(Ｆ)：いいね。僕はスポーツが好きじゃないから，文化部に入りたいな。❸Ｈ：えっ，わかったわ。これを見て。私たちの学校の文化部について書いてあるの。私は音楽部に入ってるんだ。部員はみんな優しいし，８月のコンクールで賞を取るために一生懸命練習しているわ。①私たちの部には男子が８人いるの。あなたも入らない？❹Ｆ：へえ，音楽は好きだから，入りたいけど，入れないんだ。毎週②水曜日にホストマザーの手伝いをしないといけないから。彼女はその日，忙しいんだ。❺Ｈ：じゃあ，合唱部はどう？　③６月に大事なコンクールがあって，毎年賞を取っているのよ。❻Ｆ：歌うのは好きじゃないんだ。君はお姉さん〔妹〕がいるって言ってたよね。彼女は文化部に入ってるの？❼Ｈ：うん。ボランティア部に入ってるよ。毎週土曜日の④朝９時から午後４時までボランティア活動をしているの。ボランティア活動をした後は幸せな気持ちになるってよく言ってるわ。❽Ｆ：すごいね。実は，僕もアメリカでは自分の市のボランティアクラブに入ってるんだ。❾Ｈ：本当？　そのクラブに入ってどれくらいになるの？❿Ｆ：５年だよ。10歳のときに入ったからね。他人のために何かいいことをすると，幸せな気持ちになるんだ。だから，君のお姉さん〔妹〕の気持ちがわかるよ。ボランティア部もいいけど，ここでは違うクラブに入りたいな。英語部にも興味があるよ。部員の役に立てると思うから。⓫Ｈ：すばらしいわね。入部したら，⑤コダマ先生とジョーンズ先生が喜ぶわ。

ボランティア部／教員：タナカアサミ／部員：男子19人，女子12人／活動日：火曜日と土曜日／時間：火曜日…午後４時30分～５時30分，土曜日…午前９時～午後４時／市のためによいことをします。毎週火曜日の放課後に集まり，次の活動について話し合います。毎週土曜日は９時に集まり，９時30分から多くの場所でボランティア活動を始めます。例えば，公園や通りの清掃をします。

英語部／教員：コダマリョウ，トマス・ジョーンズ／部員：男子16人，女子11人／活動日：月曜日と金曜日／時間：午後４時30分～６時／英語のコダマ先生とジョーンズ先生から英語を学びます。英語を学ぶためにたくさんのことをします。例えば，英語でディスカッションをします。また，７月には国際フェスティバルで他国の人々を助け，１月には英語のスピーチコンテストに参加します。

音楽部／教員：スズキユウト／部員：男子８人，女子15人／活動日：月曜日と水曜日／時間：午後４時30分～６時／毎年多くの場所で演奏しています。例えば，11月は文化祭で演奏します。８月に大事なコンクールがあるので，そのために一生懸命練習します。

合唱部／教員：サトウミキ／部員：男子10人，女子19人／活動日：木曜日と土曜日／時間：木曜日…午後４時30分～６時，土曜日…午前９時～11時30分／いつも楽しく歌の練習をしています。私たちはとても上手に歌うので，私たちの部は市で有名です。６月の大事なコンクールでは，毎年賞を獲得しています。

⑴＜適語(句)・適文選択＞①音楽部の案内の内容に合うものを選ぶ。　②音楽部の活動日は月曜日と水曜日。月曜日は選択肢にない。　③合唱部の案内参照。　④ボランティア部の案内参照。　⑤英語部の案内参照。

⑵＜適文補充＞直後でフレッドはFor five years「５年間」と答えているので，‘期間’を尋ねる文をつくる。How long「どのくらいの間」で始め，この後に‘have/has＋主語＋過去分詞…?’の現在完了形の疑問文を続ける。

5〔長文読解総合―物語〕

≪全訳≫❶ユイは10歳だった。彼女はお寺の近くに住んでいた。ある月曜日，学校から家に帰っているとき，彼女はお寺で小さな白い犬を見た。その犬は首輪をつけていなかった。彼女は「あの犬には家族がいないんだわ。かわいそうに」と思った。彼女は犬がおなかをすかせていると思ったので，食べ物を持ってくるために家まで走った。❷10分後，ユイはお寺に戻ってきて犬に食べ物をあげた。彼女は毎日そうした。ある金曜日，彼女の母が台所でユイに「今朝ここにパンを置いたんだけど，ないの。あなた，食べた？」と言った。ユイは「実は…」と言った。彼女はお寺で見つけた犬のことを母に話し始めた。すると，母は「かわいそうなワンちゃん。家に連れて帰りましょう」と言った。ユイは「いいの？すごくうれしい！」と言った。❸すぐに，ユイと母は犬を連れて帰るためにお寺に行った。ユイは犬にコロという名前をつけた。翌日，ユイの母はコロのために赤い首輪を買った。ユイの家族はコロが大好きだった。ユイの父は毎朝コロを散歩させ，ユイは毎日放課後にそれをした。❹ある水曜日，ユイがコロを散歩させていたとき，彼の首輪が突然外れて，彼は逃げてしまった。彼女は「コロ！　コロ！　待って！」と言ったが，彼は走り続けた。彼女は悲しかった。彼女は帰って母に話した。それから，ユイの家族は写真と電話番号を添えて，彼女たちの迷い犬のポスターをつくることにした。❺１年後，ユイはまだ両親と一緒にコロを捜していた。ある金曜日，ユイが学校から帰っているとき，ある家の庭で白い犬が走っていた。その犬はコロに似ていた。彼女がその犬に「コロ」と言おうとすると，庭に立っている年配の男性が，その犬に「サブロー！　こっちへおいで」と言った。ユイは，その犬と年配の男性をしばらく見ていた。彼はユイを見て，「こんにちは。どうしたんだい？」と言った。ユイは彼にコロのことを話した。すると彼は「去年，私の犬は私が彼を洗ってあげているときに，ここから逃げ出したんだよ。捜していたんだけど，しばらく見つからなくてね。でもある日，家の近くを歩いているときに，突然私のもとに走って戻ってきたんだよ」と言った。ユイは「そうでしたか」と言った。彼は「彼の世話をしてくれてありがとう。君のおかげで，私が見つけたとき，彼は元気だった。時間があるときに私たちを訪ねておいで。彼は喜ぶよ」と言った。彼女は「はい，そうします。さようなら，コ…，いいえ，サブロー！」と，涙声で言った。

⑴＜内容真偽＞ア．「ユイは10歳のとき，お寺で首輪のない白い犬を見た」…○　第１段落第１，３，４文に一致する。　イ．「ユイはお寺で犬を見たとき，その日は彼を助ける方法がなかった」…×　第１段落～第２段落第１文参照。食べ物をあげている。　ウ．「コロはユイと家族に愛され，父親とユイは毎日コロを散歩させた」…○　第３段落後半に一致する。　エ．「コロはユイの家から逃げ出したが，すぐに見つかった」…×　第４段落第１文および第５段落第１文参照。散歩中に逃げ，１年見つからなかった。　オ．「ユイは，年配の男性が犬を捜すのを手伝うために，両親と一緒にポスターをつくった」…×　第４段落参照。ポスターをつくったのは年配の男性のためではない。　カ．「ユイは年配の男性の家の庭で，サブローと呼ばれる犬を見た」…○　第５段落第２～４文に一致する。　キ．「年配の男性は，ユイが彼の犬の世話をして，連れて帰ってきてくれたことに感謝した」…×　第５段落終盤参照。お礼を言ったのはユイが犬の世話をしてくれたことに対してで，ユイはコロを男性の家に連れていったわけではない。　ク．「年配の男性は，時間のあるときにその犬をユイの家に連れていきたいと言った」…×　第５段落最後から４文目参照。男性の家に来るように言った。

⑵＜適所選択＞脱落文の him が誰かを考えると，これは年配の男性だと推測できる。年配の男性とコロに似た犬を見ていたときにその男性に話しかけられて，ユイは彼にコロのことを話したのである。

⑶＜英問英答＞①「ユイの母親は何曜日に，コロのために赤い首輪を買ったか」―「土曜日に買った」　第２段落第３文～第３段落第３文参照。金曜日の次の日である。　②「サブローが逃げる前，年配の男性は何をしていたか」―「サブローを洗っていた」　空所４の直後の文参照。

⑷＜条件作文＞≪全訳≫❶先生（Ｔ）：サブローは今，幸せだと思う？❷生徒（Ｓ）：①(例)はい，そう思います。年配の男性とすばらしい時間を過ごしていると思います。❸Ｔ：なるほど。ところで，ペットを飼うことについての意見を聞かせて。❹Ｓ：②(例)ペットを飼うのはいいことだと思います。人とペットはお互いを幸せにしますから。

＜解説＞① Do you think ～?「～と思うか」と尋ねられているので，まずは Yes または No で自分の意見を答えてから，その理由などを述べるとよい。　②「ペットを飼うのはよい」または「ペットを飼うのはよくない」と自分の立場を明らかにし，その理由などを添える。

6〔テーマ作文〕

≪全訳≫今日，友人たちと私は，私たちの市の好きなものについて話したの。私たちの市にはいいものがたくさんあるのよ。あなたの市はどう？　あなたの市のどんなところが好き？　それについて教えてね。

＜解説＞自分の市でおすすめの場所や特産物などを紹介する。その場所や物のどんなところが魅力なのか，具体的に説明するとよい。解答例は「私たちの市には有名な公園がある。私はその公園が大好きだ。多くの人が毎日そこを訪れる。そこにはたくさんのきれいな花がある。季節ごとにさまざまな花を見て楽しめる。私はよくそれを写真に撮っている」という意味。

数学解答

1 (1)　-3　(2)　4　(3)　$a-b$
(4)　$-7\sqrt{6}$

2 (1)　ア…$10a+b$　イ…$10b+a$
ウ…$4a+7b$
(2)　ア…$6x+5y$　イ…$3y+160$
(3)　$\dfrac{2}{3}$　(4)　$a=9$，$b=5$

3 (1)　(例)△PBQ は正三角形だから，BP＝BQ……①　△ABC は正三角形だから，BC＝BA……②　また，∠PBC＝∠PBQ－∠CBQ＝60°－∠CBQ，∠QBA＝∠CBA－∠CBQ＝60°－∠CBQ であるから，∠PBC＝∠QBA……③　①，②，③から，2 組の辺とその間の角がそれぞれ等しいので，△PBC≡△QBA
(2)　①　CDP　②　$\dfrac{15}{8}$cm

4 (1)　分速 150m　(2)　$y=150x-1800$
(3)　15 分後

5 (1)　白白黒黒黒白　(2)　$\dfrac{1}{2}$
(3)　$\dfrac{29}{36}$

6 (1)　4 本　(2)　516cm^3　(3)　5：18

〔学校発表解答〕

1〔独立小問集合題〕

(1)＜数の計算＞$-5+2=-3$

(2)＜数の計算＞与式＝$12+(-8)=12-8=4$

(3)＜式の計算＞与式＝$7a+2b-6a-3b=a-b$

(4)＜数の計算＞与式＝$\sqrt{3^2\times6}-5\sqrt{12\times2}=3\sqrt{6}-5\sqrt{2^2\times6}=3\sqrt{6}-5\times2\sqrt{6}=3\sqrt{6}-10\sqrt{6}=-7\sqrt{6}$

2〔独立小問集合題〕

(1)＜文字式の利用―説明＞M は，十の位の数が a，一の位の数が b だから，$M=10a+b$ と表せ，N は，M の十の位の数と一の位の数を入れかえた数だから，十の位の数が b，一の位の数が a であり，$N=10b+a$ と表せる。$M+2N=10a+b+2(10b+a)=10a+b+20b+2a=12a+21b=3(4a+7b)$ となる。$4a+7b$ は自然数だから，$3(4a+7b)$ は 3 の倍数である。

(2)＜連立方程式の応用＞1 個 x 円のりんご 6 個と 1 個 y 円のみかん 5 個の代金が 1000 円だから，$6x+5y=1000$ が成り立つ。また，りんご 4 個の代金はみかん 3 個の代金より 160 円高いから，$4x=3y+160$ が成り立つ。

(3)＜関数―比例定数＞右図で，2 点 B，C は関数 $y=ax^2$ のグラフ上にあり，2 点 B，C の y 座標は等しいから，BC は x 軸に平行となり，2 点 B，C は y 軸について対称である。点 B の x 座標が 3 より，点 C の x 座標は -3 であり，BC＝$3-(-3)=6$ となる。よって，AB＝BC＝6 である。2 点 A，B の x 座標がともに 3 より，AB は y 軸に平行だから，B(3，6)となり，$6=a\times3^2$ より，$a=\dfrac{2}{3}$ である。

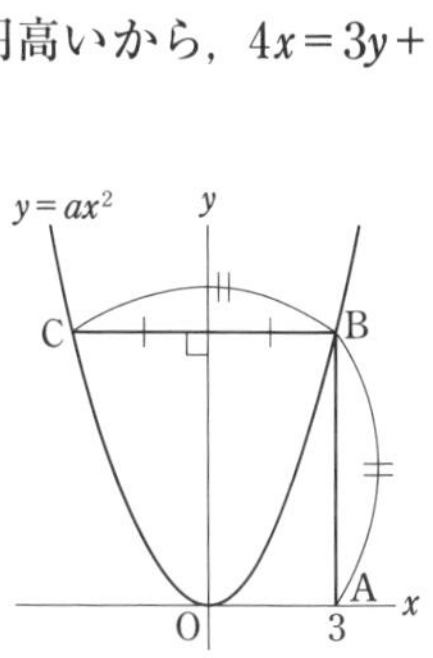

(4)＜連立方程式の応用＞人数の合計が 25 人だから，$1+5+a+b+3+2=25$ より，$a+b=14$……①となる。また，成功した回数の平均が 2.4 回だから，成功した回数の合計について，$0\times1+1\times5+2a+3b+4\times3+5\times2=2.4\times25$ より，$2a+3b=33$……②となる。①×3－②より，$3a-2a=42-33$，$a=9$(人)となり，これを①に代入して，$9+b=14$，$b=5$(人)となる。

3〔平面図形―円，正三角形〕

(1)＜証明＞次ページの図で，△PBC と △QBA が合同であることを示す。△PBQ，△ABC が正三角形より，BP＝BQ，BC＝BA である。また，∠PBQ＝∠CBA＝60°より，∠PBC＝∠QBA＝60°－∠CBQ となる。解答参照。

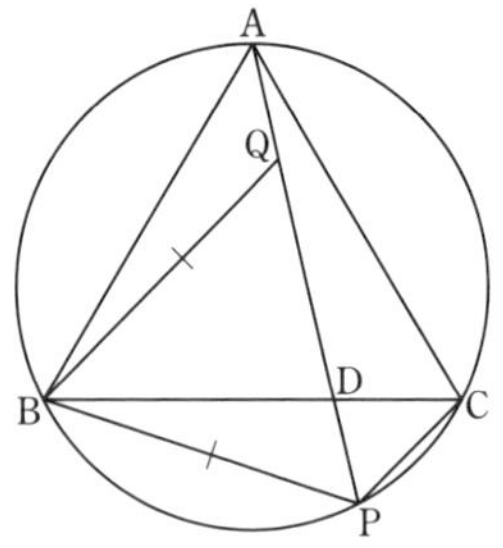

(2)＜相似な三角形，長さ＞①右図で，△ABP，△ADB，△BDQ は相似になるので，このうちのどれかと相似になる三角形を考えればよい。対頂角より，∠ADB＝∠CDP であり，$\overset{\frown}{\mathrm{BP}}$ に対する円周角より，∠BAD＝∠PCD である。よって，△ADB∽△CDP となるから，求める三角形は △CDP である。　②右図で，(1)より △PBQ は正三角形だから，PQ＝BQ＝BP＝5 である。①より，△BDQ∽△CDP だから，DQ：DP＝BQ：CP＝5：3 となり，$\mathrm{DP}=\dfrac{3}{5+3}\mathrm{PQ}=\dfrac{3}{8}\times5=\dfrac{15}{8}$(cm) となる。

4〔関数―関数の利用〕

≪基本方針の決定≫(3)　兄が弟を追い越すとき，兄と弟の家からの道のりは等しい。

(1)＜速さ＞兄が再び公園に着くのは，家を出発してから 16 分後で，この間，公園と家で 2 分ずつ休憩をしているので，兄が走っていた時間は 16－2×2＝12(分) である。また，家から公園，公園から家，家から公園の 3 回移動しているから，家から公園までかかる時間は 12÷3＝4(分) である。家から公園までの道のりは 600m だから，600÷4＝150 より，兄の走る速さは分速 150m である。

(2)＜直線の式＞兄が家に戻って休憩した後，再び家を出発するのは，最初に出発してから，4＋2＋4＋2＝12(分) 後である。よって，再び家を出発した後に走った時間は $x-12$ 分と表せるから，家からの道のりは $150(x-12)=150x-1800$(m) となり，求めるグラフの式は，$y=150x-1800$ である。

(3)＜時間＞兄が弟を追い越すとき，2 人の家からの道のりは等しい。(2)より，兄の家からの道のりは，$150x-1800$m と表せる。弟は，家を出発してから 20 分後に公園に着いているので，600÷20＝30 より，弟の歩く速さは分速 30m であり，家からの道のりは $30x$m と表せる。よって，$150x-1800=30x$ が成り立ち，これを解いて，$120x=1800$，$x=15$(分) 後となる。

5〔データの活用―確率〕

(1)＜駒の表の面の色＞最初は「黒黒黒黒黒黒」で，1 回目に 5 の目が出ると，左端から 5 個の駒の裏表が逆になるので，「白白白白白黒」となる。2 回目に 4 の目が出ると，右端から 4 個の駒の裏表が逆になるので，「白白黒黒黒白」となる。

(2)＜確率＞さいころを 2 回投げるとき，目の出方は全部で 6×6＝36(通り) ある。このうち，左端から 4 番目の駒の表の面の色が黒になるのは，この駒を，1 回も裏表を逆にしないか，2 回とも逆にする場合である。1 回も裏表を逆にしない場合は，1 回目が 1，2，3 の 3 通り，2 回目が 1，2 の 2 通りより，3×2＝6(通り) ある。2 回とも逆にする場合は，1 回目が 4，5，6 の 3 通り，2 回目が 3，4，5，6 の 4 通りより，3×4＝12(通り) ある。よって，左端から 4 番目の駒の表の面の色が黒となるのは 6＋12＝18(通り) だから，求める確率は $\dfrac{18}{36}=\dfrac{1}{2}$ である。

(3)＜確率＞36 通りの目の出方のうち，表の面の色が白である駒が 3 枚以上にならない，つまり 2 枚以下になる場合を考える。1 回目のさいころの目が 1 のとき，「白黒黒黒黒黒」だから，2 回目は 1 の 1 通りある。1 回目のさいころの目が 2 のとき，「白白黒黒黒黒」だから，2 回目にどの目が出ても白が 2 枚以下になることはない。1 回目のさいころの目が 3 のとき，「白白白黒黒黒」だから，2 回目にどの目が出ても白が 2 枚以下になることはない。1 回目のさいころの目が 4 のとき，「白白白白黒黒」だから，2 回目は 6 の 1 通りある。以下同様にして，1 回目のさいころの目が 5 のとき 2 回目は 5，6 の 2 通り，1 回目のさいころの目が 6 のとき 2 回目は 4，5，6 の 3 通りある。よって，表の面の色が白である駒が 3 枚以上にならない場合は 1＋1＋2＋3＝7(通り) だから，3 枚以上になる場合は36－7＝29(通り)あり，求める確率は$\frac{29}{36}$である。

6〔空間図形―六面体〕

≪基本方針の決定≫(2)　辺BA，辺CD，辺FE，辺GHを延長すると，これらは1点で交わる。

(1)＜ねじれの位置になる辺＞右図1で，∠DAB＝∠ABC＝90°，四角形BCGFが正方形より，AD∥BC，FG∥BCであり，四角形ADHEが正方形より，EH∥ADだから，EH∥BCとなる。よって，辺EH，辺AD，辺FGは辺BCと平行な辺である。また，辺AB，辺BF，辺DC，辺CGは辺BCと交わる辺である。これら以外の辺が辺BCとねじれの位置にある辺だから，辺BCとねじれの位置にある辺は，辺AE，辺DH，辺EF，辺HGの4本ある。

図1

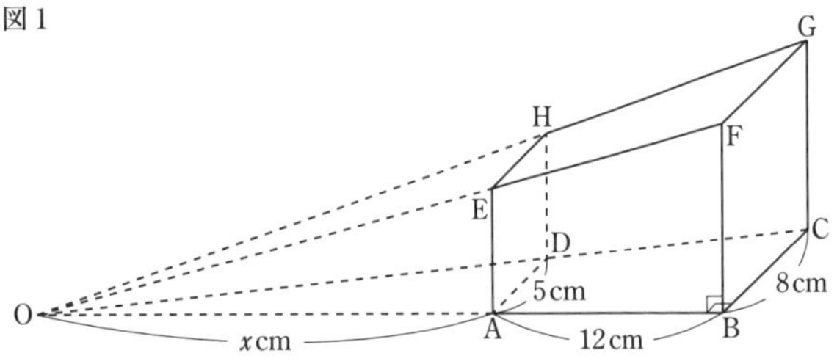

(2)＜体積＞右上図1で，(1)より，AD∥BC，EH∥FGであり，辺AE，辺BF，辺CG，辺DHが面ABCDに垂直であることより，AE∥BF，DH∥CGである。これより，面ADHEと面BCGFは平行であり，四角形ADHEと四角形BCGFはともに正方形で相似だから，辺BA，辺CD，辺FE，辺GHを延長すると，これらは1点で交わる。この交点をOとすると，立体ABCD-EFGHの体積は，四角錐O-BCGFと四角錐O-ADHEの体積の差として求められる。△OAE∽△OBFより，OA：OB＝AE：BFだから，OA＝x(cm)とすると，x：$(x+12)=5:8$が成り立ち，$8x=5(x+12)$，$x=20$となる。よって，OA＝20，OB＝20＋12＝32だから，求める体積は，$\frac{1}{3}\times8^2\times32-\frac{1}{3}\times5^2\times20=516$(cm^3)である。

(3)＜長さの比＞右図2の面ABFEで，EPの延長とFBの延長の交点をRとする。AE∥RFだから，△QAE∽△QFRであり，AQ：QF＝AE：FRである。また，△APE∽△BPRだから，AE：BR＝AP：BP＝4：(12－4)＝1：2となる。これより，BR＝2AE＝2×5＝10となるので，FR＝8＋10＝18である。よって，AE：FR＝5：18となり，AQ：QF＝5：18である。

図2

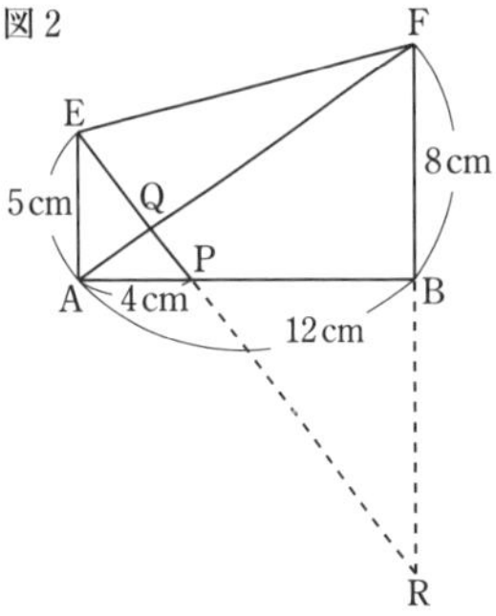

社会解答

1 1 (1) エ
(2) (例)夏にやませと呼ばれる風が吹き，気温が低い日が続いたため。
(3) リアス
2 (1) イ (2) ア (3) エ
(4) ハリケーン
3 (1) ウ
(2) (例)高速道路が開通し，沿線の地域に工業団地がつくられた
(3) ア (4) C，D，E

2 1 (1) 坂上田村麻呂
(2) 内容 (例)西日本まで及んだ
記号…ウ
(3) C
(4) 記号…エ
語…日米安全保障〔日米安保，安保〕
2 (1) 惣〔惣村〕
(2) (例)農民が江戸に出てきてしまったため，年貢が大幅に減った
(3) ア

3 1 (1) ア
(2) 内容 (例)多くの人から資金を集める
記号…ウ
(3) 労働基準法
2 (1) バリアフリー (2) イ
(3) 3
(4) (例)憲法に違反していないかについての最終的な決定権を持っている

4 1 (1) エ
(2) (例)農業就業人口一人当たりの耕地面積が大きい。
(3) ア
2 (1) イ (2) ウ (3) 象徴
3 (1) ウ
(2) え…蘭学
お…工場制手工業〔マニュファクチュア〕
(3) (例)インドには英語を話せる人が多く，アメリカとインドは昼と夜が反対である

〔学校発表解答〕

1〔地理─総合〕

1(1)＜東北地方の気候と地形＞資料１より，Ａは冬の，Ｂは夏の降水量が比較的多いことがわかる。季節風の影響で，冬の降水量が多いのは日本海側の気候の，夏の降水量が多いのは太平洋側の気候の特色である。したがって，日本海側に位置している秋田県秋田市はＡが，太平洋側に位置している岩手県宮古市はＢが当てはまる。東北地方の気候を東西に大きく分ける山脈は東北地方の中央部を南北に連なる奥羽山脈である。なお，越後山脈は，新潟県，群馬県，福島県の３県にまたがる山脈である。

(2)＜やませ＞東北地方の太平洋側には，夏に北東から冷たく湿ったやませと呼ばれる風が吹くことがある。この風の影響で，雲や霧が出て日照不足となり，夏でも低温となって作物が育ちにくくなる冷害が起こる場合がある。

(3)＜リアス海岸＞山地が海に沈み込んでできたリアス海岸は，小さな岬と湾が連続して複雑な海岸線を形成する。リアス海岸の湾内は，波が穏やかなため，養殖が盛んである。三陸海岸のほかに，福井県の若狭湾岸や三重県の志摩半島などにも見られる。

2(1)＜北緯40度の緯線＞秋田県男鹿半島のつけ根にある八郎潟を通る緯線は北緯40度線である。北緯

40度線は，スペインのマドリード，トルコのアンカラ，中国の北京，アメリカのニューヨーク付近などを通る。

(2)＜人口ピラミッド＞出生率と死亡率がともに高い国や地域の人口ピラミッドは富士山型で，発展途上国に多く見られるので，ウはエチオピアが当てはまる。出生率と死亡率が下がると，人口ピラミッドはつりがね型からつぼ型へと変化していく。つりがね型のエは，少子高齢化の傾向がほとんど見られないことから，アルゼンチンが当てはまる。アとイを比べると，より少子高齢化が進んでいるイは日本とわかるので，アが中国に当てはまる。中国は，2015年まで一人っ子政策を実施していたことから，急速に少子高齢化が進んでいる。

(3)＜オーストラリアとイギリスの関係＞イギリスは，かつてオーストラリアやニュージーランドなどオセアニア州の国を植民地支配していた。その名残として，現在のオーストラリアやニュージーランドの国旗には，イギリスの国旗(ユニオンジャック)が図柄として用いられている。

(4)＜ハリケーン＞カリブ海やメキシコ湾で発生した強い熱帯低気圧をハリケーンといい，西インド諸島やメキシコ湾岸の地域などに大きな被害をもたらす。なお，熱帯低気圧は発生した地域によって呼び名が変わり，南シナ海などで発生したものは台風，インド洋方面で発生したものはサイクロンという。

3(1)＜地形図の読み取り＞総合保険福祉施設の東側の土地には，果樹園(ó)が広がっている(ウ…○)。なお，さくらんぼ東根駅の周辺に老人ホーム(⌂)は見られない(ア…×)。市役所(◎)は，大森緑地公園から見て北西にある(イ…×)。縮尺2万5千分の1地形図なので，地形図上の直線距離が約2cmのとき，実際の距離は，2×25000＝50000(cm)＝500(m)となる(エ…×)。

(2)＜東北地方の工業＞資料7から，東北地方の主な工業団地が高速道路の周辺に集中していることを読み取る。1970年代以降，東北自動車道に代表される高速道路が整備され，製品の輸送に便利な高速道路沿いに工業団地がつくられて電気機械工場や半導体工場，自動車工場などが誘致された。

(3)＜資料の読み取り＞ア～エは，青森県，秋田県，岩手県，宮城県のいずれかである。宮城県は，東北地方で唯一の政令指定都市である仙台市があることから，東北地方6県の中で，人口が最も多く，65歳以上の人口の割合が最も低いアが当てはまる。なお，イは秋田県，ウは岩手県，エは青森県が当てはまる。

(4)＜資料の活用＞岩手県は木炭やまつたけなどの特用林産物の生産量が多いことはEの資料，県の総面積に占める林野面積が7割以上となっていることはCの資料，女性の林業従事者は減少傾向にあり，2017年度が2005年度の半分以下となっていることはDの資料からわかる。

2〔歴史―古代から近代の日本〕

1(1)＜坂上田村麻呂＞征夷大将軍に任命された後，蝦夷の指導者アテルイを降伏させて802年に胆沢城を築いたのは，坂上田村麻呂である。

(2)＜承久の乱，鎌倉文化＞1221年，後鳥羽上皇は鎌倉幕府から政権を取り戻そうと貴族や西日本の武士を味方に承久の乱を起こしたが，敗北して隠岐(島根県)に流された。後鳥羽上皇に味方した貴族や武士らの領地は取り上げられて，その場所に東日本の武士が地頭として任命された。これにより，幕府の勢力は西日本にまで及ぶようになった。また，鎌倉時代には，写実的で力強い文化が好まれるようになり，東大寺南大門には運慶や快慶らがつくった金剛力士像が置かれた。なお，アは奈良時代，イは平安時代，エは飛鳥時代につくられた。

(3)＜三国干渉＞1895年，ロシア，ドイツ，フランスは，下関条約で日本が清(中国)から得たCの遼東半島を清に返還するように要求した。この出来事を三国干渉といい，当時これら3か国に対抗できる軍事力を持たなかった日本は，この要求を受け入れて遼東半島を清に返還した。

(4)＜サンフランシスコ平和条約，日米安全保障条約＞1951年，吉田茂内閣は，アメリカなど資本主義諸国との間でサンフランシスコ平和条約を結び，翌年，この条約が発効したことで日本は独立を回復した。また，サンフランシスコ平和条約と同年に結ばれた日米安全保障条約に基づき，日本はアメリカ軍が引き続き国内に駐留することを認めた。なお，アの原敬は大正時代に日本で初めて本格的な政党内閣を組織した首相，イの佐藤栄作は沖縄の日本返還を実現したときの首相，ウの田中角栄は日中共同声明を発表して中国との国交を正常化した首相である。

2(1)＜惣＞室町時代になると，農村では村ごとに有力な農民を中心として惣〔惣村〕と呼ばれる自治組織がつくられ，用水や山谷の利用や管理などについて寄合を開いて決めたり，村のおきてを定めたりするようになった。

(2)＜天保の改革＞資料3から，1843年は1832年と比べて，江戸に住む人の出身地に占める他国生まれの人の割合が5.8%高くなっていたことがわかる。また，資料4から，天保の改革が行われていた頃は，幕府の年貢収納高がそれ以前と比べて減少していたことがわかる。これらのことから，水野忠邦が天保の改革を行っていたとき，農村から江戸に出かせぎにくる人が増えて農村が荒廃し，年貢が思うように取れなくなっていたため，人返しの法を定め，農民を故郷に帰らせて年貢の収入を増やそうとしたと判断できる。

(3)＜1930年代前半の日本＞1929年，アメリカのニューヨークの株式市場で株価が大暴落したことから世界恐慌が始まった。1930年になると，世界恐慌の影響が日本にも及んで昭和恐慌と呼ばれる不況が発生した。都市では失業者が増大し，農村では農産物の価格暴落から生活が苦しくなる人々が増えた。そのため，人々の間で不満が高まり，小作料の減額などを求める小作争議が頻発した。なお，イの治安維持法は1925年に制定された。ウのシベリア出兵は1918年に行われた。エの国家総動員法は1938年に制定された。

3〔公民―総合〕

1(1)＜消費者の権利＞アメリカのケネディ大統領によって唱えられた消費者の四つの権利は，安全を求める権利，知らされる権利，意見を反映させる権利と，選択する権利である。また，製造者は商品の欠陥について過失がなくても消費者が被害を受けたことを証明すれば損害賠償を行う義務を負うと定めた法律は，製造物責任法〔PL法〕である。なお，裁判を受ける権利は請求権の1つ，消費者基本法は国や地方公共団体の責務などについて規定し，消費者の自立した消費生活を支援することを求める法律である。

(2)＜株式会社，大企業と中小企業＞株式会社は必要な資金を準備するために株式を発行して，多くの人々から資金を集めている。これを直接金融という。また，日本にある企業のほとんどは中小企業なので，Aが中小企業，Bが大企業に当てはまる。従業員数も中小企業に勤める人の方が多いので，Cが中小企業，Dが大企業に当てはまる。

(3)＜労働基準法＞労働基準法は，労働時間や休日，賃金などの労働条件についての最低基準を示した法律であり，この法律を下回る内容で労働者を働かせてはならないと定めている。

2(1)＜バリアフリー化＞バリアフリーとは，障がいのある人や高齢者などの暮らしの障壁になるものを取り除こうとする考え方をいう。資料3のように手すりをつけることで，誰もが利用しやすいトイレになっている。

(2)＜衆議院と参議院＞被選挙権を得る年齢は，参議院議員・都道府県知事が満30歳以上，衆議院議員・市(区)町村長・地方議会議員が満25歳以上である。また，任期は参議院議員が6年，衆議院議員・地方公共団体の首長・地方公共団体の議会議員が４年である。

⑶＜ドント式の計算＞日本の比例代表制では，ドント式と呼ばれる計算方法によって各政党に議席を割り当てている。ドント式では，各政党の得票数を１，２，３…の整数で割り，商の大きい順に定数まで各政党に議席を配分していく。右図のように議席を獲得するので，Ｂ党は３議席を獲得する。

	A党	B党	C党	D党
÷1	**600**	**480**	**240**	150
÷2	**300**	**240**	120	75
÷3	**200**	**160**	80	50
÷4	150	120	60	37.5

が獲得議席

⑷＜最高裁判所の役割＞裁判所は国会が制定する法律や内閣が出す命令などが憲法に違反していないかについて審査する権利である違憲審査権〔違憲立法審査権，法令審査権〕を持っている。最高裁判所は特にその最終決定権を持っているため，「憲法の番人」と呼ばれている。

4〔三分野総合―農業，憲法，外交の歴史を題材とした問題〕

１⑴＜中世の農業技術＞鎌倉時代や室町時代には，１年に２回，同じ農地で異なる作物(米と麦など)を栽培する二毛作が西日本を中心に広まったほか，牛馬耕が行われるようになり，草木灰が肥料として使われるようになった。なお，アとウは江戸時代，イは弥生時代について述べている。

⑵＜北海道の農業の特徴＞資料１より，北海道と茨城県では農業就業人口は0.7万人しか差がないが，資料２より，北海道の耕地面積は114.7万 ha で茨城県の17.1万 ha の約6.7倍もあることが読み取れる。このことより，北海道は茨城県に比べて農業就業人口一人当たりの耕地面積が大きいことがわかる。

⑶＜日本の農業＞大消費地の近くで野菜や花きなどを栽培し，都市向けに出荷する農業を近郊農業という。また，温暖な気候を生かして野菜の成長を早めて農作物の出荷時期をずらす栽培方法を促成栽培という。なお，抑制栽培は，冷涼な気候を生かして野菜の成長を遅らせ農作物の出荷時期をずらす栽培方法をいい，長野県や岩手県などで行われている。

２⑴＜大日本帝国憲法の発布＞君主権の強いドイツ(プロイセン)の憲法を参考につくられた大日本帝国憲法は，1889年２月11日に発布されたので，イに当てはまる。

⑵＜ワイマール憲法＞第一次世界大戦後の1919年，ドイツでワイマール憲法が制定され，「全ての人に人間に値する生存を保障することを目指す」として，世界で初めて社会権(生存権)を保障した。

⑶＜天皇の地位＞日本国憲法において，天皇は，日本国と日本国民統合の象徴とされており，内閣の助言と承認に基づいて憲法に定められた国事行為のみを行う。

３⑴＜奴国の王＞１世紀半ばの紀元57年に，倭の奴国の王が漢(後漢)に使いを送り，金印などを授かったことが中国の歴史書『後漢書』東夷伝に記されている。

⑵＜蘭学，工場制手工業＞え．江戸幕府第８代将軍の徳川吉宗がキリスト教に関係のないヨーロッパの書物の輸入禁止を緩和した。それを受けて杉田玄白や前野良沢らが，オランダ語で書かれたヨーロッパの医学書『ターヘル・アナトミア』を翻訳して『解体新書』を出版し，蘭学の基礎を築いた。
お．資料８には，糸繰りをする人，糸をそろえる人，糸を運ぶ人など，分業で製品を生産する工場制手工業〔マニュファクチュア〕の様子が描かれている。18世紀頃から，問屋が農民に道具を貸し出して布を織らせ，製品を買い取る問屋制家内工業が行われるようになり，19世紀頃から，大商人らが作業所(工場)で人を雇って分業で製品をつくらせる工場制手工業が発達した。

⑶＜インドのICT 産業＞資料９から，インドでは英語が日常的に使われていること，資料10から，アメリカのＡ社とインドのＢ社の時差がおよそ半日あることがわかる。このことより，アメリカが夜で仕事をしていない時間帯には，インドが昼であり，さまざまな問い合わせに対応できると考えられる。

理科解答

1 (1) エ　(2) イ　(3) ウ　(4) イ

2 (1) ① NH_3　② 吸熱反応

③ 記号…イ

理由…(例)下がり続けていた温度が上がり始めたから。

(2) ①…エ

②

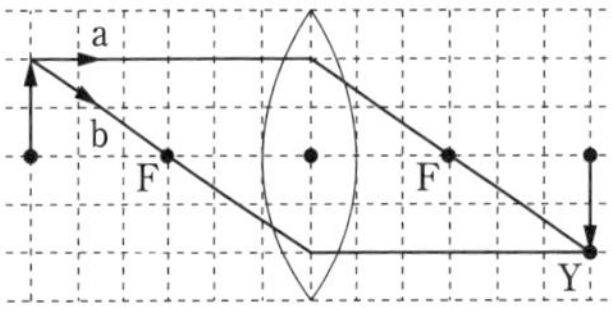

③ 8 cm

(3) ① 減数分裂　② 対立形質

③…ア

(4) ① 地質年代　②…イ

3 (1) あ…二酸化炭素の割合〔濃度〕

い…(例)タンポポの葉のはたらき

(2) (例)光合成によって使われる二酸化炭素の量の方が多いから。

(3) B　(4) イ

4 (1) ①…エ　② 50cm/s

(2) 記号…ウ

内容…(例)保存される〔変化しない〕

(3) ①…イ

② (例)摩擦力がはたらき，力学的エネルギーが減少したから。

5 (1) ①

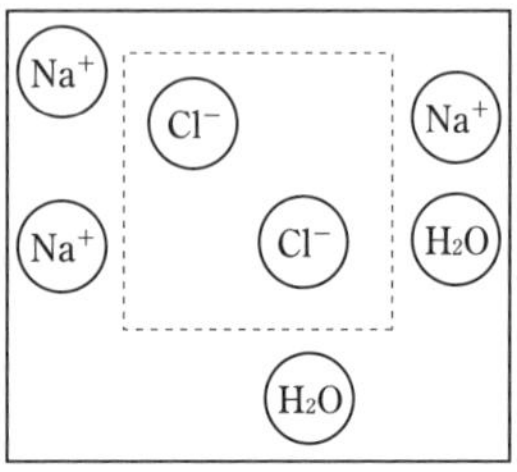

②…ウ

(2) ① あ…$BaSO_4$　い…H_2O　②…ア

(3) (例)水に溶けにくい

6 (1) 70　(2) $10g/m^3$

(3) (例)気温が上がったことで飽和水蒸気量が増えたから。

(4) エ

〔学校発表解答〕

1〔小問集合〕

(1)＜電流が磁界から受ける力＞銅線の振れ幅，つまり電流が磁界から受ける力の大きさが大きくなっていることから，回路に流れる電流の大きさを大きくしたと考えられる。電源装置の電圧の大きさを変えずに流れる電流の大きさを大きくするには，抵抗の大きさが小さい抵抗器を用いればよい。なお，電流の向き，または磁界の向きを逆にすると，電流が磁界から受ける力の向きが逆になり，銅線の振れる向きが逆になる。

(2)＜密度＞図の固体A，Bの質量は，上皿てんびんでつり合ったことから等しく，固体Aの体積は $L \times L \times L = L^3(cm^3)$，固体Bの体積は $2L \times 2L \times 2L = 8L^3(cm^3)$ である。また，〔密度(g/cm^3)〕$=\dfrac{〔質量(g)〕}{〔体積(cm^3)〕}$より，質量が等しいとき，密度は体積に反比例する。よって，体積が小さい固体Aの方が密度は大きく，固体Aの体積は固体Bの$\dfrac{L^3}{8L^3}=\dfrac{1}{8}$(倍)なので，固体Aの密度は固体Bの密度の8倍である。

(3)＜デンプンの分解＞デンプンを含む水溶液にヨウ素液を入れると青紫色になり，ブドウ糖を含む水溶液にベネジクト液を加えて加熱すると赤褐色の沈殿が生じる。結果の表より，セロハンのくぼみの水には，ヨウ素液の反応がないのでデンプンは含まれず，ベネジクト液の反応が見られたからブドウ糖が含まれることがわかる。よって，セロハンの穴を，デンプンは通り抜けないが，ブドウ糖は通り抜けたので，大きさを大きい順に並べると，デンプン(b)→セロハンの穴(a)→ブドウ糖(c)となる。

(4)＜地震のゆれ＞地震が起こると，震源でＰ波とＳ波は同時に発生する。また，Ｐ波によって初期微動が起こり，Ｓ波によって主要動が起こる。なお，Ｐ波とＳ波は伝わる速さが異なり，Ｐ波の方が速く伝わるので，震源からの距離が遠くなるほど初期微動継続時間が長くなる。

2 〔小問集合〕

(1)＜化学変化と熱＞①実験の❶で，塩化アンモニウム(NH_4Cl)と水酸化バリウム($Ba(OH)_2$)に水を加えたときに発生する気体はアンモニア(NH_3)である。アンモニアは特有のにおいがあり，水に非常によく溶け，水溶液はアルカリ性を示す。そのため，フェノールフタレイン液を染み込ませた脱脂綿にはアンモニアが溶けて赤色に変化する。　②塩化アンモニウムと水酸化バリウムの反応のように，周囲から熱を吸収し，温度が下がる化学変化を吸熱反応という。なお，周囲に熱を放出し，温度が上がる化学変化は発熱反応という。　③吸熱反応では，化学変化が続いている間は温度は下がり続け，終わると温度は上がり始める。よって，図２より，温度が上がり始めるのは50秒を過ぎてからなので，化学変化が終わったのは40秒から60秒の間と考えられる。

(2)＜凸レンズによる像＞①表１より，膨らみが大きい凸レンズＢの方が焦点距離は短い。光軸に平行な光は，凸レンズで屈折して焦点を通るので，凸レンズの膨らみが大きいほど焦点距離が短いことより，屈折のしかたが大きいことがわかる。　②図で，光軸に平行な光ａは，凸レンズで屈折して焦点を通る。また，焦点を通る光ｂは凸レンズで屈折して光軸に平行に進む。解答参照。
③物体を焦点距離の２倍の位置に置いたとき，焦点距離の２倍の位置に実像ができる。表２より，物体Ｘから凸レンズＣの中心線までの距離と凸レンズＣの中心線からスクリーンまでの距離が同じなのは16cmのときだから，凸レンズＣの焦点距離は，16÷2＝8(cm)である。

(3)＜遺伝の規則性＞①生殖細胞がつくられるときに行われる特別な細胞分裂を減数分裂という。
②どちらか一方しか現れない形質どうしを対立形質という。　③種子の形を丸くする遺伝子をA，しわにする遺伝子をａとすると，丸い種子をつくる純系のエンドウの遺伝子の組み合わせはAA，しわの種子をつくる純系のエンドウの遺伝子の組み合わせはaaと表せる。丸い種子の純系としわの種子の純系のエンドウがつくる生殖細胞の遺伝子は，それぞれＡとａだから，実験１でできた子(丸い種子)の遺伝子の組み合わせは全てAaである。よって，Aaとaaをかけ合わせたときにできる個体の遺伝子の組み合わせと数の比は，右表のように，Aa：aa＝2：2＝1：1となる。Aaは丸い種子，aaはしわの種子になるから，得られる形質と数の比は，丸：しわ＝1：1である。

	A	a
a	Aa	aa
a	Aa	aa

(4)＜地球の歴史＞①化石などから決められる地球の歴史の時代区分を地質年代という。　②46億年を100cmで表しているから，5.4億年は，$100\times\frac{540000000}{4600000000}=11.7\cdots$より，およそ12cmである。

3 〔生物の体のつくりとはたらき〕

(1)＜対照実験＞タンポポの葉を入れた袋と入れない袋を用意し，他の条件は同じにして実験を行うと，二酸化炭素の割合(濃度)の変化の違いがタンポポの葉のはたらきによるものであることが確かめられる。

(2)＜光合成と呼吸＞植物は，二酸化炭素を吸収して光合成を行い，呼吸を行って二酸化炭素を放出する。実験で，袋Ａは光の当たる明るい部屋に置いたので，タンポポの葉は呼吸よりも光合成を盛んに行う。そのため，呼吸によって放出される二酸化炭素の量に比べて，光合成によって吸収される二酸化炭素の量の方が多かったので，袋の中の二酸化炭素の割合(濃度)が減少した。

(3)＜光合成と呼吸＞石灰水は二酸化炭素と反応して白くにごる。よって，石灰水が最も白くにごったのは，二酸化炭素の割合(濃度)が増加した袋Ｂである。

(4)＜双子葉類＞葉脈が網目状なのは双子葉類であり，双子葉類の茎の維管束は輪状に並んでいる。なお，双子葉類の根は主根と側根からなり，単子葉類の葉脈は平行で，根はひげ根である。また，維管束がないのはコケ植物である。

4〔運動とエネルギー〕

(1)＜等速直線運動＞①図２より，金属球は水平面上を等速直線運動しているから，金属球には重力と垂直抗力がはたらいていて，つり合いの関係にある。なお，つり合いの関係にある２つの力は，どちらも同じ物体(金属球)にはたらく力であり，作用・反作用の関係にある２つの力は，２つの異なる物体間ではたらく。　②図２で，金属球が75cm 移動するのに，$0.3\times5=1.5$(秒)かかっているので，平均の速さは，$75\div1.5=50$(cm/s)となる。

(2)＜力学的エネルギー＞図１の斜面や水平面では摩擦や空気抵抗を考えないから，力学的エネルギーは保存される。そのため，点Ａと点Ｂで金属球が持つ力学的エネルギーの大きさは同じである。よって，点Ａと点Ｂでは力学的エネルギーは全て位置エネルギーに移り変わっているから，図１で，点Ｂの位置は点Ａと同じ高さのウである。

(3)＜運動とエネルギー＞図３で，金属球が面が粗い布上を通過するとき，金属球には摩擦力がはたらく。そのため，金属球の持つ力学的エネルギーの一部は熱エネルギーなどに移り変わり，力学的エネルギーが減少する。よって，金属球が点Ａ，点Ｃ，点Ｄで持つ位置エネルギーの大きさは，この順に小さくなるから，それぞれの高さの大小関係は $a>c>d$ となる。

5〔化学変化とイオン〕

(1)＜中和とイオン＞①水酸化ナトリウム($NaOH$)は水溶液中でナトリウムイオン(Na^+)と水酸化物イオン(OH^-)に電離していて($NaOH \longrightarrow Na^+ + OH^-$)，塩化水素($HCl$)は水溶液(塩酸)中で水素イオン($H^+$)と塩化物イオン($Cl^-$)に電離している($HCl \longrightarrow H^+ + Cl^-$)。うすい水酸化ナトリウム水溶液にうすい塩酸を加えると，中和によって OH^- と H^+ が結びついて水(H_2O)ができる($H^+ + OH^- \longrightarrow H_2O$)。図１では，$Na^+$ が３個あることから，はじめは OH^- も３個あったことがわかる。ここに，H^+ と Cl^- を加えて H_2O が２個できたことから，加えた H^+ の数は２個である。よって，存在している Cl^- の数も２個となる。　② BTB 液は酸性では黄色，中性では緑色，アルカリ性では青色を示すから，試験管Ｃの水溶液は中性，試験管Ｄの水溶液は酸性である。pH の値は中性で７であり，酸性が強くなるほど値は小さくなる。よって，$c>d$ である。

(2)＜中和と塩《えん》＞①水酸化バリウム($Ba(OH)_2$)と硫酸(H_2SO_4)の中和では，硫酸バリウム($BaSO_4$)と水(H_2O)ができる。化学反応式は，矢印の左側に反応前の物質の化学式，右側に反応後の物質の化学式を書き，矢印の左右で原子の種類と数が等しくなるように化学式の前に係数をつける。よって，この反応での化学反応式は，$Ba(OH)_2 + H_2SO_4 \longrightarrow BaSO_4 + 2H_2O$ となる。　②試験管Ｆ～Ｊに見られた白色の沈殿は硫酸バリウム($BaSO_4$)で，うすい水酸化バリウム水溶液中のバリウムイオン

(Ba^{2+})と，うすい硫酸中の硫酸イオン($SO_4{}^{2-}$)が結びついてできる。試験管Hの水溶液は中性だから，H^+とOH^-は過不足なく反応し，Ba^{2+}と$SO_4{}^{2-}$も過不足なく反応している。また，試験管Iと試験管Jに加えたうすい硫酸中に含まれるH^+と$SO_4{}^{2-}$の数は試験管Hに加えたうすい硫酸中に含まれるH^+と$SO_4{}^{2-}$の数より多いが，はじめに試験管に入っていたうすい水酸化バリウム水溶液中のBa^{2+}とOH^-の数は，試験管Iも試験管Jも試験管Hと同じである。よって，試験管Iと試験管Jで生じる$BaSO_4$の量は，試験管Hと同じである。

(3)＜中和と塩＞硫酸バリウム($BaSO_4$)は水に溶けにくい塩なので沈殿する。これに対し，塩化ナトリウム(NaCl)は水に溶けやすい塩なので，沈殿しない。

6 〔気象と天気の変化〕

(1)＜湿度＞乾湿計は，湿球温度計の球部が湿ったガーゼなどで包まれ，水が蒸発するときに熱が奪われるため，湿球の示度は乾球の示度より低くなる。よって，図の乾湿計は，乾球の示度が17.0℃，湿球の示度が14.0℃である。これより，表1で，乾球の読みが17℃，乾球と湿球との目もりの読みの差が$17-14=3$(℃)となるから，このときの湿度は70%である。

(2)＜水蒸気量＞表2より，午前11時の気温は19℃，湿度は62%であり，表3より，気温19℃での飽和水蒸気量は16.3g/m^{3}である。したがって，〔湿度(%)〕=〔空気1m^{3}中に含まれている水蒸気量(g/m^3)〕÷〔その気温での飽和水蒸気量(g/m^3)〕×100を変形すると，〔空気1m^{3}中に含まれている水蒸気量(g/m^3)〕=〔その気温での飽和水蒸気量(g/m^3)〕×$\frac{〔湿度(\%)〕}{100}$となるから，部屋の空気1m^{3}中に含まれている水蒸気量は，$16.3\times\frac{62}{100}=10.106$より，およそ10g/m^{3}である。

(3)＜湿度＞湿度は，空気1m^{3}中に含まれている水蒸気量の，その気温での飽和水蒸気量に対する割合である。また，表3より，気温が高くなると飽和水蒸気量は大きくなることがわかる。よって，部屋の空気中に含まれる水蒸気量が変化しないとき，飽和水蒸気量が大きくなると湿度は下がる。

(4)＜湿度＞表4より，加湿器を使用する前後で，気温は26℃で変わらず，表3より，気温26℃での飽和水蒸気量は24.4g/m^{3}である。これより，部屋全体の空気中の水蒸気量は，使用前が$24.4\times\frac{42}{100}\times25=256.2$(g)，使用後が$24.4\times\frac{55}{100}\times25=335.5$(g)である。よって，加湿器によって増加した空気中の水蒸気量は，$335.5-256.2=79.3$より，およそ79gになる。

国語解答

一 ㈠ 2

㈡ カミナリの気配を感じてうろたえてしまい，みんなにからかわれるに違いないと思い，がっかりする気持ち。（49字）

㈢ 4　㈣ 2

㈤ ［これは，］中学二年生の雄太を主人公とする，山を舞台にした小説です。（28字）

二 ㈠ 4　㈡ 2

㈢ 空車を五両立て置かれたりけるなり

㈣ 1

三 ㈠ ア　茶碗で食べる米の飯　イ　器

㈡ 2　㈢ 2　㈣ 3

㈤ （すでに）相補的な関係

㈥ 4

㈦ （例）外来語の使用をよいと思う人が最も多い一方で，否定的に思う人も多い。意味がわかりにくいことが多いというのが主な理由だ。／私は，話す相手の年齢や話題に対する関心の程度によって，日本語と外来語を使い分けることを心がけたい。言葉は，相手のことを考え，誤解を生まないように使うことが大切だと思う。（145字）

四 ㈠ (1) 危険　(2) 刻　(3) 郵送　(4) へだ　(5) はき　(6) いまし

㈡ 3　㈢ 2

〔学校発表解答〕

一〔小説の読解〕出典；にしがきようこ『ぼくたちのP（パラダイス）』。

㈠＜表現＞「ぼく」は，カミナリを怖がっていることを知られると，みんなにからかわれるのではないかと思った（1…×）。「ぼく」が，カミナリがくると言うと，みんなは「不安そうな」顔になり，やがて，ホクさんが「むこうの山の稜線のきわに小さい一かたまりの黒い雲がわいて」いるのを見て「カミナリ雲やろか？」と言うと，リーダーの指示でみんなは荷物をまとめて，一斉に駆け出した（2…○）。この文章は，常に「ぼく」の視点から書かれている（3…×）。「ぼくを見た」や「逃げだしたくなった」，「そう思った」など，回想以外の場面でも過去形が用いられている（4…×）。

㈡＜心情＞「ぼく」は，カミナリが怖いことを，これまで必死に隠してきたが，カミナリの気配を感じて「うろたえた」ために，カミナリを恐れていることが，明らかになってしまった。「ぼく」は，小学三年生のときのように，みんなに「からかわれるに違いない」と思い，「ここでの楽しい暮らしもこれで終わりだ」と感じて「がっかり」しながら，顔を上げげた。

㈢＜心情＞みんなが「ぼく」の言葉を信じて，一斉に小屋へ駆け出したのを見て，「ぼく」は，「もしぼくの予感がまちがっていたらどうしようという不安」を感じて，「あせった」のである。

㈣＜表現＞優子さんは，雄太が山で経験したことや，「山で暮らしてみたくなる」という感想を，段落分けをしてわかりやすくまとめている（1…○）。その際，話の筋がわかるよう，雄太が山に行くことになった経緯を，「授業で読んだ場面」には登場していない「おじさん」にふれて説明している（4…○）。優子さんは，ある夜の雄太とユイが語り合う場面を紹介し，授業で読んだ「カミナリ」のことにふれて，興味をひくようにしている（2…×）。優子さんは，雄太が「ひと夏の山での経験を通じて，大きく成長」したことを紹介している（3…○）。

㈤＜文の組み立て＞もとの文は，「この小説は～小説です」と，「小説」が重複している。「これは，」という書き出しで始まるので，終わりを，「小説です」という形にする。「小説」につながるように，「主人公の雄太が中学二年生で」という部分を書き換えればよい。

二〔古文の読解―説話〕出典；『十訓抄』一ノ二十七。

≪現代語訳≫小松内府が，賀茂祭りを見ようというので，牛車四，五両ぐらいで，一条大路に出てこられた。見物の牛車は全て置いて並ばせてあって，隙間もなかった。「どの車が，移動させられるのだろうか」と，人々が注目していたところ，都合のよい所にある牛車を，引き出したのを見ると，どれも，人が乗っていない牛車だった。あらかじめ見物のための場所を取って，人に面倒をかけないようにするために，空の牛車を五両(そこに)置いておかれたのである。

その頃の内府の権勢であれば，どんな牛車であっても，争うことは難しかっただろうが，六条の御息所の古い例も好ましくないとお考えだったのだろうか。そのような気配りは，思いやりが深いものである。

㈠＜古文の内容理解＞小松内府は，あらかじめ空の牛車で場所取りをしていたおかげで，人に面倒をかけることなく，賀茂祭りを見物できたのである。

㈡＜古文の内容理解＞小松内府によって，誰の牛車が移動させられることになるのかを見ようとして，人々は注目したのである。

㈢＜古文の内容理解＞小松内府は，人に面倒をかけないようにするために，空の牛車を五両置いて，あらかじめ祭りを見物する場所を確保しておいたのである。

㈣＜ことわざ＞小松内府は，おそらくは『源氏物語』で六条の御息所が恥をかいた場面を知っていたために，場所争いをするのは好ましくないと考えたのだろうと思われるのである。「人のふり見て我がふり直せ」は，他人の行動を見て，自分の行動を反省し，改めるべきである，という意味。「人事を尽くして天命を待つ」は，できるかぎりのことをしたうえで，あとは天に任せる，という意味。「虎の威を借るきつね」は，強い者の権威を頼みにしていばる者のこと。「石橋をたたいて渡る」は，非常に用心深く物事を行う，という意味。

三〔論説文の読解―芸術・文学・言語学的分野―日本語〕出典；鈴木孝夫『教養としての言語学』「『言語干渉』から見た外来語」。

≪本文の概要≫無意味に見える外来語の使用にも，日本人の事物の把握の様式が持つ，一つの特徴が表れている。例えば，米の飯は，何に盛りつけようと，米の飯である。しかし，我々は，御飯という言葉を茶碗と結びつけて考えがちである。そのため，我々は，洋皿に盛りつけた御飯を御飯と呼ぶことにはためらいを感じて，ライスと呼ぶのである。このような文脈取り込み型の認識様式，つまり表現形態は，日本語には雨に数多くの異なった名称があるといったことの背後にも見られる。文脈取り込み型の心理に基づく外来語の乱用を可能にした条件として，戦後の英語教育の普及が挙げられる。ある程度の英語の知識が，国民大多数の常識となったために，英語による併存型の表現が，爆発的に広がったと考えられる。度を過ぎた外来語の多用は問題だが，日本人が元来持っている文脈取り込み型の言語心理を考慮に入れる必要は，あるだろう。とはいえ，日本語をできるだけ英語に置き換えるゲームをやっているかのような外来語の乱用が，好ましくないことは言うまでもない。

㈠＜文章内容＞ア．「御飯ということばの意味には〈米を炊いたもの〉に加えて〈茶碗によそわれている〉という直接の対象以外の文脈要素が，副次的に含まれている」のである。つまり，日本人は，「御飯」というものを「茶碗で食べる米の飯」という意味で認識しているのである。　イ．多くの日本人は，「同じお茶を飲むのにも，煎茶，番茶，そして紅茶をそれぞれ違った器で飲むという習慣」を持っている。「御飯」という言葉が「茶碗」に強く結びついているように，日本人は，煎茶，番茶，紅茶などを，それぞれ「器」と結びつけて認識しているのである。

㈡＜文脈＞日本人は，「洋皿に盛りつけた御飯」を「御飯と呼ぶことに，何となくためらいを感じる」

のである。「この心理がライスという，理性的な見地から言えば無用と思われる外来語を選ばせる原因」なのだろう。

㈢＜表現＞冒頭では，「筆者の疑問」ではなく，「ちゃんとした日本語があるのに，どうして外国のことばを使うのかといった非難」が，水とウォーター，苺とストロベリーという表現に向けられていることが紹介されている（1…×）。そして，「御飯」と「ライス」が使用される場面を例に挙げ，その背後にある日本人の「文脈取り込み型の言語心理」を指摘した後で，「私」は，「日本語を出来るだけ多くの英語に置き換えるゲームをやっている」かのような「絶対に望ましくないと思う，まったく無意味どころか有害この上もない併存型の濫用がある」と主張している（2…○）。また，「文脈取り込み型の心理」について，「私」は，「アメリカ人のある家で，緑茶をコーヒーカップに入れて出された」ときの経験を紹介している（4…×）。「耳を掩いたくなるような」や「ゲームをやっているとしか思えないような」などのように比喩表現が用いられている（3…×）。

㈣＜文章内容＞外来語の使用における「文脈取り込み型の心理」は，日本文化論で指摘される背後にも見られるもので，「日本語が豊かになるから」という理由で「外来語の使用をよいと思う」生徒もいれば，「言葉の乱れは文化の乱れだと思うから」という理由で「外来語の使用をよくないと思う」生徒もおり，これらの生徒は，外来語と文化を結びつけて考えている（2…×）。この併存型の表現は，日本人が持つ「文脈取り込み型の言語真理を，広く普及した英語の知識が助長した」からであるが，「日本語が豊かになるから」という理由で「外来語の使用をよいと思う」生徒は，10人程度である（3…○）。本文では，「日本語を出来るだけ多くの英語に置き換えるゲームをやっているとしか思えないような」外来語の乱用が批判されているが（4…×），「知性があるように見えるから」という理由で「外来語の使用をよいと思う」生徒は，10人弱しかいない（1…×）。

㈤＜文章内容＞「ライス」という言葉は，「洋皿につけられている米の飯」という意味を持つようになり，「茶碗で食べる米の飯」と認識される「御飯」という言葉とは「すでに相補的な関係」にある。「相補」は，互いに補い合うこと。

㈥＜表現＞外来語の使用について「肯定や否定は一概には決められないということでよいですか」と問いかけることによって，司会者は，それまでに出された意見をまとめて，議論の流れを確認しているのである。

㈦＜作文＞第一段落では，【Ⅰ】や【Ⅱ】から「A中学校の生徒の外来語に対する意識とその理由」を読み取ってまとめる。第二段落には，「外来語をうまく活用していく」ために，自分ならどのようなことを心がけたいかを，具体的に書いていく。字数を守り，誤字脱字に注意して書くこと。

四〔国語の知識〕

㈠＜漢字＞⑴「危険」は，あぶないこと。悪いことが起こる可能性があること。　⑵音読みは「刻印」などの「コク」。　⑶「郵送」は，手紙や小荷物などを郵便で送ること。　⑷音読みは「隔離」などの「カク」。　⑸「破棄」は，やぶったり，燃やしたりして，書類などを処分すること。約束などを一方的に取り消すこと。　⑹音読みは「自戒」などの「カイ」。

㈡＜漢字の知識＞行書で書かれている「激」は，楷書では十六画。「潔」は十五画。「環」は十七画。「衛」は十六画。「製」は十四画。

㈢＜故事成語＞絶体絶命の状況に身を置いて，覚悟を決めて物事にあたることを，「背水の陣」という。「蛍雪の功」は，苦労して勉強した結果，成功すること。「他山の石」は，他人のつまらない言動も，自分の向上のための材料になりうること。「漁夫の利」は，当事者どうしが争っている隙に，第三者がまんまと利益を手にすること。

2022年度 大成女子高等学校(3教科マーク式)

【英　語】 (50分) 〈満点：100点〉

A 次の英文は，クラスでディベートを行ったときのものです。〔1〕～〔6〕の空欄にそれぞれ最も適切なものを選び，番号をマークしなさい。

Hello, everyone. We are going to start a mini debate. Today's topic is "Should junior high school students wear school uniforms?" First, we want to hear from people who agree.

A: I think junior high school students should wear school uniforms. I have two reasons. First of all, students should have school *pride. 〔1〕 school uniforms is a kind of school pride. Also, people can know quickly which school the students are from. Another reason is an easy one. We are busy in the morning, so we don't have time to choose 〔2〕 clothes.

Thank you very much. You mean that school uniforms let us show pride in our school. Next, we'll hear from the students who 〔3〕 agree to this topic.

B: I don't like wearing school uniforms every day. Uniforms are 〔4〕 in summer, cold in winter, so there may be students who have a bad health condition. If we put 〔5〕 our personal clothes, it is easy to move around. The best of all, we can enjoy choosing clothes every morning!

Thank you. Let's move on to questions and answers. If you have any questions, please 〔6〕 your hand!

注　pride 誇り、プライド

〔1〕
① Wear
② Wore
③ Worn
④ Weared
⑤ Wearing
⑥ Have worn

〔2〕
① we
② they
③ our
④ their
⑤ us
⑥ ours

〔3〕
① not
② am not
③ are not
④ is not
⑤ do not
⑥ does not

〔4〕
① high
② home
③ hot
④ hurry
⑤ house
⑥ help

〔5〕
① of
② on
③ off
④ often
⑤ open
⑥ only

〔6〕
① read
② rock
③ run
④ rise
⑤ raise
⑥ right

B 次の文は，留学生の Tony と高校生の Yuto がウェブサイトを見ながら話しているものです。よく読んで，あとの問いに答えなさい。

Tony: I want to start a new sport. What do you *recommend?

Yuto: What about *skateboarding? I have been skateboarding since I was a child. It's exciting and cool.

Tony: Skateboarding? Isn't it difficult?

Yuto: Don't worry.〔 7 〕

Tony: OK. I will try.

Yuto: Look at this website. I sometimes practice at this skatepark. I have my own skateboard and helmet. Do you want to come with me?

Tony: Yes. But〔 8 〕Should I buy one before we go?

Yuto: No, you don't have to. You can rent a skateboard and a helmet there.

Tony: I'm glad. Then why don't we go there tomorrow?

Yuto: Good. Oh, but it will be closed tomorrow. What about this Saturday?

Tony: I have to visit my friend in the morning, but I can go in the afternoon.

Yuto: OK. Let's meet at school at 1 p.m.

Tony: Thank you. I'm very excited.

注　recommend 勧める　　skateboarding　スケートボード（に乗る）

TG Skatepark

Opening Hours and Price

Weekdays	12:00-21:00	¥1,000
Saturday	10:30-21:00	¥1,600
Sunday	10:30-21:00	¥1,600

- **Closed on Thursdays**
- **Half price for students**

Skateboard Lessons

Beginner	Monday and Wednesday	17:00-19:00	¥8,000 / a month
*Intermediate	Tuesday and Friday	17:00-19:00	¥10,000 / a month
*Additional Lessons		¥2,000 / a lesson	

You don't need any money for *a trial lesson! Please *contact us from our homepage.

Rental (1Day)

Skateboard	¥700
Helmet	¥300

TG Skatepark
URL: www.tgskatepark.com
TEL: 0120-221-488

注　intermediate　中級者　　　additional　追加の
　　a trial lesson　お試しレッスン　　contact　申し込む

文中の〔７〕〔８〕に入る最も適切なものをひとつずつ選び，番号をマークしなさい。
〔７〕
① I can show you the way to the school.
② A skateboard is cheap.
③ I can teach you how to do it.
④ It is very difficult.
⑤ You can teach me.
⑥ Be happy.

〔8〕

① I don't have a skateboard.

② you don't have a skateboard.

③ I have two skateboards.

④ I don't want to go there.

⑤ it's very cold nowadays.

⑥ I'm already good at skateboarding.

〔9〕この会話は何曜日のものだと考えられますか。最も適切なものをひとつ選び，番号をマークしなさい。

① Monday

② Tuesday

③ Wednesday

④ Thursday

⑤ Friday

⑥ Saturday

〔１０〕次の英語の質問に対する最も適切な答えをひとつ選び，番号をマークしなさい。

How much is a trial lesson?

① ¥0

② ¥1,000

③ ¥1,600

④ ¥2,000

⑤ ¥8,000

⑥ ¥10,000

〔１１〕Yuto が支払う金額はいくらになると考えられますか。最も適切なものをひとつ選び，番号をマークしなさい。

① ¥300

② ¥700

③ ¥800

④ ¥1,000

⑤ ¥1,600

⑥ ¥1,800

C　次の英文は，ALT の Mr. Green と生徒たちとの会話です。英文を読み，〔１２〕～〔１６〕に当てはまる文をひとつずつ選び，番号をマークしなさい。

Green:　You have no school on Saturdays and Sundays in Japan. I think you have much free time. How do you spend the time? Today, 〔１２〕

Ken:　I like tennis, so I play it on weekends.

Hiroshi:　I am interested in Asian history, so I go to the library to learn more about it.

Mina:　You can also learn about it at home if you have a computer.

Ken:　That's true. But you should be careful. If you spend too much time on the computer, you won't have enough time to talk with your family.

Mina:　〔１３〕 But computers are useful if we know how to use them well.
For example, we can make friends with people in other countries through computers.

Ryota:　I don't want to do anything on Saturdays and Sundays. I just want to rest at home, because I have many things to do from Monday to Friday.

Hideo:　We sometimes need to rest, but we should use our time in a more useful way on weekends.

Ryota:　In a useful way? 〔１４〕

Hideo:　Well, for example, we can work as volunteers. The Naka River in Ibaraki *flooded some years ago and many volunteers worked together to make houses and roads clean. Their action moved me, so I want to work as a volunteer.

Ken:　That's wonderful! What do you want to do in the future?

Hideo:　〔１５〕

Mina:　That' s nice. I am also interested in working as a volunteer, so please tell me about the information.

Green:　〔１６〕 There are many ways to spend your free time, but I hope you all will spend your time in good ways.

注　flood 洪水であふれる

〔１２〕〔１３〕〔１４〕〔１５〕〔１６〕

① I want to do nothing.
② I can understand your family.
③ I want you to talk about how you spend your weekend.
④ What do you mean?
⑤ I understand that problem.
⑥ I enjoyed your discussion today.
⑦ What's this?
⑧ I want to help old people.

D　あるショッピングサイトへ送った e-mail と発送状況表です。よく読んで，あとの問いに答えなさい。

From:　Tony Depp <tdepp@pmail.com>
To:　Customer Service, AMA-zone <CS@ama-zone.com>
Date:　February 21st
***Subject:**　Order Change *Request

Dear Customer Service

I am writing this e-mail to change my order. My order number is 31105963. I ordered one *EZ umbrella*, two *smartphone batteries SMB-01*, and ten *SP notebooks*, but I made a mistake and〔１７〕. I want to change my order. I really need 8 notebooks.〔１８〕Can you change the delivery date? I am going to go to travel from March 2nd to March 5th. If it is OK, please change the date to after March 6th.

Thank you
Tony Depp

AMA-zone

Order No. 31105963

	Number	*Shipping Status	Delivery Date
EZ umbrella	1	Ready to *ship	March 3rd
Smartphone battery SMB-01	2	Ready to ship	March 3rd
SP notebook	10	Already shipped	March 1st

You can change the order before shipping. We cannot make any changes to the order after sending.

注　subject　件名　　request　要望　　shipping status　発送状況　　ship　発送する

文中の〔１７〕〔１８〕に入る最も適切な英語をひとつずつ選び，番号をマークしなさい。

〔１７〕

① ordered too many notebooks

② borrowed some notebooks

③ already sent many notebooks

④ have bought many notebooks

⑤ don't need any notebooks

⑥ ordered 31105963 notebooks

〔１８〕

① Are you ready?

② May I help you?

③ I beg your pardon?

④ Why don't you change the order?

⑤ Will you do me one more favor?

⑥ What should I do for you?

〔１９〕次の英語の質問に対する最も適切な答えをひとつ選び，番号をマークしなさい。

Why did Tony send this e-mail?

① To say sorry for his mistake.

② To make some requests for changing his order.

③ To ask how much it will cost for his order.

④ To ask when his ordering things will arrive.

⑤ To change his travel schedule.

⑥ To say thank you to Tony Depp.

〔２０〕商品の数と届く日の組み合わせで正しいものをひとつ選び，番号をマークしなさい。

	商品	商品の数	商品の届く日
①	EZ umbrella	1	２月２１日
②	EZ umbrella	2	３月３日
③	Smart phone battery SMB-01	2	３月１日
④	Smart phone battery SMB-01	8	３月２日
⑤	SP notebook	8	３月６日
⑥	SP notebook	10	３月１日

E 次の英文を読み，あとの問いに答えなさい。

On July 26th, 2021, the history of the Japanese table tennis changed at last. The pair of Mizutani Jun and Ito Mima won the gold medal at the 2020 Tokyo Olympics in the *mixed doubles. They finally won against a Chinese pair. It was a dream for the Japan table tennis team. 〔 1 〕

Many people have known table tennis as ping-pong because the ball falling on the table sounds like "pin" and "pon." The *origin of this sport was in England at the end of the 19th century. At that time tennis was popular, but when it rained, people couldn't play it. Some of them wanted to play even in the rain, so they played a game like tennis on the table in the house. Now, many people enjoy playing table tennis as a simple game, but the match between top athletes is so exciting. Table tennis first appeared in the Olympic Games at *the 1988 Seoul Games. At those games, there were four types of singles and doubles for men and women, but at *the 2008 Beijing Games, four types of men's and women's singles and men's and women's groups were first played, and a new type of game, mixed doubles was held in the 2020 Tokyo Olympics. 〔 2 〕

There are some "styles of play" that players take, and table tennis games look very different depending on these styles. 〔 3 〕

These days, the main style of play of the world's top players is to use *footwork, hit a ball hard to *put spin, and always play *aggressively. This is called a *drive style*. This style is good for tall players.

On the other hand, there is a *close to the table attacking style*. The player hits the ball at an early timing near the table. As a result, the *opponents often miss the ball. 〔 4 〕

The cut main style is called a *chopper style*. In this style, players don't stand close to the table and return the ball with strong back spin. The player of this style is so *defensive and wants to invite mistakes during play. Now, the number of these players is getting smaller, but this slow fighting style is so *dramatic that it has many fans.

The *techniques of the players have been improving. 〔 5 〕 These days, many players use the *chiquita*. When players use it, they *turn their wrist sideways from the backhand and hit the ball. The ball hit with *chiquita* *curves like a （　ア　）, and it got this name.

If you watch carefully what styles the players take and what techniques the players are using, you may change the way of watching the game of table tennis. 〔 6 〕

注　mixed doubles 混合ダブルス　origin 起源　the 1988 Seoul Games　1988 年ソウル大会
the 2008 Beijing Games　2008 年北京大会　footwork　フットワーク
put spin 回転をかける　aggressively　攻撃的に　opponent　対戦相手
defensive 守備的な　dramatic 劇的な　technique 技術
turn the wrist sideways 手首を返す　curve　曲がる

〔２１〕本文の内容に合う文を，次のア～カの中から三つ選んで，その組み合わせとして最も適切なものをひとつ選び，番号をマークしなさい。

ア Mizutani Jun and Ito Mima won the tournament at the 2020 Tokyo Olympics.
イ Long ago, people couldn't play table tennis when it rained.
ウ Many people enjoy playing table tennis because it is easy to play.
エ Table tennis was first played at the 2008 Beijing Olympic Games.
オ Many of the top players choose a *drive style.*
カ The number of *chopper style players* is increasing.

①アエオ　②アウオ　③アウカ
④イウカ　⑤ウオカ　⑥エオカ

〔２２〕２０２１年開催の東京オリンピックで行われた卓球競技では，何種目が行われましたか。最も適切なものをひとつ選び，番号をマークしなさい。

① 1
② 4
③ 5
④ 19
⑤ 2020
⑥ 2021

〔２３〕強いバックスピンをかけて返球し，相手のミスを誘うプレースタイルをなんと言いますか。最も適切なものをひとつ選び，番号をマークしなさい。

① styles of play
② *drive style*
③ *close to the table attacking style*
④ *chopper style*
⑤ *chiquita*
⑥ pin and pon

〔２４〕本文の内容から考えて，（　ア　）に入る最も適切なものをひとつ選び，番号をマークしなさい。

① a banana
② an apple
③ a peach
④ a strawberry
⑤ a lemon
⑥ grapes

〔２５〕次の文は，文中の〔１〕～〔６〕のどこに入れるのが最も適切ですか。番号をマークしなさい。

In this style, small players can easily show their power.

① 〔１〕
② 〔２〕
③ 〔３〕
④ 〔４〕
⑤ 〔５〕
⑥ 〔６〕

【数　学】（50分）〈満点：100点〉

1

次の (1) ～ (5) について，空欄に当てはまるものをそれぞれ ① ～ ⑧ から選びなさい。

(1)　$-(+7)+(-13)-(-4)=$ $\boxed{1}$

① -24　② -16　③ -12　④ -8　⑤ -6　⑥ -4　⑦ -2　⑧ 2

(2)　$-2-(-4^2)\div 2^2=$ $\boxed{2}$

① -6　② $-\dfrac{9}{2}$　③ -4　④ 0　⑤ $\dfrac{1}{4}$　⑥ $\dfrac{3}{2}$　⑦ 2　⑧ $\dfrac{7}{2}$

(3)　$4(3x+1)-2(5x+6)=$ $\boxed{3}$

① $2x$　② $-6x$　③ $2x+16$　④ $2x-6$
⑤ $2x-8$　⑥ $2x-16$　⑦ $22x-6$　⑧ $22x-8$

(4)　$-\dfrac{2}{3}(12x+3)+\dfrac{3}{4}(8x-12)=$ $\boxed{4}$

① $-2x-38$　② $-2x-23$　③ $-2x-18$　④ $-2x-15$
⑤ $-2x-11$　⑥ $-2x-9$　⑦ $-2x-7$　⑧ $-2x-5$

(5)　$\dfrac{4-\sqrt{3}}{\sqrt{2}}-\dfrac{\sqrt{24}-\sqrt{2}}{\sqrt{3}}=$ $\boxed{5}$

① $-\sqrt{6}$　② $-5\sqrt{6}$　③ $-3\sqrt{3}+2\sqrt{2}$　④ $-3\sqrt{3}-2\sqrt{2}$
⑤ $\dfrac{-3\sqrt{3}-2\sqrt{2}}{6}$　⑥ $\dfrac{-3\sqrt{3}+2\sqrt{2}}{6}$　⑦ $-\dfrac{\sqrt{6}}{6}$　⑧ $-\dfrac{5\sqrt{6}}{6}$

2

次の (1) ～ (5) について，空欄に当てはまるものをそれぞれ ① ～ ⑧ から選びなさい。
〔不備があったため、選択肢を一部削除しています〕

(1)　$(x-4)^2+8(x-4)-33$ を因数分解すると，$\boxed{\ 6\ }$ である。

① $(x+7)(x-7)$　② $(x-16)(x-1)$　③ $(x-12)(x+3)$

⑤ $(x-8)(x-13)$　⑥ $(x-8)(x+5)$　⑦ $(x+8)(x-1)$　⑧ $(x+8)(x-7)$

(2)　$3\left\{(x+0.5)+\dfrac{1}{6}\right\}=1$ を解くと，$x=\boxed{\ 7\ }$ である。

① $-\dfrac{2}{9}$　② $-\dfrac{1}{3}$　③ $-\dfrac{1}{2}$　④ 0　⑤ $-\dfrac{1}{6}$　⑥ $\dfrac{1}{4}$　⑧ 1

(3)　2次方程式 $x^2-7x-18=0$ の解は，$x=\boxed{\ 8\ }$ である。

① $-1,\ -17$　② $1,\ -17$　③ $-1,\ 18$　④ $1,\ -18$

⑤ $-2,\ 9$　⑥ $2,\ -9$　⑦ $3,\ -6$　⑧ $-3,\ 6$

(4)　次の数値は，あるクラス12人の冬休みに読んだ本の冊数である。

3，4，6，5，5，1，3，4，4，3，1，3

このとき，最頻値を x，中央値を y とすると，$\boxed{\ 9\ }$ である。

① $\begin{cases}x=3\\y=3\end{cases}$　② $\begin{cases}x=3\\y=3.5\end{cases}$　③ $\begin{cases}x=3\\y=4\end{cases}$　④ $\begin{cases}x=4\\y=3.5\end{cases}$

⑤ $\begin{cases}x=4\\y=3\end{cases}$　⑥ $\begin{cases}x=4\\y=4\end{cases}$　⑦ $\begin{cases}x=3.5\\y=3.5\end{cases}$　⑧ $\begin{cases}x=3.5\\y=4\end{cases}$

(5)　ℓ と m は平行である。このとき，$x=\boxed{\ 10\ }$ である。

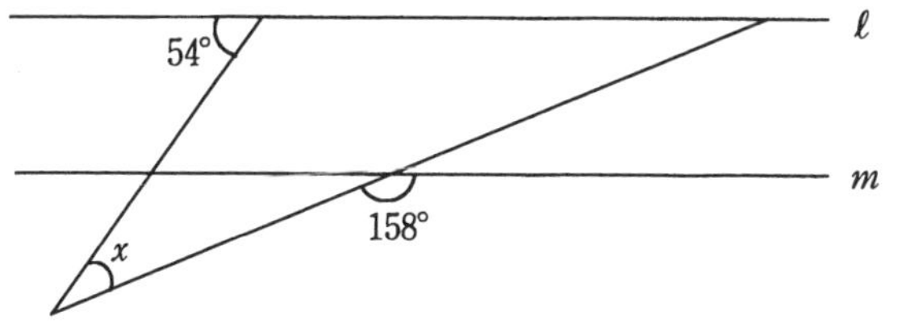

① 16°　② 18°　③ 22°　④ 28°　⑤ 30°　⑥ 32°　⑦ 36°　⑧ 38°

3　次の (1) ～ (2) について，空欄に当てはまるものをそれぞれ ① ～ ⑧ から選びなさい。

(1)　図 1 の△ABC において，∠A の二等分線と辺 BC との交点を D とおく。

図 1

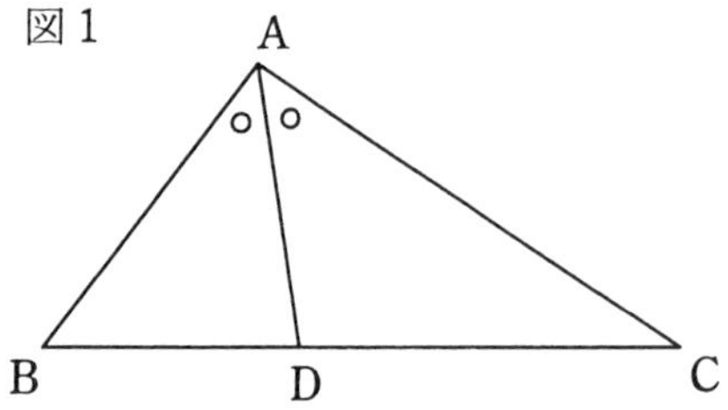

先生と生徒が図 1 について以下の会話をした。

先生：図 1 について，どのようなことが成り立ちますか。
生徒：∠A の内角の二等分線だから，AB : AC = BD : DC が成り立ちます。
先生：そうですね。他にも，△ABD と △ACD の面積比について，
　　　△ABD : △ACD = BD : DC が成り立ちます。
生徒：△ABD と △ACD の [11] が等しいことから証明ができますね。
先生：その通りです。

① 角度	② 辺の長さ	③ 辺の比	④ 相似比
⑤ 面積比	⑥ 面積	⑦ 高さ	⑧ 底辺

(2)　図 2 は，AB=4，BC=8，CA=6 の △ABC である。∠A の二等分線と辺 BC との交点をD，∠B の二等分線と辺 CA との交点を E，AD と BE との交点を F とするとき，△AFE ：△BFD = [12] となる。

図 2

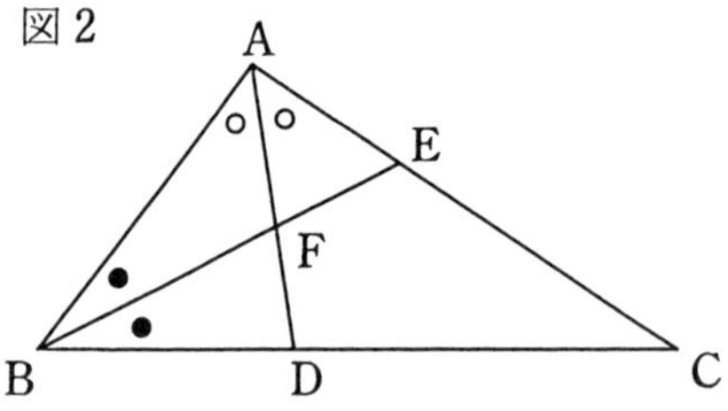

① 2 : 1	② 2 : 3	③ 3 : 2	④ 4 : 3
⑤ 5 : 3	⑥ 5 : 8	⑦ 8 : 3	⑧ 10 : 3

4　次の (1) ～ (2) について，空欄に当てはまるものをそれぞれ ① ～ ⑧ から選びなさい。

図において，曲線アは関数 $y=\frac{1}{2}x^2$，曲線イは関数 $y=-2x^2$ のグラフである。

曲線ア上に 2 点 A，B があり，曲線イ上に 2 点 C，D がある。

ただし，点 A の x 座標は正とし，点 C の x 座標は負とする。

このとき，

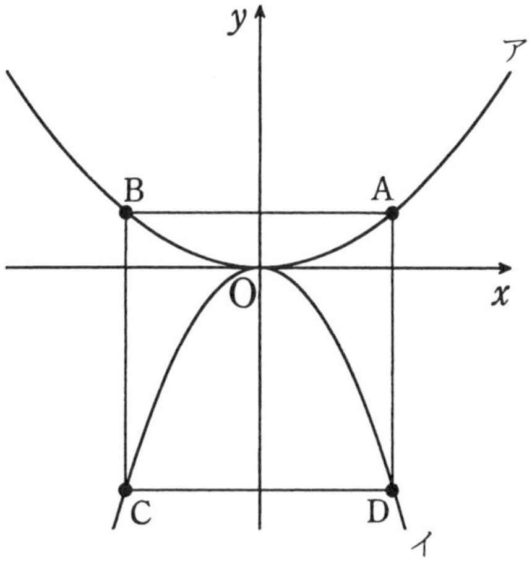

(1)　A の x 座標が 2，C の x 座標が -2 のとき，2 点 A，C を通る直線の式は $y=$ 13 である。

① $\frac{5}{2}x-3$　② $x-1$　③ x　④ $x-2$

⑤ $\frac{3}{2}x-1$　⑥ $\frac{5}{2}x-1$　⑦ $2x-1$　⑧ $2x-3$

(2)　四角形 ABCD が正方形となるとき，面積は 14 である。

① 4　② 9　③ 12　④ 16

⑤ $\frac{9}{4}$　⑥ $\frac{25}{4}$　⑦ $\frac{16}{25}$　⑧ $\frac{64}{25}$

5 次の (1) ～ (3) について，空欄に当てはまるものをそれぞれ ① ～ ⑧ から選びなさい。

A，B，C，D の箱に，それぞれ 1 から 5 までの数字を 1 つずつ書いた 5 枚のカードが入っている。A と B の箱からカードを 1 枚ずつ引いたところ，4 と 2 のカードが出た。C，D の箱からもカードを 1 枚ずつ引き，4 枚のカードを数字の大きな順に並べ，4 けたの自然数 M をつくる。例えば，C の箱から 3，D の箱から 2 を引いたとき，M は 4322 となる。

このとき，

(1) M の最大値と最小値の差は [15] である。

① 1010　② 1011　③ 1101　④ 1120
⑤ 1210　⑥ 1221　⑦ 1234　⑧ 1331

(2) M の百の位が 4 であるものは [16] 通りある。

① 5　② 6　③ 7　④ 8　⑤ 9　⑥ 10　⑦ 11　⑧ 12

(3) 4200 ＜ M ＜ 5000 となる M は [17] 通りある。

① 5　② 6　③ 7　④ 8　⑤ 9　⑥ 10　⑦ 11　⑧ 12

6　次の (1) ～ (3) について，空欄に当てはまるものをそれぞれ ① ～ ⑧ から選びなさい。

図 1 の△ABC は，AC=6 cm，∠C=90° の直角三角形である。点 P は辺 AB 上，点 Q は辺 BC 上にあり，CQ=6 cm，QB=12 cm，∠PQB =90°とする。

図 2 は図 1 の △PBQ を辺 QB を軸として 1 回転してできる立体であり，図 3 は，図 1 の台形 APQC を辺 QC を軸として 1 回転してできる立体である。

図 1

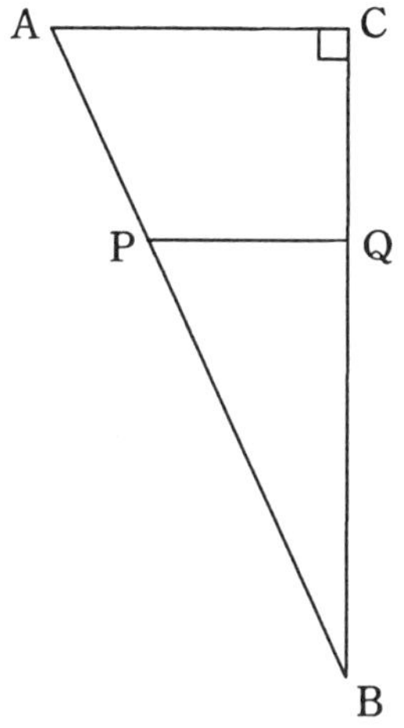

図 2

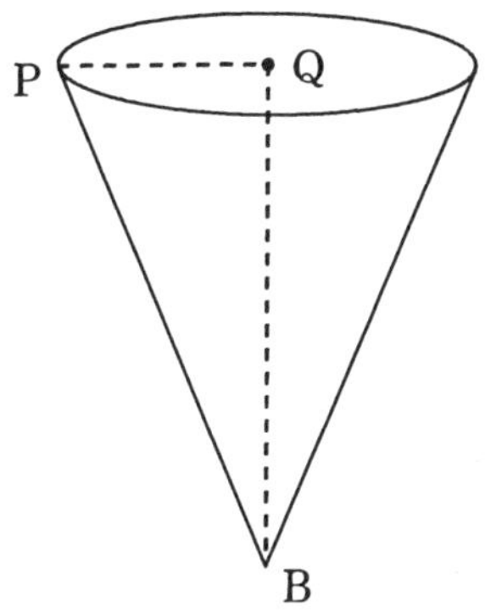

図 3

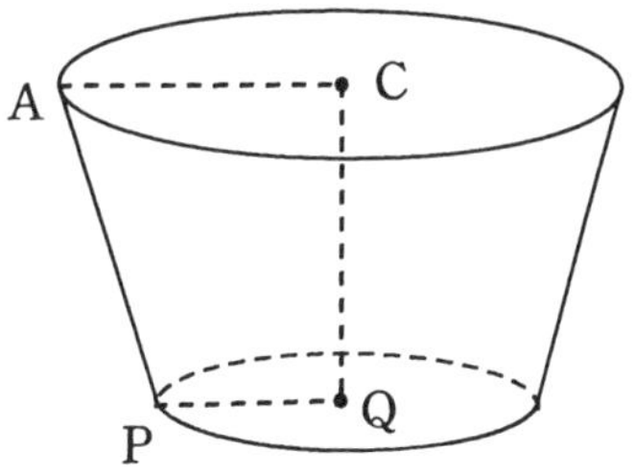

このとき，

(1)　図 1 の線分 PQ の長さは [18] cmである。

① 2　② 3　③ 4　④ 5　⑤ $\frac{3}{2}$　⑥ $\frac{5}{2}$　⑦ $\frac{7}{2}$　⑧ $\frac{9}{2}$

(2)　図 2 の立体の体積は [19] cm^3 である。

① 16π　② 25π　③ 36π　④ 48π　⑤ 54π　⑥ 64π　⑦ 100π　⑧ 216π

(3)　図 3 の立体の体積は図 2 の立体の体積より [20] cm^3 だけ大きい。

① 16π　② 66π　③ 88π　④ 108π　⑤ 144π　⑥ 152π　⑦ 184π　⑧ 198π

問３　【資料Ⅱ】からわかることとして最も適切なものを、次の①〜⑤の中から選びなさい。解答番号は 23

① 学年が上がると進路を意識するためか、多くの生徒が正しい敬語を使うよう努力している。
② 多くの生徒は敬語への意識が高いが、実際に使用する場面では正しく使うことができないと感じている。
③ 多くの生徒が目上の人と話すときには、敬意を表現するためにていねいな態度で敬語を使って話せばよいと感じている。
④ 公の場では、敬語を使おうとする人が多く、正しく使えている人が最も多いようである。
⑤ 敬語は、相手への敬意を表すときだけ使用すればよいと考えている人が多い。

問４　敬語の使い方が正しいものを、次の①〜⑤の中から選びなさい。解答番号は 24

① お食事はもう召し上がられましたか。
② あなたは、肉と魚のどちらになさいますか。
③ 謹んで、おわびを申し上げさせていただきます。
④ 山田様は、これを拝見しましたか。
⑤ 遠慮せず、いただいてください。

問５　【資料Ⅲ】の話し合いの内容として誤っているものを、次の①〜⑤の中から選びなさい。解答番号は 25

① 敬語を難しいと敬遠するより、間違っても積極的に使うほうがよい。
② 相手が不快になったりするような敬語の使い方には注意するべきである。
③ 小学生の頃から敬語を意識することが優れた言語感覚を身に付けるためには必要である。
④ 目上の人を褒めたり評価したりするような表現が失礼にあたるという感覚が薄れている。
⑤ 尊敬語や謙譲語、丁寧語を話す相手や場面に合わせて使い分ける必要がある。

大場　話す相手によって、敬語を使い分けることが必要ですね。単純に語句の頭に「お」をつけたり、「いただく」や「させていただく」をつければよいと思ってしまいがちだから、気をつけよう。私だけでなく、みんな同じように難しいと感じているのね。小学生の頃のほうが、多少間違っても、元気よく挨拶をしたり、敬語を使っていた気がする。間違うことを恥ずかしがらずに、気持ちを込めることが大切よ。

長野　僕もそう思うよ。正しさを意識しすぎて、かえって変な言い方になることもあるよ。【資料Ⅱ】の気になる言い方の中でも、どこがおかしいのかがわからないものもあるね。言葉は時代とともに変化して、みんなが受け入れていくような表現があるんじゃないかな。

司会　そうですね、私たちが正しさだけを意識しすぎると、敬語を敬遠してしまうかもしれません。言葉は時代とともに変化もするでしょうが、正しい言葉遣いを覚えていきましょう。

問1　【資料Ⅲ】の空欄に入る言葉として最も適切なものを、次の①～⑤の中から選びなさい。解答番号は 21

①　書物
②　漢詩
③　手紙
④　文章
⑤　文字

問2　【資料Ⅰ】の中で作者は、言葉遣いについてどのような考えを述べているか。その説明として最も適切なものを、次の①～⑤の中から選びなさい。解答番号は 22

①　身内のことを他人に話すときには、敬語を使うことを避けるべきだ。
②　話し相手の身分によって言葉を使い分けることは、よくあることだ。
③　書いて伝えるときには、文字を上手に書くことが礼儀だ。
④　敬意を払う相手によっては、ていねいすぎると好ましくない。
⑤　身分の高い人と対面して話すときだけ、敬語を使えばよい。

■生徒会 重点目標

1 挨拶ができる学校　～自分から挨拶をしよう～

・　さわやかに挨拶をすることで、互いに気持ちの良い生活をする。

2 けじめのある学校　～ていねいな言葉遣いを心がけよう～

・　先生への礼儀や言葉遣いなどにけじめをつけ、場をわきまえた言動ができるようにする。

<アンケート結果>

(1) 目上の人と話す際に、言葉遣いを気にするか

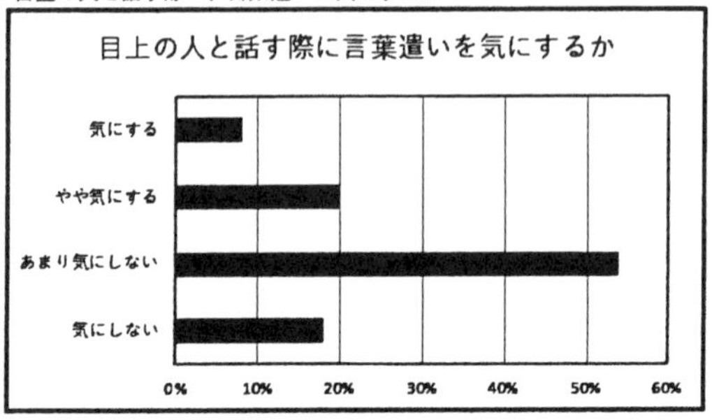

(2) どのようなときに言葉遣いに気を使うか

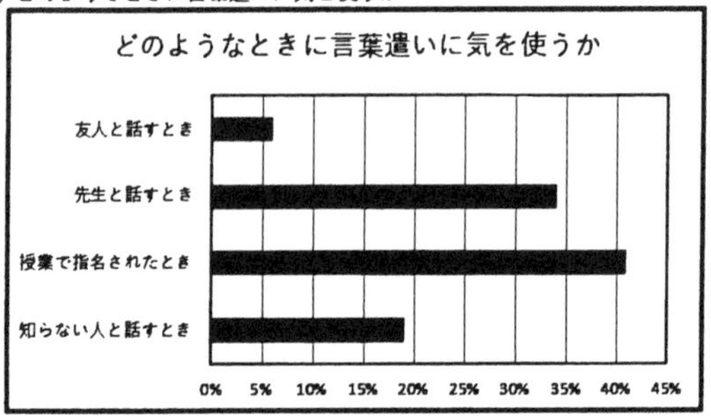

(3) 敬語を正しく使えているか。

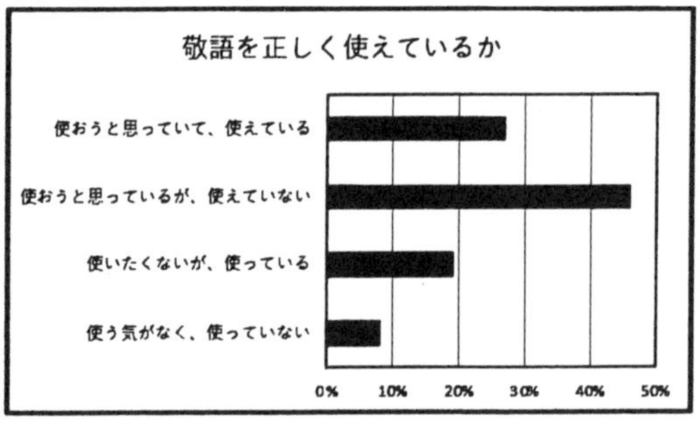

(4) 次の言い方は気になるか

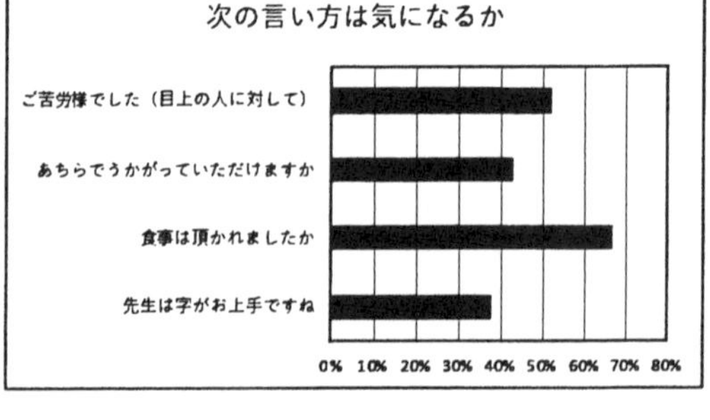

【資料Ⅲ】

司会　二つの資料は、言葉遣いについて述べていますが、どのようなことがわかりますか。

山本　古典の文章では、言葉遣いについて述べているようだね。【資料Ⅰ】の波線部の「文」は、□のことでしょう。書くときでも話すときでも、敬語を上手に使うのはとても難しいよ。

小森　そうだね。その場の雰囲気で何となく話すけれど、文章で書くことには抵抗を感じてしまう。目上の人にも敬語を使う機会が減っているから、場合によっては相手の気分を害するのではないかと不安になりますね。

田中　【資料Ⅱ】の(4)の表現は、ていねいに言っているつもりでも、おかしな表現ばかりだね。

四

次の【資料Ⅰ】は、清少納言の『枕草子』の一節、【資料Ⅱ】は、生徒会の生活目標作成のためのアンケート結果である。【資料Ⅲ】は、それらを読んだ後に、グループで話し合いをした生徒たちの会話である。【資料Ⅰ】～【資料Ⅲ】を読み、あとの問1から問5に答えなさい。解答番号は 21 ～ 25

【資料Ⅰ】

文《ふみ》ことばなめき人こそ、いとにくけれ。（言葉遣いの無礼な人は、とてもにくらしい。）世をなのめに書きながしたることばのにくきこそ。（世間のしきたりを軽視して書きなぐった文句がにくらしいのだ。）さるまじき人（それほど改まらなくてよいような人）のもとに、あまりかしこまりたるも、げにわろき事なり。されど、わが得たらむはことわり、人のもとなるさへにくくこそあれ。（自分がもらったときはもちろん言うまでもなく、他人のところに来たのでさえも気に入らないのだ。）おほかた、さし向ひても、なめきは、などかく言ふらむと、かたはらいたし。（面と向かって話す場合でも、言葉遣いが無礼なのは、どうしてこんなふうに言うのだろうと、そばで聞いていてにがにがしい。）まいて、よき人などをさ申す者は、いみじうねたうさへあり。（身分の高い人のことなどを無礼に話す者は、ひどくしゃくである。）ゐなかびたる者などのさあるは、をこにていとよし。（だが、いなかじみた人たちが、失礼な言葉を使うのは、もともと教養のない者なのだから、ばかげていてもそれはそれでたいへん結構だ。）

【資料Ⅱ】

生徒会は、月間の生活目標を検討し、「自分から挨拶をしよう」「ていねいな言葉遣いを心がけよう」という二つのスローガンをもとに、全校生徒へ向けてアンケートを行いました。結果は次の通りです。

問4　傍線部イ「学ぶこと」とあるが、筆者の主張はどのようなものか。その説明として最も適切なものを、次の①～⑤の中から選びなさい。
解答番号は 18

① 「好き」「嫌い」にこだわってしまうことは、学ぶことを邪魔してしまう場合がある。
② 「好き」「嫌い」を他人と比べることで、自分だけの世界を作ることができる。
③ 「好き」「嫌い」と向き合うことで、学問から離れて自由な思考ができる。
④ 「好き」「嫌い」を突き詰めることで、自分自身が真に必要としているものがわかる。
⑤ 「好き」「嫌い」という感覚は、学ぶことに全く必要のない感覚である。

問5　傍線部ウ「思考の基本」とあるが、これはどういうことか。その説明として最も適切なものを、次の①～⑤の中から選びなさい。
解答番号は 19

① 頭の働かせ方を学ぶためには、学校の勉強を頑張ることが重要だということ。
② 文科系と理科系は学問体系が異なるため、全く別の思考様式が必要だということ。
③ 学校の勉強に取り組み、自分の中に正解を蓄積することが重要だということ。
④ 事象の法則性を見つけることが、全体像を考える糸口として必要だということ。
⑤ 全体を見て、全体に関わる大事なポイントをつかむことが重要だということ。

問6　この文章の特徴の説明として最も適切なものを、次の①～⑤の中から選びなさい。解答番号は 20

① 具体例を交えながら論を進めることで、読者のイメージをよびおこし、わかりやすく説明するという工夫がなされている。
② カタカナの単語を多用することで、あらゆる人が話を理解できるように説明するという工夫がなされている。
③ 読者に語りかけるような口調を用いることで、筆者の気持ちをできるだけ正確に伝えようという工夫がなされている。
④ 「」を使うのは特別な意味を持つ単語に限定することで、注目すべき箇所を明確にするという工夫がなされている。
⑤ 一般的な考えを例に挙げ、それに沿うかたちで、自身の論の正当性を主張するという工夫がなされている。

問1　傍線部ア「人間は、世界に閉じこめられてはいない」とあるが、どういうことか。その説明として最も適切なものを、次の①～⑤の中から選びなさい。解答番号は 15

①　人間は、どこにでも自由に行くことができ、鳥や魚よりも高位の存在であるということ。
②　人間は、言葉を用いることで世界と自分の存在を同じ空間に位置付けているということ。
③　人間は、言葉を用いることで世界と自分を分けて認識しているということ。
④　人間は、鳥や魚のように空や海に住むことができず、不自由であるということ。
⑤　人間は、言葉を用いることができる点で、鳥や魚に比べて自由であるということ。

問2　空欄Ａ・Ｂに入る語の組み合わせとして適切なものを、次の①～⑤の中から選びなさい。解答番号は 16

①　Ａ　つまり　　Ｂ　例えば
②　Ａ　例えば　　Ｂ　しかし
③　Ａ　つまり　　Ｂ　しかし
④　Ａ　しかし　　Ｂ　つまり
⑤　Ａ　しかし　　Ｂ　例えば

問3　空欄Ｃに入る語として適切なものを、次の①～⑤の中から選びなさい。解答番号は 17

①　機械的
②　個人的
③　合理的
④　世界的
⑤　模範的

（中略）

何かを学んでいこうとするとき、「好き」という感覚ほど強い味方はない。一方、「嫌い」という感覚は、学びにブレーキをかける。好きなことはいくらでもできるが、嫌いなことはやりたくない、と。加えて、好きや嫌いという感覚は［　C　］な感覚だから、誰かに「私はリンゴが好きだ」と言ったとしても、「それは君が好きなだけ、僕はバナナが好きだ」と返される場合が少なくない。好き嫌いは何かをブロックしてひとりよがりな世界を生み出すことがあるのである。

しかし、内面でわき起こる好きや嫌いは、大切にしなければならない。それが人生をつくっていくのだから。だが何かを本当に学ぶためには、好き嫌いの感覚を、さしあたり停止して、どうして好きなのか、どうして嫌いなのかを正視しなければならない。矛盾していると思うだろう。しかし、数学の勉強が嫌いなら、どこが好きでどこが嫌いなのかを考えてみてほしい。考えることが、単なる好きや嫌いの感覚から距離を置くことを教えてくれるから。それがイ学ぶことの第一歩。今のうちにその術を身につけてほしい。好きだから、嫌いだからで終わってはいけない。

学ぶためのもう一つのポイントは、全体を見ること。それと同時にどこか一点を見なければならない。全体だけを見ていても絶対に自分のものにはならない。これも矛盾していると思うだろう。だがスポーツを想像すればわかりやすい。スポーツは単に、肉体の問題ではない。例えば野球では、筋力を鍛えさえすればホームランを打てるわけではない。筋力だけでなく、身体全体を考え、何かポイントをつかむことでバッターとして成長できる。人はそれぞれ「癖《くせ》」を持っているものだが、それを捨て、自分なりのポイントをつかむことが基本だ。

これはウ思考の基本でもある。人間がものを考えるとき、公理から出発することはありえない。全体のコンテクスト※をぼんやりと視野に入れながら、その中で手がかりを見つけて考えを進める。A＝B、B＝C、C＝Aといったような論理は、考え抜いたあとで、他者に説明するために組み立てる表現だ。事件現場に立つシャーロック・ホームズを想像してほしい。彼は、現場全体を見ながら、頭の中ではそれまでに集めた証拠品のイメージや証言を繰り返していることだろう。全体を見ながら、どこかに特異点を見いだそうとしているのである。さまざまな要素があり、それらがどういう関係にあるのか、そしてそれらの関係がどう全体をかたちづくっているのかを見ていくのである。

こうした思考は、数学でも国語でも、研究でもビジネスの現場でも変わらない。「文科系と理科系ではアタマの使い方が異なる」などと思い込んではならない。原則は同じなのだ。文章全体を見ていながら、どこかに必ず文章全体にかかわるひっかかりがあるはずだ。それをつかむ。そのポイントを自分なりに展開することで人間はものを考え始めることができる。学校の勉強には正解が用意されている。皆さんが誤った答案を書けば、間違いを指摘される。だが皆さんに課されているのは、正解を知ることではなく、頭の働かせ方を学ぶことだ。この学びは、たんに知識を蓄えることではなく、自分自身を変えていくことにほかならない。全体のコンテクストがあり、その特異点をつかんで全体をもう一回つくり直す。これは自分の世界を自分でつくり直していく力でもある。

（小林　康夫「学問のすすめ」による。）

※　コンテクスト　・・・　文章の前後関係。文脈。

問6　傍線部ウ「一点だけ春のような灯が点っていた」とあるが、「感想ノートの一部」の生徒の感想ではこの部分をどのように受け止めているか。その説明として最も適切なものを、次の①～⑤の中から選びなさい。解答番号は 14

① 頼りないほど小さなリップクリームによって、家族に元気な頃のばあちゃんの顔を見せることができたことを表している。
② これから家族みんながばあちゃんの死を乗り越えてさらに仲睦まじく暮らしていくことを表している。
③ 頼りないほど小さなリップクリームによって、ばあちゃんの顔をまるで子どものように若々しくよみがえらせたことを表している。
④ 頼りないほど小さなリップクリームによって、ばあちゃんの死は悲しいだけのものにならなかったことを表している。
⑤ 僕がばあちゃんのために息せききって走ってきたことが無駄にならなかったことを表している。

三

次の文章を読んで、あとの問1から問6に答えなさい。解答番号は 15 ～ 20

鳥は、本当に自由なのだろうか。私はそうではないと思う。鳥はいわば空の中に閉じこめられている。魚も同様で、水の中に閉じこめられている。鳥は空を「空」とは呼ばず、魚も水を「水」と名づけることはない。人間がするようには自分の住む世界を対象として捉えることがないからだ。人間は言葉を用い、空を「空」と呼び、海を「海」と名づけた。いわば世界と自分をはっきりと分けて認識している。その意味でア人間は、世界に閉じこめられてはいない。言い換えれば人間は、鳥や魚と同じような意味では「自然（＝世界）」の中に生きていない。おそらくこのことが、人間、とりわけ若い皆さんが世界と自分との間にズレを感じる理由だ。

重要なことは、このズレがあるからこそ、人間はほかの動物のように自足することができず、自分が生きる世界を絶えずつくり替えていかなければならないということ。例えば、森を切り拓《ひら》き、田畑をつくる。これこそ人間だけが持っている自由であり、人間が自由である証しなのだが、見方を変えれば、その自由に閉じこめられているともいえなくはない。人間は、自分が生きている世界と自分との間に越えがたいズレを感じながら、（孤独ではあるけれども）自由に、世界を学び、世界を自分に合うようにつくり替える努力を積み重ねてきた。それが歴史ということ。私たちは今、その結果としての世界を生きているのだ。

A 現代において、人間が行っている世界のつくり替えは、あまりにも高度で複雑だ。B 、地下鉄を通したり、ジェット機を飛ばしたりしているが、そのために何が必要かを挙げてみればわかる。まず、言葉を知らなければならない。世界の仕組みを理解して記述するには、数学がなければならない。物理学も工学も欠かせない。いくつものことを積み重ねて、ようやくジェット機が一機、空を飛べる。

そうした数学や物理学、工学は、自然そのものではなく、人間が自然を学びながらつくり出した体系であるから、学ぶことには二段階あることになる。星の運行から暦をつくり、めぐる季節の知識を生かした耕作や狩猟を行うなど、自然を学ぶことが第一段階だとすれば、自然を学んだ人間がつくり出したものを学ぶことが第二段階だ。現代を生きる我々には、この「二重の学び」が宿命づけられており、この第二段階のために特に必要とされているのが学校ということになる。

① A → B → C → D → E
② C → D → B → A → E
③ B → C → D → E → A
④ A → E → C → D → B
⑤ C → D → E → A → B

問4　傍線部ア「僕が『これ』と差し出したばあちゃんの口紅をびっくりしたように眺め、それからいきなり『バカ』と言って笑った」とあるが、そのときの母のようすとはどのようなものか。その説明として最も適切なものを、次の①～⑤の中から選びなさい。解答番号は 12

① ばあちゃんの突然の死にぼんやりしていたが、息子が持ってきた物を見てばかばかしくなっているようす。
② ばあちゃんの突然の死にぼんやりしていたが、息子が病院まで走ってきたことを知って驚いているようす。
③ ばあちゃんの突然の死にぼんやりしていたが、ばあちゃん愛用のリップクリームを見て我に返ったようす。
④ ばあちゃんの突然の死にぼんやりして涙も出なかったが、息子の呼びかけに正気に戻ったようす。
⑤ ばあちゃんの突然の死にぼんやりして涙も出なかったが、息子が急に大人びて見えて誇らしく思うようす。

問5　傍線部イ「自分がずっと走ってきたのはこのためだったんだと、はっきりとわかったんだ」とあるが、何のために走ってきたと「僕」は考えているのか。その説明として最も適切なものを、次の①～⑤の中から選びなさい。解答番号は 13

① ばあちゃんの元気だった頃を思い出すため。
② ばあちゃんの明るくなった顔をみんなに見てもらうため。
③ ばあちゃんの棺《ひつぎ》にリップクリームを入れてもらうため。
④ ばあちゃんの顔を若々しく華やかにするため。
⑤ ばあちゃんの顔を明るく穏やかできれいな顔にするため。

問１　傍線部Ⅰ～Ⅲについて、カタカナの部分と同じ漢字を用いるのはどれか。あとの①～⑥の中から選びなさい。
解答番号はⅠ［7］・Ⅱ［8］・Ⅲ［9］

Ⅰ　トウ明　［7］

①　司会者がトウ場する。
②　生徒会長にトウ選する。
③　山頂にトウ達する。
④　犯人が国外にトウ亡する。
⑤　雨水が地下に浸トウする。
⑥　南極越トウ隊の一員になる。

Ⅱ　反シャ　［8］

①　シャ面を滑る。
②　シャ程距離に入る。
③　名画を模シャする。
④　校シャを見学する。
⑤　心からシャ罪する。
⑥　外部の音をシャ断する。

Ⅲ　ホウ帯　［9］

①　ホウ仕活動に参加する。
②　事件をホウ道する。
③　ホウ富な知識を持っている。
④　友人宅をホウ問する。
⑤　国ホウが展示される。
⑥　厳重にホウ装する。

問２　「感想ノートの一部」にある破線部「いろいろな修辞法」とあるが、本文中の破線部に使われている修辞法の組み合わせとして適切なものを、次の①～⑤の中から選びなさい。解答番号は［10］

①　隠喩・擬態語
②　直喩・隠喩
③　隠喩・擬音語
④　直喩・擬態語
⑤　直喩・体言止め

問３　「感想ノートの一部」にある波線部『僕』の回想シーンが何度も出てくる」とあるが、本文中の波線部Ａ～Ｅを時間軸に沿って並べたものとして適切なものを、次の①～⑤の中から選びなさい。解答番号は［11］

あのとき、僕はなぜ、「ああ、間に合った」と思ったのだろう。ばあちゃんの顔が明るくなって、額や口元の皺《しわ》の全部が消えて、なんだか子どもの顔みたいに見えたとき、僕は、イ自分がずっと走ってきたのはこのためだったんだと、はっきりとわかったんだ。

やっと連絡が取れたのか、胸やひざに油のしみた白いつなぎ服姿の叔父さんと、東京から急いで戻ったらしい父が、息せき切って走りこんできたのはそれから間もなくだった。

僕たちは、少し話をしてからベッドの両脇に並んだまま、静かにばあちゃんを見下ろした。白い布団の中でずいぶん小さくなったように見えるばあちゃんの顔。手術の後に白いⅢホウ帯を巻かれ、ネットのキャップをかぶせられた大豆みたいな顔に、ウ一点だけ春のような灯《あかり》が点《とも》っていた。

父が鼻が詰まったような声で何か言った。かすれてひどく低い声だったのでよく聞き取れなかったが、たぶん、「穏やかできれいな顔だ」という意味のことを言ったんだと僕は思う。

（稲葉 真弓「唇に小さな春を」による。）

感想ノートの一部

古賀　いろいろな修辞法が使われていると思った。それから、文が割合と短いのもその時の緊迫感が伝わってきていいんじゃないかと思った。

佐藤　この文章には、「僕」の回想シーンが何度も出てくる。「ばあちゃん」の倒れたところを見ていたのも偶然にも「僕」だけだが、「ばあちゃん」の倒れたところは頭に焼き付いて離れないだろう。

三浦　「僕」は、「ばあちゃん」と一緒にいた時間はすごく長いのに、「覚えているのはどうでもいいことばっかりだ」と言っているが、思い出はそういうものだし、「僕」しか知らないばあちゃんの姿がそこにはあるのだろう。

遠藤　家を出る前、「ばあちゃん」のピンクのリップクリームをとっさにズボンのポケットに入れたのは、どうしてだろうか。なんだか「ばあちゃん」がそれを待っている気がしたとあるが、なぜそんなことを「僕」は思ったんだろうか。

飯田　ア「僕が『これ』と差し出したばあちゃんの口紅をびっくりしたように眺め、それからいきなり『バカ』と言って笑った」のはなぜだろうか。バカと言って笑うのは矛盾した行為だと思うが、肉親が亡くなったのだからよほど気が動転していたのだろうか。

大塚　リップクリームなんか持って行ってもなんの役にも立たないとあるが、あとになって「僕」の選んだものは正しかったと気づいている。イ「自分がずっと走ってきたのはこのためだったんだと、はっきりとわかったんだ」とも言っている。「僕」が、「ばあちゃん」の顔を明るくしてやれてよかったと思う。

鈴木　ウ「一点だけ春のような灯が点っていた」という文章がとても印象的で、この文章が作品全体を優しい感じにしていると思った。

加藤　「ばあちゃん」の死は悲しいけど、悲しい中にも優しく温かい気持ちの感じられる作品だと思う。

きつって強張《こわば》り、顔は青白く見えた。目が右側だけ半分開いていたが、その目玉も全然動かない。Ｄ十分くらいして救急車が来た。呼んだのは隣の家のおばさんだ。同時に僕がすぐに母の携帯に電話し、母は午後だけパートで働いている県道沿いの郊外型マーケットからすごい勢いで車を飛ばしてきた。それから僕はばあちゃんに会っていない。

夜遅く、病院から戻った母によると、ばあちゃんの頭のどこかで血管が切れたらしい。緊急手術はしたが、いつ意識が戻るかわからないと母は説明し、「明日の夜にはお父さんも帰るから、あんたはいつものようにちゃんと学校に行きなさいよ」と言った。案外母が落ち着いていたので、「ばあちゃんは大丈夫なんだ」と思っていたけど、本当はもう時間の問題だったんだ。

（中略）

僕は、息を切らして走りながら、ばあちゃんと一緒だった時間を次々と思い出していた。けれども、膨大にあったはずの時間は全部が細切れで、ほとんどのことを忘れている。いつも一緒にご飯を食べ、すぐ近くにいたのに、どうして「全部」を覚えていないのだろう。僕が覚えているのはどうでもいいことばっかりだ。

ばあちゃん、あと少しだ。県道を走る車が見えてきた。車をやり過ごして向こう側に渡り、ガソリンスタンドの横を入って、橋を目指せば橋の先の丘の上に病院がある。

あと少し。

汗びっしょりだったのでジャージのズボンからハンカチを出そうとしたとき、僕はポケットの中にある小さな筒のことを思い出した。ばあちゃんの口紅。口紅というのは正確じゃないかもしれない。たぶんリップクリーム。うっすらとしたピンク色の女の子向けのヤツだ。それも安物。

ばあちゃんはこの口紅を愛用していた。毎朝、台所のテーブルでⅠトウ明なプラスチックのキャップを外して、右手の小指の先を筒に突っ込み、小指についたピンク色を唇に塗っていた。すると顔が少しだけ明るくなる。

ちびても捨てなかったのは、きっとあの淡い色が気に入っていたからだろう。「新しいの、買えばいいじゃない。底の底まで使うなんて貧乏くさい」と母は言っていたが、ばあちゃんは「まだ当分はもつよ」と平然としていた。

家を出る前、台所のテーブルの上にあったのをとっさにズボンのポケットに入れたのはどうしてなのか。あのとき、なんだかばあちゃんがそれを待っている気がしたんだ。早くばあちゃんに届けてやらなくちゃ。そんなことをチラッと思った気もする。

でも考えてみたら、いまさらこんなものを持って行ってもなんの役にも立たないだろう。ポケットの中にはハンカチと家の鍵と、くしゃくしゃになったティッシュペーパーが入っていて、その間で口紅の筒は、僕の体温を吸ってひどく生ぬるく、頼りないほど小さかった。

Ｅ川が見えた。橋を渡る。猛スピードで丘への坂道を駆け上がる。病院の白い壁が川のⅡ反シャでいつもより白く光っている。その大きな白い壁の正面に開いているガラスのドアに、僕は一気に駆け込んで行った。

ずいぶんあとになって、僕は思ったものだ。ばあちゃんのためにとっさに選んだものは正しかったのだと。あの薄いピンクの口紅、というかリップクリームは、ひどく青白かったばあちゃんの顔を、少し明るくしたのだから。

母は、病院のベッドの横に放心したような顔で座っていたが、ア僕が「これ」と差し出したばあちゃんの口紅をびっくりしたように眺め、それからいきなり「バカ」と言って笑った。笑いながら泣いていた。それから母は、ばあちゃんとそっくりの手つきでプラスチックのキャップを抜くと、右手の小指を筒の中に突っ込み、指先についた淡いピンクをそっとばあちゃんの唇に塗ったのだ。

急いで受話器を耳に当てると、予想通り、電話をしてきたのは母で、周囲でせわしなく人が動いている気配がした。きっと、県立病院の待合室かロビーあたりだったのだろう。

「すぐに来なさい。叔父さんをつかまえたらええわ。いま先生に呼ばれたばかりで手が放せないから、あんたから、ばあちゃんのこと話しておいて」

と母は言った。

　叔父さんの電話番号ならわかっていた。叔父さんは母の弟で、隣町の自動車修理工場で働いている。しかし、なぜか携帯が通じないのだ。受話器の向こうからは、「ただいま、電波の届かない場所にいるか、電話に出ることができません」というロボットみたいな女の人の声がして、僕はすぐに受話器を置いた。

　この町は山あいにある。叔父さんはときどき、山の奥のほうにもエンコした車の修理に行く。携帯の通じないトンネルの中にいるということだってあり得るのだった。

　僕の頭は忙しく動いた。母が病院で待っている。何よりも、ばあちゃんが待っている。

　早く県立病院に行くには、叔父さんからの連絡を待ったり、一時間に一本しかない巡回バスに乗るよりも、田んぼを突っ切り、最近できたばかりの高速道路の下をくぐり、また田んぼを突っ切って県道に出て、県道にあるガソリンスタンドの横道に入り、ショッピングセンターの駐車場を通り抜け、そして、その裏の橋を渡るのが一番。すると、川を見下ろす小さな丘があって、それが県立病院の敷地だ。バスがうねうねと町中を走り、いろんな停留場に止まって、県立病院の前を通る時間より、僕のほうが絶対に早く着く。

　そう思ったら、もう走り出していた。

　田んぼの中は黒々としていて、濡れた土が冷たく靴底にしみてくる。それでも車がひっきりなしに通る県道沿いの道を走るよりはるかに気持ちがいい。信号がないのもいい。若草のいいにおいもした。

　走りながら、自然にばあちゃんのことを考えた。僕が最後にばあちゃんを見たのは昨日の午後のことで、学校から帰って、台所で水を飲んでいるときだった。コップから飲む冷たい水は咽喉《のど》にしみて、ホッと息を継いだとき、台所の出窓の向こうにばあちゃんの姿が見えた。畑から帰ってきたのか、ばあちゃんは手に笊《ざる》を抱え、ゆっくりと家の裏の用水路の小さな橋を渡った。ばあちゃんが笊に入れているのは、たぶん間引きした畑の野菜だろう。緑色のものがこんもりと笊を覆っていた。

　コップを流し台に置いて、二階の自分の部屋に行こうと思ったときだ。C視界の端っこで、ばあちゃんが前のめりになるのが見えた。なんだかスローモーションみたいにゆっくりとした倒れ方だった。

　僕は思わず笑った。ばあちゃんの体がバッタみたいに見えたからだ。笊がぽんと放物線を描いて用水路に落ちたのもおかしかった。ばあちゃんは、両腕をくの字型に曲げて、腕立て伏せみたいな格好のまま、顔だけを上げていた。

「みっともねえの」とまた僕は笑った。

　あれっと思ったのはそれから数十秒してからだった。口をパクパクさせていたばあちゃんの体がずるずると地面に平らになり、動かなくなったからだ。さっきまで上げていた顔が地面にくっついて、完全にばあちゃんは煎餅《せんべい》みたいになっていた。

「おーい、ばあちゃん」

　呼んでも返事をしない。用水路まで行ってみて、初めてばあちゃんの様子がヘンだということがわかった。いつもの顔じゃないのだ。手も足も引

① 息をのむ
② 目に余る
③ 色を失う
④ 顔が広い
⑤ 目が回る
⑥ 頭が下がる

問６　次の漢文を訓読する場合、どの順番で読むか。あとの①～⑥の中から選びなさい。解答番号は 6

国ニ非ズ㆑無キニ㆓賢人㆒。

① 1 5 4 2 3
② 1 3 2 4 5
③ 1 2 5 3 4
④ 5 4 3 1 2
⑤ 2 1 5 3 4
⑥ 2 3 1 4 5

二

次の文章及び「感想ノートの一部」を読んで、あとの問１から問６に答えなさい。解答番号は 7 ～ 14

A僕は走っている。
田んぼのあぜに足を取られそうになりながら、野っ原に建つ黒々とした鉄塔を視界の隅に入れて。鉄塔を回ったほうが早いかな、いや、もっと近道はなかったっけと頭の中でいろんな考えが点滅するが、ともかく走る。
Bばあちゃんが死んだという電話があったのは、ちょうど小学校から帰ったときで、家の中で電話がけたたましく鳴っていた。母は朝早くから病院に行ったきり。父は東京に仕事に行っていてすぐには帰れないというし、電話に出られるのは僕しかいない。見計らったような鳴り方に「あ、これはお母さんからだな」とピンと来た。

問3　「一度してしまったら取り返しがつかない」という意味を表すことわざとして適切なものを、次の①～⑥の中から選びなさい。
解答番号は [3]

① 後生畏《おそ》るべし
② 身から出たさび
③ 覆水《ふくすい》盆に返らず
④ 焼け石に水
⑤ 雨降って地固まる
⑥ 一寸先は闇

問4　次の熟語と同じ構成の熟語を、あとの①～⑥の中から選びなさい。解答番号は [4]

即決

① 不朽
② 就職
③ 在宅
④ 送迎
⑤ 歓喜
⑥ 親友

問5　次の文の空欄に入る言葉として最も適切なものを、あとの①～⑥の中から選びなさい。解答番号は [5]

両親を気遣うことができる彼女の優しさには[　　]。

二〇二二年度
大成女子高等学校(3教科マーク式)

【国語】(五〇分)〈満点：一〇〇点〉

一

次の問1から問6に答えなさい。解答番号は 1 ～ 6

問1 次の例文の傍線部と同じ働きのものを、あとの①～⑥の中から選びなさい。解答番号は 1

幼少期が思い出される。

① 健康の大切さが感じられる。
② 買い物を母から頼まれる。
③ 先生が家に来られる。
④ 私は朝早く起きられる。
⑤ この問題なら答えられる。
⑥ 友人に助けられる。

問2 次の例文の傍線部と異なる品詞のものを、あとの①～⑥の中から選びなさい。解答番号は 2

丁寧に仕事を行う。

① 警察官が頻繁に巡回する。
② 文化祭の準備が順調に進む。
③ 貴重な資源を大切に使う。
④ 体育祭は雨のため延期になる。
⑤ 見事に事件を解決した。
⑥ 積極的に部活動に参加した。

2022年度／大成女子高等学校（3教科マーク式）

英語解答

A 〔1〕⑤　〔2〕③　〔3〕⑤
〔4〕③　〔5〕②　〔6〕⑤

B 〔7〕③　〔8〕①　〔9〕③
〔10〕①　〔11〕③

C 〔12〕③　〔13〕⑤　〔14〕④
〔15〕⑧　〔16〕⑥

D 〔17〕①　〔18〕⑤　〔19〕②
〔20〕⑥

E 〔21〕②　〔22〕③　〔23〕④
〔24〕①　〔25〕④

〔学校発表解答〕

数学解答

1 (1) ②　(2) ⑦　(3) ⑤　(4) ⑤
(5) ⑦

2 (1) ①　(2) ②　(3) ⑤　(4) ②
(5) ⑥

3 (1) ⑦　(2) ⑥

4 (1) ①　(2) ⑧

5 (1) ⑧　(2) ④　(3) ⑥

6 (1) ③　(2) ⑥　(3) ③

〔学校発表解答〕

国語解答

一 問1 ①　問2 ④　問3 ③
問4 ⑥　問5 ⑥　問6 ①

二 問1 Ⅰ…⑤　Ⅱ…②　Ⅲ…⑥
問2 ④　問3 ②　問4 ③
問5 ⑤　問6 ④

三 問1 ③　問2 ⑤　問3 ②
問4 ①　問5 ⑤　問6 ①

四 問1 ③　問2 ④　問3 ②
問4 ②　問5 ③

〔学校発表解答〕

●要点チェック●　図形編―合同

◎図形の合同

合同……一方の図形を移動させて(ずらしたり《平行移動》，回したり《回転移動》，裏返したり《対称移動》して)，他方の図形に重ね合わせることのできるとき，この２つの図形は合同である。

・合同な図形の性質

１．対応する線分の長さは等しい。

２．対応する角の大きさは等しい。

・三角形の合同条件

２つの三角形は次のどれかが成り立つとき合同である。

１．３組の辺がそれぞれ等しい。

２．２組の辺とそのはさむ角がそれぞれ等しい。

３．１組の辺とその両端の角がそれぞれ等しい。

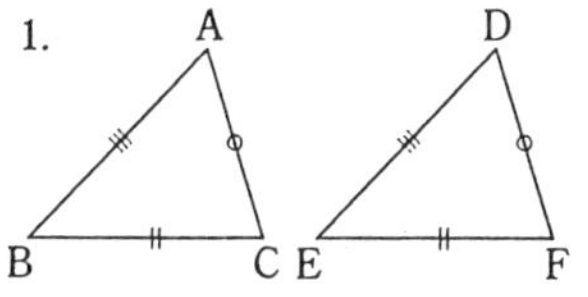

AB=DE
BC=EF
AC=DF

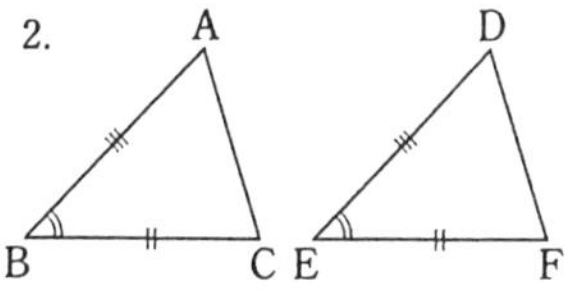

AB=DE
BC=EF
∠ABC=∠DEF

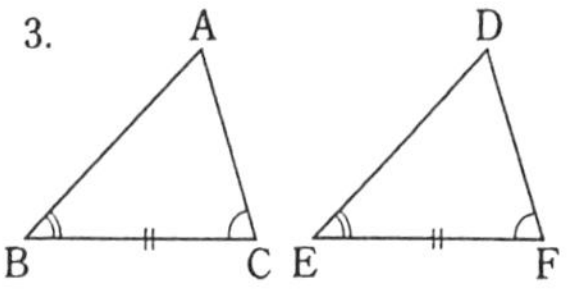

BC=EF
∠ABC=∠DEF
∠ACB=∠DFE

・直角三角形の合同条件

２つの直角三角形は次のどちらかが成り立つとき合同である。

１．斜辺と１鋭角がそれぞれ等しい。

２．斜辺と他の１辺がそれぞれ等しい。

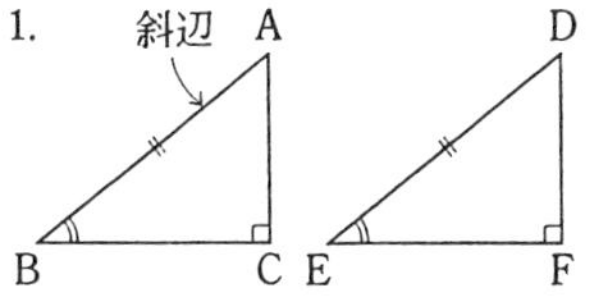

∠ACB=∠DFE=90°
AB=DE
∠ABC=∠DEF

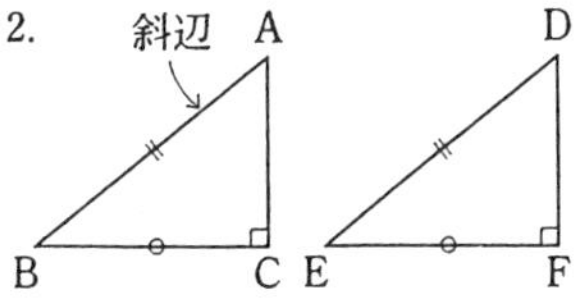

∠ACB=∠DFE=90°
AB=DE
BC=EF

Memo

2025年度用
高校スーパー過去問

■編集人　声の教育社・編集部
■発行所　株式会社　声の教育社
〒162-0814 東京都新宿区新小川町8-15
☎03-5261-5061㈹ FAX03-5261-5062
https://www.koenokyoikusha.co.jp

※本書の内容についての一切の責任は当社にあります。内容・解説・解答その他の質問等は文書にて当社に御郵送くださるようお願いいたします。

カコを追いかけ
ミライをつかめ

大成女子高等学校

別冊 解答用紙

丁寧に抜きとって、別冊としてご使用ください。

★受験者平均点＆合格基準点

一般（記述式）

年度		英語	数学	社会	理科	国語	合格基準点
2024	普通	47.9	36.1	46.2	52.7	57.1	190
	家政	46.6	34.8	44.9	51.7	55.8	180
	看護	55.2	43.8	57.4	60.1	58.9	290
2023	普通	46.7	31.9	42.6	50.7	57.2	190
	家政	43.3	29.3	39.1	47.9	53.8	180
	看護	51.3	35.8	46.8	54.0	57.8	310
2022	普通	42.4	35.2	43.8	33.9	50.9	170
	家政	39.1	33.1	41.1	31.1	48.6	160
	看護	47.4	39.6	50.4	39.0	54.2	290

一般（マーク式）

年度		英語	数学	国語	合格基準点
2023	普通	52.8	46.4	62.0	120
	家政	49.0	42.5	59.4	110
	看護	60.8	53.1	65.4	190
2022	普通	39.5	42.9	59.1	120
	家政	39.1	33.1	48.6	110
	看護	45.4	48.4	61.0	190

※2024年度より記述式のみに。

注意

- ○ 解答用紙は、収録の都合により縮小したものや、小社独自に作成したものもあります。
- ○ 学校配点は学校発表のもの、推定配点は小社で作成したものです。
- ○ 無断転載を禁じます。
- ○ 解答用紙を拡大コピーする場合、表示した拡大率に対応する用紙サイズは以下のとおりです。
  101%～102%＝B5　103%～118%＝A4　119%～144%＝B4　145%～167%＝A3
  （タイトルと配点表は含みません）

２０２４年度　大成女子高等学校　一般

英語解答用紙

番号		氏名		評点	/100

1

	No. 1	No. 2	No. 3	No. 4	No. 5
(1)					
(2)					
(3)					

	①	②
(4)	→ → →	

2

	①	②	③
(1)			
	④	⑤	⑥
(2)			

3

(1)		(2)	→ →

4

	①	②	③	④	⑤
(1)					
(2)	Ⓐ		Ⓑ		

5

(1)		(2)	
(3)	①	②	
(4)	( )( )( )( )		
(5)	①	( )( )( )	
		( )( )	
	②	( )( )( )	

6

①	→ → → →
②	→ → → →
③	→ → → →
④	→ → → →

（注）この解答用紙は実物を縮小してあります。179％拡大コピーすると、ほぼ実物大で使用できます。（タイトルと配点表は含みません）

推定配点	
1	(1)、(2) 各2点×9　(3)、(4) 各3点×4
2	各2点×6　**3** 各4点×2
4	(1) 各2点×5　(2) 3点
5	(1)〜(4) 各3点×7　(5) 各2点×2
6	各3点×4
計	100点

２０２４年度　大成女子高等学校　一般

数学解答用紙

番号		氏名		評点	/100

1	(1)	①		②	
		③		④	
	(2)				

2	(1)		(2)	
	(3)	$a=$　　　　,$b=$	(4)	人

3	(1)	回	(2)	①		②
	(3)					

4	(1)	度		
	(2)	① 右上の解答欄に書きなさい。	②	cm

4	(2)	①

5	(1)	$b=$	(2)	
	(3)	$a=$		

6	(1)	cm^2	(2)	
	(3)	cm^3		

（注）この解答用紙は実物を縮小してあります。189％拡大コピーすると、ほぼ実物大で使用できます。（タイトルと配点表は含みません）

推定配点

1 各４点×５
2 各５点×４
3 (1) ４点　(2) ①、② 各３点×２　(3) ５点
4 (1) ４点　(2) ① ５点　② ６点
5 (1) ４点　(2) ５点　(3) ６点
6 (1) ４点　(2) ５点　(3) ６点

計	100点

２０２４年度　大成女子高等学校　一般

社会解答用紙

番号		氏名		評点	/100

1

1	(1)		(2)		(3)
	(4)	①		②	
2	(1)				
	(2)				
	(3)				

2

1	(1)						
	(2)		(3)				
	(4)	記号		語			
	(5)						
2	(1)		(2)		(3)		(4)

3

1	(1)	歳			
	(2)				
	(3)				
2	(1)				
	(2)		(3)		
3	(1)				
	(2)	き		く	

4

1	(1)		(2)		(3)
	(4)		(5)		
2	(1)	第　　条			
	(2)	空港	(3)		
	(4)				

（注）この解答用紙は実物を縮小してあります。172％拡大コピーすると、ほぼ実物大で使用できます。（タイトルと配点表は含みません）

推定配点

1 1 (1) 4点　(2)、(3) 各2点×2　(4) 各4点×2　2 (1) 2点　(2)、(3) 各4点×2
2 1 (1) 4点　(2)、(3) 各2点×2　(4) 4点　(5) 2点　2 (1)、(2) 各4点×2　(3)、(4) 各2点×2
3 1 (1) 2点　(2)、(3) 各4点×2　2 (1) 2点　(2) 4点　(3) 2点　3 (1) 2点　(2) き 4点　く 2点
4 1 (1)～(4) 各2点×4　(5) 4点　2 (1)～(3) 各2点×3　(4) 4点

計	100点

２０２４年度　大成女子高等学校　一般

理科解答用紙

番号		氏名		評点	/100

1

(1)		(2)		(3)		(4)	

2

(1)	①	
	②	
	③	
(2)	①	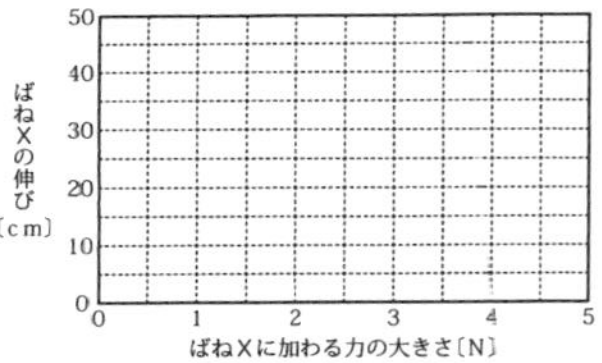
	②	の法則
	③	
(3)	①	
	②	③
(4)	①	
	②	③

3

(1)			
(2)			
(3)	①		電池
	②	化学式	
		記号	

4

(1)	①	
	②	cm/s
(2)	①	
	②	
	③	
	④	

5

(1)	
(2)	
(3)	
(4)	

6

(1)		
(2)	あ	
	い	
(3)		

（注）この解答用紙は実物を縮小してあります。Ａ３用紙に154%拡大コピーすると、ほぼ実物大で使用できます。（タイトルと配点表は含みません）

推定配点

1 各3点×4
2 各2点×12
3 (1) 4点　(2)、(3) 各3点×4
4 (1) 各3点×2　(2) ①、② 各3点×2　③、④ 各2点×2
5、6 各4点×8

計	100点

二〇二四年度 大成女子高等学校 一般

国語解答用紙

番号　　氏名　　評点 ／100

一
(一)　(二)　(三)　(四)（20字：15、20）　(五)

二
(一)　(二)　(三)　(四)　(五)

三
(一)　(二)　(三)（20字：15、20）　(四)　(五)　(六)　(七)

四
(一) (1)　　てる　(2)　(3)　(4)　　せる　(5)　(6)
(二)　(三)
(四)（150字：100、150）

（注）この解答用紙は実物を縮小してあります。Ａ３用紙に159%拡大コピーすると、ほぼ実物大で使用できます。（タイトルと配点表は含みません）

推定配点	計
一 (一)～(三) 各4点×3　(四) 6点　(五) 4点 二 各3点×5 三 (一)、(二) 各4点×2　(三) 6点　(四)、(五) 各5点×2　(六)、(七) 各4点×2 四 (一) (1)～(3) 各3点×3　(4)～(6) 各2点×3　(二)、(三) 各3点×2　(四) 10点	100点

２０２３年度　大成女子高等学校　５教科記述式

英語解答用紙

番号		氏名		評点	/100

5

(1)				(2)	
(3)	①	(　　　)(　　　)(　　　)(　　　)₄			
	②	(　　　)(　　　)(　　　)₃			
(4)	①	②	③		
(5)					

6

30

40

1

(1)	No. 1	No. 2	No. 3	No. 4	No. 5
(2)	No. 1	No. 2	No. 3	No. 4	
(3)	No. 1	No. 2			
(4)	①	②	③		

2

(1)	①	②	③
(2)	④	⑤	⑥

3

(1)		(2)	→ →

4

(1)	①	②	③	④	⑤
(2)	(　　　)(　　　)₂				

（注）この解答用紙は実物を縮小してあります。179％拡大コピーすると、ほぼ実物大で使用できます。（タイトルと配点表は含みません）

推定配点

1 (1)、(2) 各2点×9　(3) 各3点×2　(4) 各2点×3

2 各2点×6　3 各4点×2

4 (1) 各2点×5　(2) 3点

5 (1) 各2点×3　(2) 3点　(3) 各2点×2　(4)、(5) 各3点×4

6 12点

計	100点

2023年度　大成女子高等学校　5教科記述式

数学解答用紙

番号		氏名		評点	/100

1	(1)	①		②	
		③		④	
	(2)	$x =$			

2	(1)	$a =$	(2)	
	(3)	個	(4)	倍

3	(1)	∠			
	(2)	①	右上の解答欄に書きなさい。	②	cm

4	(1)	①	%	②	%
	(2)	時間　　分後			

3	(2)	①	

5	(1)	①	分	②	
	(2)				

6	(1)	cm^2	(2)	度
	(3)	cm^3		

（注）この解答用紙は実物を縮小してあります。189％拡大コピーすると、ほぼ実物大で使用できます。（タイトルと配点表は含みません）

推定配点	
1	各4点×5
2	各5点×4
3	(1) 4点　(2) ① 6点　② 5点
4	(1) ① 4点　② 5点　(2) 6点
5	(1) ① 4点　② 5点　(2) 6点
6	(1) 4点　(2) 5点　(3) 6点
計	100点

２０２３年度　大成女子高等学校　５教科記述式

社会解答用紙

番号		氏名		評点	/100

1

1	(1)				
	(2)	記号			
		内容			
	(3)	記号		栽培方法	栽培
2	(1)		(2)		
	(3)	河川	川	記号		(4)
	(5)				

2

1	(1)		(2)	記号		宗派
	(3)					
	(4)	①		②		
2	(1)		(2)		(3)	

3

(1)		(2)		
(3)				
(4)	①		②	
	③	満　歳以上		
(5)		(6)		

4

1	(1)	条約	(2)					
	(3)	文化						
2	(1)	アメリカ		イギリス		(2)		(3)
	(4)							

（注）この解答用紙は実物を縮小してあります。185％拡大コピーすると、ほぼ実物大で使用できます。（タイトルと配点表は含みません）

推定配点	
1 1 (1) 4点 (2) 記号 2点 内容 4点 (3) 各2点×2 2 (1) 2点 (2) 4点 (3) 各2点×2 (4) 4点 (5) 2点 **2** 1 (1)、(2) 各2点×3 (3)、(4) 各4点×3 2 (1) 2点 (2) 4点 (3) 2点 **3** (1) 2点 (2)、(3) 各4点×2 (4) ① 2点 ② 4点 ③ 2点 (5)、(6) 各2点×2 **4** 1 (1)、(2) 各2点×2 (3) 4点 2 (1)、(2) 各2点×3 (3)、(4) 各4点×2	
計	100点

２０２３年度　大成女子高等学校　５教科記述式

理科解答用紙

番号		氏名		評点	/100

1

(1)	(2)	(3)	(4)

2

(1)	①	Pa		
	②		③	
(2)	①			
	②		③	
(3)	①			
	②		③	
(4)	①			
	②		③	

3

(1)	①	
	②	
(2)		
(3)		
(4)		

4

(1)		
(2)	①	
	②	
(3)		
(4)		

5

(1)	
(2)	
(3)	cm
(4)	
(5)	

6

(1)	
(2)	
(3)	
(4)	
(5)	

（注）この解答用紙は実物を縮小してあります。Ａ３用紙に156%拡大コピーすると、ほぼ実物大で使用できます。（タイトルと配点表は含みません）

推定配点

1 各３点×４　2 各２点×12
3 (1)～(3) 各３点×４　(4) ４点
4 (1)～(3) 各３点×４　(4) ４点
5 (1)、(2) 各３点×２　(3) ４点　(4)、(5) 各３点×２
6 (1) ３点　(2) ４点　(3)～(5) 各３点×３

計	100点

二〇二三年度　大成女子高等学校　五教科記述式

国語解答用紙

番号		氏名		評点	/100

一

(一)
(二)
(三)
(四)
(五)

二

(一)
(二)
(三)
(四) 初め　終わり
(五)

三

(一)
(二)
(三)
(四)
(五)
(六)
(七) C　D

四

(一) (1)　(2) ける　(3)
(4) い　(5)　(6) いて
(二)
(三)
(四)

（注）この解答用紙は実物を縮小してあります。Ａ３用紙に167%拡大コピーすると、ほぼ実物大で使用できます。（タイトルと配点表は含みません）

推定配点	
一	(一) 4点　(二) 5点　(三)～(五) 各4点×3
二	各3点×5
三	(一)、(二) 各4点×2　(三) 5点　(四)～(七) 各4点×5
四	(一) (1)～(3) 各3点×3　(4)～(6) 各2点×3　(二)、(三) 各3点×2　(四) 10点
計	100点

２０２３年度　大成女子高等学校　３教科マーク式

英語解答用紙

評点
/100

解答番号	1	2	3	4	5	6	7	8	9	10
1	①	②	③	④	⑤	⑥	⑦	⑧	⑨	⑩
2	①	②	③	④	⑤	⑥	⑦	⑧	⑨	⑩
3	①	②	③	④	⑤	⑥	⑦	⑧	⑨	⑩
4	①	②	③	④	⑤	⑥	⑦	⑧	⑨	⑩
5	①	②	③	④	⑤	⑥	⑦	⑧	⑨	⑩
6	①	②	③	④	⑤	⑥	⑦	⑧	⑨	⑩
7	①	②	③	④	⑤	⑥	⑦	⑧	⑨	⑩
8	①	②	③	④	⑤	⑥	⑦	⑧	⑨	⑩
9	①	②	③	④	⑤	⑥	⑦	⑧	⑨	⑩
10	①	②	③	④	⑤	⑥	⑦	⑧	⑨	⑩
11	①	②	③	④	⑤	⑥	⑦	⑧	⑨	⑩
12	①	②	③	④	⑤	⑥	⑦	⑧	⑨	⑩
13	①	②	③	④	⑤	⑥	⑦	⑧	⑨	⑩
14	①	②	③	④	⑤	⑥	⑦	⑧	⑨	⑩
15	①	②	③	④	⑤	⑥	⑦	⑧	⑨	⑩
16	①	②	③	④	⑤	⑥	⑦	⑧	⑨	⑩
17	①	②	③	④	⑤	⑥	⑦	⑧	⑨	⑩
18	①	②	③	④	⑤	⑥	⑦	⑧	⑨	⑩
19	①	②	③	④	⑤	⑥	⑦	⑧	⑨	⑩
20	①	②	③	④	⑤	⑥	⑦	⑧	⑨	⑩
21	①	②	③	④	⑤	⑥	⑦	⑧	⑨	⑩
22	①	②	③	④	⑤	⑥	⑦	⑧	⑨	⑩
23	①	②	③	④	⑤	⑥	⑦	⑧	⑨	⑩
24	①	②	③	④	⑤	⑥	⑦	⑧	⑨	⑩
25	①	②	③	④	⑤	⑥	⑦	⑧	⑨	⑩

解答番号	1	2	3	4	5	6	7	8	9	10
26	①	②	③	④	⑤	⑥	⑦	⑧	⑨	⑩
27	①	②	③	④	⑤	⑥	⑦	⑧	⑨	⑩
28	①	②	③	④	⑤	⑥	⑦	⑧	⑨	⑩
29	①	②	③	④	⑤	⑥	⑦	⑧	⑨	⑩
30	①	②	③	④	⑤	⑥	⑦	⑧	⑨	⑩
31	①	②	③	④	⑤	⑥	⑦	⑧	⑨	⑩
32	①	②	③	④	⑤	⑥	⑦	⑧	⑨	⑩
33	①	②	③	④	⑤	⑥	⑦	⑧	⑨	⑩
34	①	②	③	④	⑤	⑥	⑦	⑧	⑨	⑩
35	①	②	③	④	⑤	⑥	⑦	⑧	⑨	⑩
36	①	②	③	④	⑤	⑥	⑦	⑧	⑨	⑩
37	①	②	③	④	⑤	⑥	⑦	⑧	⑨	⑩
38	①	②	③	④	⑤	⑥	⑦	⑧	⑨	⑩
39	①	②	③	④	⑤	⑥	⑦	⑧	⑨	⑩
40	①	②	③	④	⑤	⑥	⑦	⑧	⑨	⑩
41	①	②	③	④	⑤	⑥	⑦	⑧	⑨	⑩
42	①	②	③	④	⑤	⑥	⑦	⑧	⑨	⑩
43	①	②	③	④	⑤	⑥	⑦	⑧	⑨	⑩
44	①	②	③	④	⑤	⑥	⑦	⑧	⑨	⑩
45	①	②	③	④	⑤	⑥	⑦	⑧	⑨	⑩
46	①	②	③	④	⑤	⑥	⑦	⑧	⑨	⑩
47	①	②	③	④	⑤	⑥	⑦	⑧	⑨	⑩
48	①	②	③	④	⑤	⑥	⑦	⑧	⑨	⑩
49	①	②	③	④	⑤	⑥	⑦	⑧	⑨	⑩
50	①	②	③	④	⑤	⑥	⑦	⑧	⑨	⑩

解答番号	1	2	3	4	5	6	7	8	9	10
51	①	②	③	④	⑤	⑥	⑦	⑧	⑨	⑩
52	①	②	③	④	⑤	⑥	⑦	⑧	⑨	⑩
53	①	②	③	④	⑤	⑥	⑦	⑧	⑨	⑩
54	①	②	③	④	⑤	⑥	⑦	⑧	⑨	⑩
55	①	②	③	④	⑤	⑥	⑦	⑧	⑨	⑩
56	①	②	③	④	⑤	⑥	⑦	⑧	⑨	⑩
57	①	②	③	④	⑤	⑥	⑦	⑧	⑨	⑩
58	①	②	③	④	⑤	⑥	⑦	⑧	⑨	⑩
59	①	②	③	④	⑤	⑥	⑦	⑧	⑨	⑩
60	①	②	③	④	⑤	⑥	⑦	⑧	⑨	⑩
61	①	②	③	④	⑤	⑥	⑦	⑧	⑨	⑩
62	①	②	③	④	⑤	⑥	⑦	⑧	⑨	⑩
63	①	②	③	④	⑤	⑥	⑦	⑧	⑨	⑩
64	①	②	③	④	⑤	⑥	⑦	⑧	⑨	⑩
65	①	②	③	④	⑤	⑥	⑦	⑧	⑨	⑩
66	①	②	③	④	⑤	⑥	⑦	⑧	⑨	⑩
67	①	②	③	④	⑤	⑥	⑦	⑧	⑨	⑩
68	①	②	③	④	⑤	⑥	⑦	⑧	⑨	⑩
69	①	②	③	④	⑤	⑥	⑦	⑧	⑨	⑩
70	①	②	③	④	⑤	⑥	⑦	⑧	⑨	⑩
71	①	②	③	④	⑤	⑥	⑦	⑧	⑨	⑩
72	①	②	③	④	⑤	⑥	⑦	⑧	⑨	⑩
73	①	②	③	④	⑤	⑥	⑦	⑧	⑨	⑩
74	①	②	③	④	⑤	⑥	⑦	⑧	⑨	⑩
75	①	②	③	④	⑤	⑥	⑦	⑧	⑨	⑩

解答番号	1	2	3	4	5	6	7	8	9	10
76	①	②	③	④	⑤	⑥	⑦	⑧	⑨	⑩
77	①	②	③	④	⑤	⑥	⑦	⑧	⑨	⑩
78	①	②	③	④	⑤	⑥	⑦	⑧	⑨	⑩
79	①	②	③	④	⑤	⑥	⑦	⑧	⑨	⑩
80	①	②	③	④	⑤	⑥	⑦	⑧	⑨	⑩
81	①	②	③	④	⑤	⑥	⑦	⑧	⑨	⑩
82	①	②	③	④	⑤	⑥	⑦	⑧	⑨	⑩
83	①	②	③	④	⑤	⑥	⑦	⑧	⑨	⑩
84	①	②	③	④	⑤	⑥	⑦	⑧	⑨	⑩
85	①	②	③	④	⑤	⑥	⑦	⑧	⑨	⑩
86	①	②	③	④	⑤	⑥	⑦	⑧	⑨	⑩
87	①	②	③	④	⑤	⑥	⑦	⑧	⑨	⑩
88	①	②	③	④	⑤	⑥	⑦	⑧	⑨	⑩
89	①	②	③	④	⑤	⑥	⑦	⑧	⑨	⑩
90	①	②	③	④	⑤	⑥	⑦	⑧	⑨	⑩
91	①	②	③	④	⑤	⑥	⑦	⑧	⑨	⑩
92	①	②	③	④	⑤	⑥	⑦	⑧	⑨	⑩
93	①	②	③	④	⑤	⑥	⑦	⑧	⑨	⑩
94	①	②	③	④	⑤	⑥	⑦	⑧	⑨	⑩
95	①	②	③	④	⑤	⑥	⑦	⑧	⑨	⑩
96	①	②	③	④	⑤	⑥	⑦	⑧	⑨	⑩
97	①	②	③	④	⑤	⑥	⑦	⑧	⑨	⑩
98	①	②	③	④	⑤	⑥	⑦	⑧	⑨	⑩
99	①	②	③	④	⑤	⑥	⑦	⑧	⑨	⑩
100	①	②	③	④	⑤	⑥	⑦	⑧	⑨	⑩

（注）この解答用紙は実物を縮小してあります。Ｂ４用紙に142％拡大コピーすると、ほぼ実物大で使用できます。（タイトルと配点表は含みません）

受験番号					
⓪	⓪	⓪	⓪	⓪	⓪
①	①	①	①	①	①
②	②	②	②	②	②
③	③	③	③	③	③
④	④	④	④	④	④
⑤	⑤	⑤	⑤	⑤	⑤
⑥	⑥	⑥	⑥	⑥	⑥
⑦	⑦	⑦	⑦	⑦	⑦
⑧	⑧	⑧	⑧	⑧	⑧
⑨	⑨	⑨	⑨	⑨	⑨

フリガナ	
氏　名	

科目名	

注意事項
1.受験番号をマークし、ＨＢの黒鉛筆で記入しなさい。
2.訂正は、消しゴムできれいに消し、消しくずを残してはいけません。
3.所定以外には、マークしたり、記入したりしてはいけません。
4.汚したり、折りまげたりしてはいけません。

（マーク例）

良い例	悪い例

推定配点	
A～E　各４点×25	
100点	計

2023年度　大成女子高等学校　3教科マーク式

数学解答用紙

評点
/100

受験番号					
⓪	⓪	⓪	⓪	⓪	⓪
①	①	①	①	①	①
②	②	②	②	②	②
③	③	③	③	③	③
④	④	④	④	④	④
⑤	⑤	⑤	⑤	⑤	⑤
⑥	⑥	⑥	⑥	⑥	⑥
⑦	⑦	⑦	⑦	⑦	⑦
⑧	⑧	⑧	⑧	⑧	⑧
⑨	⑨	⑨	⑨	⑨	⑨

フリガナ	
氏　名	

科目名	

注意事項
1.受験番号をマークし、ＨＢの黒鉛筆で記入しなさい。
2.訂正は、消しゴムできれいに消し、消しくずを残してはいけません。
3.所定以外には、マークしたり、記入したりしてはいけません。
4.汚したり、折りまげたりしてはいけません。

（マーク例）

良い例	悪い例		
●	◉	⊗	◓

解答番号	解答欄										解答番号	解答欄										解答番号	解答欄										解答番号	解答欄									
	1	2	3	4	5	6	7	8	9	10		1	2	3	4	5	6	7	8	9	10		1	2	3	4	5	6	7	8	9	10		1	2	3	4	5	6	7	8	9	10
1	①	②	③	④	⑤	⑥	⑦	⑧	⑨	⑩	26	①	②	③	④	⑤	⑥	⑦	⑧	⑨	⑩	51	①	②	③	④	⑤	⑥	⑦	⑧	⑨	⑩	76	①	②	③	④	⑤	⑥	⑦	⑧	⑨	⑩
2	①	②	③	④	⑤	⑥	⑦	⑧	⑨	⑩	27	①	②	③	④	⑤	⑥	⑦	⑧	⑨	⑩	52	①	②	③	④	⑤	⑥	⑦	⑧	⑨	⑩	77	①	②	③	④	⑤	⑥	⑦	⑧	⑨	⑩
3	①	②	③	④	⑤	⑥	⑦	⑧	⑨	⑩	28	①	②	③	④	⑤	⑥	⑦	⑧	⑨	⑩	53	①	②	③	④	⑤	⑥	⑦	⑧	⑨	⑩	78	①	②	③	④	⑤	⑥	⑦	⑧	⑨	⑩
4	①	②	③	④	⑤	⑥	⑦	⑧	⑨	⑩	29	①	②	③	④	⑤	⑥	⑦	⑧	⑨	⑩	54	①	②	③	④	⑤	⑥	⑦	⑧	⑨	⑩	79	①	②	③	④	⑤	⑥	⑦	⑧	⑨	⑩
5	①	②	③	④	⑤	⑥	⑦	⑧	⑨	⑩	30	①	②	③	④	⑤	⑥	⑦	⑧	⑨	⑩	55	①	②	③	④	⑤	⑥	⑦	⑧	⑨	⑩	80	①	②	③	④	⑤	⑥	⑦	⑧	⑨	⑩
6	①	②	③	④	⑤	⑥	⑦	⑧	⑨	⑩	31	①	②	③	④	⑤	⑥	⑦	⑧	⑨	⑩	56	①	②	③	④	⑤	⑥	⑦	⑧	⑨	⑩	81	①	②	③	④	⑤	⑥	⑦	⑧	⑨	⑩
7	①	②	③	④	⑤	⑥	⑦	⑧	⑨	⑩	32	①	②	③	④	⑤	⑥	⑦	⑧	⑨	⑩	57	①	②	③	④	⑤	⑥	⑦	⑧	⑨	⑩	82	①	②	③	④	⑤	⑥	⑦	⑧	⑨	⑩
8	①	②	③	④	⑤	⑥	⑦	⑧	⑨	⑩	33	①	②	③	④	⑤	⑥	⑦	⑧	⑨	⑩	58	①	②	③	④	⑤	⑥	⑦	⑧	⑨	⑩	83	①	②	③	④	⑤	⑥	⑦	⑧	⑨	⑩
9	①	②	③	④	⑤	⑥	⑦	⑧	⑨	⑩	34	①	②	③	④	⑤	⑥	⑦	⑧	⑨	⑩	59	①	②	③	④	⑤	⑥	⑦	⑧	⑨	⑩	84	①	②	③	④	⑤	⑥	⑦	⑧	⑨	⑩
10	①	②	③	④	⑤	⑥	⑦	⑧	⑨	⑩	35	①	②	③	④	⑤	⑥	⑦	⑧	⑨	⑩	60	①	②	③	④	⑤	⑥	⑦	⑧	⑨	⑩	85	①	②	③	④	⑤	⑥	⑦	⑧	⑨	⑩
11	①	②	③	④	⑤	⑥	⑦	⑧	⑨	⑩	36	①	②	③	④	⑤	⑥	⑦	⑧	⑨	⑩	61	①	②	③	④	⑤	⑥	⑦	⑧	⑨	⑩	86	①	②	③	④	⑤	⑥	⑦	⑧	⑨	⑩
12	①	②	③	④	⑤	⑥	⑦	⑧	⑨	⑩	37	①	②	③	④	⑤	⑥	⑦	⑧	⑨	⑩	62	①	②	③	④	⑤	⑥	⑦	⑧	⑨	⑩	87	①	②	③	④	⑤	⑥	⑦	⑧	⑨	⑩
13	①	②	③	④	⑤	⑥	⑦	⑧	⑨	⑩	38	①	②	③	④	⑤	⑥	⑦	⑧	⑨	⑩	63	①	②	③	④	⑤	⑥	⑦	⑧	⑨	⑩	88	①	②	③	④	⑤	⑥	⑦	⑧	⑨	⑩
14	①	②	③	④	⑤	⑥	⑦	⑧	⑨	⑩	39	①	②	③	④	⑤	⑥	⑦	⑧	⑨	⑩	64	①	②	③	④	⑤	⑥	⑦	⑧	⑨	⑩	89	①	②	③	④	⑤	⑥	⑦	⑧	⑨	⑩
15	①	②	③	④	⑤	⑥	⑦	⑧	⑨	⑩	40	①	②	③	④	⑤	⑥	⑦	⑧	⑨	⑩	65	①	②	③	④	⑤	⑥	⑦	⑧	⑨	⑩	90	①	②	③	④	⑤	⑥	⑦	⑧	⑨	⑩
16	①	②	③	④	⑤	⑥	⑦	⑧	⑨	⑩	41	①	②	③	④	⑤	⑥	⑦	⑧	⑨	⑩	66	①	②	③	④	⑤	⑥	⑦	⑧	⑨	⑩	91	①	②	③	④	⑤	⑥	⑦	⑧	⑨	⑩
17	①	②	③	④	⑤	⑥	⑦	⑧	⑨	⑩	42	①	②	③	④	⑤	⑥	⑦	⑧	⑨	⑩	67	①	②	③	④	⑤	⑥	⑦	⑧	⑨	⑩	92	①	②	③	④	⑤	⑥	⑦	⑧	⑨	⑩
18	①	②	③	④	⑤	⑥	⑦	⑧	⑨	⑩	43	①	②	③	④	⑤	⑥	⑦	⑧	⑨	⑩	68	①	②	③	④	⑤	⑥	⑦	⑧	⑨	⑩	93	①	②	③	④	⑤	⑥	⑦	⑧	⑨	⑩
19	①	②	③	④	⑤	⑥	⑦	⑧	⑨	⑩	44	①	②	③	④	⑤	⑥	⑦	⑧	⑨	⑩	69	①	②	③	④	⑤	⑥	⑦	⑧	⑨	⑩	94	①	②	③	④	⑤	⑥	⑦	⑧	⑨	⑩
20	①	②	③	④	⑤	⑥	⑦	⑧	⑨	⑩	45	①	②	③	④	⑤	⑥	⑦	⑧	⑨	⑩	70	①	②	③	④	⑤	⑥	⑦	⑧	⑨	⑩	95	①	②	③	④	⑤	⑥	⑦	⑧	⑨	⑩
21	①	②	③	④	⑤	⑥	⑦	⑧	⑨	⑩	46	①	②	③	④	⑤	⑥	⑦	⑧	⑨	⑩	71	①	②	③	④	⑤	⑥	⑦	⑧	⑨	⑩	96	①	②	③	④	⑤	⑥	⑦	⑧	⑨	⑩
22	①	②	③	④	⑤	⑥	⑦	⑧	⑨	⑩	47	①	②	③	④	⑤	⑥	⑦	⑧	⑨	⑩	72	①	②	③	④	⑤	⑥	⑦	⑧	⑨	⑩	97	①	②	③	④	⑤	⑥	⑦	⑧	⑨	⑩
23	①	②	③	④	⑤	⑥	⑦	⑧	⑨	⑩	48	①	②	③	④	⑤	⑥	⑦	⑧	⑨	⑩	73	①	②	③	④	⑤	⑥	⑦	⑧	⑨	⑩	98	①	②	③	④	⑤	⑥	⑦	⑧	⑨	⑩
24	①	②	③	④	⑤	⑥	⑦	⑧	⑨	⑩	49	①	②	③	④	⑤	⑥	⑦	⑧	⑨	⑩	74	①	②	③	④	⑤	⑥	⑦	⑧	⑨	⑩	99	①	②	③	④	⑤	⑥	⑦	⑧	⑨	⑩
25	①	②	③	④	⑤	⑥	⑦	⑧	⑨	⑩	50	①	②	③	④	⑤	⑥	⑦	⑧	⑨	⑩	75	①	②	③	④	⑤	⑥	⑦	⑧	⑨	⑩	100	①	②	③	④	⑤	⑥	⑦	⑧	⑨	⑩

（注）この解答用紙は実物を縮小してあります。Ｂ４用紙に142%拡大コピーすると、ほぼ実物大で使用できます。（タイトルと配点表は含みません）

推定配点	
1〜6　各5点×20	
100点	計

二〇二三年度　大成女子高等学校　三教科マーク式

国語解答用紙

評点	/100

解答番号	解答欄 1	2	3	4	5	6	7	8	9	10
1	①	②	③	④	⑤	⑥	⑦	⑧	⑨	⑩
2	①	②	③	④	⑤	⑥	⑦	⑧	⑨	⑩
3	①	②	③	④	⑤	⑥	⑦	⑧	⑨	⑩
4	①	②	③	④	⑤	⑥	⑦	⑧	⑨	⑩
5	①	②	③	④	⑤	⑥	⑦	⑧	⑨	⑩
6	①	②	③	④	⑤	⑥	⑦	⑧	⑨	⑩
7	①	②	③	④	⑤	⑥	⑦	⑧	⑨	⑩
8	①	②	③	④	⑤	⑥	⑦	⑧	⑨	⑩
9	①	②	③	④	⑤	⑥	⑦	⑧	⑨	⑩
10	①	②	③	④	⑤	⑥	⑦	⑧	⑨	⑩
11	①	②	③	④	⑤	⑥	⑦	⑧	⑨	⑩
12	①	②	③	④	⑤	⑥	⑦	⑧	⑨	⑩
13	①	②	③	④	⑤	⑥	⑦	⑧	⑨	⑩
14	①	②	③	④	⑤	⑥	⑦	⑧	⑨	⑩
15	①	②	③	④	⑤	⑥	⑦	⑧	⑨	⑩
16	①	②	③	④	⑤	⑥	⑦	⑧	⑨	⑩
17	①	②	③	④	⑤	⑥	⑦	⑧	⑨	⑩
18	①	②	③	④	⑤	⑥	⑦	⑧	⑨	⑩
19	①	②	③	④	⑤	⑥	⑦	⑧	⑨	⑩
20	①	②	③	④	⑤	⑥	⑦	⑧	⑨	⑩
21	①	②	③	④	⑤	⑥	⑦	⑧	⑨	⑩
22	①	②	③	④	⑤	⑥	⑦	⑧	⑨	⑩
23	①	②	③	④	⑤	⑥	⑦	⑧	⑨	⑩
24	①	②	③	④	⑤	⑥	⑦	⑧	⑨	⑩
25	①	②	③	④	⑤	⑥	⑦	⑧	⑨	⑩
26	①	②	③	④	⑤	⑥	⑦	⑧	⑨	⑩
27	①	②	③	④	⑤	⑥	⑦	⑧	⑨	⑩
28	①	②	③	④	⑤	⑥	⑦	⑧	⑨	⑩
29	①	②	③	④	⑤	⑥	⑦	⑧	⑨	⑩
30	①	②	③	④	⑤	⑥	⑦	⑧	⑨	⑩
31	①	②	③	④	⑤	⑥	⑦	⑧	⑨	⑩
32	①	②	③	④	⑤	⑥	⑦	⑧	⑨	⑩
33	①	②	③	④	⑤	⑥	⑦	⑧	⑨	⑩
34	①	②	③	④	⑤	⑥	⑦	⑧	⑨	⑩
35	①	②	③	④	⑤	⑥	⑦	⑧	⑨	⑩
36	①	②	③	④	⑤	⑥	⑦	⑧	⑨	⑩
37	①	②	③	④	⑤	⑥	⑦	⑧	⑨	⑩
38	①	②	③	④	⑤	⑥	⑦	⑧	⑨	⑩
39	①	②	③	④	⑤	⑥	⑦	⑧	⑨	⑩
40	①	②	③	④	⑤	⑥	⑦	⑧	⑨	⑩
41	①	②	③	④	⑤	⑥	⑦	⑧	⑨	⑩
42	①	②	③	④	⑤	⑥	⑦	⑧	⑨	⑩
43	①	②	③	④	⑤	⑥	⑦	⑧	⑨	⑩
44	①	②	③	④	⑤	⑥	⑦	⑧	⑨	⑩
45	①	②	③	④	⑤	⑥	⑦	⑧	⑨	⑩
46	①	②	③	④	⑤	⑥	⑦	⑧	⑨	⑩
47	①	②	③	④	⑤	⑥	⑦	⑧	⑨	⑩
48	①	②	③	④	⑤	⑥	⑦	⑧	⑨	⑩
49	①	②	③	④	⑤	⑥	⑦	⑧	⑨	⑩
50	①	②	③	④	⑤	⑥	⑦	⑧	⑨	⑩
51	①	②	③	④	⑤	⑥	⑦	⑧	⑨	⑩
52	①	②	③	④	⑤	⑥	⑦	⑧	⑨	⑩
53	①	②	③	④	⑤	⑥	⑦	⑧	⑨	⑩
54	①	②	③	④	⑤	⑥	⑦	⑧	⑨	⑩
55	①	②	③	④	⑤	⑥	⑦	⑧	⑨	⑩
56	①	②	③	④	⑤	⑥	⑦	⑧	⑨	⑩
57	①	②	③	④	⑤	⑥	⑦	⑧	⑨	⑩
58	①	②	③	④	⑤	⑥	⑦	⑧	⑨	⑩
59	①	②	③	④	⑤	⑥	⑦	⑧	⑨	⑩
60	①	②	③	④	⑤	⑥	⑦	⑧	⑨	⑩
61	①	②	③	④	⑤	⑥	⑦	⑧	⑨	⑩
62	①	②	③	④	⑤	⑥	⑦	⑧	⑨	⑩
63	①	②	③	④	⑤	⑥	⑦	⑧	⑨	⑩
64	①	②	③	④	⑤	⑥	⑦	⑧	⑨	⑩
65	①	②	③	④	⑤	⑥	⑦	⑧	⑨	⑩
66	①	②	③	④	⑤	⑥	⑦	⑧	⑨	⑩
67	①	②	③	④	⑤	⑥	⑦	⑧	⑨	⑩
68	①	②	③	④	⑤	⑥	⑦	⑧	⑨	⑩
69	①	②	③	④	⑤	⑥	⑦	⑧	⑨	⑩
70	①	②	③	④	⑤	⑥	⑦	⑧	⑨	⑩
71	①	②	③	④	⑤	⑥	⑦	⑧	⑨	⑩
72	①	②	③	④	⑤	⑥	⑦	⑧	⑨	⑩
73	①	②	③	④	⑤	⑥	⑦	⑧	⑨	⑩
74	①	②	③	④	⑤	⑥	⑦	⑧	⑨	⑩
75	①	②	③	④	⑤	⑥	⑦	⑧	⑨	⑩
76	①	②	③	④	⑤	⑥	⑦	⑧	⑨	⑩
77	①	②	③	④	⑤	⑥	⑦	⑧	⑨	⑩
78	①	②	③	④	⑤	⑥	⑦	⑧	⑨	⑩
79	①	②	③	④	⑤	⑥	⑦	⑧	⑨	⑩
80	①	②	③	④	⑤	⑥	⑦	⑧	⑨	⑩
81	①	②	③	④	⑤	⑥	⑦	⑧	⑨	⑩
82	①	②	③	④	⑤	⑥	⑦	⑧	⑨	⑩
83	①	②	③	④	⑤	⑥	⑦	⑧	⑨	⑩
84	①	②	③	④	⑤	⑥	⑦	⑧	⑨	⑩
85	①	②	③	④	⑤	⑥	⑦	⑧	⑨	⑩
86	①	②	③	④	⑤	⑥	⑦	⑧	⑨	⑩
87	①	②	③	④	⑤	⑥	⑦	⑧	⑨	⑩
88	①	②	③	④	⑤	⑥	⑦	⑧	⑨	⑩
89	①	②	③	④	⑤	⑥	⑦	⑧	⑨	⑩
90	①	②	③	④	⑤	⑥	⑦	⑧	⑨	⑩
91	①	②	③	④	⑤	⑥	⑦	⑧	⑨	⑩
92	①	②	③	④	⑤	⑥	⑦	⑧	⑨	⑩
93	①	②	③	④	⑤	⑥	⑦	⑧	⑨	⑩
94	①	②	③	④	⑤	⑥	⑦	⑧	⑨	⑩
95	①	②	③	④	⑤	⑥	⑦	⑧	⑨	⑩
96	①	②	③	④	⑤	⑥	⑦	⑧	⑨	⑩
97	①	②	③	④	⑤	⑥	⑦	⑧	⑨	⑩
98	①	②	③	④	⑤	⑥	⑦	⑧	⑨	⑩
99	①	②	③	④	⑤	⑥	⑦	⑧	⑨	⑩
100	①	②	③	④	⑤	⑥	⑦	⑧	⑨	⑩

（注）この解答用紙は実物を縮小してあります。Ｂ４用紙に142％拡大コピーすると、ほぼ実物大で使用できます。（タイトルと配点表は含みません）

受験番号					
⓪	⓪	⓪	⓪	⓪	⓪
①	①	①	①	①	①
②	②	②	②	②	②
③	③	③	③	③	③
④	④	④	④	④	④
⑤	⑤	⑤	⑤	⑤	⑤
⑥	⑥	⑥	⑥	⑥	⑥
⑦	⑦	⑦	⑦	⑦	⑦
⑧	⑧	⑧	⑧	⑧	⑧
⑨	⑨	⑨	⑨	⑨	⑨

フリガナ	
氏名	

科目名	

注意事項
1.受験番号をマークし、ＨＢの黒鉛筆で記入しなさい。
2.訂正は、消しゴムできれいに消し、消しくずを残してはいけません。
3.所定以外には、マークしたり、記入したりしてはいけません。
4.汚したり、折りまげたりしてはいけません。

（マーク例）

良い例	悪い例
●	◉ ⊗ ◓

推定配点	
一～四　各４点×25	
100点	計

2022年度 大成女子高等学校 5教科記述式

英語解答用紙

番号		氏名		評点	/100

1

	No. 1	No. 2	No. 3	No. 4	No. 5
(1)					
(2)					
(3)					

(4)	①	
	②	

2

(1)	①	②	③
(2)	④	⑤	⑥

3

(1)		(2)	→ →

4

(1)	①	②	③	④	⑤

(2) ____ in the club?

5

(1)		
(2)		
(3)	①	
	②	
(4)	①	
	②	

6

______________________________ 30

______________________________ 40

（注） この解答用紙は実物を縮小してあります。179%拡大コピーすると、ほぼ実物大で使用できます。（タイトルと配点表は含みません）

推定配点

1 (1)、(2) 各2点×9 (3)、(4) 各3点×4
2 各2点×6 3 各4点×2
4 (1) 各2点×5 (2) 3点
5 (1) 各2点×3 (2)、(3) 各3点×3 (4) 各5点×2
6 12点

計	100点

2022年度 大成女子高等学校 5教科記述式

数学解答用紙

番号		氏名		評点	/100

1				
	(1)		(2)	
	(3)		(4)	

2					
	(1)	ア		(2) ア	
		イ		(2) イ	
		ウ			
	(3)	$a =$		(4)	$a =$ 　　　 $b =$

3		
	(1)	

3					
	(2)	①	△	②	cm

4				
	(1)	分速　　　m	(2)	$y =$
	(3)	分後		

5				
	(1)		(2)	
	(3)			

6				
	(1)	本	(2)	cm^3
	(3)	：		

（注）この解答用紙は実物を縮小してあります。Ａ３用紙に189%拡大コピーすると、ほぼ実物大で使用できます。（タイトルと配点表は含みません）

推定配点	
1 各4点×4　2 各6点×4 3 (1) 6点 (2) ① 4点 ② 5点 4 (1) 4点 (2) 5点 (3) 6点 5 (1) 4点 (2) 5点 (3) 6点 6 (1) 4点 (2) 5点 (3) 6点	
計	100点

２０２２年度　大成女子高等学校　５教科記述式

社会解答用紙

番号　　氏名　　評点　　/100

1

1	(1)		
	(2)		
	(3)	海岸	
2	(1)	(2)	(3)
	(4)		
3	(1)		
	(2)		
	(3)	(4)	

2

1	(1)		
	(2)	内容	
		記号	
	(3)	(4) 記号	語　条約
2	(1)		
	(2)		
	(3)		

3

1	(1)		
	(2)	内容	
		記号	
	(3)		
2	(1)	化	(2)
	(3)	議席	
	(4)		

4

1	(1)		
	(2)		
	(3)		
2	(1)	(2)	
	(3)		
3	(1)		
	(2)	え	お
	(3)		

(注) この解答用紙は実物を縮小してあります。185%拡大コピーすると、ほぼ実物大で使用できます。(タイトルと配点表は含みません)

推定配点

1 1 (1) 2点 (2) 4点 (3) 2点 2 各2点×4 3 (1) 2点 (2) 4点 (3)、(4) 各2点×2

2 1 (1) 2点 (2) 内容 4点 記号 2点 (3) 2点 (4) 各3点×2 2 (1) 2点 (2) 4点 (3) 2点

3 1 (1) 2点 (2) 内容 4点 記号 3点 (3) 3点 2 (1)〜(3) 各3点×3 (4) 4点

4 1 (1) 2点 (2) 4点 (3) 2点 2 (1) 2点 (2) 3点 (3) 2点 3 (1)、(2) 各2点×3 (3) 4点

計
100点

２０２２年度　大成女子高等学校　５教科記述式

理科解答用紙

番号		氏名		評点	/100

1	(1)		(2)		(3)		(4)	

2	(1)	①		②	
		③	記号	理由	
	(2)	①			
		②	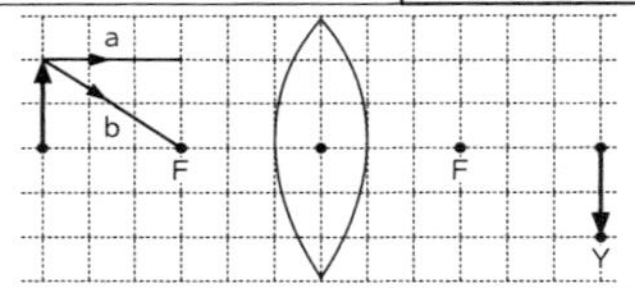		
		③	cm		
	(3)	①			
		②			
		③			
	(4)	①		②	

3	(1)	あ			
		い			
	(2)	タンポポの葉の呼吸によって放出される二酸化炭素の量に比べて，			
	(3)		(4)		

4	(1)	①		②	cm/s
	(2)	記号			
		内容			
	(3)	①			
		②	運動している金属球に		

5	(1)	①	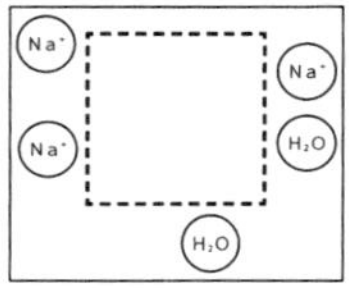		
		②			
	(2)	①	あ	い	
		②			
	(3)				

6	(1)	
	(2)	g/m³
	(3)	
	(4)	

（注）この解答用紙は実物を縮小してあります。Ａ３用紙に164％拡大コピーすると、ほぼ実物大で使用できます。（タイトルと配点表は含みません）

推定配点

1 各３点×４　2 (1) ①、② 各２点×２　③ ３点
(2) ① ２点　② ３点　③ ２点　(3)、(4) 各２点×５
3 (1) 各３点×２　(2) ４点　(3)、(4) 各３点×２
4 (1) 各２点×２　(2)、(3) 各３点×４
5 (1) ① ４点　② ３点　(2)、(3) 各３点×３　6 各４点×４

計	
	100点

二〇二二年度　大成女子高等学校　五教科記述式

国語解答用紙

番号		氏名		評点	/100

一

(一)

(二)

(三)　(四)

(五) これは、

二

(一)　(二)

(三)

(四)

三

(一) ア　イ

(二)　(三)　(四)

(五)

(六)

(七)

四

(一) (1)　(2) む　(3)

(4) てる　(5)　(6) める

(二)　(三)

(注) この解答用紙は実物を縮小してあります。Ａ３用紙に167%拡大コピーすると、ほぼ実物大で使用できます。（タイトルと配点表は含みません）

推定配点		計
	一 (一) 5点　(二) 6点　(三)、(四) 各5点×2　(五) 6点 二 各4点×4 三 (一) 各3点×2　(二)～(六) 各4点×5　(七) 10点 四 (一) (1)～(3) 各3点×3　(4)～(6) 各2点×3　(二)、(三) 各3点×2	100点

２０２２年度　大成女子高等学校　３教科マーク式

英語解答用紙

評点
/100

解答番号	解答欄										解答番号	解答欄										解答番号	解答欄										解答番号	解答欄									
	1	2	3	4	5	6	7	8	9	10		1	2	3	4	5	6	7	8	9	10		1	2	3	4	5	6	7	8	9	10		1	2	3	4	5	6	7	8	9	10
1	①	②	③	④	⑤	⑥	⑦	⑧	⑨	⑩	26	①	②	③	④	⑤	⑥	⑦	⑧	⑨	⑩	51	①	②	③	④	⑤	⑥	⑦	⑧	⑨	⑩	76	①	②	③	④	⑤	⑥	⑦	⑧	⑨	⑩
2	①	②	③	④	⑤	⑥	⑦	⑧	⑨	⑩	27	①	②	③	④	⑤	⑥	⑦	⑧	⑨	⑩	52	①	②	③	④	⑤	⑥	⑦	⑧	⑨	⑩	77	①	②	③	④	⑤	⑥	⑦	⑧	⑨	⑩
3	①	②	③	④	⑤	⑥	⑦	⑧	⑨	⑩	28	①	②	③	④	⑤	⑥	⑦	⑧	⑨	⑩	53	①	②	③	④	⑤	⑥	⑦	⑧	⑨	⑩	78	①	②	③	④	⑤	⑥	⑦	⑧	⑨	⑩
4	①	②	③	④	⑤	⑥	⑦	⑧	⑨	⑩	29	①	②	③	④	⑤	⑥	⑦	⑧	⑨	⑩	54	①	②	③	④	⑤	⑥	⑦	⑧	⑨	⑩	79	①	②	③	④	⑤	⑥	⑦	⑧	⑨	⑩
5	①	②	③	④	⑤	⑥	⑦	⑧	⑨	⑩	30	①	②	③	④	⑤	⑥	⑦	⑧	⑨	⑩	55	①	②	③	④	⑤	⑥	⑦	⑧	⑨	⑩	80	①	②	③	④	⑤	⑥	⑦	⑧	⑨	⑩
6	①	②	③	④	⑤	⑥	⑦	⑧	⑨	⑩	31	①	②	③	④	⑤	⑥	⑦	⑧	⑨	⑩	56	①	②	③	④	⑤	⑥	⑦	⑧	⑨	⑩	81	①	②	③	④	⑤	⑥	⑦	⑧	⑨	⑩
7	①	②	③	④	⑤	⑥	⑦	⑧	⑨	⑩	32	①	②	③	④	⑤	⑥	⑦	⑧	⑨	⑩	57	①	②	③	④	⑤	⑥	⑦	⑧	⑨	⑩	82	①	②	③	④	⑤	⑥	⑦	⑧	⑨	⑩
8	①	②	③	④	⑤	⑥	⑦	⑧	⑨	⑩	33	①	②	③	④	⑤	⑥	⑦	⑧	⑨	⑩	58	①	②	③	④	⑤	⑥	⑦	⑧	⑨	⑩	83	①	②	③	④	⑤	⑥	⑦	⑧	⑨	⑩
9	①	②	③	④	⑤	⑥	⑦	⑧	⑨	⑩	34	①	②	③	④	⑤	⑥	⑦	⑧	⑨	⑩	59	①	②	③	④	⑤	⑥	⑦	⑧	⑨	⑩	84	①	②	③	④	⑤	⑥	⑦	⑧	⑨	⑩
10	①	②	③	④	⑤	⑥	⑦	⑧	⑨	⑩	35	①	②	③	④	⑤	⑥	⑦	⑧	⑨	⑩	60	①	②	③	④	⑤	⑥	⑦	⑧	⑨	⑩	85	①	②	③	④	⑤	⑥	⑦	⑧	⑨	⑩
11	①	②	③	④	⑤	⑥	⑦	⑧	⑨	⑩	36	①	②	③	④	⑤	⑥	⑦	⑧	⑨	⑩	61	①	②	③	④	⑤	⑥	⑦	⑧	⑨	⑩	86	①	②	③	④	⑤	⑥	⑦	⑧	⑨	⑩
12	①	②	③	④	⑤	⑥	⑦	⑧	⑨	⑩	37	①	②	③	④	⑤	⑥	⑦	⑧	⑨	⑩	62	①	②	③	④	⑤	⑥	⑦	⑧	⑨	⑩	87	①	②	③	④	⑤	⑥	⑦	⑧	⑨	⑩
13	①	②	③	④	⑤	⑥	⑦	⑧	⑨	⑩	38	①	②	③	④	⑤	⑥	⑦	⑧	⑨	⑩	63	①	②	③	④	⑤	⑥	⑦	⑧	⑨	⑩	88	①	②	③	④	⑤	⑥	⑦	⑧	⑨	⑩
14	①	②	③	④	⑤	⑥	⑦	⑧	⑨	⑩	39	①	②	③	④	⑤	⑥	⑦	⑧	⑨	⑩	64	①	②	③	④	⑤	⑥	⑦	⑧	⑨	⑩	89	①	②	③	④	⑤	⑥	⑦	⑧	⑨	⑩
15	①	②	③	④	⑤	⑥	⑦	⑧	⑨	⑩	40	①	②	③	④	⑤	⑥	⑦	⑧	⑨	⑩	65	①	②	③	④	⑤	⑥	⑦	⑧	⑨	⑩	90	①	②	③	④	⑤	⑥	⑦	⑧	⑨	⑩
16	①	②	③	④	⑤	⑥	⑦	⑧	⑨	⑩	41	①	②	③	④	⑤	⑥	⑦	⑧	⑨	⑩	66	①	②	③	④	⑤	⑥	⑦	⑧	⑨	⑩	91	①	②	③	④	⑤	⑥	⑦	⑧	⑨	⑩
17	①	②	③	④	⑤	⑥	⑦	⑧	⑨	⑩	42	①	②	③	④	⑤	⑥	⑦	⑧	⑨	⑩	67	①	②	③	④	⑤	⑥	⑦	⑧	⑨	⑩	92	①	②	③	④	⑤	⑥	⑦	⑧	⑨	⑩
18	①	②	③	④	⑤	⑥	⑦	⑧	⑨	⑩	43	①	②	③	④	⑤	⑥	⑦	⑧	⑨	⑩	68	①	②	③	④	⑤	⑥	⑦	⑧	⑨	⑩	93	①	②	③	④	⑤	⑥	⑦	⑧	⑨	⑩
19	①	②	③	④	⑤	⑥	⑦	⑧	⑨	⑩	44	①	②	③	④	⑤	⑥	⑦	⑧	⑨	⑩	69	①	②	③	④	⑤	⑥	⑦	⑧	⑨	⑩	94	①	②	③	④	⑤	⑥	⑦	⑧	⑨	⑩
20	①	②	③	④	⑤	⑥	⑦	⑧	⑨	⑩	45	①	②	③	④	⑤	⑥	⑦	⑧	⑨	⑩	70	①	②	③	④	⑤	⑥	⑦	⑧	⑨	⑩	95	①	②	③	④	⑤	⑥	⑦	⑧	⑨	⑩
21	①	②	③	④	⑤	⑥	⑦	⑧	⑨	⑩	46	①	②	③	④	⑤	⑥	⑦	⑧	⑨	⑩	71	①	②	③	④	⑤	⑥	⑦	⑧	⑨	⑩	96	①	②	③	④	⑤	⑥	⑦	⑧	⑨	⑩
22	①	②	③	④	⑤	⑥	⑦	⑧	⑨	⑩	47	①	②	③	④	⑤	⑥	⑦	⑧	⑨	⑩	72	①	②	③	④	⑤	⑥	⑦	⑧	⑨	⑩	97	①	②	③	④	⑤	⑥	⑦	⑧	⑨	⑩
23	①	②	③	④	⑤	⑥	⑦	⑧	⑨	⑩	48	①	②	③	④	⑤	⑥	⑦	⑧	⑨	⑩	73	①	②	③	④	⑤	⑥	⑦	⑧	⑨	⑩	98	①	②	③	④	⑤	⑥	⑦	⑧	⑨	⑩
24	①	②	③	④	⑤	⑥	⑦	⑧	⑨	⑩	49	①	②	③	④	⑤	⑥	⑦	⑧	⑨	⑩	74	①	②	③	④	⑤	⑥	⑦	⑧	⑨	⑩	99	①	②	③	④	⑤	⑥	⑦	⑧	⑨	⑩
25	①	②	③	④	⑤	⑥	⑦	⑧	⑨	⑩	50	①	②	③	④	⑤	⑥	⑦	⑧	⑨	⑩	75	①	②	③	④	⑤	⑥	⑦	⑧	⑨	⑩	100	①	②	③	④	⑤	⑥	⑦	⑧	⑨	⑩

（注）この解答用紙は実物を縮小してあります。Ｂ４用紙に142％拡大コピーすると、ほぼ実物大で使用できます。（タイトルと配点表は含みません）

受験番号					
⓪	⓪	⓪	⓪	⓪	⓪
①	①	①	①	①	①
②	②	②	②	②	②
③	③	③	③	③	③
④	④	④	④	④	④
⑤	⑤	⑤	⑤	⑤	⑤
⑥	⑥	⑥	⑥	⑥	⑥
⑦	⑦	⑦	⑦	⑦	⑦
⑧	⑧	⑧	⑧	⑧	⑧
⑨	⑨	⑨	⑨	⑨	⑨

フリガナ	
氏　名	

科目名	

注意事項
1.受験番号をマークし、ＨＢの黒鉛筆で記入しなさい。
2.訂正は、消しゴムできれいに消し、消しくずを残してはいけません。
3.所定以外には、マークしたり、記入したりしてはいけません。
4.汚したり、折りまげたりしてはいけません。

（マーク例）

良い例	悪い例

推定配点	
A～E　各4点×25	
100点	計

２０２２年度　大成女子高等学校　３教科マーク式

数学解答用紙

評点
/100

解答番号	解答欄 1	2	3	4	5	6	7	8	9	10
1	①	②	③	④	⑤	⑥	⑦	⑧	⑨	⑩
2	①	②	③	④	⑤	⑥	⑦	⑧	⑨	⑩
3	①	②	③	④	⑤	⑥	⑦	⑧	⑨	⑩
4	①	②	③	④	⑤	⑥	⑦	⑧	⑨	⑩
5	①	②	③	④	⑤	⑥	⑦	⑧	⑨	⑩
6	①	②	③	④	⑤	⑥	⑦	⑧	⑨	⑩
7	①	②	③	④	⑤	⑥	⑦	⑧	⑨	⑩
8	①	②	③	④	⑤	⑥	⑦	⑧	⑨	⑩
9	①	②	③	④	⑤	⑥	⑦	⑧	⑨	⑩
10	①	②	③	④	⑤	⑥	⑦	⑧	⑨	⑩
11	①	②	③	④	⑤	⑥	⑦	⑧	⑨	⑩
12	①	②	③	④	⑤	⑥	⑦	⑧	⑨	⑩
13	①	②	③	④	⑤	⑥	⑦	⑧	⑨	⑩
14	①	②	③	④	⑤	⑥	⑦	⑧	⑨	⑩
15	①	②	③	④	⑤	⑥	⑦	⑧	⑨	⑩
16	①	②	③	④	⑤	⑥	⑦	⑧	⑨	⑩
17	①	②	③	④	⑤	⑥	⑦	⑧	⑨	⑩
18	①	②	③	④	⑤	⑥	⑦	⑧	⑨	⑩
19	①	②	③	④	⑤	⑥	⑦	⑧	⑨	⑩
20	①	②	③	④	⑤	⑥	⑦	⑧	⑨	⑩
21	①	②	③	④	⑤	⑥	⑦	⑧	⑨	⑩
22	①	②	③	④	⑤	⑥	⑦	⑧	⑨	⑩
23	①	②	③	④	⑤	⑥	⑦	⑧	⑨	⑩
24	①	②	③	④	⑤	⑥	⑦	⑧	⑨	⑩
25	①	②	③	④	⑤	⑥	⑦	⑧	⑨	⑩
26	①	②	③	④	⑤	⑥	⑦	⑧	⑨	⑩
27	①	②	③	④	⑤	⑥	⑦	⑧	⑨	⑩
28	①	②	③	④	⑤	⑥	⑦	⑧	⑨	⑩
29	①	②	③	④	⑤	⑥	⑦	⑧	⑨	⑩
30	①	②	③	④	⑤	⑥	⑦	⑧	⑨	⑩
31	①	②	③	④	⑤	⑥	⑦	⑧	⑨	⑩
32	①	②	③	④	⑤	⑥	⑦	⑧	⑨	⑩
33	①	②	③	④	⑤	⑥	⑦	⑧	⑨	⑩
34	①	②	③	④	⑤	⑥	⑦	⑧	⑨	⑩
35	①	②	③	④	⑤	⑥	⑦	⑧	⑨	⑩
36	①	②	③	④	⑤	⑥	⑦	⑧	⑨	⑩
37	①	②	③	④	⑤	⑥	⑦	⑧	⑨	⑩
38	①	②	③	④	⑤	⑥	⑦	⑧	⑨	⑩
39	①	②	③	④	⑤	⑥	⑦	⑧	⑨	⑩
40	①	②	③	④	⑤	⑥	⑦	⑧	⑨	⑩
41	①	②	③	④	⑤	⑥	⑦	⑧	⑨	⑩
42	①	②	③	④	⑤	⑥	⑦	⑧	⑨	⑩
43	①	②	③	④	⑤	⑥	⑦	⑧	⑨	⑩
44	①	②	③	④	⑤	⑥	⑦	⑧	⑨	⑩
45	①	②	③	④	⑤	⑥	⑦	⑧	⑨	⑩
46	①	②	③	④	⑤	⑥	⑦	⑧	⑨	⑩
47	①	②	③	④	⑤	⑥	⑦	⑧	⑨	⑩
48	①	②	③	④	⑤	⑥	⑦	⑧	⑨	⑩
49	①	②	③	④	⑤	⑥	⑦	⑧	⑨	⑩
50	①	②	③	④	⑤	⑥	⑦	⑧	⑨	⑩
51	①	②	③	④	⑤	⑥	⑦	⑧	⑨	⑩
52	①	②	③	④	⑤	⑥	⑦	⑧	⑨	⑩
53	①	②	③	④	⑤	⑥	⑦	⑧	⑨	⑩
54	①	②	③	④	⑤	⑥	⑦	⑧	⑨	⑩
55	①	②	③	④	⑤	⑥	⑦	⑧	⑨	⑩
56	①	②	③	④	⑤	⑥	⑦	⑧	⑨	⑩
57	①	②	③	④	⑤	⑥	⑦	⑧	⑨	⑩
58	①	②	③	④	⑤	⑥	⑦	⑧	⑨	⑩
59	①	②	③	④	⑤	⑥	⑦	⑧	⑨	⑩
60	①	②	③	④	⑤	⑥	⑦	⑧	⑨	⑩
61	①	②	③	④	⑤	⑥	⑦	⑧	⑨	⑩
62	①	②	③	④	⑤	⑥	⑦	⑧	⑨	⑩
63	①	②	③	④	⑤	⑥	⑦	⑧	⑨	⑩
64	①	②	③	④	⑤	⑥	⑦	⑧	⑨	⑩
65	①	②	③	④	⑤	⑥	⑦	⑧	⑨	⑩
66	①	②	③	④	⑤	⑥	⑦	⑧	⑨	⑩
67	①	②	③	④	⑤	⑥	⑦	⑧	⑨	⑩
68	①	②	③	④	⑤	⑥	⑦	⑧	⑨	⑩
69	①	②	③	④	⑤	⑥	⑦	⑧	⑨	⑩
70	①	②	③	④	⑤	⑥	⑦	⑧	⑨	⑩
71	①	②	③	④	⑤	⑥	⑦	⑧	⑨	⑩
72	①	②	③	④	⑤	⑥	⑦	⑧	⑨	⑩
73	①	②	③	④	⑤	⑥	⑦	⑧	⑨	⑩
74	①	②	③	④	⑤	⑥	⑦	⑧	⑨	⑩
75	①	②	③	④	⑤	⑥	⑦	⑧	⑨	⑩
76	①	②	③	④	⑤	⑥	⑦	⑧	⑨	⑩
77	①	②	③	④	⑤	⑥	⑦	⑧	⑨	⑩
78	①	②	③	④	⑤	⑥	⑦	⑧	⑨	⑩
79	①	②	③	④	⑤	⑥	⑦	⑧	⑨	⑩
80	①	②	③	④	⑤	⑥	⑦	⑧	⑨	⑩
81	①	②	③	④	⑤	⑥	⑦	⑧	⑨	⑩
82	①	②	③	④	⑤	⑥	⑦	⑧	⑨	⑩
83	①	②	③	④	⑤	⑥	⑦	⑧	⑨	⑩
84	①	②	③	④	⑤	⑥	⑦	⑧	⑨	⑩
85	①	②	③	④	⑤	⑥	⑦	⑧	⑨	⑩
86	①	②	③	④	⑤	⑥	⑦	⑧	⑨	⑩
87	①	②	③	④	⑤	⑥	⑦	⑧	⑨	⑩
88	①	②	③	④	⑤	⑥	⑦	⑧	⑨	⑩
89	①	②	③	④	⑤	⑥	⑦	⑧	⑨	⑩
90	①	②	③	④	⑤	⑥	⑦	⑧	⑨	⑩
91	①	②	③	④	⑤	⑥	⑦	⑧	⑨	⑩
92	①	②	③	④	⑤	⑥	⑦	⑧	⑨	⑩
93	①	②	③	④	⑤	⑥	⑦	⑧	⑨	⑩
94	①	②	③	④	⑤	⑥	⑦	⑧	⑨	⑩
95	①	②	③	④	⑤	⑥	⑦	⑧	⑨	⑩
96	①	②	③	④	⑤	⑥	⑦	⑧	⑨	⑩
97	①	②	③	④	⑤	⑥	⑦	⑧	⑨	⑩
98	①	②	③	④	⑤	⑥	⑦	⑧	⑨	⑩
99	①	②	③	④	⑤	⑥	⑦	⑧	⑨	⑩
100	①	②	③	④	⑤	⑥	⑦	⑧	⑨	⑩

（注）この解答用紙は実物を縮小してあります。Ｂ４用紙に142％拡大コピーすると、ほぼ実物大で使用できます。（タイトルと配点表は含みません）

受験番号					
⓪	⓪	⓪	⓪	⓪	⓪
①	①	①	①	①	①
②	②	②	②	②	②
③	③	③	③	③	③
④	④	④	④	④	④
⑤	⑤	⑤	⑤	⑤	⑤
⑥	⑥	⑥	⑥	⑥	⑥
⑦	⑦	⑦	⑦	⑦	⑦
⑧	⑧	⑧	⑧	⑧	⑧
⑨	⑨	⑨	⑨	⑨	⑨

フリガナ	
氏　名	

科目名	

注意事項
1.受験番号をマークし、ＨＢの黒鉛筆で記入しなさい。
2.訂正は、消しゴムできれいに消し、消しくずを残してはいけません。
3.所定以外には、マークしたり、記入したりしてはいけません。
4.汚したり、折りまげたりしてはいけません。

（マーク例）

良い例	悪い例
⬮	◉ ⊗ ⬮

推定配点	
1～6　各5点×20	
100点	計

二〇二三年度　大成女子高等学校　三教科マーク式

国語解答用紙

評点 ／100

解答番号	解答欄									
	1	2	3	4	5	6	7	8	9	10
1	①	②	③	④	⑤	⑥	⑦	⑧	⑨	⑩
2	①	②	③	④	⑤	⑥	⑦	⑧	⑨	⑩
3	①	②	③	④	⑤	⑥	⑦	⑧	⑨	⑩
4	①	②	③	④	⑤	⑥	⑦	⑧	⑨	⑩
5	①	②	③	④	⑤	⑥	⑦	⑧	⑨	⑩
6	①	②	③	④	⑤	⑥	⑦	⑧	⑨	⑩
7	①	②	③	④	⑤	⑥	⑦	⑧	⑨	⑩
8	①	②	③	④	⑤	⑥	⑦	⑧	⑨	⑩
9	①	②	③	④	⑤	⑥	⑦	⑧	⑨	⑩
10	①	②	③	④	⑤	⑥	⑦	⑧	⑨	⑩
11	①	②	③	④	⑤	⑥	⑦	⑧	⑨	⑩
12	①	②	③	④	⑤	⑥	⑦	⑧	⑨	⑩
13	①	②	③	④	⑤	⑥	⑦	⑧	⑨	⑩
14	①	②	③	④	⑤	⑥	⑦	⑧	⑨	⑩
15	①	②	③	④	⑤	⑥	⑦	⑧	⑨	⑩
16	①	②	③	④	⑤	⑥	⑦	⑧	⑨	⑩
17	①	②	③	④	⑤	⑥	⑦	⑧	⑨	⑩
18	①	②	③	④	⑤	⑥	⑦	⑧	⑨	⑩
19	①	②	③	④	⑤	⑥	⑦	⑧	⑨	⑩
20	①	②	③	④	⑤	⑥	⑦	⑧	⑨	⑩
21	①	②	③	④	⑤	⑥	⑦	⑧	⑨	⑩
22	①	②	③	④	⑤	⑥	⑦	⑧	⑨	⑩
23	①	②	③	④	⑤	⑥	⑦	⑧	⑨	⑩
24	①	②	③	④	⑤	⑥	⑦	⑧	⑨	⑩
25	①	②	③	④	⑤	⑥	⑦	⑧	⑨	⑩
26	①	②	③	④	⑤	⑥	⑦	⑧	⑨	⑩
27	①	②	③	④	⑤	⑥	⑦	⑧	⑨	⑩
28	①	②	③	④	⑤	⑥	⑦	⑧	⑨	⑩
29	①	②	③	④	⑤	⑥	⑦	⑧	⑨	⑩
30	①	②	③	④	⑤	⑥	⑦	⑧	⑨	⑩
31	①	②	③	④	⑤	⑥	⑦	⑧	⑨	⑩
32	①	②	③	④	⑤	⑥	⑦	⑧	⑨	⑩
33	①	②	③	④	⑤	⑥	⑦	⑧	⑨	⑩
34	①	②	③	④	⑤	⑥	⑦	⑧	⑨	⑩
35	①	②	③	④	⑤	⑥	⑦	⑧	⑨	⑩
36	①	②	③	④	⑤	⑥	⑦	⑧	⑨	⑩
37	①	②	③	④	⑤	⑥	⑦	⑧	⑨	⑩
38	①	②	③	④	⑤	⑥	⑦	⑧	⑨	⑩
39	①	②	③	④	⑤	⑥	⑦	⑧	⑨	⑩
40	①	②	③	④	⑤	⑥	⑦	⑧	⑨	⑩
41	①	②	③	④	⑤	⑥	⑦	⑧	⑨	⑩
42	①	②	③	④	⑤	⑥	⑦	⑧	⑨	⑩
43	①	②	③	④	⑤	⑥	⑦	⑧	⑨	⑩
44	①	②	③	④	⑤	⑥	⑦	⑧	⑨	⑩
45	①	②	③	④	⑤	⑥	⑦	⑧	⑨	⑩
46	①	②	③	④	⑤	⑥	⑦	⑧	⑨	⑩
47	①	②	③	④	⑤	⑥	⑦	⑧	⑨	⑩
48	①	②	③	④	⑤	⑥	⑦	⑧	⑨	⑩
49	①	②	③	④	⑤	⑥	⑦	⑧	⑨	⑩
50	①	②	③	④	⑤	⑥	⑦	⑧	⑨	⑩
51	①	②	③	④	⑤	⑥	⑦	⑧	⑨	⑩
52	①	②	③	④	⑤	⑥	⑦	⑧	⑨	⑩
53	①	②	③	④	⑤	⑥	⑦	⑧	⑨	⑩
54	①	②	③	④	⑤	⑥	⑦	⑧	⑨	⑩
55	①	②	③	④	⑤	⑥	⑦	⑧	⑨	⑩
56	①	②	③	④	⑤	⑥	⑦	⑧	⑨	⑩
57	①	②	③	④	⑤	⑥	⑦	⑧	⑨	⑩
58	①	②	③	④	⑤	⑥	⑦	⑧	⑨	⑩
59	①	②	③	④	⑤	⑥	⑦	⑧	⑨	⑩
60	①	②	③	④	⑤	⑥	⑦	⑧	⑨	⑩
61	①	②	③	④	⑤	⑥	⑦	⑧	⑨	⑩
62	①	②	③	④	⑤	⑥	⑦	⑧	⑨	⑩
63	①	②	③	④	⑤	⑥	⑦	⑧	⑨	⑩
64	①	②	③	④	⑤	⑥	⑦	⑧	⑨	⑩
65	①	②	③	④	⑤	⑥	⑦	⑧	⑨	⑩
66	①	②	③	④	⑤	⑥	⑦	⑧	⑨	⑩
67	①	②	③	④	⑤	⑥	⑦	⑧	⑨	⑩
68	①	②	③	④	⑤	⑥	⑦	⑧	⑨	⑩
69	①	②	③	④	⑤	⑥	⑦	⑧	⑨	⑩
70	①	②	③	④	⑤	⑥	⑦	⑧	⑨	⑩
71	①	②	③	④	⑤	⑥	⑦	⑧	⑨	⑩
72	①	②	③	④	⑤	⑥	⑦	⑧	⑨	⑩
73	①	②	③	④	⑤	⑥	⑦	⑧	⑨	⑩
74	①	②	③	④	⑤	⑥	⑦	⑧	⑨	⑩
75	①	②	③	④	⑤	⑥	⑦	⑧	⑨	⑩
76	①	②	③	④	⑤	⑥	⑦	⑧	⑨	⑩
77	①	②	③	④	⑤	⑥	⑦	⑧	⑨	⑩
78	①	②	③	④	⑤	⑥	⑦	⑧	⑨	⑩
79	①	②	③	④	⑤	⑥	⑦	⑧	⑨	⑩
80	①	②	③	④	⑤	⑥	⑦	⑧	⑨	⑩
81	①	②	③	④	⑤	⑥	⑦	⑧	⑨	⑩
82	①	②	③	④	⑤	⑥	⑦	⑧	⑨	⑩
83	①	②	③	④	⑤	⑥	⑦	⑧	⑨	⑩
84	①	②	③	④	⑤	⑥	⑦	⑧	⑨	⑩
85	①	②	③	④	⑤	⑥	⑦	⑧	⑨	⑩
86	①	②	③	④	⑤	⑥	⑦	⑧	⑨	⑩
87	①	②	③	④	⑤	⑥	⑦	⑧	⑨	⑩
88	①	②	③	④	⑤	⑥	⑦	⑧	⑨	⑩
89	①	②	③	④	⑤	⑥	⑦	⑧	⑨	⑩
90	①	②	③	④	⑤	⑥	⑦	⑧	⑨	⑩
91	①	②	③	④	⑤	⑥	⑦	⑧	⑨	⑩
92	①	②	③	④	⑤	⑥	⑦	⑧	⑨	⑩
93	①	②	③	④	⑤	⑥	⑦	⑧	⑨	⑩
94	①	②	③	④	⑤	⑥	⑦	⑧	⑨	⑩
95	①	②	③	④	⑤	⑥	⑦	⑧	⑨	⑩
96	①	②	③	④	⑤	⑥	⑦	⑧	⑨	⑩
97	①	②	③	④	⑤	⑥	⑦	⑧	⑨	⑩
98	①	②	③	④	⑤	⑥	⑦	⑧	⑨	⑩
99	①	②	③	④	⑤	⑥	⑦	⑧	⑨	⑩
100	①	②	③	④	⑤	⑥	⑦	⑧	⑨	⑩

（注）この解答用紙は実物を縮小してあります。Ｂ４用紙に142％拡大コピーすると、ほぼ実物大で使用できます。（タイトルと配点表は含みません）

受験番号					
⓪	⓪	⓪	⓪	⓪	⓪
①	①	①	①	①	①
②	②	②	②	②	②
③	③	③	③	③	③
④	④	④	④	④	④
⑤	⑤	⑤	⑤	⑤	⑤
⑥	⑥	⑥	⑥	⑥	⑥
⑦	⑦	⑦	⑦	⑦	⑦
⑧	⑧	⑧	⑧	⑧	⑧
⑨	⑨	⑨	⑨	⑨	⑨

フリガナ	
氏　名	

科目名	

注意事項
1.受験番号をマークし、ＨＢの黒鉛筆で記入しなさい。
2.訂正は、消しゴムできれいに消し、消しくずを残してはいけません。
3.所定以外には、マークしたり、記入したりしてはいけません。
4.汚したり、折りまげたりしてはいけません。

（マーク例）

良い例	悪い例

推定配点	
一～四　各４点×25	
100点	計

Memo

Memo